Je suis de nulle part
Sur les traces d'Ella Maillart

DU MÊME AUTEUR

Voyage au pays de toutes les Russies, Quai Voltaire, 1992 ; Payot & Rivages, « Petite Bibliothèque Payot/Voyageurs », préface d'Emmanuel CARRÈRE, 2003.
French Doctors, Robert Laffont, 1995.
La Route de la drogue, Arléa, 1996 ; réédition sous le titre : *Chasseurs de dragons. Des pavots afghans aux bars d'Occident*, Payot & Rivages, « Petite Bibliothèque Payot/Voyageurs », 2000.
Lucien Bodard. Un aventurier dans le siècle, Plon, 1997 (Prix Joseph-Kessel, Prix de l'Aventure).
On ne se tue pas pour une femme, Plon, 2001.
Le Faucon afghan, Robert Laffont, 2001 (Prix Louis-Pauwels) ; Pocket, 2002.

Olivier Weber

Je suis de nulle part
Sur les traces
d'Ella Maillart

Payot

© 2003, Éditions Payot & Rivages,
106, boulevard Saint-Germain, 75006 Paris.

*À Geoffroy et Alain,
entre cendres et poussières d'étoiles eux aussi.*

Ô pieds voyageurs, retrouverai-je vos empreintes dans le sable ou sur la pierre ?

Isabelle Rimbaud.

Je reconnais tous les pays les yeux fermés à leur odeur.

Blaise Cendrars.

Je suis prise à jamais dans les lignes de force de l'aiguille aimantée.

Ella Maillart.

PROLOGUE

Qui a dit que les frontières toutes se ressemblaient ? Celle-ci est étrange, retorse, trop discrète pour être honnête. Des hauts plateaux désertiques, de maigres arbustes, des maisons de torchis qui disent leur infinie solitude et ne livrent que des regards fermés. Cette fausse barrière qui ouvre sur l'Afghanistan et ses premières montagnes est un no man's land que désertent mêmes les rats. Une clôture qui incite là plus qu'ailleurs à abandonner les anciens parapets d'Europe. De l'autre côté de cette portion de l'ancien empire des Indes qui se nomme désormais Pakistan s'ouvre un pays ravagé par des années de guerre, et je ne sais plus s'il s'agit de suivre le moudjahid de trente ans qui a pris les commandes, l'exilé de Peshawar qui clame connaître la contrée comme sa poche ou le villageois tribal qui m'a caché dans une ambulance pour approcher des confins peu hospitaliers de Mirramshah.

J'étais si loin, si proche d'Ella Maillart, cette fille aux semelles de vent. Elle aussi avait franchi ce Rubicon, mais plus à l'ouest, côté iranien, un demi-siècle plus tôt, au volant non d'une ambulance mais d'une Ford V 8 de dix-huit chevaux. Je me souvins de ses lignes écrites sans doute à la hâte, l'urgence de coucher sur le papier ce périple au bout des atlas, et au bout de soi-même. De cette frontière qu'elle franchit avec Annemarie Schwarzenbach, son amie, une amoureuse de la vie et de l'héroïne, junkie jusqu'au bout des ongles, je rêvais depuis des lustres. Les escarmouches, les mines, les seigneurs de la guerre, les bandits de petit et grand chemin : le rêve fut sans cesse repoussé. Cette frontière mythique, ce bout de désert dont m'avait déjà parlé, lorsque j'avais quinze ans, un alpiniste jurassien en route pour l'Himalaya, je ne l'ai jamais vue. J'avais dû maintes fois me contenter des récits d'Ella Maillart. J'avais cru longtemps à un coup du sort, comme si l'auteur de *La Voie cruelle*, pareille aux villageois enturbannés de mes contrées tribales, ne voulait pas se révéler. Au dernier voyage, je réalisai qu'il suffisait d'un périple d'une semaine pour m'y rendre depuis Kaboul. J'y renonçai, par peur d'éventer un songe qu'il s'agissait de conserver comme un talisman jamais effleuré, tout juste entraperçu de loin, par-delà les montagnes, par-delà les déserts infinis, les oasis que l'on foule pour mieux en imaginer d'autres, inconnues, gardiennes de nos chimères. Le secret d'Ella Maillart serait bien gardé. Mon rêve d'Ella aussi.

Je continuais de marcher le soir dans les montagnes pour éviter les embuscades. C'était un mois de ramadan, et il nous fallait manger tôt le matin, vers quatre heures, avant le lever du soleil, un quignon de pain plongé dans un brouet graisseux, pour espérer une pitance à la rupture du jeûne, la nuit tombée, lorsque les pieds n'avançaient plus et qu'un vent glacé balayait nos pistes, sans oublier les caravansérails crasseux aux portes disjointes et aux fenêtres sans carreaux. Un ami marchait à côté de moi, Geoffroy Linyer, en tenue locale, tunique immense et sale, turban noir cachant son teint pâle, dans un halo de chaleur, brume qui brouillait même les souvenirs des origines. Il aimait tant lui aussi les immensités démesurées des terres afghanes et d'Asie centrale. Nous avions rencontré des chefs de clan, des guerriers harnachés de cartouchières, des espions aussi dans un hôtel de Peshawar, des humanitaires humbles, un autre arrogant, des gens de toutes sortes, et surtout nous avions survécu à notre deuxième séjour en Afghanistan. Les hommes et les femmes qui nous entouraient composaient une troupe d'acteurs terriblement réels : des flagorneurs, des ambitieux, des hommes simples, un humanitaire complexé par un curriculum dépourvu des mots « École nationale d'administration » et qui se prenait, avec sa mallette bourrée de six cent mille dollars, pour le vice-roi de Kandahar, des paysans français en rupture de ban venus tenter l'aventure, un journaliste qui recherchait le nombril du monde, le sien. Une comédie riche et banale, somme toute...

Un soir que je rentrais à la « Maison Blanche », qui tenait lieu d'auberge pour tant d'organisations humanitaires, je vis la mine consternée des filles qui y habitaient. Elles m'annoncèrent la mort de Geoffroy, relatée en première page du journal local, le *Frontier Post*, nouvelle que je démentis aussitôt puisque je venais de quitter mon ami, de retour de la frontière afghane. Le lendemain, quand Geoffroy réapparut, les sourires illuminèrent de nouveau le visage des volontaires ; nous étions tous les deux soulagés, puisque le journal avait aussi annoncé ma disparition dans la passe de Khyber, soumise au bon vouloir des tribus armées. Avec Geoffroy, nous avions apostrophé le rédacteur en chef, Kayser Butt, un Tarass Boulba local au crâne chauve et aux bras boudinés, enroulé dans un pantalon bouffant, et qui s'évertua, dans un jardin plongé dans la nuit, face à une lanterne, à nous présenter ses excuses. Le *Frontier Post* publia un rectificatif le lendemain, mais en dernière page, et sur quelques lignes. Notre retour à la vie ne semblait intéresser personne. De cet épisode nous rîmes longuement. Comme Geoffroy me parut proche ce soir-là d'Ella Maillart, dont il avait dévoré les livres ! Elle aussi avait mis en scène sa propre mort, par une notice nécrologique rédigée de sa main où elle se présentait comme « voyageuse ».

Quelques années plus tard, Geoffroy se suicida, à trente-quatre ans. Le même âge que la compagne de route d'Ella Maillart, Annemarie Schwarzenbach, quand elle périt des suites d'un accident de bicyclette, trop affaiblie par le poison lent qui inondait ses veines. Geoffroy, pour faire court : un mal-être profond. Annemarie Schwarzenbach : une androgyne à la figure d'ange et à l'âme ravagée. Tous deux rejetons de bonne famille. Tous deux porteurs de drames intérieurs, d'angoisses longtemps tues et qui surgissaient parfois en pleine nuit, tels des remugles obsédants. Tous deux à la recherche d'horizons lointains, comme autant de promesses de certitudes, au chevet de leur propre vie, pour gommer le flou qui les entourait, désarroi insondable que leurs compagnons, Ella et moi, tentaient de comprendre, comme si ce voyage-là pouvait se comprendre.

Je sus dès lors que le destin d'Ella Maillart ne cesserait de me poursuivre. Je sus qu'elle ne me laisserait jamais tranquille, jamais, jamais, malgré ses coups de gueule et ses candeurs d'enfant qui a mal vieilli, comme nous tous, sans doute. Dès le premier départ, sonné comme un tocsin, j'avais eu maille à partir avec Ella, dont la vie s'ouvrait devant moi telle une étrange alchimie. Responsable de mes errances, coupable d'avoir engendré le rêve, aux bords de la Méditerranée, où nous avions navigué de conserve malgré ce demi-siècle d'écart, elle dans les années 1920 et 1930, moi dans les années 1980. Une envie de lumière, celle qui révèle les couleurs. Nos vies se recroiseraient, sur les bords de la mer, en montagne, en Asie – cette Asie qui la transforma, au pied des bouddhas de Bamyan –, avec des personnages qui resurgiraient souvent inconsciemment : des héroïnomanes, des trafiquants, des caravaniers, Victor Point, héros de la Croisière jaune, qu'Ella fréquenta, et qui se suicida lui aussi, Nicolas Bouvier, rencontré par hasard à Singapour, bien imbibé et plus lucide que jamais, admirateur de « Kini », le surnom d'Ella, et qui la suivit de peu dans son trépas. Nous avions des escales et des lectures communes, ce qui est un peu la même chose, dont Slocum, Melville, Conrad, Cendrars, autre citoyen suisse, marin qui, devant la baie de Naples, eut cette phrase que je garde comme un talisman : « **Je me** regardais avancer comme dans un miroir sans me laisser distraire par rien ni m'absorber dans le paysage grandiose mais trop vu, et je riais de moi, et je me demandais qui j'étais et ce que je faisais au monde. »

Je devais repartir à la rencontre de Kini, ombre portée du désir nomade, même morte, croiser ses chemins, dormir dans les caravansérails de ses haltes, flairer sa passion des steppes. Remonter le cours du fleuve Ella M., forcément impétueux, à son embouchure devant l'éternité mais aussi aux confins de son amont. Comprendre les certitudes et les affres de cette silhouette obsédante. Répondre aussi à sa sempiternelle question, qui reprenait celle de Cendrars :

« Qu'est-ce qu'on fout ici ? »

CHAPITRE PREMIER

Deux femmes roulent sur les routes d'Iran. Elles viennent de quitter Machad et ont admiré le dôme en or du tombeau de l'imam Reza, suspendu dans le ciel de l'été 1939. Elles semblent elles aussi suspendues, dans un décor ouaté et torride. Elles ont vu la foi ardente dans les mosquées, elles ont vu les marchands pieux penchés sur des tapis de poussière dans des poses de miniatures persanes et la ferveur négociante des artisans au fond de leurs échoppes, semblables à des cages, elles ont souri à des portefaix en haillons et à des commerçants fortunés, au chemin éclairé par des domestiques juvéniles. La piste s'ouvre désormais devant elles, blanche et profonde comme une invitation au voyage perpétuel.

Au poste de Karez, elles ont dû subir pendant une heure le roulement de questions du reis, du chef de la douane, qui tentait de savoir où avaient disparu les trente livres sterling figurant sur les passeports. Une erreur, ont clamé les deux femmes, qui se sont livrées à des exercices d'addition de leurs dépenses pour démontrer leur bonne foi. Trente livres sterling, la faute à vos agents ! Le reis, rayonnant de pouvoir, tourne encore autour de la Ford, proie inhabituelle, puis laisse filer les deux intrépides. Elles sont pressées d'en découdre, d'atteindre les horizons de leur rêve fou. La frontière afghane, « l'un des moments les plus importants de notre voyage ». Excitées de découvrir des paysages nouveaux, des plateaux inconnus, mais aussi, pour Annemarie, de pénétrer dans d'autres paradis artificiels. Elle guette à chaque halte les demeures où elle pourra se piquer, hume les officines où se vend la morphine, prépare ses seringues. Elle regarde vers l'avant de la Ford, sur cette piste jaune qui bientôt ressemblera à un désert, celui de l'âme aussi. Ella Maillart, elle, jette des regards désespérés vers sa voisine et vers l'arrière, comme si elle désirait freiner des quatre fers cette course vers l'abîme, arrêter ce cheminement vers l'enfer, la mortelle passion de la piqûre dans la veine.

Tout les oppose. Annemarie est une femme frêle, fragile, au visage androgyne. Ella est terrienne, solide, ses muscles sont dessinés par des années de voile et de ski de compétition. Annemarie est pénétrée d'un profond malaise de vivre, portée par les incertitudes de la route qui lui offrent de courtes échappatoires. Ella, qui n'a pas encore découvert l'exploration spirituelle, veut plonger dans les *terræ incognitæ*, celles qui chavirent les esprits au-delà de toute fumée opiacée, celles qui noient les certitudes dans la douceur des haltes poussiéreuses, entre Karez, côté iranien, et Islam Kaleh, côté afghan, un poste perdu que contemplent les deux femmes.

« Celle-ci est *notre* frontière, s'emporte Annemarie, celle que nous avons attendue avec une folle impatience. »

J'imagine Ella Maillart à cette lisière de pays, à la fois forte de détermination et effarée par les tourments de son amie. Elle est là, debout dans ce no man's land qui n'a guère changé aujourd'hui, celui des trafics et des compromissions, celui où s'affirment déjà les principautés guerrières et tribales. Dans tout périple, le voyageur approche des moments magiques, souvent cristallisés dans un lieu qui incarne toute cette espérance, tel un horizon longtemps désiré. Des moments tragiques, aussi, comme à cet instant l'émotion d'Ella Maillart. Sa vie est là, au-delà du petit poste tenu par des gabelous en guenilles, dans ce regard qu'elle porte plus loin que la frontière. Le saut est devant pour elle, derrière pour Annemarie, qui dépérit de ses drogues.

« Les plaines seront-elles moins immenses, les horizons plus réconfortants ? » s'interroge Annemarie devant cette terre sèche qui, à défaut du ciel, arrache des larmes à celle qui s'apprête à la fouler. Ella hésite, comme si sa vie pouvait basculer à ce moment précis, instant de grâce, instant de disgrâce.

« La liberté est noire », écrivait Antonin Artaud.

Grâce du voyage et du décor. Disgrâce des hommes. À rebours, loin derrière, dans la lointaine Europe de 1939, le canon s'apprête à tonner. Les deux femmes le savent, qui déplorent l'embrasement pressenti depuis des années. Avant de partir, dans la maison de paysans qu'elle possède au pied des montagnes suisses, cernée par les neiges, Annemarie a lancé à Kini :

« Ce voyage ne sera pas une folle escapade, comme si nous avions vingt ans ; et d'ailleurs ce serait impossible avec l'actuelle tragédie européenne. »

Fuite en avant ? Plutôt une piste de rédemption, comme s'il fallait aux deux amies explorer de nouvelles voies afin de désigner au vieux monde devenu fou le chemin, celui qui serpente dans les déserts, les vallées perdues, et permet d'atteindre la plénitude de l'âme, « la jouissance d'une couronne terrestre », ainsi que l'espérait Marlowe avant de succomber dans la dernière taverne au poignard de sbires inconnus.

Des proches d'Annemarie l'ont surnommée « l'ange déchu ». Kini, dans sa recherche de l'*amor mundi*, croit lui redonner des ailes. Elle n'y réussira qu'à moitié : l'ange a pu voler de nouveau mais s'est abîmé dans son cheminement comme un Icare aveuglé par sa propre lumière. Comme l'ami Geoffroy, plongé dans des affres insondables dont la seule issue consistait à se tirer une balle de fusil dans la tête. Tout voyage est comme une écriture, une étrange alchimie. Un mélange entre la demande de dehors, celui qui guérit comme le proclame Stevenson, et l'« espace du dedans » décrit par Henri Michaux ; dehors-dedans mais aussi avant-arrière. Ella Maillart connaît les limites du rêve voyageur, dans sa double dimension. Comme Annemarie, elle noue avec le « réconfort des montagnes » puis replonge dans le doute. La route afghane s'apparente ainsi à une fugue incertaine. Un étrange mouvement de balancier qui la fait osciller d'avant en arrière, entre désir de proue et nostalgie des traces qu'on laisse derrière soi, ces scories en héritage, ces empreintes que le vent déjà a effacées. Le rêve et le doute ne cessent dès lors de se mêler dans l'esprit de la voyageuse, un rêve qui se nourrit du doute et un doute qui s'abreuve du rêve, mariage fragile et toujours renouvelé. Et toujours dans sa tête une chimère qui demeure et m'obsédera tout au long de cette traque : la quête de l'Inconnu démesuré.

Le déclic de ce voyage-là fut une discussion dans la maison de l'Engadine, aux bords d'un lac gelé, un jour de ciel noir sur une vallée blême, « sans ombre et comme morte ». Au retour d'une matinée de ski, les deux jeunes femmes évoquent les pentes du mont Fextal couvertes de mélèzes, un séjour à Prague, plongée dans l'inquiétude des bruissements de la guerre, et le départ d'Ella le lendemain pour la gare voisine. Si le froid persiste, la vieille voiture d'Annemarie ne pourra démarrer. Elles regardent le paysage par les carreaux de la maison paysanne, comme si cet enfermement que redouble la dureté du froid était synonyme de liberté. Puis Annemarie lâche :
« La pauvre voiture approche de sa fin et mon père m'a promis une Ford. »
Le sang d'Ella Maillart ne fait qu'un tour. Une Ford ? Voilà des années qu'elle songe à un grand voyage vers l'Orient.
« Une Ford ! C'est la voiture qu'il faut pour suivre la nouvelle route de l'Hazaradjat en Afghanistan. En Iran aussi il faut avoir une voiture à soi. »

Peu à peu se dessinent les contours de la route devant les yeux d'Annemarie. C'est au tour d'Ella de parler, d'évoquer ses voyages anciens, son équipée deux ans plus tôt des Indes vers la Turquie, sur un siège brinquebalant d'autobus ou sur un camion. Le voile de neige qui entoure la maison de l'Engadine est chassé par un songe de poussière, d'odeurs fortes, de souvenirs frottés aux haltes dans les caravansérails où les conteurs sont supplantés par des braillards inconséquents, de piété de pèlerins pauvres et riches, de mendiants et de seigneurs, tous au regard noble. Ella ne peut se retenir, c'est plus fort qu'elle, l'appel du grand large l'a emporté sur ses pudeurs alors qu'elle était tout à l'écoute d'Annemarie, fraîchement sortie d'une cure de désintoxication. Déjà, les deux femmes regardent par-delà la vallée à l'austère désolation, vers le col de la Maloja qui mène en Italie, et au-delà vers l'horizon rêvé dont les contours roulent sous les mots d'Ella Maillart. Une Ford, voilà un premier viatique... Tel un capitaine trop longtemps resté à quai, Ella détaille le périple : à l'est de la Caspienne, une halte près de la tour du Gumbad-i-Kabus, un campement avec les Turkmènes d'Iran, sous la vallée de Bamyan aux bouddhas fabuleux, les lacs aux couleurs magiques et capricieuses du Band-i-Amir, et d'autres rivages, plus ou moins interdits, des lointains encore inconnus, à la recherche des hommes libres.

Une Ford promise par un père, et s'engendre le songe. À quoi tiennent les voyages...

L'hésitation d'Ella Maillart m'a toujours fasciné, comme m'avait fasciné la destinée de Victor Point, l'un des héros de la Croisière jaune, qui avait eu du mal à choisir entre amour et aventure, avait préféré la seconde option et, malgré l'injonction de celle qu'il aimait (« On ne se tue pas pour une femme ! » lui avait-elle lancé depuis un yacht), avait mal fini, se tirant une balle dans la tête à trente ans sur une chaloupe avant de chavirer dans les eaux profondes de la Méditerranée. Les deux personnages s'étaient croisés, lorsque Ella rêvait de partir elle aussi vers l'Orient. Comme Ella, Victor Point était passionné de voile, qu'il préférait à la marine à vapeur. Comme Ella, il avait séjourné en Chine, d'abord sur une canonnière pour défendre à vingt-cinq ans les Français assiégés à Canton, puis pour se lancer dans la mission de ravitaillement de la croisière Citroën. Comme Ella, il avait connu le père Teilhard de Chardin, le découvreur de l'*Homo sinanthropus*. Comme Ella, il avait fui des certitudes, des murs solides. Comme Ella, il avait une mère danoise. Comme Ella, il avait connu l'aventure amoureuse sous une yourte de nomades en Chine...

Pendant des années j'avais plongé dans tous les récits des années 1920 et 1930, à la recherche du fantôme de Victor Point. J'écumais les bibliothèques, celles de l'Arsenal et du fort de Vincennes notamment, j'errais sur les rivages du golfe d'Agay, là où il avait disparu, et je répétais la phrase magique : « Qu'est-ce qu'on fout ici ? », comme un viatique pour pénétrer le monde des désespérés, avec l'espoir de le revoir un jour, lui, ce frère lointain ayant choisi la nuit, mort comme Geoffroy et beaucoup de suicidés par amour de la vie. Je sondais chaque écrit pour tenter de percer le mystère Victor Point, cette valse hésitation qui nous a tous fait balancer un jour entre racines et détachement, entre sédentarité et nomadisme. Je ne sus que bien plus tard qu'Ella Maillart et Victor Point se connaissaient. Je vis là comme un signe du destin. Les deux ne me quitteraient plus, même si, étrangement, au moment d'écrire ces lignes, un coup de vent pour la première fois a jeté face contre terre le cliché délavé de Victor Point en tenue de brousse, chapeau bas, cravache sur les genoux, devant une tente mongole, auprès d'une princesse francophone de vingt-cinq ans, cinq de moins que lui, qu'il aima. Je le regarde et il sourit, comme la princesse sourit, comme Ella sourit, et je sais qu'ils sont heureux.

Il est dans tout grand voyage un point d'orgue, un moment de flottement où les odeurs et les envies se mélangent, comme si ce moment-là comportait une interrogation, porteuse des doutes et en même temps des certitudes : pourquoi poursuivre la route... Partir, c'est s'attacher et s'arracher, disait Nicolas Bouvier. S'attacher à un lieu, se souvenir de ses racines, retrouver dans une halte les ingrédients de la grande recette, celle des origines. Et puis s'arracher, repartir, avec des regards à la fois devant et derrière comme un métronome obstiné. Qu'est-ce que je laisse ? se demandait Ella Maillart. Qu'est-ce que je vais retrouver devant ? René Char écrivait que Rimbaud n'avait pas cherché à récupérer les poèmes légués à ses amis. Mais il ne fuyait pas le regard en arrière, il en récoltait les fruits, « épines victorieuses, piquants qui furent annoncés par l'entêtant parfum des fleurs ». Ella Maillart semait des routes comme le poète de Charleville semait des vers. Elle en récoltait des certitudes, malgré les doutes à la halte, et un espoir d'aller de l'avant en dépit des embûches.

Le cri d'Ella Maillart résonna une éternité sur cette frontière d'un monde presque virginal.
« Qu'est-ce qu'on fout ici ? »
La question tarauda Annemarie Schwarzenbach, qui à son tour poussa le même cri, empreint de mélancolie, repris bien plus tard par un autre pérégrin d'Afghanistan, Bruce Chatwin.

Cette phrase me hanta longtemps. Pourquoi Ella Maillart s'entêtait-elle, comme Arthur Rimbaud, à « aimer la liberté libre » ? Que fuyait-elle ? Quelles chimères la remettaient sans cesse sur les pistes de poussière, jusqu'à la prochaine halte ?
Je compris un matin à ma table de travail ma propre obsession d'Ella Maillart. Je relisais les écrits d'Annemarie Schwarzenbach et revoyais son errance de nomade déses-

pérée, sur une route de fin du monde et donc de grand commencement. Je me souvins du destin tragique de Geoffroy, « parti trop tôt sans laisser d'adresse » comme le disait Laurent, un ami commun. Et je voyais un autre destin aussi tragique, celui de Philippe, suicidé tel Geoffroy, à dix-neuf ans, drogué jusqu'au plus profond des veines tel Annemarie Schwarzenbach. Il rêvait de prendre la route des Indes, depuis Nice où il gagnait sa vie sur des chantiers. Philippe était tout en muscles, toujours souriant, et je n'avais pas remarqué les débuts de sa déchéance. Il s'était pendu lors d'une cure de désintoxication dans les Pyrénées. Lorsque je m'aventurai bien plus tard en Afghanistan, je ne pus m'empêcher de penser aux infortunes mêlées d'Annemarie et de Philippe. Elle avait franchi le cap, et roulé vers la terre de ses promesses. Lui n'avait pas eu le temps d'emprunter ce chemin, mais en rêvait. Longtemps après, en souvenir de Philippe, je pris la route des Indes, mais à rebours, celle de la drogue, qui démarre dans les champs de pavot afghans ou les maquis de Birmanie et finit dans les bars de Paris et d'Amsterdam. Cette route des enfers artificiels suivie par Annemarie Schwarzenbach et Philippe était aussi celle d'autres paradis, les paradis d'Ella que je découvrais et savourais peu à peu, en sens inverse. Elle posait sans cesse la question : « Où allons-nous ? » et je relus ses écrits à la lumière de ce questionnement primitif, celui des origines. Nomade insatiable d'horizons neufs, elle courait les immensités perdues pour mieux revenir au bercail.

CHAPITRE II

Les bords du lac Léman étaient striés de griffures de pluie. Une brume d'aurore saupoudrait les eaux encore froides en ce milieu de printemps. Un pêcheur sur sa barque trop enfoncée aux plats-bords léchés par les vaguelettes rentra sa canne et se prépara à écoper. Je cherchais la maison d'enfance d'Ella Maillart, cachée derrière un hameau et des bosquets, dans une odeur d'humus et de matin frais. Elle se laissait deviner au-delà d'une rangée d'arbres mais empêchait les maraudeurs de souvenirs d'approcher, à coups de panneaux et de mises en garde, comme la plupart des propriétés de l'endroit. Son enfance ? Ella Maillart en garda peu de traces. Des angoisses, des lectures, nombreuses, et pour se calmer à l'instant de l'endormissement toujours repoussé un trou dans le mur, où elle glissait nerveusement son doigt, des heures durant, lorsque approchaient les cauchemars.

En février 1903, quand Ella Maillart voit le jour, le même mois que Raymond Queneau et Georges Simenon, son père Paul savoure les royalties que lui procure son métier. Fourreur sur les bords du lac Léman, homme au cœur ouvert et avenant qui sait en bon gentleman s'informer des événements du monde, il voit défiler dans son atelier aristocrates suisses et femmes anglaises en séjour alpestre, veuves russes venues respirer l'air des montagnes et Françaises à chapeau qui se livrent au lèche-vitrines pendant que leurs époux discutent affaires dans les salons des grands hôtels. L'enfant a là de quoi rêver, non pas devant la clientèle cosmopolite qu'elle entrevoit à hauteur de jupon dans le bureau paternel ou les salons de la maison familiale, mais lorsque son père évoque les villes lointaines d'où lui parviennent les peaux de loutre, de renard, de vison : Klondike, Vladivostok, Nijni-Novgorod... Mais la petite Ella crache, elle respire mal, souffre d'insuffisance respiratoire et croit voir suspendu au-dessus de sa tête un fil de vie ténu, fragile. Sa mère, une Danoise sportive, passionnée de ski, l'emmène alors dans les Alpes savoyardes, à Megève, pour lui faire respirer en jupes longues le bon air, entre deux lectures de livres d'aventures ou d'atlas géographiques aux cartes compliquées.

L'Europe de ce début du siècle est insouciante. À Paris, où se rend de temps à autre le père Maillart, l'Eldorado accueille les admirateurs de Liane de Pougy et de la belle Otéro. Au Nouveau Cirque, rue Saint-Honoré, les Elkes, une troupe de Noirs américains, se déhanchent jusqu'à plus soif et imposent une nouvelle danse, le cake-walk, tandis que Zanzibar, l'un des derniers fiefs de l'esclavage, abandonne la servitude. À Genève, tout est calme. À peine signale-t-on l'arrivée d'un jeune instituteur italien, Benito Mussolini, qui gagne sa vie comme coursier chez un négociant en vins, puis comme maçon. Il s'intéresse à Marx et à Proudhon, et la police s'intéresse à lui. Il est fiché pour propagande révolutionnaire.

Ella Maillart ne songe pas un seul instant à un destin de grande voyageuse ou de navigatrice. Elle ne joue pas avec son frère, Albert, trop vieux – six ans de plus qu'elle –, mais convoite ses livres, les romans de Jules Verne et des contes de Peaux-Rouges. Tout juste Albert lui permet-il de pénétrer dans sa chambre pendant qu'il classe sa collection de timbres à l'aide de pinces minuscules. Si elle se révèle écolière appliquée, c'est pour finir plus tôt ses devoirs et se plonger dans les pages aventureuses. Elle ne lit pas, elle dévore. Elle découvre ainsi la vie, cachée sous des jaquettes de cuir rouge et des couvertures colorées. Ses humanités sont riches, avec du sabre, de la grandeur d'âme, de la cavalcade, et brusquement se déchaînent les éléments à la porte de sa chambre, des orages dans les Appalaches, des tempêtes de fin du monde dans l'Atlantique, des chasses mémorables à l'orée des steppes, des battues épiques au seuil des vallées perdues. La petite Ella se renferme sur elle-même, devient maussade. Ce n'est pas un manque de sociabilité, mais elle connaît souvent la solitude. La classe ? On la juge comme une enfant malade, prompte à se rendre au sanatorium des hauteurs. Le salon familial ? Elle en a horreur. Que pourrait-elle abhorrer plus que ces grandes personnes qui lui pincent la joue ou l'embrassent alors que son corps gémit et cherche le repos ? Les livres encore, ultime refuge. Elle s'identifie désormais aux héros, se forge un caractère capable de résister au froid et aux privations. La nuit est courte, après des heures de lecture, et les réveils brumeux. Qu'importe ! En classe, toujours, des paysages défilent devant ses yeux qui ne ressemblent en rien à ceux de Genève.

Lorsqu'elle a dix ans, son père décide de louer une petite maison au bord du lac Léman, non loin de Genève, au Creux-de-Genthod, pour les vacances. Un dimanche de printemps, toute la famille se déplace pour visiter l'endroit, fort bien abrité du vent du nord, dans une courbe du rivage. C'est un ancien poste de garde-côte, jolie bâtisse qui donne sur une grève de cailloux. Quelques saules et peupliers protègent la plage. Plus loin un étang accueille des cygnes qui évoluent entre des roseaux et des capucines d'eau. Ce jour-là, des randonneurs se reposent aux portes de l'auberge voisine, sous des marronniers, tandis qu'un riverain repeint un canot à rames. Quel calme, quel décor... Ella éprouve un coup de cœur pour cette maisonnette qui ressemble tant aux refuges d'aventuriers et aux repaires de bandits de ses nuits. Pendant que la famille discute, évalue chaque pan de mur, chaque point de vue, elle jette des cailloux en ricochets et prie pour que cette demeure soit leur. La maison du lac est comme un don du ciel, un cadeau de l'eau, plutôt, car Ella convoite déjà l'étendue bleue qui s'offre à ses yeux, source de quiétude et d'errance aussi.

L'affaire est vite conclue et le père signe un bail qui permet à la petite famille de s'exiler de Genève cinq mois par an. En mai et en juin, puis en septembre, Ella et son frère Albert se rendent à l'école en train, le long du lac, et reviennent le soir goûter au charme du Creux. Les lectures d'Ella prennent un autre tour, imprégnées d'odeurs de marronniers et d'effluves du lac. Déjà elle regarde les voiliers avec envie.

Elle n'a pas la permission encore de naviguer sur ces eaux limpides. Alors elle escalade les roches, sur la digue naturelle qui protège le Creux. Elle lance sa canne à pêche dans les eaux sombres du lac, ferre quelques perches tigrées. De temps à autre elle plonge, ceinture de liège à la taille qui lui scie les côtes. Les yeux grands ouverts, elle inspecte ces petites profondeurs vaseuses, tend la main, attrape des têtards. D'année en année, à gambader dans les prés et à garder les vaches du voisin, elle se refait une santé. Il lui arrive même de s'attaquer aux foins avec les paysans du coin.

Son père, lui, accumule. Il sait économiser, thésaurise afin de mieux protéger sa famille – sait-on jamais. Pour Ella, il pressent une grande vie, des études solides, un emploi sûr, un appartement à Genève. Autant de certitudes qui effraient la jeune fille. Elle ne pense qu'à ses lectures, et à ses desseins d'escapade sur les eaux bordées par des horizons courts. Traversé par les vents, baigné par les odeurs d'herbes coupées et de vase, le lac Léman est un premier océan.

C'est là qu'elle rencontre Hermine. La fille des voisins s'ennuie et s'approche très vite de la nouvelle venue. Le Creux-de-Genthod est son royaume. Hermine connaît chaque recoin, chaque repli du lac, et les collines alentour n'ont plus de secrets pour elle. Fille d'une grande famille, l'une des plus anciennes de Genève, elle s'appelle de son vrai nom Hermine de Saussure. Industriel fortuné, son père possède une belle maison voisine de celle des Maillart et loue une ferme non loin du pressoir à cidre et de l'orangerie. Hermine de Saussure a des cheveux châtains, qu'elle porte courts, et des yeux gris. Vêtue constamment d'une blouse de marin et d'une jupe plissée en coutil rayé, elle arpente les environs à la recherche d'une escapade aventureuse. Elle ne peut que croiser Ella Maillart, qui est fascinée par son visage rayonnant, comme si elle portait une lumière en elle. Hermine ? Elle rejette ce prénom, donné par hasard à sa naissance par son père qui ne se rappelait plus celui choisi, et a fait serment, dès son plus jeune âge, de s'appeler Miette. Elle se sent une âme de chevalier, veut redresser les torts de la contrée. Sa gouvernante l'a dotée d'un surnom : « Mademoiselle c'est injuste. »

Sur les bords du lac, les deux collégiennes contemplent les voiliers miniatures des garçons du village. Puis elles se jettent dans le jeu, acquièrent deux maquettes, tendent leurs voiles et s'exercent à la régate en modèle réduit. Mais c'est plus loin que leurs regards se portent, vers ces yachts qui glissent comme des fantômes. Elles apprennent à les repérer à leur couleur, savourent leur nom, le *Calypso* vert, le *Briséis* blanc, le *Canari* jaune, l'antique *Tanit*, l'élégant *Épervier*. Elles discernent aussi les petites silhouettes qui hissent les voiles et larguent les ris. Un soir, le matelot Riri du *Canari*, qui accoste dans la baie du Creux, les invite à son bord. Les deux amies s'émerveillent de cette promenade sur le pont, s'exaltent à effleurer les haubans, la barre et les voiles recroquevillées comme des corps d'aventuriers avant le grand saut vers l'inconnu.

Le matin tôt, Ella contemple les embarcations de bois de chêne de vingt à trente mètres, gréées de deux voiles latines, que l'on appelle les « barques de Meillerie », et qui servent à acheminer de la rive française à la Suisse les pierres extraites des carrières de Savoie. Lorsque la bise noire, le vent du Léman, souffle trop fort et les empêche d'entrer dans le port de Genève, les matelots, foulard noué autour du cou et casquette vissée sur l'oreille, s'amarrent au Creux-de-Genthod, face à la maison de ses parents ; alors Ella réalise que ce n'est pas tant la voile qui l'attire que l'envie de se frotter à la vie à bord – « accompagner des hommes dont c'était le gagne-pain ». Une nuit, à quatre heures du matin, elle entend grincer les poulies de bois devant le jardin, se lève et, accompagnée de son cousin Pucci, rend visite aux matelots qui les embarquent pour une virée devant Genève sur une barque vieille d'un siècle. Elle est fascinée par le jeu du soleil levant sur les voiles, ce froissement de feuilles mortes, ces ombres dansantes, ces reflets qui marient le ciel et les flots. Elle en oublie sa classe de huit heures.

À force de voir rêvasser les deux filles sur les berges, les familles finissent par les envoyer au large, comme Blaise Cendrars un peu plus loin sur le lac de Neuchâtel : « J'avais un petit lougre qui filait comme une flèche, remontant le vent au plus près. C'est grand-père qui me l'avait donné pour mon dixième anniversaire » (*Bourlinguer*). Ella et Miette savent nager, que diable ! Elles s'embarquent sur une liquette, une barque à fond plat, donc stable, qui sert à poser des nasses. Elles voguent seules, s'imaginent en matelots du grand large ou en capitaines au long cours. Ces rives sont celles de leur Méditerranée. Et les envies de croisière fusent. Au fond de la barque s'engendrent des serments de marins. Déjà se dessinent les contours de l'aventure. Ce repli sur la côte ? Elles songent à la botte italienne. La plage ? Ce sera Marseille, escale salvatrice après un gros grain qui a balayé les vivres sur le pont. La brèche qui relie le lac à l'étang ? La remontée du Rhône, en louvoyant. Le soir, elles dévorent les livres, un par jour, de Curwood, London, Melville.

Peu à peu, les mousses montent en grade. Lorsque le père de Miette prête son canot aménagé en chasse-marée, elles s'imaginent errant au milieu de l'Atlantique. Une aubaine qui permet à Ella de faire la nique à son frère, peu soucieux de l'embarquer à bord de son voilier de course, huit mètres cinquante et un équipage de compétition. Quand Albert, une fois l'an, s'élance sur son youyou empli de provisions pour rejoindre le yacht, à la veille d'une croisière d'une semaine sur le Léman, elle a la gorge serrée. Une envie de grand départ pour elle, un sentiment de bonheur pour son frère. Elle a peur pour lui aussi, quand il double le cap du Haut-Lac, au-delà de la pointe d'Yvoire, souvent plongée dans la brume. C'est là qu'ont disparu deux de ses amis, dans les eaux sombres qui bercent les pieds des montagnes. Ella et Miette, elles, ne sont autorisées qu'à rester dans les parages de la maison du Creux, avec comme barrière l'écoute de la cloche qui sonne le repas du soir, lorsque monte du fond de la barque une humidité froide, comme un tocsin de la nuit.

Ces années d'insouciance, somme d'instants volés à la monotonie de Genève, sont aussi des années d'espérance. « Je n'avais qu'une ambition : devenir un vrai bourlingueur des mers. » Ella et Miette se font la main à la barre d'un sloop d'une tonne qui appartient à un ami d'Albert. L'ami est parti pour le service militaire et a besoin de deux mousses pour entretenir son trésor, le *Poodle*. Les filles ne se font pas prier : ce départ sous les drapeaux est pour elles une chance. Blanc à pont vert, le bateau est une belle bête nantie d'une bôme à rouleau pour mieux enrouler la voile et d'une quille imposante qui l'empêche de chavirer. On autorise les deux amies à s'aventurer à quelques encablures. « Une bonne fée veille sur moi », songe Ella, désormais surnommée Kini par son frère et Miette. Elles apprennent en épiant les matelots du Creux. Elles miment leurs gestes, s'approchent, bavardent pendant des heures, rendent service comme d'humbles et fidèles novices pressés de larguer les ris. Peu à peu le savoir se révèle. Adieu les petites bordées près du rivage. Elles se lancent vers les eaux sombres avec l'assurance de marins en route pour l'Amérique.

Une autre aubaine se présente au cours des années suivantes : résidant à l'étranger, un oncle de Miette prête aux deux filles son voilier, le *Gypsy*, afin de lui éviter une ankylose. Tiré au sec sur la cale de Port-Marcet, à trois cents mètres du Creux-de-Genthod, le bateau est racé, un six-mètres-cinquante taillé pour la course. Désormais, les deux apprenties matelots, la peau caressée par les embruns et le froid, sont de toutes les régates sur le lac. Elles se démènent comme de beaux diables dans ces compétitions qui rassemblent au moins douze bateaux, et s'offrent un jour le luxe d'arriver premières devant des équipages ébahis, dont celui de son frère sur l'*As de Pique*. Elles apprennent aussi à discerner les prémices du mauvais temps, qui tombe vite sur ce lac aux humeurs capricieuses, et guettent le faîte des arbres, le moindre changement de brise, l'inclinaison des fumées lourdes sur les bateaux à vapeur. Surveillées de près par leurs parents, elles savent qu'elles n'ont droit à aucune erreur et préfèrent la prudence à la manœuvre hardie. Surtout quand pointe la « bise noire », ce vent du nord qui charrie des vagues immenses. Qu'importe. À force de contorsions et de sauts rapides sur le pont vert, elles apprennent à manœuvrer par grain violent et à ancrer dans des ports en pleine nuit. Ce combat contre les éléments fascine Ella, qui aime le contact rude avec la nature : sentir la force du vent sur son visage et la froidure de l'eau sur ses mains. La peur de couler, de rater l'accostage, de finir perdue au milieu du lac l'habite aussi telle une vieille obsession. Adolescente, à l'heure où les autres jouent, Ella apprend aussi qu'il ne faut pas céder à l'angoisse « par peur de la peur ».

Mais la peur parfois est au rendez-vous. Un jour, durant une régate, tandis qu'elle barre des deux mains le voilier de son frère dans les vagues courtes et noires d'une forte tempête, Ella entend un sinistre craquement. C'est l'étai qui vient de se casser net, puis le mât qui se brise. Ella croit un temps que le bateau va couler. En guise de pénitence, c'est la voix d'Albert qui l'accable de tous les maux. « Kini, qu'est-ce que tu m'as fait ! »

D'autres accidents s'ensuivent, un raclement de coque sur les rochers à en briser les flancs, puis un accrochage entre deux voiliers, dont le *Melita* qui embarque son frère et coule, éperonné par le buis de l'autre, en quelques secondes. L'un des matelots s'empêtre dans ses vêtements et ne peut être sauvé malgré la plongée d'Albert.

Chaque été, Ella et Miette tirent au sec le *Gypsy* pour nettoyer sa coque au papier de verre, polir la quille au graphite puis recouvrir l'acajou de trois couches de vernis. Avec de rapides coups d'œil aux matelots voisins qui arborent des muscles noueux sous le soleil, Ella n'est pas en peine, qui se veut l'égale des meilleurs artisans des chantiers navals. Comme elle paraît dure avec elle-même, prête à endurer les douleurs du corps, les souffrances des gestes mille fois répétés, pour se prouver je ne sais quoi... Qu'elle peut errer au large ? La manche est déjà remportée. Qu'elle est capable de figurer parmi les champions des régates ? Elle s'est déjà hissée sur les podiums. Qu'elle est prête à l'aventure ? Sans doute. Au-delà de la gloriole, des exploits à la petite semaine, elle démontre une seule chose : un jour, elle partira. Larguer les amarres, quitter ces rivages trop purs. Un appel sourd semble monter en Kini qu'elle n'oubliera jamais, comme une invitation au nomadisme éternel, une réponse au « mal de l'infini » dont parlait Durkheim.

En 1924, Ella Maillart est choisie pour représenter la Suisse aux jeux Olympiques de Paris. Elle a vingt et un ans et sait déjà barrer comme un vieux loup de mer. Son aire de compétition : la Seine, où elle doit évoluer en solitaire, après avoir peint la coque elle-même, envergué les voiles et mis le gréement seule, sans aide aucune, comme l'exige le règlement. À Meulan, la base des compétitions de voile, Ella s'aperçoit qu'elle est la plus jeune des délégués des dix-sept nations. Malgré le climat de concurrence, elle instaure des liens d'amitié avec ses voisins, qui la prennent sous leur coupe : le barreur anglais Gordon Fowler, de Bembridge, un Hollandais du même âge conseillé par son père qui gesticule sur le rivage et un Norvégien, architecte naval fort en gueule qui n'a pas son pareil pour calfeutrer une coque.

Les épreuves ne sont guère aisées pour les candidats, habitués à la navigation en mer ou sur lac et non sur un fleuve. La brise tourne sans cesse puis s'arrête brusquement, provoquant de temps à autre un chavirement, quand il ne s'agit pas de louvoyer entre des trains de péniches qui défilent comme si de rien n'était. Sur son bateau, Ella s'agite : jamais les manœuvres n'ont été aussi épuisantes, à manipuler la barre, la grand-voile, le foc, la bastaque et le spinnaker, à jeter l'ancre lorsque le courant s'avère plus fort que le vent. Dix jours d'entraînement et deux jours de course lui valent, après une mauvaise sortie du spinnaker et l'élimination en demi-finale, une neuvième place. Ella est écœurée : elle pourrait dire aux juges que le Finlandais qui l'a devancée était sous le coup d'une disqualification, mais elle s'abstient, tandis que le Finlandais la dénonce en évoquant l'effleurement d'une marque de parcours. Loyale et conciliante, Ella subit l'ignominie de son concurrent. Elle revient en Suisse convaincue qu'au royaume du sport, fût-il nautique, tous les coups sont permis. Ce n'est pas ce terrain-là qu'elle recherche, mais plutôt les espaces vierges où exercer sa solitude.

L'hiver est triste à Genève, et long surtout. Miette est repartie vers Paris et Ella ne peut s'exercer à la voile sur le lac. Elle doit pourtant soigner ses insuffisances respiratoires et se fortifier. Comme on lui signifie que le tennis présente le double inconvénient d'exposer au froid et de coûter trop cher, elle se souvient que son cousin Edmond joue au hockey sur gazon. Voilà une belle occasion de gambader, à l'aile droite, même si le terrain, mauvais, s'apparente à un champ gelé. Ella s'initie à la crosse mais redoute les coups d'épaule et rejette cette atmosphère de rudesse trop masculine, à tel point qu'elle n'a plus qu'une envie : créer une équipe féminine, comme il en existe en Angleterre où l'on compte trente mille joueuses. Peu à peu, capitaine non plus d'un voilier mais d'une équipe de hockey, elle recrute des candidates, dix camarades qui aiment courir, et fonde le Champel Hockey Club. Le terrain n'est guère enviable, un jardin au sol irrégulier, et les parents se montrent réticents devant cette forêt de crosses qui se lèvent, tombent, s'acharnent sur une balle et parfois sur les jambes telle une armée de hallebardes. Les équipières n'ont peur de rien, pas même des garçons du pensionnat anglais, et annoncent crânement par affiches collées sur les murs, au bout de quelques mois, un premier match féminin de hockey sur gazon contre un club de Lyon qui ne daigne se déplacer que tous frais payés, condition qu'Ella parvient à remplir en lançant une souscription dans le voisinage.

L'équipe adverse est solide mais Ella peut compter dans ses rangs sur trois joueuses anglaises recrutées à la toute nouvelle Société des Nations, sise à Genève. Le jour du match, une pluie sévère transforme le terrain en champ de labour sur lequel Ella glisse comme une patineuse et constate de quart d'heure en quart d'heure sa défaite. Tout n'est pas perdu cependant, malgré le score peu reluisant : l'équipe recrute six nouvelles joueuses, dont une solide gardienne de but.

Le hockey sur gazon est pour l'adolescente comme une famille, une fosse d'orchestre sur laquelle elle se pencherait avec des airs de chef sans obséquiosité, donnant la mesure et le chemin. Elle n'a que seize ans et rêve d'un public qui l'encouragerait. Elle parvient à le conquérir, à remplir les tribunes du petit terrain, qui résonnent de « Vas-y, Kini ! », ce qui lui donne des ailes et lui assure un certain pouvoir sur ses camarades. Souvent, elle se moque d'elle-même, par crainte d'abus d'autorité, consciente de son aura sur l'équipe. Mais elle apprend aussi que la persévérance ouvre toutes les routes. Une compétition lui en offre la démonstration éclatante lorsque son équipe se frotte à Lausanne, dans un match perdu d'avance. À défaut de s'incliner, Ella ordonne de prendre l'adversaire par surprise dès la première minute pour le déconcerter ; elle engage la partie comme dans un jeu d'échecs, après une combinaison dûment calculée, et la crosse se lève, et la partenaire répond, et la balle glisse dans les buts. Elle se bat comme une lionne et la défaite ce jour-là a des allures de gloire.

Lorsqu'il s'agit de prendre le chemin de l'école, Ella traîne les pieds, et triche aux examens quand sa mémoire lui fait défaut. Elle sait que ses goûts et passions germeront dans les livres et les randonnées, le ski, la danse, qu'elle pratique assidûment, boston ou tango, même la nuit dans sa chambre, jusqu'à trois ou quatre heures du matin, source de somnolence pendant la classe. Un de ses partenaires de danse, qui n'est autre que le propriétaire du *Poodle*, veut s'installer en Rhodésie pour y exploiter une ferme et l'invite au voyage. Kini alors se laisse aller à la rêverie, celle de son enfance, mais songe encore à des études de biologie ou à une destinée d'actrice ; elle prend des cours de diction ou récite des vers de la tragédie antique jusqu'à s'émouvoir aux larmes. Elle fréquente longtemps un cours d'art dramatique. Mais entre elle et l'école rien ne va plus. À dix-sept ans, un an avant le baccalauréat, elle coupe les ponts et quitte les bancs scolaires, au grand dam de sa famille. Sa vie ressemble désormais à une boussole déréglée dont l'aiguille indique tour à tour des horizons divers. Se laisser vivre, porter par les flots de l'existence comme le *Poodle* par les courants du lac Léman.

Elle n'abandonne pas pour autant ses humanités et entend préparer avec une amie les examens d'entrée à l'université, grâce à des cours particuliers pendant deux ans. Mais leur volonté n'y suffit pas : surmenée, l'amie tombe dans une profonde dépression à l'heure des examens, tandis qu'Ella, davantage attirée par le hockey que par l'étude, échoue aux épreuves de latin et de mathématiques. Se présenter une nouvelle fois ? Elle renonce : les études classiques ne l'intéressent plus. « Qu'est-ce qu'on fout ici ? » Seule compte désormais la promesse des voyages.

C'est Miette, cette fois, qui l'appelle à la rescousse. Malade, la fille Saussure, qui a obtenu sa licence en lettres classiques, doit séjourner durant l'hiver 1922-1923 sur la Côte d'Azur, ordre des médecins. Quand elle apprend que son amie est libre comme l'air, elle lui propose une croisière en Méditerranée, qu'Ella accepte avant même de convaincre ses parents, lesquels donnent leur bénédiction lorsque leur fille évoque une obligation d'amitié envers une pauvre malade qui se chargera de l'intendance et de toutes les dépenses.

Son sac de matelot est vite ficelé, qui l'attendait dans un coin pour des aventures à la Melville. À vingt ans, après une escale à Paris au domicile de Miette, qui reprend vie devant la cheminée à la vue des cartes marines et du détail de leur périple, Ella s'élance sur le pont d'un voilier pour une croisière de six mois. C'est un cotre de trois tonnes et de sept mètres vingt nommé *Perlette*, qu'elle achète au constructeur d'avions Louis Bréguet pour six mille francs avec l'argent de Miette et que le vendeur convoie de Paris à Marseille puis à Saint-Tropez. Dans l'attente du départ, les deux amies logent dans un couvent et circulent à bicyclette pour palabrer des heures durant avec les pêcheurs et un capitaine qui les emmène au bout du golfe sur sa tartane avant de lâcher qu'il sort de prison. Le secret est bien gardé devant les bonnes sœurs, tous les secrets, et même devant les parents de Miette, qui connaissent à peine l'existence du cotre au tirant d'eau d'un mètre vingt, passe-partout des mers et des espérances. Lorsque M. de Saussure reçoit la facture, une lettre courroucée vaut coup de semonce. Mais Miette ignore l'ire du père, ancien officier de la Marine française, qui dans un message traite les deux filles de folles et leur ordonne de rejoindre le giron familial. Elles persistent et répondent que leur équipée sera calme, proche des ports, loin des tempêtes. Le père finit par obtempérer, et Miette lance à Ella :

« On est des malins singes ! »

La *Perlette* pourtant n'est pas une mince affaire. Lorsqu'il est livré en février à Marseille, le cotre apparaît noir de suie, sans mât, avec sa coque désarmée que Miette et Ella contemplent lorsqu'elles demandent de tirer le bateau à sec au Yacht Club du Vieux-Port. Quant au moteur auxiliaire, elles ne savent pas s'en servir, et comptent sur leurs talents de marins à voile pour les sortir d'une mauvaise passe ; elles vendent donc l'engin pour mille cinq cents francs, un beau pécule vite converti en boîtes de conserves, confiture et provisions de haute mer. Vêtues d'un épais jersey de laine, parfois pieds nus malgré la glace qui traîne sur les quais, elles astiquent, réparent, peignent, martèlent. Il leur faut tout apprendre, et d'abord réunir les pièces officielles, grâce à la lecture du *Capitaine de yacht*. Un petit compas à liquide, un baromètre et un loch enregistreur des distances parcourues complètent leur panoplie. Pour la cuisine, un réchaud Primus suffit, coincé entre les couchettes. Ça sent le cuir et la voile neuve, le biscuit de mer et le goudron. Le soir, lorsque la glissière du rouf est tirée, elles lisent sous leur couette, courbaturées par les heures de bricolage, les livres de Herman Melville sur le Pacifique en guise de prélude au voyage. Elles viennent d'achever la lecture du *Déclin de l'Occident* d'Oswald Spengler et ont deux mots à la bouche : « Tout quitter. » Cette équipée maritime sera celle des grandes promesses, le retour aux sources helléniques pour Hermine, qui veut voguer jusqu'aux rivages grecs, et une antichambre de la liberté pour Ella, qui veut fuir cette Europe fade, léthargique, décadente et hypocrite qui n'a pu engendrer que la pire des guerres, la der des ders, celle des tranchées et des grands massacres, dont elles ont lu le récit dans *Les Croix de bois* de Dorgelès et *La Vie des martyrs* de Duhamel. « Rentrer chez soi, écrivait Aragon. Qu'est-ce que c'est, chez soi ? Mais il faut bien qu'on parte. » Elles sont prêtes pour le grand adieu, heureuses d'abandonner ces quais qui sont source d'embrouilles, avec ces agents qui prennent de grosses commissions, ces ouvriers sans parole, ces factures parfois exorbitantes.

Une excitation sourde les saisit, ainsi qu'une légère inquiétude, celle que connaissent les marins devant les annonces de gros grain.

La *Perlette* quitte le port de Marseille dans une brume matinale, à la trace d'une régate de yachts en partance pour Cannes dont l'un est barré par l'ami Félix, un matelot qui a décidé de veiller comme un père sur les deux jeunes femmes. « Suivez-moi, on va jusqu'à Toulon ! » avait-il lancé après avoir détaillé la route. Mais son yacht se perd dans la brume, la *Perlette* est à la traîne et finit par être semée. La mer déjà a grossi, les vagues deviennent dangereuses, les étagères se vident au moindre coup de barre, qui projette la bôme comme une folle matraque de bord à bord. Tandis que Miette réduit la voilure, Ella tente de repérer la route au milieu de la mer déchaînée, qui ne se calme qu'à la nuit tombée. La *Perlette* s'engage dans des eaux abritées puis est amarrée à une petite jetée, havre miraculeux. C'est un sentiment que connaîtra maintes fois Ella au cours de ses pérégrinations : le bonheur de faire halte, saine et sauve, après une étape semée de périls.

Au gré des escales, nu-pieds et en tenue débraillée, Ella et Miette se lient d'amitié avec des personnages très différents : des marins tels que Virginie Hériot, la reine de la voile française sur son *Ailée*, avec qui par deux fois elles naviguent, des pêcheurs sur le port de Porquerolles, des commerçants qui les invitent à boire du gros rouge, deux jeunes écrivains fuyant l'Europe de l'après-guerre et clamant leur haine de la civilisation européenne, Jean Bernier et Pierre Drieu la Rochelle, qui racontent leur révolte au retour des combats. Drieu, qui a dix ans de plus qu'Ella, a longtemps cru en une fraternité mystique entre guerriers. Il a lu Barrès et Kipling puis est parti sur le front de 1914 avec l'ivresse de l'héroïsme. Il en est revenu blessé, hanté par les images de morts dans les tranchées et obsédé par l'idée de la décadence. Il hésite entre Maurras et le communisme, écrit des pages et des pages sur ses obsessions qui seront publiées sous le titre *Mesure de la France*, et s'ouvre à Ella et Miette. La Grande Guerre l'a plus que bouleversé, elle a révélé des fractures en lui. Il en a réchappé, comme Aragon, comme Cendrars aussi, le compatriote d'Ella qui est revenu avec un bras en moins mais plus prolixe que jamais, ce qui fera dire à Picasso : « Cendrars, le poète qui est revenu de la guerre avec un bras en plus » – mais non comme Appolinaire, trépané et qui, affaibli, meurt à l'automne 1918 durant l'épidémie de grippe espagnole.

Le même malaise se révèle chez les deux écrivains et les deux filles, une antipathie commune pour l'Europe de l'après 1918. Au fil de ces discussions, Porquerolles représente une sorte de halte féerique pour Ella, une étape vers l'Orient mythique, qu'elle convoite secrètement. Ce n'est encore qu'une île isolée et dépourvue de visiteurs que fréquentent les pêcheurs de la côte, affairés à rapiécer leurs filets. Les deux écrivains, les marins à l'escale, les rêves d'inconnu : oui, Porquerolles est un lieu magique. Et un soir, sur le pont d'une antique goélette aux solides vergues qui transporte du marbre de Carrare et des caroubes, entourées de marins à la peau tannée, Ella et Miette boivent plus que de coutume, du vin noir, dans les senteurs fortes de la cargaison. Alors, emportée autant par la houle que par le tango qui surgit de l'harmonica d'un marin, Ella se met à danser pieds nus sur le pont, dans une douce lumière de grosse lune, enveloppée par une brume de sons et de parfums.

Elle vient d'avoir vingt ans et ne demande qu'à vieillir, ailleurs.

Lorsqu'elles veulent rallier Cannes, c'est Ella qui prend le quart, peu de temps après le crépuscule, jusqu'à minuit. Dans l'obscurité, au fil des heures qui s'égrènent sans repères, avec pour seule certitude le rougeoiement de la pipe que Kini s'est allumée, la *Perlette* glisse telle une ombre silencieuse. Puis un événement étrange survient. Un souffle rauque tonne sur le côté. Le sang d'Ella ne fait qu'un tour. Est-ce un immense amphibie ? Un cétacé qui fait surface pour empaler une coque de bois ? Une baleine blanche, celle de Melville, ou un monstre aquatique ? Tétanisée, Ella tend l'oreille, écoute l'animal qui continue à respirer bruyamment dans le noir et s'approche au plus près. (Henri Michaux, ancien matelot et qui rentre d'un long voyage en Asie : « Il est vraiment étrange que moi qui me moque du patinage comme de je ne sais quoi, à peine je ferme les yeux, je vois une immense patinoire. ») Que faire ? Réveiller Miette ? Ella craint la moquerie et veut assurer jusqu'au bout son premier quart de nuit. Lorsque Miette vient la relayer, Ella, grelottant de froid, la peau recouverte de la rosée nocturne, lui conte sa mésaventure. La coéquipière hausse les épaules. Les monstres marins n'existent pas et peut-être était-ce l'écho d'un raz près du cap doublé. Le reste n'est que chimères... Quand elle s'endort sur sa couchette, Ella songe que cette rencontre n'est pas fortuite. Le ronflement de la bête, imaginée ou pas, sonne comme un écho mystique, annonciateur d'autres voyages aux fantastiques rêves éveillés.

La traversée vers la Corse se fait à l'estime, sans instrument de navigation, et la *Perlette* trouve son chemin jusqu'aux portes de Calvi, avec une erreur de quelques milles seulement. À peine arrivée, Ella voit surgir une tempête qui balaie tout sur son passage trois jours durant. Les deux filles matelots ont eu chaud. Un peu plus et elles risquaient de sombrer en Méditerranée, malgré leur audace saluée par les Corses sur le port, qui savent qu'aucun voilier aussi petit ne s'est jamais aventuré jusqu'ici depuis le continent. Lorsque la tempête s'assagit, elles quittent Calvi, au grand étonnement du préposé au port à qui Miette répond :

« Mais le capitaine, c'est moi ! Inutile de le chercher dans la cabine ! »

Le retour vers les rivages niçois est moins mouvementé, hormis la présence sur un youyou d'un reporter qui leur barre la route sous prétexte de leur demander une interview, ce que refusent les deux matelots ivres de sommeil. Cela n'empêche pas le journaliste de publier le lendemain dans le journal de Nice un récit de leur traversée inventé de bout en bout et agrémenté de la photo d'un yacht à côté duquel la *Perlette* apparaît fragile comme une coquille de noix.

Entre virées au large et cabotage de port en port, la vie à bord est frugale, entrecoupée de longues séances de lecture – *La Croisière du « Snark »* de Jack London ou *Tour du monde d'un navigateur solitaire* de Joshua Slocum. Ella et Miette rêvent aussi d'un bateau plus grand, tel ce *Firecrest* qu'elles lorgnent dans le port de Nice, une vieille coque de onze mètres de long avec un immense beaupré peu maniable. La championne de voile Virginie Hériot leur présente le propriétaire, un homme avenant qui daigne monter à bord de la *Perlette* ; des yeux clairs dans un visage étroit, le geste racé, il s'apprête à larguer les amarres pour une longue course vers le Pacifique. Il s'appelle Alain Gerbault, fut aviateur pendant la Grande Guerre et a fait le serment avec trois compagnons de naviguer jusqu'au bout du monde. Les compagnons ont disparu dans les combats mais Gerbault n'a pas renoncé à son projet, qu'il veut accomplir désormais seul, dans le plus grand secret : traverser l'Atlantique par la route des Açores, de Gibraltar à New York. Il met les deux filles dans la confidence. Il peut avoir confiance, elles ne diront rien. « Pendant les longues soirées à bord du *Firecrest*, au milieu des cartes, à écouter les récits et les projets de Gerbault, confiera plus tard Hermine de Saussure, nous nous sommes défaites de beaucoup de préjugés sur les dangers de la haute mer. »

C'est un sportif accompli qui est champion de tennis, s'entraîne à tire-larigot sur les courts de Nice et remporte de belles victoires. Avec Suzanne Lenglen, son associée en double mixte, il gagne la coupe Barclay du Nice Lawn Tennis Club. Entre Gerbault, homme révolté aux allures de dandy, et les deux amies au regard franc et curieuses de tout, une complicité immédiate s'installe, que renforcent les discussions brèves sur le sport. Le lendemain elles visitent le voilier de Gerbault, hissé à quai pour quelques couches de peinture. Le navigateur apprécie ces deux filles dont la cabine lambrissée est une merveille de bibliothèque : Thucydide, Platon, Callimaque, Xénophon, *Les Nourritures terrestres* de Gide, les poètes romantiques et les encyclopédistes. À bord du *Firecrest*, Ella et Hermine se ruent à leur tour sur les livres anglais de Gerbault. Leur passion commune du grand départ est là aussi, dans les lignes de la rupture, les pages où règne l'abandon de tout.

Alain Gerbault se tient debout, une main sur le bastingage. On l'imagine nerveux et affable à la fois, on l'imagine entre deux eaux aussi, entre le port et le grand large, prêt à s'élancer vers d'autres rêves, vers d'autres rives. Que pouvaient espérer de mieux Ella et Miette ? Elles n'attendent que ça, un gardien de phare qui leur montrerait le cap, loin devant, très loin devant. Elles ont déjà un pied en mer. Gerbault est une aubaine. On devrait toujours se méfier des rencontres sur les quais.

Les deux filles revoient Alain à Cannes, où il a retrouvé quelques amis du tennis, dont Pierre Albarran. Elles observent ses préparatifs, l'aident au besoin, lui qui emmagasine des provisions pour trois mois comme un capitaine affamé, baril de bœuf plongé dans la saumure, lait condensé, flocons d'avoine et biscuits de mer. Elles vérifient le gréement, nettoient le pont encombré de voiles, d'outils, de colle, pétrole, lanternes, bougies, un bric-à-brac d'aventurier qui sait quand il partira mais ne sait quand il reviendra. De jour en jour, ce Gerbault se transforme, il flaire l'aventure, il transpire d'accomplissement, il est tendu comme un fauve prêt à bondir, il est exalté, et pourtant il sait que la traversée sera hautement périlleuse. Ella entretient une relation amicale autant qu'amoureuse avec lui. Une forte complicité naît entre eux, qui les rend libres comme le vent, sans engagement l'un envers l'autre, privilège de marins qui arguënt de la nécessité de lever les voiles comme bon leur semble, sans se soucier des sentiments largués au bout du port.

Le soir, Gerbault invite les deux camarades en chandail dans sa cabine décorée de coupes gagnées au tennis, à la table recouverte de cartes, d'outils, de livres et de magazines, *The Field, L'Illustration, Tennis et golf,* étrange alchimie propre aux navigateurs solitaires, et il leur parle des outils, leur ouvre les livres, *Christmas at Sea* de Stevenson, détaille les cartes marines, plonge dans les vents dominants, montre les courants. Dans la fumée de la pipe d'Ella qui lui donne des airs de vieux moussaillon des mers du Sud, tous trois évoquent la mer Égée, la Grèce antique des marins perdus, et les océans lointains qui leur tendent des vagues d'espoir.

Ella éprouve pour Gerbault un mélange d'admiration et de crainte. Comment, seul sur l'océan, va-t-il surmonter les éléments déchaînés ? Comment pourra-t-il parer aux tempêtes, même avec une bonne ancre flottante ? Lui se soucie de ces risques comme d'une guigne. S'il réussit à rallier New York pour cette première traversée de l'Atlantique en solitaire, elles aussi pourront affronter les mers, même si pour l'heure elles ignorent comment fonctionne un sextant. Ensemble ils sortent en mer, et les deux filles, promptes à manœuvrer sur de fins quillards de régate, sont étonnées par le manque de sensibilité au vent de Gerbault, qui manœuvre en force, sans doigté, sans exploiter le *Fire-*

crest au mieux de ses qualités. Mais quelle facilité à tracer la route, à manier le sextant ! Elles se taisent sur ses défauts de capitaine et préfèrent écouter l'aventurier des mers dans sa cabine, penché sur des cartes un peu vieillies.

Les deux bateaux désormais sont amarrés à couple. Communion des coques, comme Alain Gerbault et les deux filles communient : ils sont du même bois après tout, et les filles à l'instar de Gerbault ont grandi dans le désir qui sourdait de quelques pages, celles de la *Géographie universelle* d'Élisée Reclus.

De retour à Paris, alors qu'elle est hébergée par son amie Géo, arrière dans l'équipe nationale française de hockey, Ella reçoit la visite d'Alain. Il est fin prêt. Les deux filles s'enthousiasment pour cet être insolite, épris de solitude et de gloire à la fois, qui ne songe qu'à son idée fixe, la traversée de l'Atlantique. Solide, débrouillarde, réfléchie même dans les coups les plus difficiles, Géo a navigué sur le lac Léman avec Ella avant 1914 et révélé un sang-froid hors pair lorsque le voilier menaçait de chavirer. Pendant la Grande Guerre, elle a triché sur son âge et réussi à devenir chauffeur pour conduire des camions sous les bombardements. Gerbault et Géo, qui vend des artifices pour prestidigitateurs et met au point un dernier modèle de boîte d'illusionniste, s'entendent dès le premier regard. Ils devisent longuement sur l'absurdité de cette boucherie qui n'est que la révélation de la noirceur du monde.

Quand Ella et Miette apprennent des semaines plus tard que Gerbault, après avoir appareillé de Cannes le 25 avril 1923 par fort vent de sud-est, a réussi sa traversée jusqu'aux docks de l'Hudson River, malgré les coups de vent, les voiles déchirées, avec toutes les pièces de toile utilisées, cousues, rapiécées, elles voient leur rêve de départ prendre corps. Ce sera le Pacifique, les mers chaudes, les ports oubliés décrits par Somerset Maugham. Un rêve qu'elles doivent tenir secret, juré, promis, craché, fût-ce des années durant, jusqu'au jour du grand départ.

CHAPITRE III

Ella Maillart a vingt ans et sait qu'elle peut obtenir, à force de volonté, ce qu'elle désire. Mais elle se pose aussi quelques questions sur son existence. La voile suffirait-elle à remplir une vie ? Ne doit-elle pas écouter les sirènes paternelles qui lui enjoignent de s'établir, de reprendre des études ? Le soir, au Creux-de-Genthod, devant le lac aux eaux noires, elle médite sur ses lendemains. Certes les affaires familiales ne marchent pas fort et elle doit songer à un emploi à Genève ou ailleurs. Mais toutes ses escapades au grand air la convainquent d'une chose : elle est incapable de rester en place, de vivre en ville et d'attendre un âge avancé pour accomplir des promesses de jeunesse. Elle écoute son père, qui est aussi la voix de la sagesse, et cherche un chemin en se demandant sans cesse : « Y a-t-il là quelque chose de positif ? La vie s'y épanouit-elle mieux qu'ailleurs ? » Son éducation religieuse auprès d'un pasteur protestant ne l'aide guère. Bercée par les textes de l'Évangile, elle a longtemps écouté son précepteur mais les doctes sermons n'ont pas répondu à son questionnement : pourquoi sommes-nous sur terre ? Puisque les religions ne lui sont d'aucun secours, elle veut aller voir. Par elle-même, fût-ce au bout du monde.

Pour mieux savourer ce vœu de départ, elle marque une pause et tente de s'intéresser au négoce de son père, celui des fourrures, qui périclite de plus en plus. Elle s'initie aux secrets de ce commerce particulier, plonge dans les comptes, entre en relation avec les foires de Londres et de New York. Mais le cœur n'y est pas... De temps en temps, elle relève la tête et se dit que le Grand Ailleurs l'appelle : c'est là-bas qu'il faut être, non pas à Londres ou à New York, mais là où l'on récolte les fourrures ! Ces projets lui permettent de continuer. Quand elle signifie à son père qu'elle se met à apprendre la sténographie pour se rendre au Maroc, où une amie espère lui trouver un emploi, il la rabroue gentiment. Non, être secrétaire au Maroc n'est pas une situation. Que de soucis tu causes à ton père, Kini, lui souffle sa mère...

Elle n'est pas en reste, réplique point par point : « J'ai des goûts simples et je peux me suffire à moi-même ! » Mais le père n'en démord pas. Alors Ella se met à chercher d'autres opportunités et tombe sur une annonce dans le *Journal de Genève* : « École de garçons en Angleterre cherche un professeur de français au pair. » Ella bondit sur l'occasion et écrit aussitôt à l'institution : l'école est située dans le pays de Galles, au bord de la mer, et ce séjour lui fournira les moyens de passer un brevet de capitaine en Angleterre, à ses heures perdues. Le père consent. Si elle veut à tout prix partir, autant qu'elle reste dans la bonne vieille Europe, dans une institution privée ! Kini, elle, ne sait pas que cet emploi mal rétribué va bouleverser sa vie.

La voilà sur le quai du départ. Valise en main, Ella Maillart porte une tenue stricte destinée à impressionner le proviseur. Lorsqu'elle parvient au pays de Galles par la « malle du Havre », l'ancêtre des ferries, on l'avertit qu'il lui faudra aussi enseigner dans l'école voisine, pour filles. Cet emploi est un sacerdoce. Nombreuses heures de travail, règlement sévère, extinction des feux à dix heures du soir même pour les enseignants. Très vite, Ella trouve le principal irascible. Celui-ci l'accuse d'avoir triché sur le prix de son voyage pour cacher l'achat de souliers neufs, et de mentir « comme tous les étrangers » – lui qui est d'origine espagnole, un comble, maugrée Kini... Il n'empêche, elle est déconcertée : taillable et corvéable à merci, elle ne peut même pas songer à prendre des cours pour son brevet de capitaine. Pas plus qu'à se rendre à Oxford le week-end pour voir un ami, un étudiant hindou rencontré sur les pistes de ski en Suisse. L'enseignante Maillart se bat pied à pied, tente de contrer chaque coup de colère du proviseur, en vain. Cette ambiance est déprimante et l'école est une prison, pour tous. Seule consolation d'Ella : la rencontre avec un jeune poète irlandais du nom de Monk-Gibbon, un doux illuminé qui lève toujours les yeux au ciel et lui parle à la sauvette dans le corridor. Il est mystérieux, rêveur. Comme elle, qui porte son regard au-delà de l'horizon en songeant à Miette qui sur la *Perlette* cabote dans les îles grecques, aux côtés d'une étudiante en archéologie, Pa-tchoum, en partance pour des lieux de fouilles en Crète.

Face à l'irascible proviseur, Ella ne se laisse pas faire et démontre un caractère de rebelle. Lui interdit-il de sortir en mer avec les pêcheurs ? Elle claque la porte, fuit cette institution quasi carcérale, rend visite à l'agence Truman & Knightley, réputée très sérieuse, et se réfugie dans un collège pour filles non moins sérieux pendant un trimestre. Plus que jamais elle relève la tête, sans arrogance aucune. « Jamais, écrit-elle, je n'ai raisonnablement songé à mener une vie rangée. »

Le quotidien est triste à l'école de la Grange, à Totteridge, au nord de Londres, dans le comté de Hartford. Le professeur Ella Maillart parle mal l'anglais et ses élèves très mal le français, de sorte que les explications de textes et les règles de grammaire, quand l'enseignante les connaît, rencontrent quelques difficultés à atteindre des oreilles attentives. Les soirées sont longues et Ella doit s'enfermer dans sa turne pour corriger les devoirs – un labeur à l'encre rouge qui s'achève tard dans la nuit. La chambre, pleine d'humidité, est sise au premier étage de la fermette au fond du jardin. Elle est mal chauffée par un poêle à charbon et possède une table de toilette bancale repeinte en vert. Sur cette sage institution règne la doyenne Wilson, matrone d'humeur grincheuse qui remet sans cesse son pince-nez en place et passe son temps à tancer les écolières qui sortent du rang. Pour Ella, l'ambiance n'est guère meilleure que dans l'autre collège, avec des dîners au réfectoire sinistres à en mourir, ces filles de riches qui l'épient sans cesse et des courants d'air qui vous donnent des rhumes de cerveau en permanence.

Une fois par semaine, les enseignants sont invités dans la salle de dessin par la directrice en robe de dentelle noire, Mrs. Chignell, pour subir une lecture d'auteurs britanniques, inconnus pour la plupart. Contrainte de forger son oreille au vieil anglais, Ella devient très sensible à la prose délivrée par cette dame patronnesse aux yeux pétillants et au beau visage ridé, prévenante et intelligente, ouverte aux autres. C'est aussi une femme de tête. Le jour de l'entretien d'embauche, après un coup d'œil appuyé au curriculum d'Ella – un brin exagéré – et à la tenue de la candidate, manteau court en peau de phoque et chapeau de feutre à larges bords tel un Stetson de cow-boy, ce qui lui donnait des airs d'aventurière échouée sur le rivage anglais, elle lui a déclaré :

« Fort bien. Jusqu'ici mes demoiselles françaises ne m'ont apporté que déconvenues. Essayons avec vous, en dépit du fait que vous serez à peine plus âgée que la plus vieille de vos élèves. Peut-être vous obéiront-elles quand elles sauront que vous êtes bonne en sport... »

Devant son auditoire Ella se démène, soucieuse de transmettre la beauté d'un poème ou l'émotion face à une toile, mais les collégiennes demeurent impassibles, décontenancées qu'elles sont par cette vie monacale loin de leur famille, qu'elles connaissent à peine. Certaines font preuve d'arrogance, exhibent sans gêne aucune leur titre nobiliaire, pouffent quand l'enseignante venue de Suisse bute sur la prononciation. Mais Ella est indulgente, et à peine de temps en temps leur lance-t-elle :

« Aidez-moi plutôt à finir convenablement mon cours. »

À Ella on demande la lune, et même d'enseigner à ses élèves comment confectionner une culotte... Éberluée, elle ne peut avouer son ignorance en matière de sous-vêtements, s'enferme dans sa chambre, examine ses dessous et repart vers la classe pour reprendre le cours. Ella se réjouit en fait de ces traquenards dont elle se dépêtre sans dommages. Mais comme dans l'autre institution, la routine reprend le dessus. La vie est monotone, et les grands horizons sont absents.

J'ai tenté de repérer l'établissement d'Ella Maillart sans le dénicher. Peut-être n'existe-t-il plus. J'avais traversé la Manche en bateau au même âge qu'elle, en route pour Oxford, et sur le pont battu par les embruns je cherchais moi aussi de nouveaux horizons. Qu'avait donc trouvé Ella dans ces brumes ? Quel mystère la poussait à rompre sans cesse avec son passé ? J'ai longtemps voulu découvrir la réponse entre les pages de ses livres, mais je me suis aperçu que de grands secrets se terraient sous son apparente ouverture. Elle se racontait mais ne se dévoilait pas. Elle se montrait mais ne se livrait pas. Philippe, l'ami disparu en souvenir de qui j'avais refait une partie de la route d'Ella Maillart, la Voie cruelle, mais à rebours, avait lui aussi connu l'existence morne des pensionnats, élève puis surveillant dans des collèges en montagne ou dans la plaine de l'Aisne. Dans l'attente d'emprunter les mêmes chemins qu'Ella, il naviguait d'établissement en établissement, parfois en compagnie de cas sociaux, avec lesquels il s'entendait le mieux, parfois avec les enfants des beaux quartiers niçois. Il passait de longues heures à discuter avec les élèves, à neuf cents mètres d'altitude, dans sa chambre de Saint-Dalmas-de-Tende, au pied du Mercantour, dans cette vallée qui ressemblait tant à l'Engadine et qui était le point de départ de nos randonnées en haute montagne. Les garçons parlaient longuement de leur errance jusqu'à ce village du Mercantour, enfants de femmes divorcées, de pères alcooliques, fils de la banlieue niçoise épris des quatre cents coups mais au grand cœur. Quand ils étaient renvoyés d'un établissement de la Côte, ils atterrissaient dans ce lycée où les internes se regroupaient dans quelques anciennes maisons en pierre de la SNCF, à deux pas de l'ancienne gare de la frontière, laquelle avait été reculée de quelques kilomètres après le référendum de 1947 qui avait rattaché le canton à la France, et cette proximité avec la voie ferrée encourageait les fugues et ne facilitait guère la tâche de Philippe, surtout aux environs de quatre heures du matin. Certains des élèves rêvaient de partir aux antipodes, au-delà des sommets qu'ils regardaient avidement. Ella Maillart, là encore, n'était pas loin...

Philippe s'ennuyait et les élèves s'ennuyaient, et nous partions le mercredi après-midi avec ceux qui n'étaient pas collés pour les montagnes avoisinantes, à la découverte des grottes, à deux pas de l'Italie dont les crêtes blanches nous lançaient des révérences de lumière. Quand nous sortions des cavernes, nous clignions des yeux et l'éclat des hauteurs était comme une promesse de nouveau monde. Nous étions dans une sorte d'enclave en Italie, un bout de vallée française, en amont de la Roya, coupée du reste du département par de hauts sommets. Redescendre à Nice nécessitait de passer par Vintimille. Ce no man's land, semblable à celui qui avait nargué Kini et Annemarie Schwarzenbach en route pour aller admirer les bouddhas de Bamyan, encourageait toutes les rêveries, surtout l'hiver, lorsque les cols s'obstinaient à demeurer enneigés, et notre ennui évoquait celui des personnages du film d'Alain Tanner, Suisse comme Ella, qui avait tourné *No Man's Land*, l'histoire de jeunes amis crevant d'impatience dans leur bout de province coincé au-dessus du lac Léman. À lire Ella Maillart, je discernais cette alchimie étrange qui devait la nourrir et la ruiner en même temps, mariage d'euphorie rêveuse et d'abattement terrestre. Je me rappelais la lettre de Joseph Méry au sujet de son ami Nerval, qui sortait de la clinique du docteur Blanche à Passy, quand il reçut du théâtre la consigne d'arrêter sa pièce *L'Imagier de Haarlem* : « Gérard lut et porta les deux mains à son front, comme pour retenir la raison qui s'échappait. Puis un éclat de rire nerveux contracta son visage, mais les yeux gardaient une tristesse sombre et se mouillèrent de pleurs. » Philippe lui aussi était en proie à des rires de plus en plus nerveux, des tics étranges, et j'aurais dû me douter des méfaits de la poudre blanche, comme Ella ne s'était pas assez méfiée des dégâts occasionnés dans les veines de sa compagne de route Annemarie Schwarzenbach, en chemin pour les steppes d'Asie centrale et l'Afghanistan, ces décors que Philippe ne verrait jamais. Méry ajoutait à propos de Nerval : « Ces continuelles alternatives de joie et d'abattement étaient au-dessus de ses forces : il n'avait pas la santé du malheur. »

Ella non plus n'a pas la santé du malheur. Elle le devance, ce malheur, se porte à sa rencontre, entend le briser, soumettre ses résistances. Elle ne cherche pas le bonheur, le rejette constamment, mais s'inscrit dans cet entre-deux, une sorte de quête perpétuelle dont elle n'a pas conscience, pas encore, et qu'elle découvrira longtemps après, au mitan de sa vie, au-delà des chemins d'Afghanistan, durant son long séjour en Inde. Le bonheur, combien de divisions ? Dans son école pour riches Anglaises, elle ferraille contre cette monotonie, s'enrichit de lectures, parfait son apprentissage de matelot en étudiant des cartes marines et des manuels de capitainerie.

Du matelot elle adopte toutes les poses, et d'abord celles du marin à l'escale. Un livre de marine à voile sous le bras, elle bourre sa vieille pipe qui lui rappelle ses expéditions en montagne avec du tabac gris offert à Porquerolles par un inscrit maritime. Elle aime aussi les longues soirées de solitude, lorsque les filles du village, qui jouent dans une équipe de hockey sur gazon, la boudent, elle, l'étrangère avec son accent à couper au couteau. Elle parvient cependant à lier connaissance avec une fille au nez retroussé, aux jambes courtes et musclées, au visage espiègle couvert de taches de rousseur, qu'Ella surnomme Puck, tandis que celle-ci lui donne du Gobbo depuis qu'elle lit Shakespeare. Professeur d'éducation physique, sœur d'un acteur connu du nom de Henson, Puck l'a soignée quand Ella s'est blessée à la suite d'une pirouette dans le gymnase, un saut effectué par provocation, comme si elle voulait que les élèves la classent parmi les folles. Une tocarde, la maîtresse de français ? Puck au contraire s'est approchée d'Ella, a bandé sa cheville. Puis elle est partie en trombe au volant de sa voiture de sport, comme une fée.

Ella tente bien de voir à Londres les deux ou trois connaissances de son père, en affaires avec des négociants anglais, riches et dans les beaux quartiers. Mais leurs enfants, mariés, ne daignent pas s'intéresser à cette fille un peu perdue au regard lointain. Et elle n'aime pas l'attitude des Londoniens, qu'elle juge « compassés par le respect des convenances, rendus sourds, aveugles et indifférents à ceux qui les entourent », tout ce qu'elle déteste. Ella repart bredouille de ses escapades dans la capitale. Tant pis ! Avide d'autres rencontres, elle se rend dans les musées, explore les quartiers pauvres, salue ces indigents que les bourgeois ignorent, ces sans-le-sou qui s'entassent dans des rangées de masures sombres, à l'horizon d'un univers désespérant. Rien n'échappe à Ella Maillart, elle guette chaque instant de vie, les sourires des uns, les poignées de main des autres, les jeux des enfants avec des boîtes de conserve et des bouts de bois. Cette plongée dans l'antichambre des bas-fonds est une découverte, mieux, une révélation, qui ne cesse de la troubler, elle, la fille de fourreur, la nantie des bords du lac Léman, qui ne pensait qu'à elle, à ses propres envies de bien-être. Peu à peu, le goût du voyage se dessine sous une autre dimension, le désir de l'autre, la rencontre, la compréhension : ouvrir grand ses oreilles, et plus grand encore son âme. Dans ses pérégrinations très urbaines, dans sa quête du vrai monde, loin des quartiers huppés, loin de l'entendement familial, Ella se rappelle les paroles d'Alain Gerbault, dilettante aux incantations de rébellion sur son yacht à Cannes. Kini se sent elle aussi une âme de révoltée, qui ne rêve que de conjuguer l'ailleurs et l'autre, là-bas, sous les longitudes de l'infortune et de l'indigence.

Avec ses maigres émoluments, vingt livres par semaine, elle ne peut s'offrir un repas au restaurant et se rue sur les cantines à sandwiches. Ses économies elle les réserve au médecin, car sa santé décline, trop soumise à l'humidité et au froid dans sa chambrette mal chauffée. Elle passe de consultation en consultation, subit des ponctions de sinus au trocart. Elle hurle chaque fois à en effrayer la rue, à la stupeur du médecin qui lui ordonne de rester tranquille :

« Voyons, songez que mes voisins vont s'imaginer que je maltraite mes clients... »

Elle finit par changer de praticien, en dégotte un moins sauvage sur Harley Street, à deux guinées la consultation, qui lui lance :

« Vous savez, ce climat ne vous vaut rien. Ce n'est pas en restant ici que les choses vont s'arranger. Vous devriez sans plus tarder aller séjourner dans un pays méridional. »

Voilà une prescription qui illumine ses jours tristes à la Grange. Partir... Elle continue d'économiser, demande au médecin de baisser ses tarifs et espère en un grand départ, avec deux résolutions : acquérir une santé de fer qui lui permette de faire face aux coups de tabac et à une vie d'aventurière ; refuser de mendier un chèque à ses parents.

Entre Ella et Puck naît une amitié solide. Ella offre à Puck sa seconde pipe et ensemble, quand elles ne sont pas dans les chambres à raconter leurs souvenirs de voile, vont fumer par provocation dans la salle des enseignants. Le soir, Ella lit à Puck des passages de *La Croisière du « Snark »*, de Jack London. Une phrase est longuement commentée : « Je l'ai fait de mes propres mains. » Les deux amies transforment ces mots en serment de voyage.

Pour l'heure, il leur faut serrer les dents, d'autant que les rations à la cantine diminuent. Elles se battent avec l'économe pour obtenir un peu plus de pain.

« Y en a plus, réplique-t-il, et c'est Mrs. Chignell qui a les clés. »

La mère Chig, comme l'appelle Ella, s'empiffre pourtant de six plats d'affilée. Tant pis, Kini doit faire avec, l'estomac dans les talons.

« T'as les yeux d'un pur-sang sur la ligne de départ », observe Puck.

Oui, un pur-sang qui doit patienter jusqu'à l'été avant de rejoindre Miette pour larguer les amarres et voguer vers la Grèce. Mais Ella fait une erreur de calcul : elle croit que les vacances commencent en juillet alors qu'en Angleterre elles débutent en août, trop tard pour qu'elle puisse rejoindre, à Marseille, Miette qui a promis de partir au début de l'été. Alors Kini devance l'appel, quitte la Grange un trimestre plus tôt que prévu, en avril, afin de fuir à temps vers la France. Tant pis pour la mère Chig...

Avant de quitter ce bagne, une annonce dans les pages du *Times* attire son attention. C'est rédigé sec, à l'économie, pas d'argent ni de temps à perdre. « Proprié. yacht 120 t. donnerait cours navig. voile. Départ imminent. » Ella, qui doit dénicher un emploi pour trois mois afin de remplir sa bourse, saute sur l'aubaine. « Le destin me clignait de l'œil », écrira-t-elle. Au moins pourra-t-elle conjuguer les deux raisons de sa venue en Angleterre, l'apprentissage de l'anglais, langue de la mer par excellence, et la navigation aux abords de ce vieux pays de marins. Dans sa chambrette, elle concocte une lettre de sa plus belle plume, un brin tremblante :

« Cher Monsieur,

« Je souhaiterais avoir de plus amples détails tant sur votre bateau que sur vos projets de navigation. Puis-je vous demander de me recevoir à Londres, et à une date de votre convenance, afin que nous puissions nous en entretenir ? Cet été, je dois naviguer dans l'Adriatique, mais jusqu'à la fin du mois de juin je suis libre et pourrais éventuellement m'intégrer dans votre équipage... »

Elle donne quelques indications sur son cursus de marin – un brevet italien, six mois d'hiver en Méditerranée à bord d'un trois-tonneaux sans moteur –, sur ses exploits de championne – trois fois sur six la première place aux First dans la Baltique, sous les couleurs de la Suisse –, sur ses aptitudes à la manœuvre, à l'épissure, à la cuisine, au vernissage, au ponçage – « J'ai vingt ans, de bons bras et je sais me rendre utile de bien des façons. » En signant la lettre, la postulante s'aperçoit qu'elle a oublié de préciser son sexe. Elle ajoute un post-scriptum, tout en indiquant qu'elle « demeure persuadée que la chose en soi est sans importance, tant il est vrai que tous les marins se ressemblent ».

Après s'être jetée sur une boîte aux lettres dans un brouillard d'outre-tombe pour y expédier sa missive qui sent le patchouli, Ella Maillart se ronge les ongles. Cette annonce lui a remis sous le nez le parfum des embruns, l'a replongée dans le souvenir des nuits contre un bordage et la solitude des flots dans un silence de fin du monde. Faire corps avec un bateau et sentir gonfler la voile comme se lève le vent. « L'apprentissage d'un métier qui serait le mien, se dit Ella : naviguer. »

Dans l'attente, l'enseignante Maillart doit signifier son départ à sa directrice, qui pousse des cris d'orfraie : « Une croisière ! Jamais encore je n'avais entendu une excuse plus insensée pour rompre un engagement. » Pour une fois, avoue-t-elle, que les cours de français ne lui donnaient aucun souci... Mais Ella a pris sa décision et guette chaque jour le facteur, qui ne lui apporte qu'une lettre de son père, lequel se félicite des bonnes dispositions de sa fille pour apprendre l'anglais, prélude sans nul doute à une excellente situation. Ella éprouve le même haut-le-cœur qu'en Suisse : son père et la vieille Chig, bien que tout les oppose, appartiennent au même monde, celui, déprimant, des sédentaires. Elle veut de l'enthousiasme, de la sueur, se frotter aux éléments naturels qui relient son âme, ses muscles et son cœur. Elle a opté depuis belle lurette pour le nomadisme. Juste retour aux sources.

À défaut d'une lettre, c'est un coup de téléphone dans la cabine sous l'escalier du collège qui la tire de cette attente infernale.

« Jack Benett à l'appareil. J'ai reçu la lettre que vous avez adressée au *Times*. Rendez-vous samedi prochain quinze heures à l'Automobile Club. Sur Pall Mall.

– Oui, bien sûr, j'y serai. Mais... je vous reconnaîtrai comment ?

– Samedi prochain, j'ai à faire à Londres.

– Oui, monsieur, j'entends bien, mais... faut-il vous demander à la réception ?

– Donc, rendez-vous samedi à l'Automobile Club. »

Et les grésillements s'éteignent. Drôle de personnage qui refuse d'indiquer ne serait-ce qu'un signe particulier.

Trois jours plus tard, méfiante mais soucieuse d'arborer une tenue d'aventurière, Ella se présente à l'Automobile Club avec un chapeau de cow-boy penché sur le côté gauche, un manteau de phoque serré à la taille par une ceinture de cuir et des chaussures de golf jaunes. « Soyons ferme, ouvrons l'œil, taisons-nous et restons sur nos gardes », se dit-elle. Dans le salon des dames rose bonbon, cigarette Aden entre les lèvres, un énorme personnage calé dans un fauteuil se cache derrière son *Times* percé d'un trou discret, tel un parfait apprenti espion. Il observe les allées et venues de chacun, aperçoit cette fille un peu dégingandée qui cherche quelqu'un en haussant son chapeau de cow-boy et la détaille des pieds à la tête. Cette silhouette élancée, distinguée, joliment charpentée correspond à ce qu'il avait imaginé après avoir ouvert la lettre un peu loufoque dans laquelle le candidat oubliait d'avouer qu'il était une fille. Un cigare gargantuesque entre les lèvres, il se précipite vers elle, lui tend sa main aux doigts boudinés, et Ella lui répond tout de go :

« Vous savez, j'ai une sacrée faim. Alors, de grâce, donnez-moi de toute urgence quelque chose à me mettre sous la dent. »

Jolie entrée en matière qui ne peut déplaire au colonel Jack Fane Benett-Stanford, au visage rougeaud, adepte de la bonne chère et de la bonne bière. Son complet bleu marine est retenu par un morceau de lacet entre deux boutonnières, tant son embonpoint est imposant. Ella ne peut détacher son regard de cette face d'hippopotame à la moustache blonde, au crâne chauve et aux yeux globuleux qui trahissent une attention touchante et une gentillesse empreinte d'espièglerie.

« Mais ma chère enfant, lance-t-il, vous êtes beaucoup plus jeune que je ne croyais ! »

Le colonel semble s'amuser de l'âge d'Ella.

« Comment vais-je faire pour vous loger dans la cabine avant avec l'équipage ? demande-t-il.

– À bord, réplique Ella, je peux travailler aussi dur qu'un homme, vous aider à préparer le bateau... et toute peine mérite salaire... disons deux livres par semaine. »

Solidement campée sur ses deux jambes, Ella se défend, parlant fort dans l'oreille du colonel rendu un peu sourd par un éclat d'obus pendant la guerre, et lui montre ses mains de tâcheron. Alors il l'emmène en taxi, « la seule voiture, dit-il, qui convienne à un gentleman », à Islington où se déroule une exposition de bateaux, et il écoute patiemment la candidate commenter les voiliers. Pas de doute, cette fille un peu étrange est un vrai marin. Il est temps de rendre visite à la barge du colonel, au radoub de Brightlingsea, un bourg perdu que l'on rejoint par le train depuis la gare de Liverpool Street.

L'affaire est vite conclue : pour trente shillings la semaine, plus la nourriture, Ella Maillart devient mousse sur le *Volunteer*, une barge de la Tamise à fond plat achetée six cents livres et transformée en yacht. Le colonel, en prime, lui offre une tenue de bord : jupe courte, chaussettes bleues, chaussures blanches et maillot au nom du bateau.

« Mais si mes passagers ne sont pas contents de vous, ajoute-t-il avec un regard espiègle, je me réserve le droit de vous débarquer sur l'heure. »

Le colonel croyait recruter un client payant. Le voilà contraint d'embaucher une inconnue et de se fendre d'un salaire. La jeune Suissesse, elle, en rupture de ban, désirait tout apprendre d'un capitaine au long cours. La voilà sur une barge appartenant à un gentleman-farmer.

Ancien quartier-maître de la Royal Navy, le second, quant à lui, est vite convaincu, qui souffle au colonel :

« Mande pardon, m'sieur, cette fille c'est p'têt' pas un cuistot de première, mais alors comme matelot elle se pose un peu là. »

Sur le *Volunteer*, toujours à quai à Brightlingsea pour aménagement, Benett-Stanford s'aperçoit de la pertinence de ce jugement. La Suissesse Ella Maillart évolue déjà tout à son aise sur le pont et en quelques heures devient le maître absolu du bateau, avec un équipage et un colonel à ses ordres. Oui, ce petit bout de femme, quel matelot !

CHAPITRE IV

Étrange atmosphère. Le *Volunteer* reste au radoub et Kini est déjà marin. Elle a fui Londres où elle a séjourné quelques jours, sans le sou – du thé et du pain comme dans les bas-fonds. « La vie valait d'être vécue... Le bateau était en cale sèche, certes, mais qu'importait, puisqu'à nouveau je sentais un pont sous mes pieds, j'avais l'impression d'être dans mon élément. » Elle évolue sur les planches comme si elle était au large. Elle caresse la bôme comme si elle voguait vers les mers du Sud. Elle a pris possession de l'endroit. Le *Volunteer* est son royaume.

Voilà qui me rapproche encore d'elle. Je me souviens d'escapades sur le port de Nice où je rejoignais Patrick, un maître nageur aux cheveux frisés, drôle et au débit incroyable, qui dormait sur une vedette dans l'attente de départs impromptus. Comme Kini sur son voilier en cale sèche, il passait ses nuits sur un bateau à fond plat, une vedette du Secours en mer amarrée dans le port de Nice, là où accostent les paquebots en provenance de Corse, et m'invitait souvent à son bord. Il était chargé de garder l'embarcation mais aussi de la préparer en cas de grabuge à l'horizon – des voiliers en perdition, des plongeurs qui ne remontaient pas à la surface, des planches à voile à la dérive. Lorsque la caserne des sapeurs-pompiers le prévenait au téléphone, il dégageait le pont, démarrait les moteurs, et nous partions en pleine nuit sur les lieux du drame.

Je me souviens aussi de la phrase d'Ella prononcée au même âge, vingt ans : « Ce qu'on apprend à aimer, ce n'est pas tant la mer que les bateaux. » Oui, nous aimions les bateaux et la certitude d'aventures qu'ils nous promettaient. Nous lisions les mêmes livres qu'Ella Maillart, des récits de mer, des carnets de capitaine, *Seul autour du monde* de Joshua Slocum et *La Croisière du « Cachalot »* de Bullen. Nous n'avions que quelques mètres carrés pour logis et la mer nous offrait ses bras, vaste comme un palais de fées. Patrick arrivait de Monaco où il avait officié comme garçon d'étage dans un hôtel de luxe puis comme démonteur de trains fantômes au cirque de Monte-Carlo, ce qui pour lui représentait le même environnement, visages d'épouvante et masques de consternation. Sur le port de Nice, la vraie vie défilait, pêcheurs, artisans des chantiers navals, émigrants sans le sou, Corses qui débarquaient sur le continent, et je songeais les yeux grands ouverts à l'espace infini qui s'ouvrait face à nous, dans le sillage des grands paquebots et des cargos, et me poursuivait dans la cabine la nuit, lorsque le bateau tanguait dans les vaguelettes. J'imagine Ella, à quai elle aussi, dans le bassin de radoub. Qu'aurait-elle fait dans l'ennui de la vie au port ? Patrick nettoyait les coques de bateaux pour trois francs six sous, il patrouillait en mer, sauveteur le jour, gardien la nuit, puis plongeur sous-marin pour la Protection civile, cinq ans durant. Les recoins de la côte n'avaient plus aucun secret pour lui, qu'il explorait en vedette, en plongée, en scooter sous-marin ou simplement à la traîne d'un bateau, un masque sur les yeux et une planche entre les mains. Il y avait peu de noyés, beaucoup de désespoir et de bagarres. Une fois, un mauvais nageur avait voulu mourir en tentant de rejoindre la Corse ; épuisé au bout d'un mille, il s'était mis à hurler avant d'être hissé sur le pont. Il y avait des drames sur la plage par beau temps, des coques drossées sur les rochers de Rauba Capeu par gros grain, sous la colline du Château, et toujours l'espoir des grands larges quand je tournais le dos à cette mince et richissime façade niçoise que nous n'aimions pas.

Patrick devint plongeur sous-marin et voyagea sous les eaux, comme Ella errait au-dessus. Je relis ces lignes magiques que j'aime, à la fois péremptoires et empreintes d'une humilité infinie, celle des pairs devant la mer étale et égale pour tous : « Après tout, la Terre est là, la Terre m'appartient, je veux la voir, je veux aller dans les déserts et les montagnes... Le sort m'a donné des yeux qui aiment voir. » Ces lignes résonnent encore telle une invite au voyage perpétuel.

Comme Xavier de Maistre avec son *Voyage autour de ma chambre,* Ella voyage à bord de son bateau en cale sèche, au gréement désarmé, avec ses deux immenses béquilles qui reposent sur la vase comme des ancres légères, entre la *Vera*, à l'étrave verticale et au bordage de teck, et la *Palatina*, doublée de cuivre. Le regard se portant au-delà du grand chenal et de la bande de sable à basse marée, elle se sent déjà sous d'autres méridiens, apprend tous les gestes de la haute mer, tente de tirer des bords par grand vent. Son passé d'enseignante est loin, comme un rivage après deux heures de mer que l'on ne regarde plus. Elle ne prête pas attention aux petites maisons grises alignées près du port ni au brouillard qui flotte au-dessus du chenal. Quand elle veut donner du corps à ses rêves, elle déambule sur le port, caresse les coques de la *Vera* et de la *Palatina*, qui ressemblent à de gros poissons. Elle apprend à reconnaître leurs gréements, les façons de frapper les ancres sur leurs bossoirs. Parfois elle monte sur les ponts, glisse ses doigts sur les planches vernies. Tant d'histoires sont déjà entassées dans ces cabines, sur ces barres, sous ces voiles... Son imagination s'emballe, tout est cristallisé entre les planches du bateau, tant de traversées, de peurs, d'espoirs de phares, d'attentes de ports ! Quand elle marche sur le pont d'un chalutier de Brixham, son cœur bat la chamade. Les bateaux sont de grandes espérances. « Ce sont eux qui donnent leur raison d'être aux flots mouvants. »

Ella passe aussi de longues heures dans la forge des chantiers Aldous, où Jones, un grand type qui paraît gauche et mou avec ses hanches de sauterelle et son long visage à la Greco, dévoile une habileté déconcertante à façonner le métal chauffé au rouge sur son enclume du matin au soir. Fascinée par le tour de main du forgeron, Ella, qui l'aide à actionner le soufflet, traîne souvent dans l'atelier où Jones parle peu, se contentant de lever de temps à autre ses yeux entourés d'un masque de poussière vers la mer. La visite de Kini est comme une respiration. Lorsqu'elle lui annonce qu'elle s'apprête à reprendre la mer, Jones se lance dans son plus long discours depuis leur rencontre :

« Dommage que je ne sois pas célibataire... On aurait pu bien s'entendre, vous et moi. »

Dans la cabine du *Volunteer* l'inclinaison du bateau ne la gêne guère, qu'elle accepte comme une gîte perpétuelle. Dans le salon aux parois couvertes d'ouvrages, doté d'un bureau sur lequel trônent le livre d'or et le journal de bord, avec des caricatures de femmes dont l'une proclame, sous les rires du colonel : « C'est en se couchant qu'elle conquiert », la table manque de stabilité. En chandail et en salopette, Ella donne un coup de main au charpentier, martèle avec force, traite les claires-voies au calfat et au mastic, repeint la coque et le pont, ajuste les enfléchures sur les haubans, goudronne les surliures, vernit le mât fendillé d'une longue lézarde, sans se soucier des crampes mais avec une idée fixe : redonner vie à ce bateau pour qu'il puisse affronter la mer. Assise sur une chaise de gabier, elle tâte la roue, ce qui la change de la barre de son cotre de sept mètres vingt en Méditerranée. Cette barge de soixante-dix ans qui ne demande qu'à reprendre du service, non plus sur la Tamise mais en mer, n'aimera pas être rudoyée, pressent-elle. Et quand Stone, le propriétaire des chantiers Aldous, lui signifie que ce serait folie que de s'aventurer sur une telle épave, elle hausse les épaules. « Nous finirons bien par nous entendre », se dit-elle. Kini fait corps avec le bateau à la coque peinte en noir et parle désormais de trio : le *Volunteer*, le capitaine Dooley et elle.

Au capitaine, avec qui elle partage dans la cuisine chauffée au charbon de bois la pitance, soupe et ragoût irlandais, elle se confie dès le premier soir : sans le sou, elle doit certes gagner sa croûte mais espère aussi, en mordue de la voile, gagner le large, quitte à remplir, pour mériter ses galons, les fonctions de second. Dooley, un Irlandais d'âge mur aux yeux bleus constamment en mouvement et qui a fini sa carrière dans la Royal Navy avec le grade d'enseigne de vaisseau, la regarde incrédule. Comment cette femme peut-elle prétendre commander au même titre que lui ou presque ? Puis il est conquis par tant de spontanéité et d'énergie qui lui rappellent ses premières virées en mer, et surtout sa dernière fille :

« N'ayez pas d'inquiétude. C'est le Bon Dieu qui vous envoie. Enfin il a exaucé mes prières. Voilà trois mois que je vis seul sur ce vieux rafiot, sans personne à qui parler. Le temps commençait à se faire long. »

Ella Maillart peut dormir tranquille ce soir-là. L'approbation de Dooley vaut bénédiction. Lorsqu'un gros grain s'abat sur le port endormi, elle ne prête même plus attention aux trombes d'eau qui se déversent sur la toile de lin du rouf. Quand le colonel Benett revient pour inspecter sa propriété, Ella appartient déjà à la coque du *Volunteer* et ne se soucie plus le moins du monde de sa santé, que les médecins annonçaient pourtant menacée si elle ne partait au plus vite pour un climat plus chaud.

Dans ce voyage à quai elle apprend beaucoup, sur elle-même, sur le monde de la mer, sur les autres. Elle n'est pas écrivain, même si Dooley, pour avoir la paix avec le propriétaire du chantier, le père Stone, la présente comme une amie d'Alain Gerbault et du navigateur Ralph Stock, venu en Angleterre pour terminer son livre. En tout cas elle développe déjà un sens aigu du portrait, elle détaille et observe à la fois avec fraîcheur et sans naïveté ni illusion le monde des hommes, sur terre comme en mer. Le foisonnement visible et invisible de la vie dans le port la fascine, source de tant d'épopées ratées, de grandeurs rentrées, de gloires d'un jour et de drames tus. Écrire ? Pas pour l'instant, même si Ella veut rédiger un journal de bord lorsqu'elle sera en route pour les mers du Sud. « Écrire est un don. Un don que je n'avais pas. Il me semblait dommage de s'asseoir pendant plusieurs mois devant un bureau pour aligner des phrases. Mieux valait faire les choses que de les raconter. »

Peu à peu, comme le forgeron Jones, elle devient économe de ses paroles. Le soir, lorsque le soleil décline dans les nuées bleu sombre, au-delà de la crique, elle apprend le silence, ce cri des grandes solitudes, et veut vivre pleinement, agir, relire son existence. Il est temps de lever l'ancre.

La sortie du port n'est guère aisée. L'équipage est réduit : Dooley, le colonel Benett, le mécanicien Condor, l'aide-cuisinier Revell et Ella, auxquels il convient d'ajouter l'amie du colonel, qu'il surnomme « la Bourgeoise », Amy Shawe-Taylor, laquelle masque son mal de mer sous un sourire amusé. « Quel tristesse, ce littoral, se dit Ella devant Ramsgate aux maisons sans charme, quand on songe aux criques et aux pinèdes de la Méditerranée. » Elle rêve de prendre le commandement, ne rate aucune manœuvre, pense à corriger le tir. Ce Dooley a beau être un sympathique Irlandais, il n'y comprend rien, marin d'eau douce porté sur le whisky et qui embarque de l'eau lorsqu'il met la barre au vent. Ella s'approche alors de la roue et lance à Dooley d'une voix ferme :

« Passez-la-moi si vous voulez. »

Et c'est ainsi qu'Ella, sur la côte orientale de l'Angleterre, entre les bancs de sable de l'estuaire de la Tamise, au large de Southend, par une vitesse de huit nœuds, en croisant de nombreux cargos, se retrouve *de facto* matelot sur le *Volunteer*, devant un équipage soulagé de ne plus avoir à pomper l'eau dans la cale ni à se pencher nauséeux au-dessus du bastingage.

La croisière à bord du *Volunteer* n'est pas de tout repos. Lorsque le colonel Benett dirige la manœuvre à l'entrée du bassin de Granville, à Douvres, avec une barre à la flèche tordue l'avant-veille, le bateau louvoie et chacun ponctue d'exclamations l'entrée dans le port – « Seigneur ! », « Oh, mon Dieu ! » –, à tel point qu'Ella n'a d'autre choix que de sauter sur le *Jasper*, le youyou de trois mètres cinquante, afin d'éviter que la barge ne l'écrase contre le quai.

Quand l'embarcation repart, le colonel a accueilli trois nouveaux passagers, de riches retraités à casquette de marin qui paient leur croisière rubis sur l'ongle. Sur les quais défile une foule de voyageurs qui débarquent de la malle-poste en provenance de France, des fonctionnaires endimanchés, des pères de famille à cravate noire avec appareil photo en bandoulière, des dames en manteau de fourrure, foule scrutant attentivement le colonel comme s'il s'agissait d'un passe-temps, alors qu'Ella se découvre une nouvelle passion, l'observation attentive non des humains mais des mouettes.

C'est une croisière calme qui s'ensuit, avec des coups de vent, des relâches dans des eaux peu profondes, de longs dîners au cours lesquels Kini, qui sert et dessert les plats, rate les exploits du colonel contés dans les volutes des cigarettes Aden et les brumes du cognac, récits guerriers au demeurant maintes fois répétés, ce qui permet à la jeune employée d'en reconstituer le fil. Même si elle ne chôme pas, héritant du surnom de « travailleur de force », elle sait que dans l'attente de la grande aventure avec Miette, sur le voilier qu'elles recherchent, la croisière sur le *Volunteer*, qui offre ses neuf heures de sommeil, des repas avec sole meunière et foie poêlé aux choux de Bruxelles suivis d'une sieste d'une heure, s'apparente à « une belle planque ». Alors que son capitaine, davantage habitué aux batailles terrestres, est perdu et ne peut se repérer sur les cartes, le *Volunteer* navigue la nuit et croise de temps à autre un paquebot à la masse noire. Un matin, un passager montre à Ella, au milieu des dunes, la façade d'un fameux collège anglais pour jeunes filles riches. Elle contemple l'institution qui lui rappelle son bagne de la Grange. « Aucune des princesses de cette cage dorée ne pouvait ressentir le bonheur qui était le mien à la barre de ma vieille passoire. »

À l'escale de Southampton, Ella revoit les quais qui l'accueillirent lorsqu'elle débarqua de la malle du Havre avec dix mots d'anglais en tête. Quel chemin parcouru : huit mois plus tôt, elle s'apprêtait à vivre une existence fastidieuse dans un collège triste, et désormais elle est libre comme l'eau, sur une barge qui accoste entre les yachts de haute mer. Avec l'idée de trouver le bateau de la croisière qu'elle projette, elle explore les quais, cherche un navire pilote de Bristol ou une coque norvégienne.

Ella est désormais un matelot à part entière, respectée à bord, qui engueule du haut de ses vingt ans Dooley l'Irlandais, prend les décisions seule lorsque le reste de l'équipage entend finir son dîner, même par grand vent, ne se laisse pas marcher sur les pieds lorsque la passagère Furber veut que la barre soit confiée à un homme. « Non mais, qu'est-ce que tu crois ? songe Ella. Que j'aurais tout avantage à faire de la broderie au petit point ? » Et c'est elle qui, lorsque la barge dévie dangereusement vers un yacht au mouillage et une jetée après quinze heures d'empoignade avec le vent, jette l'ancre et sauve le *Volunteer* du désastre.

Sans cesse elle corrige les erreurs de navigation et harangue Dooley et Condor. Son journal de bord n'est plus qu'une litanie de grognes. Elle donne le cap, lance des ordres, reprend la barre quand Dooley ne se montre pas assez habile. Cet équipage est pire que les Pieds Nickelés, et il faut d'abord en rire. Embarquée à bord d'une barge lourde qui flotte on ne sait comment, au moins Ella peut-elle monter en grade. Sur le yacht de ses rêves, elle serait restée dans la cale à repeindre les boiseries. « Et puis ce n'est pas de la vraie navigation, se dit-elle. Je me divertis, rien de plus. Ce n'est pour moi qu'un emploi bouche-trou. » Ella aura le temps de se montrer intraitable à la manœuvre lorsqu'elle sera sur le pont du bateau de Miette. Longtemps après, lorsqu'elle rédigera en Inde *La Vagabonde des mers*, marin assagi tel Conrad qui a raccroché sa casquette, elle s'apercevra combien cet emploi bouche-trou l'a confrontée à la mer. Comme l'actrice fétiche de Hollywood Mae West qui s'exclamait : « Je crois à la censure, après tout elle a fait ma fortune », elle reconnaîtra que le *Volunteer* a été une porte ouverte sur ses rêves, l'antichambre de toutes ses aventures, une communion de corps et d'âme avec la coque aimée, dans les éblouissantes épousailles de l'eau et du vent.

Escale dans les îles Anglo-Normandes, pour elle en 1924, pour moi trois quarts de siècle plus tard. J'imagine Ella Maillart au loin regardant grossir le rivage. Peut-être a-t-elle les yeux ensommeillés. Elle ne dort pas beaucoup.
Nuits sur le pont. Longues heures d'insomnie désirée dans l'attente des premiers rayons du soleil. Des embruns fouettent son visage qu'elle refuse de maquiller depuis belle lurette. Le pont est son royaume, une fenêtre sur le Grand Rien, l'inconnu gigantesque, sans finitude, où l'homme se révèle fragile, soumis aux éléments, dur comme un roc et pétri d'humilité. Elle connaît la peur des hautes vagues, l'ivresse des ports à l'approche. Il y a un premier mystère Ella Maillart : sa rupture avec sa famille, avec Genève, les bords du lac Léman, la vie confortable qui s'offrait à elle. Et puis, une fois dépassé ce cercle si contraire à son goût de la vie spartiate, demeure sa volonté de rompre avec le monde de l'après-Grande Guerre et la boucherie des tranchées, « cette incroyable entreprise à se

foutre du monde », dira plus tard Céline : un autre mystère, une ligne de fuite sur un horizon mouvant, une escale sans cesse repoussée, une nécessité d'ailleurs, un désir de révolte contre un monde trop vieux, cet univers de mécanisation qui dissout les émotions et les sentiments, ce maelström d'iniquité qui oublie les vérités profondes, « un monde qui ne vaut qu'on vive pour lui, car il anéantit la personnalité de tous au lieu de l'épanouir », une rébellion du fond de soi qui serait née précisément sur le pont du *Volunteer*, comme un besoin insondable, une envie de partir pour mieux revenir, transcendé par ce que l'on a vu, l'âme dépossédée puis de nouveau possédée.

Tel Jules Laforgue, Ella Maillart fuit l'Europe aux vieux parapets, et comme Oswald Spengler elle fustige *Le Déclin de l'Occident*. Est-ce un hasard ? Le même Spengler, dans *L'Homme et la technique*, établit un parallèle entre le vagabondage et la fuite. L'amour, espère-t-elle, la transformera, avant de songer qu'elle n'a eu droit jusqu'à présent qu'à des déboires, avec ce cruel constat : « Ce dont j'étais amoureuse, c'était de l'idée que je me faisais de l'amour. » Sur le pont du *Volunteer* elle se fait violence, s'impose des souffrances, travaille d'arrache-pied non seulement pour mieux jouir du repos mais aussi et d'abord pour se punir, se laver des couches de civilisation qui bouchent ses pores et l'empêchent de respirer comme on jette sur le teck de grands seaux d'eau. Un étrange sentiment s'empare d'elle, dans le silence des bordées : elle se méfie d'elle-même et repousse toujours les frontières de son ciel.

Et sans cesse elle s'interroge. Pourquoi tant d'orgueilleux espoirs ? Pourquoi cette quête exclusive de grandiose ? Pour devenir l'égale des héros de ses livres ? Pour vivre une vie simple et aventureuse, loin de toute compromission ? Ou encore pour rencontrer l'autre, le découvrir, et découvrir aussi l'image qu'il offre en miroir ? Nicolas Bouvier : « Voyager : cent fois remettre sa tête sur le billot, cent fois aller la reprendre dans le panier à son pour la retrouver presque pareille. » Une étonnante maturité la saisit, à vingt ans et des poussières, celle de la conscience, celle de l'humilité face à la mort. « Ne fais pas un gâchis de ta vie », lui souffle une voix intérieure. Elle trouve son chemin et se répond à elle-même, comme en écho à la voix : « Veille à ne point avoir honte de toi quand viendra l'instant de ta mort. » Dans les désirs d'Ella se dévoile une accusation d'égoïsme, elle veut fuir un bien-être insupportable pour engendrer dans la frugalité des plaisirs de renouveau ; elle s'interdit parfois de penser à elle, s'affirme dure avec elle-même, tout cela pour mieux se débarrasser de ces scories de vieux monde déshumanisé, sans moralité sociale, sans pensée altruiste, cette déliquescence des esprits qui a tué les corps à Verdun et les prive de résurrection la paix venue. Elle veut vivre dans ce nomadisme perpétuel sa passion pour l'autre, fût-ce en payant un lourd tribut de privations, de souffrance, de solitude.

CHAPITRE V

Sur le bateau, Ella Maillart songe aux lectures de son enfance. Les paysages que ces pages présentaient ne sont-ils pas au bout du grand voyage ? N'ont-ils pas raison, ces princes voyageurs, de rejeter l'ordre d'un monde inique qui rejette leur savoir ? Leur sens de la communauté claque comme un refus de la propriété privée, leur goût du temps libre est perçu comme une insulte au travail, leur aspiration à l'égalité comme une négation des classes et des castes, leur liberté comme une insoumission devant la hiérarchie patriarcale et sociale. Quel plus bel emplacement qu'un pont de bateau pour méditer sur ces rapports de civilisation, là où la hiérarchie est à la fois stricte et mouvante, où une jeune femme engagée comme aide-cuisinier devient mousse puis matelot puis capitaine, lorsque surgit le vent ou que la barge s'engage vers des récifs.

Ella aime cette liberté, mais plus encore les promesses du voyage.

Sans doute tout homme éprouve-t-il dans son inconscient l'attrait du retour aux jours premiers, le nomadisme. C'est une question obsédante qui a longtemps taraudé Ella Maillart : la vie n'est-elle qu'une longue transhumance ? Faut-il sans cesse remettre en cause ses attaches ? On épouse cette cause, parfois non, et on baisse les bras, las de ce combat. La sédentarité nous importe aussi parce qu'elle est un reflet du voyage permanent.

Longtemps j'ai ressassé la phrase de Pascal selon laquelle les malheurs de l'homme viennent de ce qu'il ne peut tenir en place. Même Xavier de Maistre, fidèle à son terroir, se livre à une expédition dans sa chambre, avec un horizon constamment renouvelé. L'errance n'est pas seulement géographique, elle est d'abord celle de l'esprit, et cela est un remède, certes souvent illusoire, au grand passage qui se dessine, celui de l'errance de l'âme.

Les civilisations sont toujours mortelles comme le proclamait Valéry, mais elles le sont plus rapidement si elles ne se livrent pas au mouvement. Les sociétés traditionnelles ont longtemps intégré ce facteur de survie, pour des raisons d'abord économiques, avant de le promouvoir à un stade symbolique. « Aucune civilisation ne vit sans mouvement propre, écrit Ella Maillart, chacune s'enrichit des échanges, des chocs qu'entraînent les fructueux voisinages. » Tandis qu'elle prend la mer, de jeunes écrivains fondent à Paris le mouvement surréaliste comme une réponse à la cassure de la guerre. Et c'est ainsi que Louis Aragon écrit son *Mouvement perpétuel*, recueil de poésie volontairement caricaturé – « Je dédie ce livre à la poésie et merde à ceux qui le liront » – pour mieux relancer le désir de fuite en avant, un appel à la lecture au-delà de la lecture, une dévastation proclamée pour engendrer la renaissance de la création. Un autre surréaliste, Philippe Soupault, joindra le geste à la parole et, bien plus tard, après avoir rompu avec les coteries et les causeries de salon, s'enfuira en mer Rouge, sur les traces de Rimbaud, le poète nomade par excellence qui, après avoir proclamé la dépossession – « Je est un autre » –, pousse l'empathie à son paroxysme, sous d'autres latitudes – « Je est l'Autre. »

Ce désir de mouvement perpétuel, les civilisations l'ont cristallisé dans leurs rêves les plus fous, leur désir de conquêtes, certes, mais aussi les confins de leur pensée. L'islam s'est imposé parce que le Prophète a rapporté de ses voyages caravaniers dans les villes assyriennes le savoir du judaïsme et du christianisme. Peu à peu, l'islam s'est ainsi transformé, dit l'écrivain Wadi Bouzar, en civilisation du mouvement. Or les civilisations naissent et se renouvellent dans l'errance. Le nomadisme est un inconscient collectif, une révolte contre l'assignation à résidence due à la modernité. C'est cette pulsion d'errance, instinctive, inscrite dans la mémoire passée et présente d'Ella Maillart, qui la jette sur les mers puis vers les oasis et les déserts, sur les routes des caravanes. À vingt ans et quelques, sur le *Volunteer*, elle observe les grosses perles de rosée qui glissent sur la voile, sur une mer de taffetas froissé, puis elle s'exclame : « Une force tranquille se cache dans le murmure du vent », et ce n'est pas un hasard.

Et c'est ainsi qu'elle entend vivre, rouler sa bosse au côté des hommes et des femmes du Grand Ailleurs, subsister de ce qu'elle gagne sur la terre et les mers avant de connaître le ciel, et non pas dilapider une part d'héritage ou quémander l'aide de parents riches, elle qui rejette la frivolité du monde et ce que Hermann Hesse appelle « l'ère de la page de variété ».

Escale à Dieppe, où Ella veut se précipiter à la poste restante pour connaître par lettre de Miette les dernières tractations concernant l'achat du bateau à destination des îles grecques. Mais le colonel la retient par la manche : pas si vite, il y a plus urgent, le casino, et Ella qui ne veut pas vexer le colonel en goguette, ce tyran au cœur d'or, se retrouve dans sa cabine à se brosser les mains pour enlever le cambouis et la rouille des amarres. Mais les coups de brosse n'y suffisent pas : « Je vais me sentir minable parmi toutes ces femmes toilettées et pomponnées. »

C'est une vie de grand monde et de petites gens, casino et port, salles de jeu et cale sèche où le *Volunteer* se repose. Autant avouer qu'Ella choisit de racler la couche d'algues sur la coque plutôt que de déambuler avec Benett et les femmes chics. Elle préfère de loin l'ambiance des docks, ces capitaines qui traînent leurs guêtres, ces cargos qui arrivent des antipodes, ces quatorze mille cageots de bananes. Elle écoute aussi les récits épiques du colonel qui a longtemps erré en Afrique, préposé aux relevés topographiques autour du lac Rodolphe et en Somalie britannique dans les années 1890, lorsque, svelte et jeune, il chassait le gros gibier, voyageant jusqu'au fleuve Shibeli avec sa « bourgeoise » qui avait tué un léopard, et vivait comme un roi, du moins quand la gnôle arrivait à destination. Elle capte des noms de port, Alger, Dakar, Tenerife, Rio. Un second lui propose de l'emmener aux Canaries. Elle n'est pas naïve, dit non, mais rêve en secret de croiser au large de l'Afrique.

Autre escale à l'horizon : c'est Miette qui lui annonce par lettre qu'elle a acheté un beau voilier, enfin, la *Bonita*, un cotre de treize tonnes à la coque rehaussée et allongée, onze mètres de long, d'une cinquantaine d'années, soit plus que les âges additionnés du capitaine et du matelot. C'est un bateau fameux sur les quais de Marseille, où l'on conte ses origines, construit en Bretagne et convoyé en 1881 de Saint-Servan à la cité phocéenne par un marin anglais célèbre, Jenkins, au cours d'une traversée de trente et un jours et par mauvais temps. Dans le journal *Le Yacht* daté du 3 février 1880, on peut ainsi lire : « Le cotre *Bonita*, construit en 1873 par M. H. Mallard, de Saint-Servan, et qui appartient à M. Danijean, s'est rendu célèbre par ses nombreux succès ; il a remporté quarante-six prix et vient de gagner dernièrement la coupe de douze cents francs aux régates de Dinard. » Cette gloire de long-courrier est du meilleur augure pour entamer une aventure maritime vers les côtes de la Grèce.

Je suivais du doigt l'itinéraire d'Ella sur une carte. Elle avait laissé peu de traces de cette période de sa vie. Être vagabonde des mers exigeait d'entretenir le flou, tel le brouillard qui noyait le port le matin et qui lui plaisait tant, brume de sa vie, surprise du décor qu'elle découvrait

comme si l'on tirait sur un cordon. J'appelai sur les conseils d'un marin un vieil armateur à Sartrouville, dont le père avait réparé le bateau d'Alain Gerbault. Il était âgé, s'était retiré des affaires depuis bien longtemps, et le chantier avait disparu, avalé par des tours sur les bords de la Seine. Il avait entendu parler d'Ella mais ne se souvenait plus, sa mémoire lui jouait des tours. Il voulut me montrer la maquette du *Firecrest* – « une bête magnifique, on n'en fait plus des comme ça » –, raconta les prouesses du chantier pour tenir les délais face à Alain Gerbault, à la fois calme et très pressé, qui n'attendait qu'une chose, reprendre les mers avec son cotre noir, l'un des plus chers de son temps, après avoir parlé pendant des heures avec cette jeune femme étrange, cette Kini aux yeux clairs, marin descendu de ses montagnes qui parlait d'horizons lointains et cherchait des ports comme on cherche des vies nouvelles. L'armateur ne se rappelait plus très bien, les souvenirs s'étaient dilués dans la brume du temps, il aurait aimé aussi me montrer les plans du second bateau de Gerbault, mais je les avais déjà, en coupe, avec un aperçu détaillé de la cabine. Puis l'armateur à la retraite se ravisa :
« J'oubliais, vous êtes venu pour quoi ? »

Ella rentre en France, s'arrête à Paris en vue de chercher du travail pour l'hiver, quand la croisière sera finie, entasse quelques vêtements à Genève puis file sur Marseille pour admirer le bateau tant convoité, au bout de la Canebière, au milieu d'une centaine de yachts amarrés à la Société nautique. Que pouvait-elle espérer de mieux ? Ce cotre dispose d'un magnifique cockpit qui place le barreur à l'abri des vents, une cabine avec deux larges couchettes, une vaste soute à toiles, un réservoir à eau de cent cinquante litres. Ella se met au travail. « Je ne voudrais pas, moi, d'un bateau tout armé, prêt à naviguer immédiatement », dit-elle, et à coups de marteau elle cale les étoupes ou débris de chanvre entre les rainures du pont avant que les calfats ne viennent déverser du goudron chaud.

Après trois semaines de travaux, le cotre qui sent le vernis, la corde et le chanvre est prêt à prendre les mers, même s'il manque encore quelques derniers aménagements. Miette repousse les assauts des reporters du *Petit Marseillais*, intrigués par les préparatifs de ces deux femmes sur le port. La sœur de Miette, Yvonne, et Patchoum, cette étudiante en archéologie, de son vrai nom Marthe Oulié, qui veut effectuer des fouilles en Crète et a déjà navigué avec Miette, les ont rejointes. Ella est second, derrière Miette qui pose sur le pont en robe blanche et chapeau rond avant d'enfiler son vieux tricot de marin. Les vivres sont convoyés à bord : du beurre demi-sel, des compotes en boîte, des conserves Almieux de viande et de légumes, du cacao Marquise de Sévigné, du Banania et de l'extrait de viande, de l'eau minérale Vals Perles et, contre le mal de mer, de l'ammoniaque anisée.

« Adieu, mes enfants ! Bonne chance ! »

La *Bonita* lève l'ancre le 7 juillet 1924 et se dirige lentement vers le large. En pull à rayures blanches et bleues, un fichu rouge autour du cou, Ella est heureuse.

Les quatre filles de la *Bonita* composent un singulier équipage. Bons matelots, elles aiment aussi le farniente et se dorent la pilule sur le pont, Marthe sur ses deux coussins surnommés Archi et Bald, la main sur le taquet d'amarrage, prête à larguer le foc et à amarrer l'écoute de l'autre bord, tandis qu'Yvonne expédie les corvées de cuisine en moins de deux pour pouvoir ensuite se prélasser. Mais Ella ne veut pas perdre un instant de cette vie choisie, trime dans la cabine, passe de manœuvre en manœuvre. Elle aime aussi les rencontres, comme celle du vieux Jules Gautier à Porquerolles, que l'on appelle « l'Amiral », un officier mécanicien à la retraite, casquette sur l'oreille et fin collier de barbe, qui depuis sa baraque en pierre navigue encore dans ses rêves et conte ses aventures dans les mers chaudes et jusqu'en Chine. Il est intarissable et évoque avec chaleur sa première « montée » à Paris, l'année précédente, pour recevoir la Légion d'honneur, convoyé « en limousine automobile, comme un prince », un plus beau voyage encore que son expédition en Chine. Entre deux longs récits, il répare le réchaud à gaz de l'équipage.

Sur la *Bonita*, on se dirige le plus souvent à l'estime, sans sextant. La nuit, lorsqu'elle est de quart, Ella navigue dans un nimbe de sommeil, au jugé, et s'aperçoit qu'elle baigne dans l'onirisme quand la tirent de sa torpeur les feux vert et rouge d'un vapeur qui approche. « Les mots sont impuissants à décrire certaines émotions, rapporte-t-elle. Les plus vrais, les mieux choisis, trahissent le plus souvent la vie. » Elle apprend et réapprend les gestes de bord, la cuillerée d'eau de Javel qu'il faut jeter dans les deux réservoirs d'eau, le pain placé dans une huche à lattes de bois afin qu'il ne dessèche pas.

Les quatre amies ne manquent pas d'audace. À Porquerolles, elles s'invitent à bord d'un brick qu'elles prennent à l'abordage avec le vieux pêcheur Jules Gautier, afin de pouvoir danser comme bon leur semble, invitation que le capitaine brusquement réveillé accepte d'autant plus volontiers qu'il tient à faire écouter des « cantates italiennes » à ses hommes de bord, plus pirates que marins de yacht, tandis que l'« amiral » Jules Gautier s'est effondré sur le pont du brick, ivre mort, la tête sur un cordage neuf, par une lumière de demi-lune. À Ajaccio, la *Bonita* évite de s'amarrer à quai. Au poste de douane, rallié en youyou, l'embarcation annexe, Marthe et Ella déclarent au chef qu'elles ne sont que quatre filles à bord et qu'il ferait bien de garder ce secret pour lui ! Décontenancé, le douanier acquiesce. Dans le port de Bonifacio, bordé de maisons miséreuses et qui ressemble à Porto Leixoes, au Portugal – « Le port a un œil malade, l'autre crevé » (Blaise Cendrars) –, des badauds s'écrient :

« Ce sont des femmes ! Il n'y a que des femmes ! »

Ella tient les marins à distance, puis soupire :

« Tiens ! Ici ce sont les hommes qui filent la quenouille sur le pas des portes ! »

Lorsqu'elles demandent dans le golfe d'Aranci à visiter le cuirassé britannique *Marlborough*, le commandant, à la tête de cinquante officiers et mille deux cents hommes, leur répond : « Oui, mais avec vos certificats de mariage ! », avant d'inviter à dîner ces quatre femmes navigantes. Rencontre « unique dans les archives de la marine anglaise, note Marthe Oulié, et sans doute de toutes les marines de tous les âges » : non seulement les officiers de Sa Gracieuse Majesté dansent jusqu'à l'aube avec leurs invitées, gramophone sur l'épaule d'un lieutenant, mais se proposent en outre le lendemain, en vêtements de tennis et coiffés de chapeaux maltais, de repeindre la *Bonita,* ce qui est fait en un tournemain.

Dans les bouches de Bonifacio, en route pour la Sardaigne, les filles dérivent un peu trop vers l'archipel de la Maddalena, formé de sept îles et devenu une base militaire italienne interdite. Ella et Miette croient être dans leur bon droit, selon les pages des Instructions nautiques, lorsque retentissent trois coups de canon, puis encore trois autres.

« Ah ! Le sémaphore, là-bas, fait des signaux. »

On lit à la jumelle, Marthe croit déchiffrer NM, ce qui signifie « J'ai le feu à bord », alors que le vrai message est l'inverse, MN, « Stoppez immédiatement ». Puis un remorqueur les accoste et emmène la *Bonita* jusqu'au port interdit, succession de chenaux et de docks, afin d'interroger les équipières qui sont soupçonnées d'espionnage. Interdites de sortie, les outrecuidantes sont consignées à bord jusqu'au lendemain ; un officier monté sur le pont pour demander une inspection confond le bruit du gramophone avec celui d'un poste de TSF. Lorsqu'elles s'opposent à l'agent qui confisque leurs appareils photo Vest-Pocket, les policiers les conduisent *manu militari* au palais du *commandante*, au milieu d'une foule de galonnés en blanc, élèves officiers avec écharpes formant de larges rubans bleu ciel et jeunes matelots en pantalon clair. Elles sont aussitôt relâchées, malgré la gravité des soupçons.

Contactée par télégraphe, l'ambassade de France à Rome leur sauve la mise : les renseignements transmis aux policiers italiens indiquent qu'elles sont trop inoffensives pour être des espionnes.

Le sentiment de révolte d'Ella Maillart ne s'est pas assagi dans les embruns, au contraire. Femme aux semelles de vent, Kini est plus rebelle que jamais et sent qu'elle est taillée pour la course au large ou le voyage dans les steppes, même si elle ne peut coucher ces profonds désirs sur le papier de son journal de bord. « Je me refuse à emprisonner nos actes dans le moule rigide des phrases : je veux que vivent toujours en moi telle journée magnifiée par l'éclat de ma jeunesse, telle autre fertilisée par le grain d'où germerait mon avenir, telle autre encore, bouillonnante du défi que je lançais à une Europe exténuée, et qui toutes démontrent qu'au fil des ans ma volonté d'être ce que je suis n'a fait que s'affermir. » Elle a jeté par-dessus bord ses dernières envies de possession matérielle et savoure les joies et les peines de la vie sur le pont, le confort spartiate, la fatigue physique, l'angoisse qui vous sape le moral. Avec toujours en tête cette idée de traverser l'Atlantique comme Alain Gerbault, puis de filer vers les mers du Sud, sans rien dire à personne avant de parvenir au dernier port.

Pour l'heure, Ella se nourrit de poèmes qu'elle et les autres lisent à tour de rôle, ou des livres de Pailleron et Paul Morand, dont *Lewis et Irène*, qui a pour cadre, du moins au début, cette Sicile vers laquelle vogue la *Bonita*. Lorsque surgissent des poissons volants, Ella et Marthe songent au Pierre Loti de leur enfance, celui qui s'émerveillait devant un vieux journal de bord déniché au grenier, assurant que « tel jour à telle heure par tel degré de latitude, une infinité de daurades bleues passait dans l'eau transparente au flanc du navire ».

L'escale de Palerme est d'autant plus attendue que les visages sont de plus en plus brûlés par le soleil, malgré la casquette British Navy qu'un officier anglais a offerte à

Ella, qui a perdu l'étrange petit calot qu'elle ne quittait jamais. Mais à terre, une fois la *Bonita* dûment amarrée et sous la haute surveillance du batelier Pepino, qui redoute toujours quelque coup tordu de la part des jeunes Siciliens, les quatre filles découvrent dans les rues de Palerme une foule de chemises noires, celles des fascistes qui sont en effervescence en ce jour d'élections, le 2 août. Des badauds s'agglutinent devant la déclaration de Gabriele D'Annunzio qui est affichée sur les murs. Drôle d'ambiance. Les hommes de Mussolini semblent avoir pris possession de la ville, ils ont même créé une administration parallèle, avec un bureau annexe au télégraphe. Marthe se rue aussitôt au consulat pour prendre son courrier. Une mauvaise nouvelle l'y attend : Miette et Yvonne viennent de perdre leur père et la croisière doit s'interrompre. Faut-il les avertir tout de suite ? Pour ne pas gâcher leur fête d'arrivée à Palerme et la soirée de détente promise, Marthe cache la nouvelle jusqu'au lendemain matin. Yvonne décide alors de gagner aussitôt la Suisse par le paquebot noir en partance pour Naples.

La croisière continue malgré tout, et avant de reprendre la mer Ella, Marthe et Miette s'offrent un vagabondage dans les terres de Sicile, loin de cette ville en noir qui les attriste, cette citadelle du fascisme qui ne présage rien de bon pour l'île, l'Italie, la Méditerranée et l'Europe entière, toutes ces peurs qu'Ella avait refoulées à son départ de Genève et qui resurgissent brusquement. Oui, après la boucherie de la Grande Guerre, l'Ancien Monde bascule à nouveau dans la folie.

C'est ainsi que l'équipage de la *Bonita* s'aventure à pied, en charrette, en train, dans les collines de Sicile, les pieds coupés par ces sandales que les filles avaient reléguées dans les cales du cotre. Elles découvrent des temples antiques aux lourds chapiteaux, des campagnes qui semblent vierges de toute éternité, des plages désertes, des sentiers qu'empruntent seuls des muletiers venus de nulle part. Des fermiers les accueillent, quand elles ne dorment pas à la belle étoile, devant des ruines, dans des jardins sauvages, sous la lune, sans couverture, dans leurs manteaux qui les protègent à peine de la rosée du matin.

« Ô divin vagabondage ! » s'exclame Marthe Oulié.

Le pont de la *Bonita* est brûlant et le cotre se dirige vers la Grèce. Ella a désormais le visage buriné tel un vieux loup de mer. Qu'elle semble loin, déjà, la vie à terre ! Elle aime cette existence de marin, à la fois très active et indolente, cette alternance de calme plat, lorsque l'absence de brise face aux îles Éoliennes, c'est un comble, plonge la capitaine Miette dans une mauvaise humeur permanente, et les gros grains, les vents forts, alternance qui lui laisse le temps de lire – du Conrad, du Melville, les récits des mers du Sud, ceux de Nutting et Knight, l'*Iliade*, le *Yacht Cruising* de Claude Worth – et d'écouter des tangos sur le gramophone. De temps à autre, Marthe ou Miette la réveille, alors qu'elle s'est endormie dans la cabine, pour lui crier : « Eh ! Lieutenant ! », ce à quoi elle répond en pestant :

« Nom d'un chien ! Que fait depuis hier cette cuvette dans le cockpit ! »

Elle n'a pas volé son titre de second, et lorsque la tempête menace, sous le vent du nord, la bora, elle écope dans les cales à n'en plus finir, alimentée au biscuit et à la tasse de lait condensé, alors que la gîte a envoyé valdinguer la vaisselle, le réchaud et toute la nourriture. Et quand la corne d'artimon casse, avec une grand-voile presque hors d'usage, après l'escale à Messine où la *Bonita* a embarqué le jeune frère de Miette et, comme remplaçant pour compléter les bordées de quart, le turbulent Ben, c'est Ella qui lance les ordres :

« Tout le monde sur le pont ! »

Elle en impose, à coup sûr, et l'équipage aussi, à tel point que lorsqu'elles parviennent en Grèce, sur les rivages de l'île de Céphalonie, l'escadre anglaise de soixante-dix navires stationnée là leur rend les hommages avec sir

Roger Keyes, l'amiral, à la coupée du *Queen Elizabeth*. Le commandant de l'escadre, qui n'est autre que le héros de la bataille de Zeebrugge, les invite à son bord pour un déjeuner, à la table où fut signé l'armistice naval de la Grande Guerre. Quand le digne hériter de Nelson signifie son intention de visiter en retour la *Bonita*, cette minuscule barcasse de bois amarrée au flanc du *Queen Elizabeth*, c'est la panique à bord. Quel gourbi, avec ses voiles entassées, ses vêtements qui pendent aux filins, ses caisses de vivres en travers de la cabine ! En un tournemain, le cotre est nettoyé, son cuivre briqué, son pont rendu flambant neuf, et l'amiral s'amuse de cette visite qui lui rappelle sa jeunesse dans la marine à voile, quand, élève officier, on lui enseignait les principes du vent et de la dérive. Et tant pis s'il peut à peine se tenir debout dans la cabine... Ce qui frappe les visiteurs, c'est l'audace de Miette, qui sait naviguer au sextant mais aime se diriger à l'estime, et le goût d'Ella pour la littérature : elle préfère remplir les caissons de livres plutôt que de boîtes de conserve. Les trois filles prennent leur revanche quand, toujours accompagnées de sir Robert Keyes, elles rendent une nouvelle visite au *Marlborough* :

« As-tu vu, souffle Ella à Marthe, les matelots qui se dépêchaient de donner, comme nous, un coup aux cuivres avant le passage de l'amiral ? »

Le plus beau compliment revient au capitaine Dutton :
« Savez-vous que ce que sir Roger m'a dit ? "Elles devraient être anglaises..." »

Le dernier hommage est un dimanche consacré par les sous-officiers et marins britanniques à réparer la corne d'artimon, la longue pièce de bois qui sert au gréement et qui est cassée. Ella est émerveillée par cette solidarité pétrie de modestie des grands marins à l'égard de quatre filles perdues sur les mers, qui ont inauguré sans doute la première équipée de ce genre en Méditerranée.

En longeant la côte de Céphalonie, Ella songe plus que jamais à Homère, dont elle a lu maintes pages à voix haute à ses camarades de bord. L'Europe avec ses dérives et ses désirs de guerre lui semble si lointaine... Elle pense, comme Aragon : « Vieux continent de rumeurs / Promontoire hanté / Nous nous sommes fait d'autres idoles. »

À Athènes, où elles arrivent épuisées après avoir franchi le canal de Corinthe à la rame, halées par Ben, trop fauchées pour se payer un remorqueur, une surprise les attend : la *Perlette*, le cotre de sept mètres vingt sur lequel Ella et Miette firent leurs premières armes, est amarré dans le port de Kastella aux blocs épars, qui n'a pas été réparé depuis le Ve siècle. Quelle métamorphose ! Dire que cette coque était une épave il y a quelques mois encore, écaillée, desséchée ! Désormais, c'est un splendide petit yacht qui s'offre au regard d'Ella, repeint en blanc, rajeuni, avec un mât neuf et même un vrai matelot. Son propriétaire, lui, est invisible : il passe son temps en mer sur un yawl avec des amis. Sur le quai, les filles sont aussitôt affublées d'un surnom par les pêcheurs, « Despinis Perlette », Mademoiselle Perlette. Ella voit dans cette coïncidence un extraordinaire coup du sort. Pas de doute, elle est née sous une bonne étoile.

L'aventure ne fait que commencer ! Enfin les filles et Ben goûtent aux plaisirs de la table grecque, dégustent du fromage et du poisson grillé sur les quais. L'Acropole les attire-t-elle ? Il leur faut d'abord nettoyer le bateau, sécher les voiles, réparer tout ce qui est cassé, vérifier l'état du gréement. Ella et Miette comptent revendre le cotre ici même, et partir pour la Crète afin de se livrer à quelques recherches archéologiques. Sur les quais Ella poursuit ses rêves, inlassablement, et parle de son désir d'aventure dans les mers du Sud. Miette est suspendue à ses lèvres, sait maintenant que tout est possible, tandis que Marthe éprouve quelque lassitude et que Ben ne songe qu'à rentrer à Paris.

Au retour en France, Ella apprendra l'épilogue de l'histoire de la *Bonita* : dans le port de Kastella, le voilier a été éperonné lors d'une tempête par un yacht anglais mouillé aux alentours et qui a chassé sur ses ancres. La *Bonita* a coulé en quelques minutes. Triste sort du cotre, puissant et fragile à la fois, comme les moussaillons à son bord. Pour Ella et Miette, la nouvelle est ressentie comme la perte d'un être cher, d'un matelot que l'on connaîtrait depuis toujours. Ella en pleurerait : elle songe aux agrès, aux voiles, à la coque de bois recouverte de cuivre, condamnés à une mort lente dans les profondeurs de Kastella, comme les antiques trirèmes.

CHAPITRE VI

Ella pense déjà à la prochaine aventure. La traversée de l'Atlantique sur les traces de l'ami Gerbault, New York, le canal de Panama, et puis les mers du Sud, ce rêve sempiternel qui lui fait supporter la grisaille hivernale.

Ella est de retour... À Genève, ses parents ne la reconnaissent pas. Son père avait consenti à laisser partir une jeune étudiante, c'est une femme au teint hâlé qu'il retrouve, une aventurière, un matelot qui a déjà de belles péripéties à son actif, aux muscles délicatement déliés, aux traits affermis par sa volonté de marin. Le soir, devant la cheminée, la mère, le père et le frère, Albert, écoutent patiemment Ella raconter les traversées, les escales en Sardaigne et en Grèce, les coups de vent, les petites réparations et les plongées dans l'eau du grand large.

Mais elle ne tient pas en place. Elle virevolte, lorgne le lac qui a vu ses débuts de marin et veut déjà repartir. Les mers du Sud... Une obsession... Une envie de franchir le cap Horn... Chaque jour, Ella guette l'arrivée du facteur, une lettre de Miette qui l'informera des préparatifs. Elle a vingt-trois ans et sait déjà qu'elle est taillée pour les virées sans escale, les équipées au long, très long cours.

Ce matin de mars 1926, la lettre de Miette arrive enfin : elle a acheté un bateau pilote en Bretagne, avec toutes ses économies. Ella ne réfléchit plus : elle part aussitôt rejoindre l'amie à Lorient.

De nuit, la rade de Lorient apparaissait comme une gorge ouverte sur des clapotis inconnus, un long rail où se croisaient chalutiers, cargos et voiliers sur un fond de lumières jaunes et de grandes masses noires. Sans feux, le voilier de Jérôme remontait lentement l'enfilade de passes et de chicanes. Le *P'tit Fût* n'avait plus de lumières, et nous arrivions de Belle-Île pour rejoindre le port de Kernével en louvoyant entre des balises sombres et des récifs devinés. Jérôme tenait la barre, et Philippe et moi, debout dans le froid, les pieds mouillés par notre traversée depuis Belle-Île vers la Côte sauvage, tentions d'éclairer le pont et les abords avec deux lampes de poche, dérisoires sémaphores tremblotants. Médecin devenu journaliste, comme Philippe, Jérôme était un passionné de la mer et son regard semblait perpétuellement mouillé d'embruns. Il ne semblait vivre que pour ces croisières au large, ces départs impromptus, ces ennuis qui suscitaient parfois son courroux, vite bridé comme on mate une mutinerie, avaries, pépins et difficultés diverses qui au fond composaient son nouveau monde. Les sens en alerte, il tendait tous ses efforts vers la réussite de l'escapade depuis son fief de la baie de Vannes dont il connaissait chaque recoin, chaque courant, chaque anse. Lui aussi aimait Ella Maillart, davantage la vagabonde des mers que la nomade des steppes inconnues.

Dans l'obscurité, nous tenions le cap en direction d'un feu jaune, à l'aveuglette, et les deux lampes torches que Philippe et moi pointions droit devant nous ne servaient pas à grand-chose. Philippe menait parfois des missions humanitaires de par le monde. Il revenait d'Iran, à la frontière afghane, là où Ella avait devisé sur le sort des hommes depuis un no man's land peu accueillant et qui n'avait guère changé, et il s'apprêtait à repartir pour la Colombie. Il aimait ces allers et retours qui lui permettaient de prendre la température d'une mission, d'évaluer sa portée, de corriger le tir au besoin. Souvent, les volontaires humanitaires qu'il rencontrait sur le terrain soignaient des réfugiés, ainsi les Afghans à la frontière iranienne. Certains étaient nomades. Leur exil aussi était un nomadisme, et cela attristait Philippe, conscient d'avoir fort à faire dans ce monde où les déplacés se comptent par millions, lui qui pourtant, avec son humble regard, en avait vu beaucoup d'autres.

Devant nos torches misérables qui tentaient d'éclairer deux ou trois vaguelettes narguant le *P'tit Fût*, le trou noir nous parut bizarre. Il s'agissait de la citadelle de Port-Louis, gardienne des lieux, et nous foncions droit dessus. Fouetté par les embruns d'automne, Jérôme redressa la barre et le voilier s'engagea à bâbord, vers la rade de Port-Louis, frôlant au passage la muraille noire de la forteresse qui vit partir tant de bateaux vers l'Orient, Pondichéry et Chandernagor, au temps de la Compagnie des Indes. Transi, debout près du foc, je me souvins des frayeurs d'Ella à l'approche de certains ports de Bretagne. Un chalutier nous dépassa dans un bruit de vagues fracassées, trou de lumière à l'approche puis en fuite sur une mer noire, miroir aux mille reflets bordé de scintillements – les feux des rivages qui semblaient nous narguer en nous laissant dans cette obscurité sournoise, à la merci de la moindre étrave. « Trois thoniers nous doublent, toutes voiles dehors, écrit Ella Maillart à l'approche de Lorient dans la brume. "Marche ou crève", telle doit être leur devise, car à leur bord on ne semble guère se soucier de la casse. »

Une brume s'était levée sur le *P'tit Fût* et nous fendions le voile cotonneux tels des rescapés d'une longue course, heureux d'arriver à bon port mais sans le discerner, comme noyés dans un mirage de lumières traîtresses, tandis que des mouettes nous survolaient, aveugles perdus aux portes d'un havre qui avait le goût des labyrinthes. Une plate-forme brise-clapot se signala brusquement. Nous hélâmes un marin sur son voilier, qui indiqua l'entrée du petit port de Kernével. Je distinguais au loin, dans un halo jaune, les mots « Carburant » et « Visiteurs ». Kernével nous tendait ses pontons comme il l'avait fait soixante-dix ans plus tôt à Ella Maillart.

Ancré dans la rade de Lorient, le bateau de Miette est impressionnant, il a presque la taille d'un thonier, et Ella le contemple telle une merveille du monde. En regardant la coque, elle songe aux embruns de la Méditerranée, aux escales après les longues traversées, à l'incroyable sentiment de liberté qui apparaît lorsqu'on est seul ou presque sur les mers. Copie conforme d'un cotre de croisière qui a pour nom *Jolie Brise*, l'*Atalante* ressemble à un chalutier et jouxte une conserverie, ce qui est de bon augure pour partir à la pêche en haute mer. Ça sent le cambouis chaud et la soupe de poisson. Entre deux préparatifs, Ella passe son temps au bistro de Georges Terriou, le seul endroit habité des environs, où les marins, lorsqu'ils ne sont pas soûls, racontent leurs aventures à la Suissesse, qui en la matière est capable de repartie. Les pêcheurs parlent de leurs virées au large par mauvais temps, des langoustes en Mauritanie, des attaques de pirates au large des côtes africaines comme au bon vieux temps de la flibuste. C'est une fratrie chaleureuse que découvre Ella, avec ses sabots de bois, son franc-parler, ses beuveries, ses vareuses de grosse toile rapiécées et décolorées par l'eau de mer, les pièces de cuir cousues sur les chaussettes. Quel spectacle ! La jeune femme ne s'en lasse pas. Elle est aussitôt adoptée par ces gueux de la mer qui attendent dans le bar la fin de l'hiver comme la coque dans le bassin de radoub.

L'*Atalante*, nul doute, est taillée pour la haute mer, avec une belle largeur, une étrave rectiligne, sa poupe incurvée, quarante-trois tonnes pour seize mètres de long. On la dote d'un gréement identique à celui des thoniers. Ella et Miette, puristes de la marine à voile, décident de lui enlever son moteur. Les travaux sont considérables – changer le safran, replacer une partie de l'étambot, la poutre maîtresse sur l'arrière de la quille, modifier le vire-lof –, travaux que Miette commande avant son départ sur un chalutier de soixante tonnes en route pour Madère, le *Hébé*, affrété par le Bureau des pêcheries, afin de se frotter à la pêche au thon blanc mais aussi de s'exercer au sextant.

Seule sur le chantier, Ella Maillart se coltine toutes les complications, et d'abord la paresse de certains ouvriers qui cherchent le moindre prétexte pour s'enfuir vers le bistro de ce forban de Georges Terriou et se soûler au cidre. Mais elle ne se laisse pas faire et va les chercher dans leur antre de bout du monde, à la façade battue par les vents et noyée dans le crachin.

« Comment ça, toujours absent ? lui répond-on. Quand on travaille dur, vous pensez bien qu'on ne peut pas rester indéfiniment le gosier sec, tout de même ! »

Ce sont de joyeux lurons au demeurant. Il y a là Yves, charpentier, un beau gosse à la casquette posée de travers, qui ne commence sa semaine que le mardi afin de se reposer des agapes dominicales. Il sait user de son charme, notamment quand Ella se met en rogne contre lui, colère qu'il désarme par une litanie de plaisanteries. Et Le Gonidec, qui laisse en plan le youyou dessiné par Miette pour disparaître pendant une semaine, et cet ouvrier maladroit qui se blesse en tombant, et cet autre encore qui passe pour un demeuré puis est emmené par la maréchaussée pour quelque méfait... Ella certain soir se désespère. Heureusement que le patron du chantier la réconforte : tout sera terminé en temps voulu, ou à peu près. Quand les cent quatre-vingts gueuses de vingt-deux kilos qui serviront de lest sont abandonnées sur les quais, c'est Ella qui les porte à bord, seule, suscitant l'admiration des dockers et des badauds.

« Ça c'est du sport ! siffle-t-on. Beau boulot. La dame, elle a pas peur de s'y atteler. C'est pas les nôtres qu'on verrait faire ça... »

Le propriétaire du chantier lui signifie que les gueuses ne serviront à rien puisque l'*Atalante* sera lestée avec du ciment dans les cales. Mais Ella s'entête, installe les gueuses, d'une grande utilité lorsque le bateau sera à la gîte. Toute cette activité suscite l'étonnement des promeneurs. Que concocte cette jeune femme en salopette tachée et aux mains sales ? Pourquoi le bateau est-il équipé de deux tangons, ces espars placés en travers du navire, comme sur les thoniers ? Le mystère reste entier, d'autant que Miette est toujours en mer.

Le soir, dans la cabine, Ella poursuit ses lectures, Frank Bullen, Herman Melville, les ouvrages techniques sur la construction navale, dans une odeur de vernis, de peinture Ripolin, de mastic et de minium. Elle ne veut rien laisser au hasard sur ce pont qui lui servira de domicile pendant des semaines, peut-être des mois. Elle équipe le bateau d'une couchette supplémentaire, au bas de l'échelle, à tribord, pour que le marin de quart puisse se reposer sans réveiller les autres, et à bâbord elle installe un grand bureau-secrétaire où ranger les cartes et ces livres qui prennent tant de place. Dans la cabine, quatre couchettes et une table à balancier au piètement solidement vissé au sol, avec un harmonium pour égayer l'ambiance.

Parfois, Ella s'arrête dans ce maelström de gestes, blâme cette escale qui semble interminable, dans une solitude parfois pesante. Elle contemple alors le rivage, les gens qui sortent du bistro, ses mains sales, et se pose la question qu'elle répétera toute sa vie : « Qu'est-ce qu'on fout ici ? » Elle n'éprouve pas de sentiment amoureux et promène sur le monde un regard parfois désabusé, celui d'une jeune femme qui a connu la guerre. Dans son carnet de bord, au-dessous d'une esquisse de voile carrée, elle consigne quelques notes : « Pour une fois, calmement, j'ai eu le courage de faire le ménage dans mes pensées les plus intimes. Le plus profond est remonté en surface. Insupportable. À quoi me sert de... Je ne découvre en moi que du vide : ni amour filial, ni amitié, ni responsabilité, ni but, ni raison de vivre. Ni élans du cœur ni désir ardent ne vivent en moi. »

Ce sentiment de désespoir n'est contrecarré que par le

vœu de partance. À vingt-trois ans elle est seule, et cette mélancolie de la solitude est exacerbée par l'immensité de la mer, qui lui renvoie l'image du vide et parfois un écœurement d'elle-même.

« La vanité d'écrire ces carnets de bord ou des articles pour gagner de l'argent a quelque chose de décourageant.
« En moi, rien qu'une solitude sans fin.
« Qui pourrait me venir en aide ?
« D'où me vient cette souffrance ?
« Grands dieux ! Pourquoi vivre ? »

L'abattement... L'attente de jours meilleurs, qu'elle sait pour bientôt, comme une rédemption, dans la mer du Grand Rien. Tel un baromètre de bord, Ella mélange gros grain et calme plat, exaltation et rémission, tempête de l'âme et apaisement, cette sérénité qu'elle recherchera toute sa vie dans les voyages et le regard de l'autre, jusqu'au fin fond du monde et de l'Orient.

Mais le soir, sur le pont qui jouxte le chantier naval, face à l'eau paisible qui descend au jusant, elle se ressaisit bien vite en songeant au bercail genevois ou à Paris : à tout prendre, son paradis se prépare ici, fût-ce les dents serrées.

Sur les quais de Lorient et des ports voisins, j'ai cherché longtemps l'ancien bistro de Georges Terriou. Il n'existe plus, me dit-on, et les marins assoiffés ont dû se déplacer de quelques rues.

Le ciel était gris en cette fin d'été et les matelots portaient une veste chaude. De l'autre côté du Ter, la rivière qui sépare Lorient de Kernével, on apercevait la base sous-marine allemande, horrible cube de béton que les avions américains tentèrent en vain d'anéantir, utilisée par la marine française pendant quelques décennies puis laissée à l'abandon, à la mousse, aux fientes des cormorans. Cette verrue était incongrue, comme pour rappeler que la barbarie n'avait pu être anéantie, cette barbarie qui pointait son nez depuis des années et qu'Ella redoutait tant, à en fuir l'Europe. Je me trouvais sur le pont du *P'tit Fût* de Jérôme, qui tanguait à l'amarrage, et nous bûmes une bouteille de bordeaux pour contrer cette gîte. Au petit matin, je laissai Philippe et Jérôme à leur ouvrage, une réparation de ces lumières qui nous avaient tant fait défaut lorsque nous avions remonté la rade de Port-Louis.

Un voilier Pogo, une bête de course qui avait dû inscrire à son palmarès quelques transatlantiques, voisinait avec le *P'tit Fût*, et Jérôme ne cessait de le lorgner, montait sur le pont, tandis que Philippe accrochait son ciré sur les haubans comme pour marquer un territoire qu'il eût aimé conquérir. Devant nous, le banc du Turc cachait quelques récifs assassins, se jouant des marées pour glaner de beaux naufrages. Nous aimions retrouver les noms de la rade de Lorient sur les cartes marines, les Truies, les Errants, la Potée de Beurre, le Soulard, la Pierre d'Orge, la pointe de l'Espérance, ces noms qu'Ella appréciait. Les maisons aux pierres grises, l'anse aux algues vertes, les vasières donnaient à la rade une atmosphère de ville déchue. Je dépassai la villa Margaret, belle demeure aux allures de gentilhommière, jadis capitainerie du port, qu'Ella Maillart fréquentait de temps à autre. En quête du bar introuvable de Georges Terriou où Kini écouta les récits de maints marins, je marchai le long de la vasière où s'échouaient des bateaux vieux. « Bon vent à qui me salue » était la devise de Kernével, coincé entre la rade et la petite ville de Larmor-Plage, laquelle, en guise d'adieu, aimait honorer les navires de guerre d'une volée de cloches, lorsque ceux-ci annonçaient leur croisière de trois coups de canon. Devant la vasière que picoraient une nuée de mouettes et l'anse Zanflamme où les bateaux de pêcheurs, échassiers fatigués, se reposaient sur des béquilles dérisoires, une maison abandonnée aux murs délavés tels les yeux d'un vieux capitaine s'offrait à la brise. J'aperçus un chantier naval que je contournai, côté rade, comme un voleur. Sans doute était-ce là qu'Ella avait vécu, dans la cabine de l'*Atalante*.

Je marchai dans la fange, puis la boue, au détour d'un petit chemin qui s'insinuait entre les talus. La marée descendante venait de déposer quelques coquillages tandis que des oiseaux, seuls gardiens de ce lieu maudit, semblaient guetter chacun de mes gestes. Au détour du talus, je découvris un cimetière de bateaux, une douzaine d'épaves éparpillées, flancs éventrés, coques fissurées, ponts vermoulus, qui penchaient de la tête comme pour signifier qu'ils étaient encore capables de gîter. L'endroit était désert, et même les pêcheurs à pied ne s'aventuraient pas dans ce bas-fond de la rade, cette demeure pour sous-castes, pour parias de la mer. Couché, les vitres cassées, des algues accrochées à ses planches telles des sangsues de mer, le petit chalutier FT 2235 livrait son dernier combat contre l'anéantissement, dans un océan de moisissures. Cette forêt de mâts brisés résonnait pareille à une fin du monde maritime, avec la vase puante pour linceul. Un navire à l'agonie est une tristesse. Un cimetière de bateaux est toujours un royaume de la mélancolie.

Je dépassai un bateau de pêche posé sur des cailloux, avec sa cale béante d'où je m'attendis à voir surgir un marin fantôme. Certaines planches étaient fracassées, injure du temps ou vandalisme inconséquent, comme pour accélérer la pourriture. J'évitai de glisser avec mes bottes sur les rochers humides et j'aperçus au milieu de ce cimetière un voilier en mauvais état, mais apparemment capable de reprendre la mer, sur lequel était étendu du linge.

Je m'approchai en criant :

« Il y a quelqu'un ? »

Aucune présence n'était décelable à bord, et le propriétaire était sans doute parti en ville. J'imaginai de nouveau Kini dans sa cabine de l'*Atalante*, avec l'espoir, une fois les travaux finis, de reprendre la route du large. Mais ce voilier à la coque bariolée, aux graffitis innombrables telle une façade d'immeuble longtemps négligée, me parut échoué là pour l'éternité. C'était étrange, le bateau semblait vide et habité en même temps. Il défiait le temps et l'usure de ses voisins couchés sur le flanc. J'avais eu du mal à le découvrir depuis le petit sentier mais nul doute qu'il devait s'apercevoir de loin depuis la rade. Il représentait un phare d'espoir dans ce cimetière sans nom, sans visiteurs, et je m'aperçus que la pointe de l'Espérance, légèrement à l'est de l'immonde base sous-marine allemande, annonçait ses feux comme une prémonition, une lumière permettant aux navires de se guider dans la rade retorse de Lorient – Jérôme et Philippe en savaient quelque chose.

Personne ne répondait à mes coups sur la coque et peut-être était-ce mieux ainsi. Je m'évitais le ridicule, à nouveau, un marin tombant nez à nez avec un hurluberlu qui lui demanderait :

« N'auriez-vous pas croisé une voyageuse nommée Ella Maillart, dite Kini, sait-on jamais, dans une autre existence, sous d'autres latitudes, dans les mers du Sud, non, vraiment, jamais ? Je vous en prie, cherchez bien, regardez, j'ai une photo... »

Et là, brusquement, les pieds dans la vase, les mains sur un ponton craquelant et pourri, adossé à un voilier graffité sur béquilles comme un parasite à un coquillage, par 47° 43′ de latitude nord et 3° 22′ de longitude ouest et des poussières, des poussières d'algues et de varech, je compris que l'âme errante de la voyageuse Kini n'était pas passée loin de moi ce jour-là, une âme belle et à l'état brut qui s'était longtemps patinée sous la brise du nomadisme.

Miette est enfin à quai ! Épuisée par des semaines en mer et le mauvais temps, l'amie d'Ella est amaigrie. « Bah, quelques nuits de bon sommeil suffiront ! » lance-t-elle à Kini, laquelle est inquiète : Miette, trois ans plus tôt, est tombée gravement malade à la veille de leur première croisière. Pendant ce temps, l'équipage se constitue, avec

Marthe Oulié, alias Pa-tchoum, qui sera de la bordée tribord avec la capitaine, et Marie. Un éternel sourire aux lèvres, une bonne humeur dès le lever du jour, ce qui compense son ignorance totale du monde de la voile, Marie, amie de Pa-tchoum, est en fin d'études de médecine et sera fort utile à bord en cas de pépin.

Tel un capitaine trop longtemps resté à quai, Ella joue les femmes-orchestres, répartit les rôles, prend Pa-tchoum comme matelot, étrenne la lourde caméra qu'elle a obtenue de la société Pathé et s'entraîne à la prise de vue spectaculaire depuis l'étrave, nantie d'une ceinture d'accumulateurs et d'une rallonge de câble étanche. En août 1926, tout est prêt. Et tant pis si un cameraman se pointe, qui a filmé jusqu'au cap Horn sur un sept-tonnes, suivi d'un attaché de production, lequel comprend d'emblée la hiérarchie féminine sur le pont de l'*Atalante* : c'est Ella qui filmera en mer, avec la caméra de trente-cinq millimètres, et personne d'autre... L'attaché de production s'aperçoit très vite que sa présence n'est pas franchement désirée par les quatre filles et que l'ambiance est au gros grain. Alors il tente de se fondre dans le moule, rend service, oublie le film, a des gestes de tendresse pour Ella qui a conscience des servitudes que son projet entraîne et craint d'importuner Miette. Gêné mais diplomate, l'attaché de production parvient néanmoins à s'imposer, notamment en lavant la vaisselle et en nettoyant les coudes d'Ella, sales de peinture anticorrosive, tant et si bien qu'au bout de huit jours il a le coup de foudre pour la vie des matelots et s'embarque à bord du *Gypsy Queen* afin de filmer la pêche au thon dans le golfe de Gascogne.

Peu à peu l'*Atalante* se dérouille ; elle court quelques bordées entre les bouées mouillées devant le village paisible de Kernével. Puis Calloch, le Breton qui a taillé et cousu la voilure, emmène l'équipage jusqu'à Groix, histoire d'apprendre à installer les lignes de pêche et de montrer aux filles ce qu'est la vie de marin sur une île. Ella s'en rend bien vite compte quand elle voit les capitaines sortir du bistro complètement ivres à la veille de leur départ en mer, lequel est retardé d'un jour le temps que l'équipage dessoûle, sous les huées de leurs femmes qui, depuis la jetée du phare, coiffées de dentelle agitée par la brise, crient aux hommes tapis dans les chalutiers leurs quatre vérités.

Enfin sonne l'heure du grand départ. Ella prend son quart de nuit, suivie de Miette qui maîtrise désormais l'usage du sextant, bien mieux en tout cas qu'en Méditerranée puisque son relevé avait placé la *Bonita*, en raison de l'inversion d'un signe, dans l'hémisphère Sud... Malgré l'incessant roulis qui donne le mal de mer à cet équipage au pied pourtant marin, Ella est heureuse, saisie d'un fantastique sentiment de liberté depuis que Miette s'avère capable de tracer une route. La virée leur permet de ramener du thon au port de Groix, ce qui fait les délices des femmes des pêcheurs, dont l'un est rentré bredouille avec des poissons avariés dans sa besace.

Avant de prendre la mer pour la pêche au gros, l'*Atalante* doit s'approcher du quai à marée haute afin de s'approvisionner en eau douce. Mais le matelot qui doit aider à la manœuvre s'est éclipsé et le bateau se couche dangereusement sur le flanc, alors que la mer déjà se retourne, entraînant une vraie panique à bord. Ella, qui n'écoute que son courage, saute sur le quai, ordonne aux coéquipières de haler le bateau, mais il est trop tard. La coque de quarante-cinq tonnes gîte à en faire craquer ses flancs. Ella s'aperçoit alors qu'elle saigne : une plaie béante noircit sa salopette à hauteur de la jambe.

« Ça nécessite des points de suture, lance Marie. Et du sérum antitétanique. Tu t'es fait ça en sautant sur le quai, et il est couvert d'écailles de poisson. »

Les amies oublient le danger et le pont de l'*Atalante* qui s'incline davantage de minute en minute pour s'occuper de la blessée. Sans perdre un instant, Marie passe un fil de soie dans le chas d'une aiguille et se met à recoudre la plaie à vif dans la cabine de l'*Atalante* inclinée à quarante-cinq degrés, tandis que l'équipage écoute le chapelet d'injures que tente de proférer Ella, qui se ressaisit bientôt et préfère se mordre un doigt pour ne pas hurler. Le cri n'est proféré que lorsque l'opération est terminée, et quand Marie oublie un bout de coton imbibé de teinture d'iode dans l'abdomen, à l'endroit où elle a injecté le liquide antitétanique. Ella gardera pendant des années une superbe cicatrice sur le ventre en souvenir de cette mémorable intervention.

Horreur ! Le bordage de l'*Atalante* est déjà enfoncé ! À peine recousue, Ella est sur pied pour évacuer les vivres et le matériel de bord, conserves, bouteilles, chaîne de rechange, afin d'alléger l'embarcation lorsque la mer remontera. À marée haute, le bateau est recalé, et le bordage renforcé. Miracle, il tient l'eau. Pour fêter cette remise à flot, Ella et les trois coéquipières filent au bistro de Georges Terriou déguster une soupe de poissons pendant que les marins s'abreuvent jusqu'à plus soif sous le regard habitué du chien Plancton. Le soir, dans sa cabine remise à niveau, Kini écrit à ses parents pour leur donner sa nouvelle adresse, celle d'un marin dans l'attente de la prochaine escale : « Ella Maillart, c/o Consulat de France, Vigo, Espagne. » Elle sait que le voyage est périlleux, et se prépare au pire. Comme pour conjurer le mauvais sort, elle copie dans sa lettre un passage relevé il y a belle lurette dans un livre dont elle a oublié le titre : « Pareilles séparations vous laissent toujours un sentiment de tristesse et de gravité, et ces adieux familiaux sont empreints de la pensée que peut-être nous ne nous reverrons jamais de ce côté-ci de la tombe. »

Le 1er septembre 1926, l'*Atalante* quitte Kernével, halé par Ella Maillart qui souque ferme à l'aviron sur son canot et entonne un pot-pourri de chansons suisses afin de se donner du cœur à l'ouvrage.

Au-delà du petit cimetière de bateaux qui borde la vasière de l'anse Zanflamme, à Kernével, derrière un grillage aisément franchissable, on aperçoit un chantier naval qui ressemble à un terrain vague, avec quelques voiliers et autres embarcations malades qui attendent leur tour et leur chance. Quand on sort du cimetière, les pieds boueux, les yeux emplis de nostalgie pour ces destinées fracassées de coques vermoulues, les chantiers Kernével Nautic ressemblent à un havre de seconde jeunesse, une promesse de nouvelle vie, que tous les bateaux ne peuvent s'offrir. Un voilier démâté dressait ses lattes de bois tordues vers le ciel comme des moignons de supplicié. Un cotre attendait une cure de rajeunissement. D'autres voiliers lorgnaient la côte avec des panneaux de mise en vente et une peinture neuve, masque pudique de leur déchéance. Le chantier semblait désert et les employés n'étaient pas encore rentrés de leur pause-déjeuner. Un vent s'engouffrait entre les bâtiments, sifflait dans les haubans. Ce chantier était sans doute celui d'Ella, dont j'entendais le nom résonner entre les mâts. J'enjambai la petite barrière et m'engageai entre les voiliers sur béquilles, armée d'embarcations gémissantes, foule de gueules cassées, légion de rêves maritimes brisés. Quelques instants plus tard, une Mercedes noire se gara et un homme au ventre énorme pénétra sur le chantier, les bras tatoués, la chemise ouverte, une grosse médaille en or pendant sur une poitrine velue. Il me surprit comme si j'étais un voleur, et je prétextai un intérêt soudain pour un voilier à vendre que je désignai d'un geste de la main.

C'était le sien, baptisé *Termagi*, une coque verte et blanche qui gisait sur pieds, et Loïc Kernon, officier de marine marchande habitué des tropiques, m'invita à son bord, un bord sis à trois mètres cinquante de hauteur qu'il s'agissait de gagner par une échelle raide.

Un autre propriétaire surgit, Pierre, sans âge, en bleu de chauffe, les yeux très clairs, les mains pleines de cambouis. Il monta aussi à bord. Huit mètres soixante, six couchettes, « une aubaine, une affaire, allez, cinquante mille francs, il faut que je m'en débarrasse ». Les deux hommes se connaissaient bien, travaillaient côte à côte durant leurs heures de loisir et me tutoyèrent d'emblée, comme si j'étais un vieux compagnon des mers du Sud qu'ils fréquentaient de temps à autre. Pierre avait été longtemps technicien des chantiers de la marine, dans l'ancienne base de sous-marins, masse de béton dégoulinante de mousse, que nous lorgnions depuis le pont du *Termagi*, au-delà d'une épave échouée au milieu du chenal du Ter. La base avait fermé ses volets dix ans plus tôt et Pierre, à la retraite, le regrettait.

« Tout le monde se connaissait et tout le monde s'aimait bien sur cette base, de l'amiral à l'ouvrier. C'était peut-être parce qu'on travaillait dans une sorte de prison de béton... »

Depuis, Pierre naviguait sur son voilier l'été, puis le carénait l'hiver, le bichonnait, ajoutait des banquettes, des couches de peinture, des instruments de navigation.

Loïc Kernon, lui, aimait sillonner le pont de son bateau comme un capitaine voyageant à quai. En l'écoutant, je voyais défiler devant mes yeux les paysages d'Ella, mers lointaines et rade de Lorient. Commandant sur un pétrolier, collectionneur de tatouages comme autant d'escales sur son corps boudiné, Loïc Kernon naviguait dans les mers chaudes et attendait son heure pour repartir vers Trinidad. Il aimait les îles Salomon, les couloirs de l'Indonésie, malgré ses pirates innombrables et les assauts en pleine nuit, les veilles sur le pont avant qu'il ordonnait pour éviter tous ces forbans et flibustiers qui lui pourrissaient la vie. Je regardais ses tatouages et ce peuple d'étranges créatures qui se côtoyaient sur ses bras, son thorax et ailleurs, dragons, dauphins, femmes-sirènes, poissons féeriques qui descendaient sur son ventre et apparemment plus bas encore. Du pont on pouvait embrasser toute la rade de Lorient, et d'abord le port de Kernével, au-delà de la vasière, mais le cimetière de bateaux, qui jouxtait pourtant le chantier naval, était hors de portée, caché par un hangar, décence inopinée.

Loïc nous invita dans sa cabine, repeinte en vert pistache, avec des astuces pour rentrer les tables, sortir les bancs, cacher les caisses. Il passait des journées entières à bricoler et il donnait l'impression de vouloir laisser son voilier sur béquilles, là, sur un bout de chantier naval, comme pour mieux défier les ans et repousser la date d'entrée au cimetière voisin. Il réparait une radio tandis que Pierre observait les mouvements dans la rade de Lorient. Nous parlâmes longuement. Des bières s'entassaient dans un coin, son chien noir veillait au bas de l'échelle. Le capitaine Kernon naviguait ainsi pendant des heures, à quai, comme un vieux loup de mer trop longtemps asséché, au regard bercé par la double nostalgie, hautement traîtresse, du large et de l'escale tant attendue, nostalgie que les beuveries exacerbaient. Loïc Kernon ne connaissait pas le nom d'Ella Maillart mais regrettait ces temps anciens où les mers étaient moins fréquentées, lorsqu'une traversée d'océan s'avérait mille fois plus périlleuse qu'aujourd'hui. Quand il ne cabotait pas sur son pétrolier, Loïc Kernon naviguait sur son voilier au large de Lorient, après une rapide remise à l'eau grâce à la grue du chantier. L'hiver, il se promenait sur le pont du *Dufour* posé sur ses jambes de bois, et sa silhouette corpulente, son menton porté vers l'avant, ses tatouages de marin des ports perdus en imposaient dans les hangars des chantiers navals.

Une odeur forte de vase se porta vers nous. Loïc Kernon jeta un rapide coup d'œil vers le cimetière puis rentra dans sa cabine pour poncer une planche de bois vernie et revernie. Il me dit qu'il lirait bientôt Ella Maillart, quand il se trouverait au fin fond de l'Atlantique et qu'il aurait le mal du continent. Pour l'heure, il se préparait à une grande fête, celle qui scellerait son prochain départ.

À bord de l'*Atalante*, le capitaine Miette est de plus en plus malade. Elle souffre de troubles hépatiques et ne sort que rarement sur le pont. Le bateau se traîne lui aussi, quelques dizaines de milles en trente-six heures, une allure de coquille de noix. Appelée à se prononcer, Marie est formelle : soit Miette est hospitalisée à l'escale de Vigo pour être ensuite rapatriée en France, soit l'*Atalante* fait demi-tour. C'est la seconde solution qui est retenue. Sur le pont, Ella est décontenancée. Elle veut le bien de son amie Miette et en même temps subit ce retour comme un échec personnel après tant de préparatifs, une renonciation dont l'*Atalante* est le témoin. « Tu resteras mon paradis perdu, se dit-elle, et rien ne m'empêchera d'imaginer le total succès qui aurait pu couronner notre entreprise si nous l'avions menée jusqu'au bout. » Elle se rend compte qu'elle déteste les insuccès. Elle désire à chaque instant se surpasser, dans une recherche de l'épreuve qu'elle poursuivra toute sa vie, avec un sens de l'effort acquis en montagne et en mer puis le goût de la quête de soi, qu'elle découvrira dans un ashram perdu dans le sud de l'Inde.

Sur le quai de Lorient, j'imagine Ella en train de ferrailler avec ses chimères à bord de l'*Atalante*. La mer est un miroir sur lequel courent de blancs nuages aussi éphémères que des papillons de nuit. Des marins discutent de la pêche en regardant un chalutier, tandis qu'un autre répare ses filets. Un vieil homme au visage tanné ponce le pont de son voilier, aussi usé que son propriétaire. Un plaisancier et son fils qui débarquent d'un petit yacht se rendent en tongs à la douche municipale voisine, bras dessus, bras dessous. Un nuage léger défile au-dessus de leur tête, ils lèvent le nez et ils ont l'air heureux.

Dans la cabine, Miette est aussi triste que son second. Que peut faire Ella pour le capitaine ? « Rien, se dit-elle, sinon lui cacher ma propre tristesse. » Quand l'*Atalante* s'amarre au port du Palais, à Belle-Île, Kini sent que son rêve est à jeter par-dessus bord. Elle se console en voyant plus pauvre qu'elle, et d'abord de jeunes matelots qui lui mendient des cigarettes, et dont elle apprendra qu'ils se sont évadés du fort.

Ella éprouve elle aussi le désir de s'évader, de fuir le pont de l'*Atalante* qui lui a causé tant de soucis. Dans le port de l'île, le mécanicien d'un yacht britannique, l'*Amenartas*, propriété du comte Blücher qui vient de heurter un cargo, lui propose un coup fumant : quitter les quais alors que les autorités du port le somment de rester pour une enquête. Ella estime que l'ingénieur mécanicien est sincère lorsqu'il explique que c'est le cargo qui a éperonné le yacht, éclairé et avec une vigie sur le pont, contrairement aux allégations de la partie adverse, assurée du soutien de la capitainerie du port au point que les experts de la Lloyd's dépêchés de Londres n'ont pu avoir accès au chantier Guillaume, dans le bassin de réparations, où est amarré le cargo fauteur de troubles. L'ingénieur mécanicien, qui attend l'arrivée par le bac de l'après-midi et en grand secret d'un ami pilote à Guernesey, a besoin de deux matelots pour l'aider à quitter en douce ces quais qui sentent trop l'intrigue. Assistée de Pa-tchoum, Ella récupérerait le canot et l'ancre, ce qui convient parfaitement à ce qu'elle appelle ses « instincts de pirate ».

À peine Warren, le pilote de Guernesey, est-il arrivé à bord que l'*Amenartas* lance ses moteurs et appareille, filant devant l'*Atalante* où Marie ne perd pas un brin de l'affaire, qui prend un air nouveau. Délit de fuite ? Sur le pont, l'ingénieur-mécanicien jubile comme un enfant heureux d'avoir joué un bon tour à ses poursuivants. C'est une machination, une histoire de gros sous, lance-t-il à Ella, tout le monde voulait que le yacht soit réparé en France. En examinant les cales, elle réalise que le yacht a vraiment failli couler. Les sabords sont endommagés, l'ancre du cargo a même creusé un beau trou dans les œuvres mortes, la partie émergée du bateau. Cette fuite n'est que justice, se dit Ella, qui prend son quart et pilote l'*Amenartas* dans des passes difficiles, au large de Sein. Malgré cette œuvre de piraterie digne de la vieille flibuste, elle va vite s'ennuyer sur ce yacht qui suit une route précise sans se soucier des courants, des lames, du vent. Quoi de plus désolant que ces engins à moteur, trop dociles, sans âme ! Avec Pa-tchoum elle le quitte une fois à Southampton. Mission accomplie, mais la marine à moteur n'est décidément pas le royaume d'Ella.

Même en mer, le souvenir d'Ella m'obsédait. Kini avait brouillé les traces, comme pour montrer que son nomadisme était éternel. La sente de l'*Atalante* se perdait quelque part au large, loin des registres de capitainerie et des pontons de port, comme un navire de forban qui n'aurait pour escale que des îles perdues en haute mer. Sur le *P'tit Fût* avec Jérôme et Philippe, je me sentais fiévreux. Était-ce le froid du soir ? Les vagues qui nous giflaient de temps à autre, sur le rouf, nous trempant jusqu'aux os ? Je grelottais et ma mélancolie ne guérissait pas.

Nous allions de port en port, d'île en île, et le temps plongeait d'éclaircies en averses. Affairés à repérer notre route, Philippe et moi oubliions notre mal de mer, tandis que Jérôme barrait à l'approche de la nuit. Belle-Île dressait ses feux devant nous et nous tatonnâmes pour repérer Le Palais, le grand port de l'île, dont les lumières scintillaient au loin, près d'un cargo que nous avions aperçu avant la tombée du jour. L'air était frais, les embruns fouettaient le foc. Quelques étoiles cherchaient leur chemin dans un voile nuageux. Au Palais, amarrés sous le fort, des marins sur leurs voiliers accouplés fêtaient dignement l'arrivée dans l'île, en titubant sur le pont.

Le lendemain, je me rendis avec Philippe et Jérôme chez le libraire du Papero, Alain Coindet, qui possédait une fabuleuse collection de cartes postales du temps d'Ella Maillart. Le ventre débordant de sa ceinture, les yeux bouffis, un chapeau noir soulignant davantage son regard, ses mains épaisses dessinant de temps à autre de larges arabesques dans la petite boutique aux senteurs de pages moisies, il me détailla les bateaux amarrés dans le port, une flottille de sardiniers venus de Concarneau et qui déchargeaient leur cargaison sur les quais des pêcheries. Dix mille personnes vivaient là au début du XXe siècle, deux fois plus qu'aujourd'hui. Le libraire connaissait les écrits d'Ella, dont il avait vendu certains livres d'occasion. Il se souvenait aussi du « bagne d'enfants », une école agricole qui servait de maison de correction ou de refuge pour enfants abandonnés, orphelins et délinquants. Seules deux ou trois voitures hantaient les quais de l'époque. Je détaillai ce florilège de cartes postales, qui toutes exprimaient une joie de vivre, une période de temps bénis lorsque les chalutiers partaient pour la pêche au large sûrs de revenir les cales emplies de maquereaux et de thons, lorsque les conserveries tournaient à plein, lorsque les fêtes s'échelonnaient pour contrer les mauvaises humeurs du ciel et de la mer. Ella avait connu ce temps-là, avant la mode touristique lancée par Sarah Bernhardt, propriétaire d'une somptueuse villa au nord de Belle-Île. J'avais aimé l'épisode de l'*Amenartas*, qui exigeait de l'audace, du sang-froid et un tempérament de flibustier, ce qui plaisait aussi au libraire corpulent. Nous nous rendîmes fort tard dans un bar où jouait un musicien anglais, John, qui semblait aimer son exil sur cette île. Kini, elle, n'avait pas supporté longtemps cette escale ; elle répétait à l'envi son leitmotiv : « Qu'est-ce qu'on fout ici ? »

Le lendemain, en compagnie de Philippe et Jérôme, je rencontrai un artiste peintre aux lunettes cerclées et à la mèche rebelle qui s'évertuait à réparer l'hiver durant son bateau mis sur béquilles au bout de la Sardine, l'ancien quartier des chantiers navals de Belle-Île. Philippe, Jérôme et moi, nous regardions d'en bas ce marin à l'escale, juché sur le pont, face à un soleil pâlissant, nullement effrayé par l'ampleur de la tâche, un travail minutieux qui lui coûterait plusieurs mois de son temps. C'était un natif du Palais et Mahéo, qui avait une soixantaine d'années, était revenu s'installer au bercail après des années d'expositions à Paris. Il n'aimait rien tant que de repeindre et caréner son voilier, lustré de près, brossé, maquillé, verni, et Jérôme s'y connaissait en la matière, lui qui avait tant cajolé les huisseries et les œuvres mortes de son bateau. Le peintre Mahéo ressemblait lui aussi au capitaine Kini sur son voilier au radoub près de Kernével, comme si l'aventure commençait à terre, dans la pensée et les rêves. Il s'était découvert une nouvelle passion, l'agitation politique, et dénonçait avec quelques autres natifs la mainmise de trois ou quatre familles sur les commerces et l'économie de l'île, qui s'entendaient pour faire grimper le prix du moindre légume importé du continent. Tel était l'inconvénient d'être insulaire, qualité qui offrait cependant de nombreux charmes. Mais Mahéo continuait de fulminer, pareil à un marin préparant une mutinerie depuis les cales. Il paraissait ne plus vouloir descendre de son bateau qui sentait la colle et la térébenthine.

Lorsqu'Ella débarque par le train du Havre à Paris, où elle rend visite à Miette qui se remet lentement de sa maladie, elle s'aperçoit en parcourant les journaux britanniques que l'escapade de l'*Amenartas* fait la une de la presse d'outre-Manche et que les Rouletabille des échos maritimes ont largement romancé sa présence à bord. « Un yacht britannique accidenté s'échappe d'un port français avec à son bord un quartier-maître féminin », proclament les titres. Un quotidien avance même que ledit quartier-maître cachait dans la poche de son pantalon un revolver. Un autre insinue que Miss Maillart ferait mieux de ne pas tomber entre les mains de la comtesse, l'épouse du propriétaire. Ella, qui aime le romanesque, n'en demandait pas tant. Comment va-t-elle faire si elle désire disputer des régates sous l'égide de l'International Yacht Racing, dont les dirigeants se délectent des échos maritimes ? Et voilà qu'un journal nantais, *Le Phare*, publie lui aussi toutes ces allégations mensongères. Kini croit rêver. Elle prend alors sa plus belle plume pour répondre à l'un des quotidiens afin de lui signifier qu'elle n'est pour rien dans cette version romanesque de la croisière de l'*Amenartas*. Mais le mal est fait : des amis parisiens et londoniens lui écrivent pour la féliciter de cet épisode digne de la flibuste et qui n'était sûrement qu'un coup destiné à vendre le film tourné l'été précédent.

Le retour à Belle-Île est difficile : Marie a décidé de rentrer à Paris afin de finir son doctorat en médecine et, malgré l'arrivée de la cousine d'Ella, Picci, la manœuvre de l'*Atalante* est impossible. Mais Kini ne veut pas revenir dans la capitale, elle s'entête, entend poursuivre son rêve de vie en mer, à tel point qu'elle entraîne les deux autres filles sur l'île de Houat où elles se baignent nues afin de mieux imaginer les délices des mers du Sud. Lasse de patienter au retour dans le port du Palais, Ella parvient à convaincre Pa-tchoum et Picci de caboter avec elle et de s'enrôler à bord de la goélette la *Françoise*, qui est mouillée près de l'*Atalante* et dont le capitaine s'apprête à charger des meubles pour Jersey. Six jours de bonheur s'offrent à Ella, même si elle doit partager une couchette avec sa cousine et Pa-tchoum, à tour de rôle, en fonction des quarts.

Le Bideau, le capitaine, est intarissable, et malgré ses manies de vieux loup de mer qui entend rationner l'eau douce au point de rincer les tasses dans l'eau usée de la toilette du matin, il s'avère un vrai conteur, détaillant ses démêlés avec le raz de Sein que la *Françoise* s'évertue à franchir, ses souvenirs de tempête et de gros grain, les gars qui ont disparu en mer, les pêches de faillite et les destinées maudites que l'on pleure dans les bistros des ports comme pour mieux les éloigner de sa vie. Il raconte ainsi comment lui et ses camarades officiers, sur un navire de guerre au large des côtes du Sénégal, se croyaient en face de Dakar et demandèrent leur route à des indigènes, lesquels les informèrent qu'ils se trouvaient en réalité à Saint-Louis, à une centaine de milles. Ce capitaine aime les rigolades, notamment lorsqu'il décrit son entrée dans le port du Havre à bord d'un trois-mâts, arrivée qui créa une panique soudaine sur le port à la vue de toutes ces voiles dehors. Tandis que Pa-tchoum consigne dans un carnet les souvenirs de bord, Ella apprend beaucoup de cette vie en équipage, avec un capitaine un peu pirate et un second, Xavier, discret et pensif. Les deux matelots sont des personnages tout aussi attachants : l'un, Félix, dort sous la chaloupe et ponctue chaque virement de bord d'un mystérieux « Paris-Madrid », refrain un peu monotone lorsqu'il s'agit de louvoyer ; l'autre, Guénnec, cherche toutes les occasions de changer de bateau car il se destine au yachting de plaisance. Singuliers compagnons pour Ella. De plus en plus, elle s'aperçoit que l'aventure en mer est aussi une magie de la vie en équipe.

CHAPITRE VII

Hiver 1926. Miette s'est mariée à l'archéologue français Henri Seyrig et veut un enfant – elle s'appellera Delphine et deviendra actrice. En désespoir de cause, Ella Maillart, qui se sent seule, s'est résolue à rentrer à Genève. C'est un bercail qu'elle ne supporte plus et qu'elle n'accepte en guise d'escale que pour mieux repartir. Elle tente de nouveaux voyages mais ne rencontre que des déconvenues. Le Labrador, au Canada ? La Grenfelle Labrador Mission lui répond qu'elle n'engage des femmes que pour des postes d'infirmières ou d'institutrices. Même fin de non-recevoir du représentant de la Compagnie de la baie d'Hudson, qui lui avait promis son aide mais s'est évanoui dans la nature. Et le richissime Suisse qui lui avait proposé une expédition de chasse avec lui n'est qu'un vulgaire plaisantin.

Le 24 décembre, un peu dépitée, elle s'offre une virée en montagne avec son frère Albert et deux camarades, Popol et Loulou, candidats à un séjour au chalet de Taguy, dans les Alpes savoyardes. En peaux de phoque, les skis déjà fartés pour la descente, l'équipe effectue sa longue montée à travers les champs de neige. En chandail, casquette blanche à galon doré, cadeau de l'amiral du cuirassé *Marlborough*, ce qui lui a valu le surnom d'« amiral de la flotte genevoise », Ella, qui a quitté l'océan pour la haute montagne, retrouve là des sensations de liberté dans un monde bleu, sous des sommets noyés dans le soleil, « cette même douceur des contours que j'aimais tant voir sur les voiles blanches gonflées par le vent ». Quand elle aperçoit les garçons dévalant la pente avant elle, dans la poudreuse fraîche, elle ne peut s'empêcher de comparer les nuées de neige laissées derrière eux au sillage des bateaux, telles de lumineuses queues de comète. Albert est toujours prêt à une nouvelle folie et amuse ses compagnons en empruntant le versant du pic de l'Étendard avec un parapluie ouvert à la main.

Cette virée en haute montagne, où l'on dort quelques heures à peine, où le vin chaud aux épices, le *Glühwein*, grise autant que l'altitude, est une salutaire escale pour Ella qui entend reprendre des forces et du rêve avant de s'aventurer de nouveau loin, très loin. Quand elle affronte avec Albert et les deux amis le sommet de la Venaz, elle reste un temps en arrière et ralentit sa course pour mieux admirer les montagnes dans un voile de brume qui se dissipe peu à peu et ne laisse apparaître que deux crêtes, celle où elle s'est arrêtée et le mont Blanc, en face, rehaussé par le brouillard ambiant. Elle tend l'oreille, croit percevoir un chant, le bruissement qui sourd de la montagne. Elle, l'orgueilleuse, la téméraire, l'aventurière, est profondément émue par ce spectacle de splendeur où l'être humain est rabaissé à son niveau le plus humble grâce aux mailles de rocs et de glace. Des années après ses premières escapades en montagne et ses expéditions à skis, elle éprouve des sensations nouvelles, comme si se trouvaient cristallisés dans cet univers minéral toutes ses passions, tous ses besoins d'ailleurs. La même lumière berce les champs de neige et les vagues lentes du brouillard. Ella se penche en avant, aperçoit le vide. Elle-même n'est plus que neige et communie avec cette pâleur divine, poussière d'étoiles déposée par une main qui désirerait blanchir le monde et gommer les différences entre les hommes. Sur les pentes étincelantes qu'elle dévale pour rattraper Albert, elle en pleure d'émotion. Lorsqu'elle parvient au chalet,

Kini est comme sonnée. Elle sait, ce jour-là, qu'un grand mystère l'a envahie.

Après une semaine en altitude, les quatre lurons se lancent dans la longue descente jusqu'à Megève, après avoir bu de bonnes gorgées de vin chaud. Le pantalon d'Ella claque au vent, ses cheveux flottent dans l'air froid, et cette vitesse lui donne une ivresse bien plus grande que le *Glühwein*. Lorsqu'ils parviennent à Megève, les amis s'engouffrent dans un café, prennent possession de la piste de danse et valsent comme des toupies jusque tard dans la nuit. Kini lie connaissance avec son voisin, un homme affable et discret, grand et aux cheveux gris, racé, avec des yeux d'un bleu profond. Amiral britannique à la retraite, il vit à l'année sur son yacht, l'*Insoumise*, un ketch qui a longtemps compté parmi les plus belles pièces d'Ostende et qui est ancré à Southwick. Quand l'amiral, excellent skieur qui vient de passer une quinzaine de jours à la montagne avec sa fille Diana, confie qu'il souhaite partir pour le Pacifique au printemps, Ella bondit sur l'occasion. Pendant que Loulou, Popol et Albert se déhanchent au bras de belles Parisiennes, Kini se perd dans des rêves. À quel monde appartient-elle ? Celui de la mer, des vagues et des virements de bord ou celui de la montagne, des équipées sur les crêtes dans la douceur des neiges ? Elle ne sait plus que penser, craint que cette virée de l'*Insoumise* vers les mers du Sud tant espérées soit une chimère, une de plus.

Mais la chance lui sourit, cette chance qu'elle va chercher à provoquer toute sa vie : l'*Insoumise* s'apprête à larguer les amarres et l'amiral à la retraite lui a demandé par lettre de se rendre sur la côte anglaise. En mars 1927, Ella est dans le train pour Newhaven, où l'attend l'amiral retraité avec sa charmante fille Diana. Cette rencontre est une aubaine, se dit-elle. Mais elle demeure prudente, consciente que pour une telle aventure il s'agit d'abord de tester l'ambiance à bord. L'amiral lui aussi est prudent, qui propose une première course jusqu'à Gibraltar.

L'*Insoumise* est amarrée à un appontement de bois à Southwick, non loin de Newhaven, et c'est un fabuleux ketch que découvre Ella. D'emblée, elle juge que ce bateau, avec son allure trapue, son solide bastingage, ses haubans épais, sa vergue carrée placée très haut sur le grand mât, a toutes les qualités pour affronter la haute mer. Reste à attendre le beau temps pour lui donner son dernier apprêt, une bonne couche de vernis. Cependant le soleil se fait attendre des jours durant, des semaines même, au cours desquelles Ella ne descend que deux fois à terre. Heureusement que le ketch possède de fabuleux intérieurs, des cabines décorées avec les souvenirs des camarades, avec des cadres dorés de marine ancienne, des bois polynésiens, des fétiches des mers du Sud, des crânes de Mélanésie sur lesquels l'amiral a placé des cauris comme s'il s'agissait d'yeux, rangés dans des coffrets tels des livres précieux. Un halo de mystère entoure l'*Insoumise* et son propriétaire, ce qui n'est pas pour déplaire à Ella, au contraire. Plongée dans un rêve éveillé, elle observe longuement dans le salon les flèches de harpon, les colifichets ramassés aux antipodes, les cassettes de marin couvertes de clous de cuivre, et elle se sent transportée dans l'univers des boucaniers. Voilà son antre, cet espace de tous les nomadismes où se sont bâties les utopies. Quand elle rêve des aventures du capitaine Kid et se croit dans la cabine de quelque forban, ce ne sont pas là des fantasmes d'enfant mais plutôt la cristallisation de son destin.

Pierre, un ami aux origines russes, a longtemps gagné sa vie comme négociant en riz sur le marché de Thaïlande, a erré dans le détroit de Malacca à la recherche lui aussi de chimères pour une enquête sur la piraterie maritime. Je l'ai accompagné, de port en port, de rade en anse déserte. Les pirates que nous tentions d'approcher sur le cargo *Mary*, affrété par une organisation humanitaire, n'avaient plus rien de romantique. Ils travaillaient le jour comme fonctionnaires de police en Indonésie ou douaniers des

Philippines, et coupaient au sabre la nuit sur le pont des cargos et des voiliers qu'ils prenaient à l'abordage comme dans les temps antiques, dotés de fusils-mitrailleurs et de cocktails Molotov. Le cargo *Alicia Star*, battant pavillon panaméen, avait ainsi été arraisonné sur sa route vers la Corée du Sud et pillé de sa cargaison de cigarettes par des gardes-côtes chinois transformés en écumeurs du grand large. Sur le *Mary* flottait le fantôme de l'armateur, un architecte français mystérieux, inventeur de brevets en tous genres tenant à son anonymat, M. Gilles, qui versait une partie de sa fortune chaque mois pour l'affrètement du bateau, un cargo de trente-cinq mètres acheté au Danemark, immatriculé à Saint-Martin, armé à Singapour par un Indien, et qui servait à la recherche de réfugiés vietnamiens dans le golfe de Thaïlande.

Ce M. Gilles que je ne connaissais pas me rappelait étrangement le personnage de l'amiral anglais de l'*Insoumise*, et à bord se trouvait une Suissesse, infirmière, qui comme Ella avait rompu les amarres depuis longtemps pour se vouer à l'action humanitaire. Le capitaine s'appelait François, nous l'avions surnommé Barberousse pour son collier de vieux loup de mer. Il avait gagné son brevet de commandant de la marine marchande à Nouméa, piloté des cargos dans les mers du Sud, connu maintes aventures dans les ports, et se méfiait comme de la peste, à l'escale, des capitaines qu'il côtoyait – « Souvent de vrais pirates lorsqu'il s'agit d'arrondir leurs fins de mois », grommelait-il.

Nous avions connu des déboires au large, surtout en doublant les îles Anambas avec une radio qui ne marchait plus et un moteur qui hoquetait. Au bout de plusieurs semaines en mer, nous avons aperçu au loin une barcasse de bois, prête à chavirer, avec des vaguelettes qui pénétraient par tribord. À l'intérieur, entassés, avec à peine la force de lever les bras, trente-huit boat people qui avaient fui le Sud-Vietnam en payant rubis sur l'ongle des passeurs véreux. Livrés à eux-mêmes et aux pirates thaïlandais qui avaient déjà expédié par le fond des milliers de ces damnés de la mer, les trente-huit rescapés avaient été contraints de boire leur urine.

En route vers Singapour, avec à notre bord les réfugiés soignés sur les deux ponts spécialement aménagés à cet effet, le capitaine Barberousse m'a raconté « ses » mers du Sud dans la cabine où nous nous réunissions le soir. Plus rien de romantique là non plus, avec les combines dans les ports, le danger des traversées pour rejoindre Hong Kong ou Singapour, dans les contrées infestées de forbans, la mer de Sulu, la mer des Célèbes, le détroit de Malacca, et tous ces récits que se racontaient les capitaines ivres le soir dans les bistros des ports. J'ai compris à ce moment-là qu'Ella Maillart serait sans doute elle aussi déçue par son équipée vers les mers du Sud.

Coincée par le mauvais temps, elle effectue une nouvelle croisière à quai, comme sur le *Volunteer* quelques années plus tôt à Brightlingsea. Calée dans un fauteuil près du fourneau, elle passe des heures à écouter l'amiral, Gold Flake au bout des doigts comme un *gentleman sailor*, conter ses souvenirs, ou à lire les livres sur les sept mers. Comme Barberousse à bord du *Mary*, l'amiral est intarissable et fait preuve en même temps d'une grande retenue, celle des vrais coureurs des mers, de toutes les mers. Commandant une escadre de contre-torpilleurs en Australie durant la Grande Guerre, il a obtenu de mener les opérations comme bon lui semblait et franchi la Grande Barrière de corail pour s'approcher des possessions allemandes de l'archipel Bismarck. En Nouvelle-Guinée, il a réussi à remonter une rivière inconnue afin de poursuivre l'ennemi jusque dans son camp fortifié, en pleine jungle, roi du fleuve au plus profond de la forêt tel le Kurz de Conrad dans *Au cœur des ténèbres*. Quand les autochtones qu'il emmenait avec lui sur son navire s'effrayèrent des sauvages des hautes terres, ces coupeurs de nez et du reste, il leur fit présent d'une belle quantité de foulards rouges et de haches, et les indigènes le suivirent, et les indigènes firent la guerre pour de petits présents, fascinés surtout par ce gaillard sur un grand bateau de fer, une immense boîte de conserve flottante, qui finit par vivre comme eux, à moitié nu, loin, très loin des habitudes de son pays natal.

À l'amiral-pirate Ella donne la réplique comme un officier mutin. Des mers du Sud elle ne connaît que les récits de Gerbault, mais à propos de la Méditerranée elle raconte toutes les péripéties survenues sur la *Perlette* et la *Bonita*. Comment elle et ses amies furent placées en état d'arrestation à la Maddalena ; comment la *Bonita* fut halée par un équipage sans le sou qui ne pouvait s'offrir un remorqueur ; comment sir Roger Keyes, le commandant de l'escadre britannique en Méditerranée, fit une visite à bord de la *Bonita*, lui, le héros de Zeebrugge... L'amiral écoute sans sourciller, conscient que cette fille-là a non seulement du répondant mais un coffre de marin qui ne rechigne pas à tâter de la gnôle.

Sur l'*Insoumise* règne une atmosphère un peu bohème qui plaît à Ella, une nonchalance qui semble reposer l'amiral-pirate de ses longues traversées, même si la pluie cinglante rend aléatoire toute promenade sur le rouf, soumis au vent de suroît grinçant dans les agrès. Il n'empêche, tout le monde s'active : Diana se charge du ravitaillement, et Michael, le fils de l'amiral-pirate, beau comme un dieu, bâti en muscles, mais un peu jeune pour Ella avec ses dix-huit ans, se démène comme un habile moussaillon pour fignoler le pont.

Cependant l'amiral-pirate est furieux car son ami qui devait arriver pour compléter l'équipage ne donne pas signe de vie ; alors il décide de gagner Trouville, de l'autre côté de la Manche, à la fois pour tenter de trouver un ciel plus radieux et pour payer moins cher l'amarrage au port. Après avoir gratté la coque, repeint le pont, effectué maintes épissures, Ella Maillart baisse les bras et décide de quitter ces planches de fous pour rejoindre la vieille barge, le *Volunteer* : le colonel Benett, tout aussi excentrique que l'amiral-pirate mais qui a l'avantage de laisser les coudées franches à son équipage, vient de proposer à Kini de le rejoindre, contre un bon salaire, pour naviguer sur les canaux de Hollande. Cette vie de « bourlingue » sur les mers et les canaux lui convient, en tout cas la rassure : tout cela n'est qu'un échauffement, un galop d'essai avant le grand saut, celui qui l'entraînera un jour aux antipodes pour étancher sa soif de connaissances et de voyage. Le grand voyage qui lui permettra aussi d'effacer ses origines de citadine et de retrouver le désir des commencements, celui du nomadisme perpétuel.

Dans le port de Calais, le colonel Benett, toujours aussi ventripotent avec sa veste qui ne ferme plus, n'en revient pas : cette Suissesse s'est endurcie, ses muscles se sont dessinés, elle est plus souple encore à manier les voiles, plus déterminée encore lorsqu'elle vire de bord. Cette fille-là est étonnante et vaut à elle seule deux matelots. Il remarque aussi qu'elle a de temps à autre du vague à l'âme, un spleen venu du plus profond d'elle-même mais qui ne la gêne en rien, comme si elle avait apprivoisé ses sentiments, domestiqué sa nostalgie, une nostalgie qu'elle cultiverait afin de mieux aller de l'avant.

Kini elle aussi remarque des changements, non dans la personne du capitaine, mais sur le bateau, qui a une âme. Combien de fois a-t-elle songé à l'*Atalante*, lourde mais fidèle, sensible à ses mains – « Tandis que je faisais son éloge à mon entourage, le manque que j'avais d'elle s'était fait plus lancinant que jamais », note-t-elle dans ses carnets –, combien de fois a-t-elle rêvé de la *Bonita*, si tendre, si rassurante, ou de la *Perlette*, jeune, retorse, bondissante ? Le *Volunteer* a pris de la bouteille, avec le beaupré et le hunier remplacés et ses roufs repeints en blanc pour mieux cacher ses rides. À peine Ella est-elle embarquée que le colonel ordonne l'appareillage, soucieux comme d'habitude de ne pas perdre une minute.

La croisière commence mal. D'abord la tempête, des vagues hautes comme des maisons, avec un colonel qui ne décolère pas contre ces cieux pourris et entend poursuivre la route coûte que coûte. Et puis le timonier qui est un incapable et ne sait pas lire mais laisse entendre le contraire, qui a mis le cap sur l'estuaire de l'Escaut alors qu'il fallait viser l'estuaire de la Meuse et Rotterdam, où le colonel compte bien récupérer sa femme, « la Bourgeoise », et une amie. D'erreur en erreur, l'équipage parvient à rejoindre les Pays-Bas, cette terre d'en bas qui fascine Ella. Pour l'heure, elle vit beaucoup sur mer et doit affronter l'incapacité d'une partie de l'équipage, qui reçoit les jurons de Benett. Mais quelle virée ! Ce colonel est de plus en plus attendrissant. Il passe son temps à éviter la carafe de porto afin de soulager son diabète, mais cette tentation est brûlante, il virevolte, il cherche le moindre prétexte, mieux vaut pour lui entrer dans les flammes, et il finit par craquer, pour le brandy plutôt, moins nocif, même si le guette le traitement à l'insuline. Plus tard, Miette lui demandera ce que lui fait éprouver son diabète et il lui répondra : « Ça me fait tomber amoureux de toutes les filles que je rencontre ! » Parfois son humeur se gâte. Il s'en prend alors à l'équipage, entre dans des colères folles et injustes, accuse Ella d'être moins efficace que par le passé et de prendre parti pour l'équipage, cette bande de ratés, d'incapables, de marins d'eau douce, et Ella encaisse, pardonne à ce colonel un peu loufoque qui lui ressemble tant, un cœur généreux à jamais et une grosse fureur de temps à autre.

À Rotterdam, la tempête s'apaise, celle du dehors comme celle du dedans : à quai attend Mme la colonelle, arrivée avec une amie par la malle, jugée plus sûre, sait-on jamais, et qui a tôt fait de calmer les états d'âme de son époux, tu vas te calmer avec ton porto, quoi du brandy, mais c'est la même chose, tu veux que je t'en fasse passer le goût à vie ? Et le colonel baisse la tête benoîtement, hausse les épaules, puis singe sa bourgeoise comme un enfant dans la cour de l'école mimant ses maîtres.

Peu à peu, Ella apprend à connaître le capitaine du *Volunteer*, Baranger, un Français qui a parcouru le monde et au pedigree à la Jack London, qu'elle assiste dans la cabine de pilotage, les yeux rougis à force d'observer les feux dans la nuit déchaînée, ceux des cargos, des malles, des remorqueurs, des dragues sur la Nieuwe Waterweg. Baranger est un homme de petite taille qui se tient droit comme un I et lisse continuellement sa petite moustache noire bien taillée, qui rouspète à longueur de journée mais qui a un cœur grand comme ça. Il râle contre les voiliers qu'il croise, contre cette satanée barge, contre ceux qui l'interrompent sans cesse et l'empêchent d'organiser sa journée.

À dix-huit ans, mousse sur un navire de la marine française en escale à Seattle, il quitte précipitamment son bord lorsqu'il apprend la mort de sa mère. Sur la côte ouest des États-Unis, il vit de bric et de broc, mène une existence d'éternel errant, dort sous la tente, se déplace à cheval à la recherche d'une mine d'or sans trouver la moindre pépite. Épuisé, fauché, il trouve refuge auprès du consul de France à San Francisco, qui le place sur un voilier, le *Général Lebodof*, en partance pour Brest. Mais à bord il est aussitôt jugé pour désertion et condamné à une longue peine dans la Navale, ce qui n'empêche pas Baranger de reprendre la poudre d'escampette, de se fondre dans la foule de San Francisco, et d'embarquer sur un baleinier après avoir erré aux abords de wharfs malfamés. Il parvient à se constituer une petite fortune, se marie, divorce six mois plus tard, rêve d'aventures lointaines, de pêche miraculeuse et de moisson d'or. Après quelques mois de galères, il échoue au Havre, s'offre un thonier de soixante tonneaux, mais le bateau chavire au sud-ouest de Penmarch. En pleine tempête, Baranger parvient à sauver ses hommes, dont certains sont coincés dans la voilure, et tous, hissés sur un canot, réussissent à rejoindre la côte après neuf heures de dérive, transis par les paquets de mer qui s'abattent sur leur échine telle une déferlante de fin du monde malgré un taud de fortune. En arrivant à quai, Baranger est effondré : il apprend que son bateau est mal assuré et qu'il n'a droit qu'à un lot de consolation, une médaille de sauvetage et une récompense de cinq mille francs. Il tente de se remettre sur pied, devient directeur d'une compagnie d'exploitation de créosote, cet extrait de goudron de bois, laquelle compagnie connaît bien vite la faillite. Sans le sou, Baranger atterrit sur le *Volunteer*, comme un comble de malchance.

Ce gaillard n'est pas pour déplaire à Ella, qui lui trouve un tempérament de bandit à la grande âme, de pirate qui n'a pas eu de chance, à force de courir les butins comme des mirages. Un temps, elle hésite, craint pour sa propre destinée. Sa vie serait-elle vouée à courir de port en port, à se détourner de l'amour, à quitter les escales non pas pour rencontrer les autres mais pour se fuir ? À quai, amarrée à ce pays à double fond qui se nomme Pays-Bas, elle doute puis se ressaisit. Jamais elle ne restera à quai, jamais elle n'abandonnera son devoir de nomadisme, jamais elle ne renoncera à son serment d'errance.

Mais alors que le *Volunteer* reprend son cours, en amont de Rotterdam, sur les canaux et les affluents de la Meuse, l'orage couve de nouveau à bord. Benett n'a pas songé à la nourriture, et lorsque les deux mousses hollandais s'en vont effectuer quelques emplettes, ils oublient de revenir, sans doute tombés ivres morts devant le comptoir de quelque bistro pour pochards. Baranger est à vif, dix-huit ans de baroud et la première fois que je vois ça, non mais, c'est pire qu'une galère, admonestations qu'Ella tente de tempérer afin d'éviter la mutinerie, plaidant auprès du colonel la cause de l'équipage, lequel n'a pas arrêté de trimer depuis le départ de Calais. Elle n'hésite pas à traiter Benett de négrier et l'accuse de mener son monde à la trique. Décontenancé par tant d'audace, que ne se permettrait même pas sa bourgeoise, le colonel finit par éclater de rire, ce qui a le mérite de détendre l'atmosphère et de remettre les pendules à l'heure, d'autant qu'il sort de sa réserve une bonne bouteille de blanc qui suffit à éteindre la fronde.

Malgré les pannes fréquentes de la barge sur les canaux, que tente de réparer le mécanicien, cet incompétent que l'on finit par surnommer faute de mieux « le spécialiste », malgré les coups de gueule du colonel et les humeurs de sa bourgeoise, la croisière à l'intérieur des terres prend des allures de flânerie, au gré des écluses et des ponts mobiles. À Haarlem, Ella tente de revoir un camarade de compétition, Tony Hin, qui participa lui aussi, mais sous les couleurs hollandaises, aux régates des jeux Olympiques de Paris. Tony est en Amérique, mais Ella rencontre son père, pour qui elle dresse la liste des calamités du *Volunteer* :

« Pouvons-nous empêcher le spécialiste de démolir le moteur, le pilote d'alourdir la note chaque fois que nous franchissons un pont, le cuistot de siroter le whisky du colonel, de multiplier par deux la facture de provisions et de manger avec les doigts ? »

Le père du champion, joues roses et sourcils volontaires, qui a connu Ella aux Jeux de 1924 pour avoir accompagné son fils à qui il prodiguait ses conseils depuis la rive, décide d'accompagner la jeune femme à bord pour en avoir le cœur net et lui éviter si possible quelques nouvelles guignes. Il n'a pas le temps de deviser longtemps ! Ella piaffe d'impatience, l'emmène voir les producteurs de tulipes dans leurs serres magnifiques, ces langues de feu qui émerveillent la Suissesse avec leurs corolles luisantes, lui fait courir le musée de Haarlem pour admirer les toiles de Frans Hals, s'engouffre avec lui dans l'église Saint-Bavon, à l'atmosphère étrange. En chemin, le père de Tony Hin s'aperçoit qu'une joyeuse anarchie règne à bord. À l'approche d'une écluse, la barge est brusquement arrêtée dans son élan : un hauban vient de se coincer dans le tablier d'un pont tournant ; la barre de hune est tordue. Plus loin, l'énorme carcasse du *Volunteer* se place en travers du canal, plus loin encore elle heurte un ouvrage dans une course qui semble tout ignorer de la ligne droite, tant le bateau est lourd à manœuvrer. De temps à autre, le capitaine maintient le cap, augmente l'allure pour ne pas heurter la rive, et force alors son passage aux ponts tournants sous le regard désespéré des éclusiers qui ont rarement vu pareille audace... Quel concert ! On déclenche la sirène, en fait une petite corne de brume, plusieurs milles à l'avance, et les portes s'ouvrent comme par miracle. Ella observe depuis le pont la mine affolée des paysans et employés des écluses : ces marins sont vraiment des cinglés...

Tout cela ne déplaît pas au père de Tony Hin. Enfin de la témérité sur ces paisibles, trop paisibles canaux ! Cette promenade mouvementée l'a rendu tellement guilleret qu'il invite Ella et ses acolytes à séjourner sur son voilier lors des prochains jeux Olympiques, qui se dérouleront en Hollande l'année prochaine, en 1928. L'année prochaine... Vagabonde incertaine, Ella se rend compte qu'elle ne peut fixer d'horizon à ses errances. « Où serai-je dans un an ? s'interroge-t-elle dans la cabine du *Volunteer*. Sur un autre continent, à bord de l'*Insoumise* ? Ou bien toujours en train de tâtonner, seule et à l'aveuglette, sans trop trop savoir ce qui m'attend ? »

À terre, à Rotterdam, elle éprouve brusquement le besoin de s'isoler. Cette question de date, de borne temporelle, la taraude, alors qu'elle déambule le long des quais. À quoi cela sert-il de naviguer si le marin ne guette même plus son escale ? À quoi cela sert-il de remonter les fleuves, de sillonner les canaux, de courir les mers si personne ne vous attend dans quelque port, beau ou infâme ? Parfois, elle a l'impression de se laisser aller, voire haler comme la barge que l'on remorque, par le cours des événements et le hasard. Quel sens a cette vie, fût-elle libre de toute entrave ? Où accoster, à quoi se raccrocher ? Kini, se dit-elle, il est temps de se ressaisir ! Elle veut bourlinguer pour un idéal, et non pour le vide ou pour soi. Elle refuse les voyages en chambre, ces longs monologues qui se révèlent certes salutaires mais sont égoïstes dès lors que les autres sont absents de la route. Elle n'attend qu'une chose : se mélanger à la foule, chercher la chaleur humaine pour accomplir un dessein. Alors, assise sur le pont d'un bateau qu'elle ne connaît pas, elle regarde l'eau et se met à pleurer tout son soûl.

Les pleurs sont de courte durée, mais le spleen est profond. Le voyage permettra de l'atténuer, de l'enfouir dans la splendeur des escales du monde. À Amsterdam, Ella est subjuguée par la beauté des lieux, ce mélange de Venise et de Prague, avec ces maisons flottantes, ces maisons cossues et petites qui sont autant de palais dont l'ombre se détache sur l'eau. Elle est aussi atterrée par les coups de gueule du colonel Benett. Sans doute n'a-t-il pas tort, tant le mécanicien, celui que l'on surnomme « le spécialiste », est incompétent. Mais Kini aimerait que s'instaure une entente joyeuse, une vraie vie de bord, cette harmonie qui lui manque si cruellement.

En attendant, l'ambiance sur le pont laisse à désirer. Le copilote hollandais, embauché pour la navigation sur les canaux, est vraiment irresponsable. Il racle le fond de la barge en naviguant sur le Rhin, écrase une partie de la voilure contre le tablier d'un pont, suscitant les cris d'orfraie du colonel, et puis le *Volunteer* s'immobilise à quelques mètres d'une boucherie-charcuterie, face à une tête de cochon qui paraît bien ironique. Le pilote, qui ne reconnaît jamais ses torts, n'hésite pas à prendre une belle commission lors des péages aux écluses. Quand Ella saute à terre plus vite que lui pour s'acquitter de l'écot, elle paie quatre fois moins.

Au Yacht Club de Rotterdam, le 1er mai 1927, alors que Benett, Ella et le reste de l'équipage prennent l'apéritif, un jeune homme se présente : il voudrait être employé à bord du *Volunteer*. Ella le connaît pour avoir gratté avec lui la coque de la barge la semaine précédente. Il est racé, élégamment vêtu, et veut fuir les quais. Dans ce beau garçon Ella croit voir un double d'elle-même. En rébellion ouverte contre sa famille, il déteste les nantis. Son père dirige une grosse société de lait concentré et lui a déjà offert un poste digne d'un successeur, mais il a sèchement refusé. Il entend vivre à la campagne et consacrer sa vie à l'écriture. Son père menace-t-il de lui couper les vivres ? Il n'en a cure et sollicite même un emploi de soutier sur un cargo.

Tout de suite, le courant passe entre Ella et Van, ce jeune homme aux gestes déliés qui semble abriter une grande souffrance, un mal-être provenant d'une existence imposée. Il est blasé, certes, a fréquenté la jeunesse dorée à Oxford, Zurich et Paris, mais sa révolte est salutaire. Que sait-il cependant de la dureté de la vie ? Du mal du ventre creux, de la douleur du monde et des crève-la-faim ? Le colonel n'hésite pas, Ella non plus : on l'embauche. Veut-il écrire ? Qu'à cela ne tienne, l'équipage l'invite à embarquer illico, il trouvera à bord sinon l'inspiration en tout cas de quoi se durcir le cuir.

Le carnet de route de Kini est sobre. Elle fuit le lyrisme. Elle ne veut consigner aucune émotion, malgré les tourments qui l'habitent. Elle se méfie des sentiments, craint de déraper, de laisser trop parler son cœur. Tout juste ponctue-t-elle ses pages d'un : « Bon vent, mer belle. » Elle préfère aux émois le style télégraphique : « Quitté le Havre. Bonne tenue dans le chenal NW. Sur bâbord, le banc de l'Éclat ; sur tribord, d'autres bancs qui commencent sitôt que les galets se continuent par le sable de la côte. »

Elle qui aime tant se rappeler les aventures vécues préfère ne pas tomber dans l'ivresse des mots, de peur de remuer une trop pesante solitude. Elle semble hésiter.

Serait-elle trop ambitieuse, à l'affût d'une vie d'aventure à nulle autre pareille ? A-t-elle placé la barre trop haut ?

Dans les bouches de la Meuse, de l'Escaut et du Rhin, Ella Maillart, en proie au doute sur elle-même, redécouvre une ambiance féerique, dans la brume, entre ciel et terre, lorsque l'eau et la vase se mêlent dans une étrange communion. La mer est agitée par un grand vent de suroît et le colonel préfère prolonger la navigation sur ces flots boueux, lorsque le *Volunteer* heurte un banc. Rien de grave, constate aussitôt Ella, pas de casse, mais la barge est bel et bien immobilisée. Le décor n'en est que plus étrange, avec ce flux et reflux de la marée qui vous donne le tournis, avec la valse frénétique des mouettes dans le vent du large. Ella ne sait plus si elle voit de la vase ou une langue de terre. Cette équipée ressemble à la remontée de l'Amazone ou de quelque lointain fleuve, d'Afrique ou d'ailleurs.

Mais l'immobilisation de la barge est plus grave qu'il n'y paraît. Le banc de vase enserre la coque et l'étreint, sans la relâcher. Rien n'y fait, ni les manœuvres au moteur, ni l'ancrage en plusieurs points. Même le chaland du village voisin ne parvient pas à tirer le *Volunteer* de sa gangue limoneuse. Or le courant creuse un trou sous la coque et aspire la barge par succion. Si l'équipage ne parvient pas à se tirer de cette mauvaise passe bien vite, le bateau pourrait rester ainsi coincé des semaines, jusqu'à la marée d'équinoxe. Et le moindre vent enverrait des vagues sur le plat-bord, à faire gîter l'embarcation à marée haute. Chaque jour, la barge s'enfonce d'une dizaine de centimètres. Prévoyant et inquiet, le colonel, qui navigue à vue entre mauvaise humeur et apaisement, envoie un télégramme à sa compagnie d'assurances pour lui annoncer que son bateau s'apprête à couler...

Curieuse escale ! Coincés sur un rafiot mangé par la rouille. Prisonniers d'une planche pourrie qui menace de prendre l'eau à tout moment. Un colonel un peu fou qui se prend pour un grand capitaine, mythomane, excessif et terriblement humain... Et ce pilote qui claudique et tète un cigare éternel dans une bouche édentée. « Quelle bande de falabracs ! » murmure parfois Ella. Mais elle aime ce bateau et cet équipage, concentré de tous les tourments et ennuis qui peuvent survenir en mer, même si cet échouage est peu glorieux. Alors que les hommes se réchauffent les mains et les pieds autour du poêle, à la recherche d'une solution dans ce froid brumeux du mois de mai 1927, Ella Maillart regarde les rives qui paraissent si lointaines. La voilà dans un monde où se brouillent les frontières, celles de l'eau et des berges, échouée sur un banc de vase aussi dangereux qu'une tempête au grand large, une langue de terre collante qui menace le bateau, solide à quai et brusquement rendu aussi fragile qu'un fétu de paille, soumis au caprice des marées sous un ciel barbouillé. Étrange escale, oui, qui pourrait bien durer des lustres dans le cri aigu des mouettes, la violence du vent qui tourne et la langueur de cette terre molle, trop molle, qui a épousé la mer. Van, lui, ne perd pas son sens de l'humour et compose un poème qui commence ainsi :

> *Je voudrais dire encore un mot*
> *D'un rafiot donnant de la bande*
> *Et de l'équipe de soûlots*
> *Maintenant échoués à Ostende.*

Une nouvelle marée les tire de cette mésaventure, à l'aide d'un remorqueur puissant et d'une manœuvre au guindeau, et le bateau finit par bouger. Alors Benett offre une tournée générale aux sauveteurs, devant Ella qui ne refuse pas une bonne rasade, même si elle a dû sacrifier l'ancre restée au fond de la vase. Elle demeure trop passionnée par son envie de large pour s'apercevoir que Van, le fils de riche, est fou amoureux d'elle, ce qui en revanche n'a pas échappé au colonel, lequel se permet de la taquiner à ce sujet.

L'équipée du *Volunteer* s'achève piteusement : les créanciers menacent de saisir le bateau, alors que le colonel est parti depuis belle lurette. L'ambiance à bord devient déplorable ; le capitaine se plaint que sa femme crève la faim au Havre et que le nouveau cuisinier soit un repris de justice tout juste sorti de prison. Quand le colonel revient de France avec des fonds plein les poches, c'est la mutinerie. L'équipage s'en va. Ella aussi. Au moins peut-elle se consoler : cette virée peu commune lui a ouvert la porte du doute et l'a confortée dans son désir d'horizons inconnus. La Hollande n'est pas un plat pays mais un maquis d'aventures humaines.

CHAPITRE VIII

Ella est à quai mais pas pour longtemps. Coureur des mers du Sud, l'amiral britannique qu'elle avait rencontré à Megève avec sa fille Diana lui a envoyé un laconique message : « Pouvez-vous arriver dans les plus brefs délais cause appareillage Plymouth et Espagne ? » Une croisière sur l'*Insoumise*... Ella ne demande pas son reste, écoute Van qui a de plus en plus le béguin pour elle, et file sur Deauville en sa compagnie. Elle parvient à l'imposer à l'amiral, conquis par l'enthousiasme de ce jeune homme de bonne famille en rupture de ban, enthousiasme d'autant plus fort qu'elle lui a longuement parlé à bord du *Volunteer* de la belle Diana, en pariant même sur un coup de foudre.

Sur l'*Insoumise* ont embarqué deux passagers payants qui considèrent d'un œil suspicieux l'arrivée d'Ella. L'un est sourd ; l'autre, ronchon, est un capitaine retraité de la Navy qui se plaint à longueur de journée et entend bien poursuivre cette croisière sans femmes à bord. Heureusement que Kini retrouve ses vieux compagnons, Guénnec et Diana ! Guénnec a navigué en compagnie d'Ella sur la *Françoise* de La Trinité à Jersey et se réjouit de cette virée vers Gibraltar que propose l'amiral. Diana, elle, est toujours aussi jolie avec son front serein et ses grands yeux bleus, ce qui ravit Van, de plus en plus impressionné. C'est une jeune femme discrète, très réservée, qui a grandi loin de son père, affairé à naviguer dans les mers chaudes. Elle parle peu mais fait mouche lorsqu'elle décrit certains personnages – l'amiral ou les deux invités qui râlent à tour de bras. Elle garde un étonnant sang-froid en toute circonstance, même lors des coups de tabac.

Entre Diana, Van et Ella naît une solide amitié. Ella aime cette promiscuité du bord qui permet aussi de s'imposer lors des quarts de nuit ou durant la journée sur un bout de pont. En route pour Southwick, elle s'intronise femme-orchestre, s'occupe de la cuisine, de l'épluchage des patates, du ménage, prête à tout pour continuer sa vie de marin. Ce ne sont pas des corvées mais les besognes que doit accomplir un capitaine solitaire, se dit-elle. Sa seule inquiétude, c'est la nécessité de rester dans la cabine, en bas, soumise à un fort tangage qui lui donne le mal de mer. Elle n'est pas la seule.

Le bateau s'ancre près de Barbican, ce port d'où appareillèrent des armadas de navires aventuriers au cours des siècles précédents. Ella remarque un étrange voilier qui mouille non loin de là. Elle se rend près de cette belle coque, avec Van qui apprend ainsi à manœuvrer à la godille sur le youyou. Le voilier est de petite taille comparé aux yachts de l'endroit et paraît misérable avec sa coque couverte de parasites. Il arbore un drapeau de quarantaine jaune. Ce bateau n'a pu que traverser l'Atlantique... Sam, le passeur qui livre du pain et du lait sur les bateaux, la renseigne :

« Y a qu'un seul bonhomme à bord. Un vieux, et en plus il boite. Il a construit son bateau tout seul. »

Le vieux bonhomme en question s'appelle Thomas Drake et a traversé l'Atlantique en solitaire avec son *Pilgrim* immatriculé à Seattle. Ella ne peut s'empêcher de frôler la coque avec son youyou. Une casquette apparaît, qui cache un front ridé. Un regard doux et pétillant, un nez rond. Le vieux marin invite Ella et Van à monter à bord et leur raconte son odyssée, cinquante-cinq jours de mer, du gros temps au large des Açores, cinq bateaux croisés en tout et pour tout depuis la Caroline, des pommes de terre et du jambon en guise de pitance, et un bonheur grand comme l'immensité de l'océan. Sa cabine est un chantier, avec des outils éparpillés, des coquillages, d'étonnantes plantes marines. Alors, sur les eaux du Cattewater, devant cet aventurier des mers modeste telle l'écume qui disparaît comme elle naît, resurgissent brusquement le visage d'Alain Gerbault et les promesses d'Ella lorsqu'elle était plus jeune. Thomas Drake est un Jack London des mers du Sud qui a dû quitter son Kent natal pour trimer dans des mines et des scieries, jusqu'au jour où il a tout plaqué pour voguer sur les océans, avec un bateau construit de ses propres mains.

« Maintenant, je vais remonter le Solent pour aller me frotter le flanc contre celui du yacht royal. Ils ne vont guère aimer ça, hé ? »

Drake est un facétieux comme les aime Ella et sa simplicité invite à la rencontre. Il ne parle pas, il agit ; il ne fabule pas, il plaisante et tourne en dérision ce monde pincé des plaisanciers richissimes qui arrêtent leur aventure là où le beau monde ne les aperçoit plus. Tragique destinée pour lui aussi : il disparaîtra en mer en 1950, au large de San Francisco, près de cette côte où est né Jack London, de père inconnu.

Quand Ella et les hommes de l'*Insoumise* repartent pour l'Atlantique, c'est un gros grain qui les attend, avec quatre jours de vagues énormes qui empêchent l'équipage de se rendre sur le pont. Mais quelle magnifique bête ! Rien à voir avec la barge du colonel Benett, cette grosse caisse aussi abîmée que son capitaine qui embarquait l'eau et peinait à remonter l'estuaire de la Meuse, trop lourde, prompte à accrocher les bancs de boue. Sur l'*Insoumise* on hisse les voiles du bon bord, on sait rentrer la touline, on abat dans le vent comme il faut ! Et Ella s'amuse du charme tout naturel qu'exerce Diana sur Van, à tel point que celui-ci redoute l'escale finale. Pour Kini, celle-ci survient à Bayonne, tandis que l'*Insoumise* remonte l'Adour.

En guise de pot d'adieu, Ella, plus déroutante que jamais, boit un dernier chocolat dans une confiserie des bords du fleuve. Elle quitte ses amis, Diana et son père l'amiral, certaine qu'elle les reverra un jour. Elle devra attendre six ans, jusqu'à ce matin calme quand, capitaine du *Windrush*, un sloop agile et rapide comme le vent, peu de temps avant son départ pour la Chine, elle apercevra dans le port de Soller, à Majorque, une silhouette familière, celle de l'amiral, qui aura rempilé pour une longue croisière avec Diana, son mari José et leur enfant.

Pendant plusieurs années, Ella Maillart poursuit cette vie de bohème, sur un bateau l'été, en Suisse l'hiver. C'est un cabotage à travers les saisons, une promenade qui glisse entre les aventures de mer et la montagne enneigée, deux univers qui n'ont rien en commun mais qui permettent à Ella de mener une vie frugale et d'oublier sa mélancolie dans l'écume des flots et les gerbes de neige. « En dépit d'une nourriture et d'un logement rudimentaires, je savais fort bien que tout l'or du monde n'aurait pu m'apporter ce sentiment de bonheur qui était le mien à cette époque », écrira-t-elle dans *La Vagabonde des mers*. Elle glisse sur la neige comme elle glisse sur l'eau, dans des mondes infinis où le brouillard, la vague, la bourrasque peuvent vous être fatals. Les refuges d'altitude sont autant de havres qui engendrent une joie de commencement du monde. Guides de montagne et gens de mer se confondent dans l'humanité d'Ella, qui poursuit ainsi une quête sans cesse renouvelée, l'attachement à la terre et l'amour des gens simples, qui prendra toute son ampleur lorsqu'elle échouera en Inde. Ces hommes qui partagent son goût pour la nature et vivent parfois dans la plus haute des solitudes, sous le couperet de l'erreur fatale, avec cette humilité face aux éléments qui les rend dignes, elle les aime jusqu'à l'émotion.

Parfois elle voudrait les peindre, les sculpter, les graver, les inscrire dans des poèmes. Puis elle songe à cet instrument magnifique qu'est la caméra. Pourquoi ne pas faire un film ? Elle parle de ce rêve à Jean Grémillon, son ami producteur, qui a navigué avec elle sur l'*Atalante*. Un personnage principal ? lui demande-t-il. Oui, la neige, répond-elle... Elle veut montrer la vie des flocons, mettre en scène une allégorie de la montagne dont le décor serait les hommes, fixer sur la pellicule cette surprenante beauté tourbillonnante aussi éphémère que la vie. Elle commence à coucher ses idées sur le papier, puis réalise que le vrai film à tourner c'est celui sur les voiliers, sur cette communion étrange de la vague et du vent, un film qui montrerait l'impact de la trace sur les flots, la sérénité de la vague, les reflets de cette semi-transparence qui délave tant les yeux des marins.

Mais pour l'heure il s'agit de vendre l'*Atalante*. Miette et Ella sont sans le sou et l'entretien du voilier coûte fort cher. À Southampton, dit Miette, nous en tirerons un meilleur prix ! Il suffit de traverser la Manche et d'errer quelques jours sur les quais du port pour trouver un acheteur et retaper grossièrement le cotre. Mais à peine arrivées sur la côte bretonne où est amarré le voilier, en aval de Lorient, coincé dans un sarcophage de vase, les deux amies constatent les dégâts : un détrousseur s'est emparé de tous les cuivres du bord, le chouquet de la tête de gouvernail, l'extrémité de la barre franche, les montants de la claire-voie, les plaques de pont vissées, les bandes de métal clouées sur l'écoutille. Même les poignées des tiroirs ont disparu ! Qu'à cela ne tienne, Ella se met à l'ouvrage, astique, frotte, cloue, bricole comme elle peut et panse les blessures du voilier. Deux matelots sont embauchés. Le soir, en éclusant force vin rouge, le quatuor parle d'arrondir les fins de mois grâce à la contrebande. Le lendemain, Ella juge plus sage de rester un marin ordinaire.

La remontée des côtes bretonnes et la traversée de la Manche sont épiques, avec des coups de mer, une tempête de cap Horn, un froid de canard en ce mois de mai 1928. Mais lorsque l'équipage aperçoit les rivages de l'Angleterre, Ella ressent une vive émotion à naviguer sur l'*Atalante* en ces lieux qu'elle connaît par cœur, comme si elle pressentait que la séparation d'avec le bateau de ses débuts sera terrible. L'équipage cependant n'est pas au bout de ses peines. Un vent de noroît secoue le voilier, ancré pour la nuit à Yarmouth, et il faut filer au plus vite vers un lieu plus sûr.

« Tonnerre, s'écrie Maurice, l'ancre est coincée dans les rochers ! »

Ella sent la catastrophe venir, tire sur la chaîne comme une damnée mais rien n'y fait. C'est Maurice qui parvient à la désengager en ramenant l'ancre de toutes ses forces, les larmes aux yeux, ivre de douleur. Nul doute que l'*Atalante* se débat tel un diable pour ne pas tomber en d'autres mains.

En attendant de le vendre, Ella est heureuse d'errer avec Miette de port en port et de continuer sa vie de bohème, embarquant de temps à autre sur un superbe voilier, tel le *Shamrock*, un vingt-trois-mètres peint en vert et engagé dans la régate de Torquay avec vingt hommes d'équipage. Son skipper n'est autre que le fameux Sycamore, héros de la Coupe de l'America, connu de toutes les courses. C'est ainsi qu'elle aperçoit sur un quai cette vieille barge de *Volunteer*, plus lourde que jamais, et quand elle monte à son bord avec Miette elle est heureuse de pouvoir lui présenter le colonel, qui n'a rien perdu de son excentricité. Il décide de suivre les régates et invite les deux jeunes filles, puis s'aperçoit que le moteur est une fois de plus en panne ; il veut le réparer puis s'assoupit, affalé sur un canapé du salon, un cigare au coin des lèvres, dans des ronflements à faire trembler la coque.

Le flegme de Benett, que son équipage surnomme tour à tour Jack, Hippo ou Mâléléphant, n'est pas pour déplaire à Miette, qui découvre ses coups de gueule et ses colères feintes, sa maladresse due à cet embonpoint qui lui cause quelques déboires dans les habitacles étroits, son œil averti aussi qui lui permet de donner un diagnostic immédiat à la moindre panne.

Une autre surprise attend Ella : lorsqu'elle revient sur le pont, une baigneuse hurle :
« Gob-bo-o-o ! »
Ella est interloquée : c'est le surnom que lui donnait Puck, le professeur d'éducation physique au collège de Totteridge. Oui, cette fille au nez retroussé, au visage espiègle parsemé de taches de rousseur est bien Puck. Que le monde est petit... L'amie de Totteridge surgit de l'eau comme par enchantement et décide d'appareiller avec Ella et Miette dès le lendemain. Telle est la vie dans les ports anglais, à l'été 1928, faite d'insouciance et d'étranges retrouvailles.

Pour vendre l'*Atalante*, il convient de lui faire subir une petite cure de rajeunissement dont se charge Ella, qui met le voilier sur cale dans le chantier naval sur l'Itchen, non loin de Woolston. Elle passe à nouveau de longues semaines à quai, seule, à mener les travaux dans ce paisible havre, comme elle le fit sur le *Volunteer* en cale sèche, dans une solitude qui ne la gêne guère. Elle observe les ouvriers du chantier, étonnés de voir une jeune femme se complaire dans ce lieu reculé, en amont de Southampton, que l'on rejoint par le bac sur l'Itchen et par tramway. Ella n'est sereine que lorsqu'elle revient vers ce quai où traînent les outils rouillés et les ustensiles de carénage. Elle aime manier le ciseau à calfat, plonger ses mains dans le goudron, forcer l'étoupe dans les rainures à coups de marteau. De temps à autre, elle relève la tête pour surveiller le fleuve et les embarcations qui le descendent. En fin d'après-midi, elle visite les autres voiliers, amarrés plus loin, et les marins et capitaines lui content leurs étonnantes aventures et étranges mésaventures, à la lumière de la lampe à pétrole. Sans doute ces périples immobiles forment-ils l'antichambre idéale des grands voyages.
Elle rencontre ainsi Bill, matelot sur le *Sunbeam*, un élégant voilier aux mâts de hune élancés. Il décrit longuement son apprentissage de hauturier tandis que la femme

du commandant leur sert des brioches, des salades de fruits à la crème fraîche. Entre elle et lui s'instaure une relation de franche camaraderie. Kini aime ce regard droit, cette manière à la fois taquine et loyale de s'adresser aux gens. Il la rejoint souvent à bord de l'*Atalante* et l'aide à calfater ou à repeindre le pont avec les dix kilos de peinture qu'a légués le vieux gardien du *Rigdin*. L'amitié peu à peu fait place à une liaison passionnée entre Kini et Bill, qui l'invite à Southampton le samedi après-midi pour voir des spectacles de variétés. Au théâtre, elle ne comprend pas toutes les plaisanteries mais s'esclaffe comme le public. Elle est heureuse avec son marin, qui se livre de plus en plus et l'emmène sur l'île de Wight. Elle aussi se livre et confie ses espoirs, ses angoisses, sa volonté de rompre avec le milieu familial et cette vie rangée que lui prédisaient père et mère. Ils marchent pendant des heures sur des sentiers bordés de haies qu'ils ne connaissent pas et évoquent les mêmes sensations de bonheur, les mêmes réminiscences de l'enfance. Même s'ils s'aventurent sur les terres intérieures de cette île dont ils n'ont exploré jusqu'à présent que les côtes, une frénésie commune les anime : vivre en mer, dans un double sentiment d'insouciance et d'angoisse, et parfois dans la plus grande des solitudes.

Un temps, Ella songe à une vie accostée et sourit à Bill. Oui, demeurer à quai, près de la mer, élever des enfants, attendre le retour de l'homme... Mais l'appel de la « bourlingue » ne lui laisse guère le temps de rêvasser. Bill doit rejoindre le *Sunbeam* qui appareille dans quelques jours. Ella serait-elle destinée, pour avoir voulu cette vie de marin, à la déconvenue perpétuelle ?

À la mi-septembre, Yvonne de Saussure, la sœur de Miette, envoie un message en urgence à Ella. Elle a fondé avec l'actrice Carmen d'Assilva le Studio d'art dramatique de Genève et a besoin d'une comédienne pour monter deux pièces au Studio des Champs-Élysées à Paris. Yvonne se souvient que Kini a longtemps étudié le théâtre et qu'elle joue très bien la comédie. Va pour le rôle de la duchesse du Maine dans la pièce de Jean-Richard Bloch *Dix Filles dans un pré*. C'est une autre aventure que de monter sur les planches parisiennes, mais cela n'effraie en rien Ella. Au Studio des Champs-Élysées, elle est à l'aise, joue son rôle avec passion, observe longuement les spectateurs qui applaudissent au premier rang et là, plus loin, dans la semi-obscurité. Elle pourrait continuer, après trois semaines de représentations, mais se rend compte que rien ne vaut l'aventure, la vraie, celle des mers et des déserts, loin de cette ambiance mondaine, loin des feux de la rampe. Il lui reste la navigation pour gagner sa vie et mener une existence d'errante. Mais elle ne peut s'empêcher de lorgner aussi les sommets des Alpes, où elle continue de s'entraîner l'hiver, sur les sentes du Cervin ou du mont Rose. Avec quelques skieuses intrépides, elle fonde le premier club de ski féminin de Suisse, ce qui lui permet de participer quatre années de suite aux compétitions internationales. Pour financer ses séjours en montagne, elle envoie plusieurs articles et comptes rendus d'épreuves de ski aux journaux suisses, écrits la nuit, entre concours et entraînement. Lui parle-t-on d'un film sur les sports d'hiver, elle acquiesce aussitôt et se rend à Mürren, sur les pentes du Jungfraujoch. Mais le film est médiocre. Le metteur en scène de ce *Sportrivalen* n'excelle pas dans l'art de la pellicule. Même Arnold Lunn, le maître de Mürren, l'idole des skieurs, lance à Ella qu'elle aurait mieux fait d'abandonner durant le tournage son insigne « Kandahar », le club des skieurs de compétition de l'endroit qui dévalent les pentes du terrible Schiltgrat. Un nom dont elle se souviendra toute sa vie, jusqu'au voyage en Afghanistan et en Inde, le nom de la ville afghane des faiseurs de rois, du trône de Babour, des traces d'Alexandre.

CHAPITRE IX

L'*Atalante* n'est toujours pas vendue, et les maigres économies de Miette et d'Ella qui servent à l'entretien du bateau fondent comme neige au soleil. Le marché des yachts de croisière n'est guère florissant. Autant convoyer le voilier sur les côtes normandes, moins onéreuses.

Mais avant de partir, Ella fait traîner les choses, comme pour mieux reculer l'adieu au navire. Elle reçoit à bord Ben, l'insouciant frère de Miette qui avait navigué en Méditerranée avec elle, et son cousin Zazigue. Tous deux l'aident à nettoyer le pont, polir les huisseries, enverguer les voiles. Tout est prétexte au retard lors de cette dernière croisière. Ella met un point d'honneur à naviguer lentement comme elle aima aussi naviguer en cale sèche. C'est comme un adieu aux années d'enfance, car Ella sait que les toutes prochaines ne l'entraîneront pas toujours du côté des mers. Lorsqu'elle voit poindre au bout du port de Woolston le *Kinkajou*, superbe goélette petite et noire qui vient d'effectuer la traversée New York-Southampton en dix-sept jours, elle ne peut s'empêcher d'avoir un pincement au cœur. Elle reçoit volontiers les ultimes cadeaux du maître coq allemand, surnommé « la Perle », soucieux de vider son réfrigérateur de bord – ananas, crème, poisson, bananes –, telle une offrande à ceux qui un jour s'aventureront sur ses traces.

Surprenantes rencontres de port... Un autre jour, c'est

le très chic Pelham Maitland, qu'Ella a connu au ski l'hiver précédent, qui débouche au volant de sa Bentley sur les quais et tombe dans les bras de la vagabonde des mers. Élégant, le verbe haut, il salue Ella bien bas et n'oublie pas leurs aventures en montagne. Lorsqu'il appareille afin de se préparer à la course de la Manche, son voilier, la *Freya*, s'échoue près du ferry de Woolston. Quelle humiliation, devant les Françaises qui en rient ! Ella est rassurée : face aux caprices de la mer, tous les marins sont égaux.

L'*Atalante* quitte enfin les côtes anglaises le 2 août 1928, pilotée par le patron de la *Margherita* qui a généreusement offert ses services dont Ella, à y réfléchir, se serait bien passée : le voilier s'échoue lui aussi non loin des docks. L'équipage se livre alors à de longues manœuvres à l'ancre afin de désengager le bateau. Quand le pilote est débarqué pour qu'il rejoigne le port, il est copieusement insulté par un passant à casquette honteux d'avoir à compter dans la confrérie des marins un tel hurluberlu incapable de sortir en mer.

Longer les côtes offre encore à Ella l'occasion de rencontrer quelques beaux personnages de la mer. Ainsi Rallier du Baty, qui impressionne fortement Ben, ou Virginie Hériot, tous deux à bord de l'*Ailée IV*, un magnifique huit-mètres qui concourt pour la Coupe de France. Le premier, au visage poupon, est un marin réputé, auteur d'un livre fameux, *Quinze Mille Miles sur un ketch*, dans lequel il relate sa croisière vers les îles Kerguelen à la recherche d'huile de morse. La seconde est une championne de voile, amie d'Alain Gerbault, qui ce jour-là remporte la Coupe de France. Une rivale pour Ella, qui a entretenu une relation avec le solitaire de l'Atlantique ? Pas même. Elle reconnaît la grande influence de Virginie Hériot dans le domaine de la voile, son goût aussi à propager sa passion autour d'elle. Gerbault d'ailleurs n'est pas loin : Virginie apprend à l'équipage qu'il vient de boucler son tour du monde, avec une escale dans l'ultime port, celui de Cherbourg, cinq jours plus tôt. Il n'a pas le temps de se reposer : la Navale l'a invité à une grande réception dans un autre port.

En vue de Trouville, l'*Atalante* doit se préparer à une manœuvre délicate avant la fermeture du bassin, à onze heures. Mais celui-ci est déjà clos, et le préposé s'est trompé, qui reçoit une bordée d'injures de Ben. Avec la marée basse, l'*Atalante*, pilotée par Ella, échoue une fois de plus et se retrouve couchée sur le flanc. En fin d'après-midi, le voilier entre dans le port de Trouville, au milieu des yachts cossus dont la litanie des noms – *Ariane, Narcisse, Crusader, Mélisande, Vonna* – fait rêver Ella, qui cligne des yeux devant l'étain et les cuivres de ces merveilles.

Sitôt à terre, Kini se rue dans les bureaux de la capitainerie afin de savoir où se terre l'ami Gerbault. Au Havre, lui répond-on. Elle envoie aussitôt un télégramme de félicitations et garde le secret espoir de le voir débarquer à Trouville. Mais le navigateur solitaire ne répond pas. Trop accaparé sans doute, trop affairé avec les huiles, les notables et la presse du coin. Ella est déçue, mais pardonne. Le mariage de la grande solitude et du succès à l'escale n'est jamais chose facile.

Qui veut acheter l'*Atalante* ? Nul besoin de chercher à terre : l'acquéreur est à bord. Il s'agit de Ben, qui s'est découvert une passion pour ce voilier et veut repartir avec le titre de capitaine. Raison de plus pour faire la fête, d'autant qu'Alain Gerbault daigne enfin donner de ses nouvelles, invitant l'équipage au nouvel hôtel du Golf de Deauville. Déjà les belles âmes, les dames à chapeaux, les personnalités du coin défilent sur les quais avant de se rendre au lunch du navigateur, à qui l'on vient de remettre la Légion d'honneur à bord d'un contre-torpilleur. Mais Ella et Miette déclinent l'invitation : trop de beau linge se presse à ce genre de raout.

Si elles ne viennent pas à Gerbault, celui-ci se charge de les accoster ! Avec son panache habituel, il apparaît au bout du port, tout de blanc vêtu, assis en tailleur sur le pont du *Firecrest*. Il semble épuisé, amaigri. Comment a-t-il pu surmonter tant de détresses, d'ascétisme érémitique, de coups de tabac, de paquets de mer, de détroits hostiles ? Il passe devant l'*Atalante* sans un geste.

« Dormiras-tu à bord cette nuit ? lui crient au loin Ella et Miette.

– Oui, mais je vous verrai au lunch... »

Kini ne peut résister : elle se lance dans le youyou, traverse le bassin, s'accroche à la coque du *Firecrest* et prend Gerbault dans ses bras. Ses joues sont si creuses, s'aperçoit-elle. Pas le temps de s'étreindre : Alain doit filer vers la mairie. Le pigeon voyageur lui échappe. Ella se remémore les jours passés ensemble sur la Côte d'Azur en 1923.

« Viens à bord demain matin prendre le petit déjeuner. Nous n'allons pas à l'hôtel du Golf.

– Bien sûr que vous allez y venir... C'est un ordre. J'en ai déjà parlé au comité.

– Mais Alain, on n'a rien à se mettre... et de toute façon ça va être affreux. Tous ces snobs se fichent royalement de toi et de ton bateau. Ta présence n'est qu'un coup publicitaire pour le nouveau golf. Là n'est pas notre place et nous serions perdues dans la foule. On ne pourrait même pas te parler.

– Taisez-vous... Je leur ai dit de vous placer à côté de moi. Nous pourrons parler. Et venez comme vous êtes. »

Pour les rassurer, Gerbault montre son uniforme de gala : une simple tenue de marin de deuxième classe, en lin blanc, et des sandales. Ella respire : il n'a pas changé, toujours aussi espiègle et rebelle, même aux mondanités.

Lorsqu'Ella et Miette se rendent au lunch organisé en l'honneur de celui qui est la fierté de la marine à voile française, de la célébrité qui court les mers, de la gloire des ports du monde, elles toisent sans complexe aucun le beau monde de Deauville et de la contrée. Jambes et tête nues, en jupe plissée et vareuse de coutil blanc, Ella s'amuse de ce public de gala, « les élégants, les riches, les blasés, les opportunistes, les dégénérés, les mondains ». La table de réception est en forme de U, et les deux amies, assises en face du héros du jour, tournent le dos à l'ensemble des convives – dernière facétie de Gerbault. Comme celui-ci détonne dans cet univers de cocktails, avec une comtesse à sa droite et une duchesse à sa gauche ! Lui s'en moque, à voir la lueur d'espièglerie qui pétille au fond de ses yeux à chaque regard d'Ella.

Alors que ses voisines l'abreuvent de questions, il se fait une joie de répondre dans son jargon de martien, s'adressant à Ella et Miette.

« Et que faisiez-vous durant ces longues nuits solitaires ? demande la duchesse.

– Je dormais... »

Puis il poursuit son récit, face à Ella.

« ... parce que le transfilage de la voile de senau et les jottereaux des étais avaient cédé après dix jours de gros temps...

– Et aviez-vous suffisamment d'eau douce pour vos bains, durant ces longues traversées ? l'interrompt la comtesse.

– Je ne me lave jamais », lance Gerbault à sa voisine choquée.

Et de poursuivre avec les deux filles une discussion émaillée de mots inventés. Ella et Miette se révèlent en verve, qui lancent du cabilloter, de l'affourche, de la livarde, sous le regard médusé de leurs commensaux.

Au dessert, lorsqu'on leur propose une visite du golf en autochenille Citroën, Gerbault demeure imperturbable face aux commentaires du petit homme à lunettes qui conduit et qui s'évertue à décrire les vertus du véhicule tout-terrain, surtout lorsqu'il escalade les dunes qui longent le rivage.

À la fin du parcours, Ella se rend compte que ledit conducteur n'est autre qu'André Citroën, ce qui continue de laisser Gerbault indifférent. Kini sent alors qu'elle va rater là une occasion unique de s'enquérir du voyage rêvé, celui qui la mènera un jour vers les steppes d'Asie centrale, alors que Citroën prépare une expédition unique, la Croisière jaune, de Beyrouth à Pékin. Cela fait plusieurs mois qu'elle entend parler de cette incroyable aventure, et elle veut obtenir un contrat d'assistante à la caméra, désir qu'elle communique aussitôt au constructeur automobile. Derrière ses lorgnons, lui ne perd pas une miette du formidable concentré d'énergie dans son habitacle, entre Gerbault le navigateur solitaire, Miette l'aventurière aisée qui défie les mers et Ella qui rêve de quitter les ports pour crapahuter en haute Asie. Les yeux pétillants de malice, André Citroën laisse Ella s'épancher, lui raconter son goût pour la montagne et les expéditions lointaines, sa maîtrise de la caméra, sa connaissance des sensibilités de pellicule. Quand Kini l'a enfin convaincu qu'elle est une femme capable de s'aventurer sur de telles terres, Citroën répond que la Croisière jaune n'engagera dans ses rangs aucune femme, afin de ne pas troubler la bonne marche de l'expédition et de laisser les hommes se concentrer sur leur route et les découvertes scientifiques qu'ils espèrent faire en chemin. Tant pis, Ella ira seule, par ses propres moyens.

André Citroën, le mentor de Victor Point... Je songe parfois à la destinée tragique du héros de la Croisière jaune et à la rencontre avec le constructeur, par l'intermédiaire de son parrain, Philippe Berthelot, le maître de la diplomatie française dans l'entre-deux-guerres. Sans doute Victor et Ella auraient-ils pu se connaître si André Citroën avait accepté les femmes à bord de ses autochenilles.

Le constructeur automobile ayant laissé son engin tout-terrain à la disposition d'Alain Gerbault pour deux jours, le navigateur emmène aussitôt les deux filles chez son ami Pierre, qui dispose d'une villa dans les environs, où ils étalent par terre les cartes marines. Là, Kini parcourt du doigt la longue route d'Alain, détaille les escales, imagine les mille et un soucis, les coups de sang, à Fidji, Tahiti, au large de Raïatéa, les rencontres avec les Maoris de Rarotonga.

Le voyage est de courte durée, car l'ami Pierre doit emmener Gerbault à une réception au restaurant des Ambassadeurs, sous l'égide de l'Académie des sciences. Comme Gerbault s'avère moins écorché vif en présence des deux jeunes femmes, Pierre invite aussi Ella et Miette, qui découvrent une table triste où le duc de Grammont et le prince Murat sont furieux du retard du navigateur solitaire. À force de grimaces et de sous-entendus de la part des deux filles, Alain finit par se dérider.

La fête du lendemain à bord de l'*Atalante* est plus frugale et chaleureuse. Ella a sorti toutes ses réserves comme pour un grand jour, porridge, bacon, pain grillé, en souvenir du repas d'adieu sur la *Perlette*, lorsque Gerbault appareilla de Cannes pour New York. Là, Alain raconte ses derniers souvenirs de marin, révèle qu'il va investir tous ses droits d'auteur dans la construction d'un nouveau voilier et convie les filles à un dernier tour sur le *Firecrest*, le lendemain, afin de tirer quelques bords pour le plaisir, loin de cette terre ferme et de ces mondanités que le marin exècre par-dessus tout.

L'*Atalante* vendue à Ben, Ella Maillart se fait réengager à bord du *Volunteer*, la bonne vieille et tranquille barge du colonel Benett, laquelle, en cale sèche au Havre, a bien besoin d'un coup de jeune. Alors que Kini s'évertue à repeindre la coque, Gerbault lui rend visite de temps à autre, pour le plus grand bonheur des ouvriers du port, qui ont surnommé Ella « le petit Gerbault ». Mais elle ne s'en laisse pas conter et prouve alentour que son art du pinceau vaut celui des anciens. Elle se confie de plus en plus à Alain, lui fait part de ses doutes, de son souci de concilier la passion de la mer et le besoin de gagner sa vie. Elle sent que Gerbault est à l'écoute, mais une écoute distante, comme si cet homme de la mer, celui qui a largué toutes les amarres, ne pouvait plus comprendre les soucis des gens de terre. Il a su abandonner toutes les vilenies, les médisances des terriens et celles des officiers de marine qui lui manifestent une hostilité ouverte. « Ces gens, dit-il, sont bien davantage des ingénieurs que des marins. » Il reste profondément marqué par la Grande Guerre et ne peut se résoudre à se réconcilier avec le monde civilisé, celui de la boucherie, du découpage en morceaux, du gazage des hommes, du bombardement des villes, de la haine destructrice.

« Les seules personnes que je considère comme mes compatriotes, confie-t-il à Ella, sont les gens que je comprends et que j'aime, et aussi ceux qui me comprennent. »

Lasse d'attendre son tour de partir, elle lui dit son envie de naviguer jusque dans les eaux du Pacifique, sur les traces de Bougainville, Stevenson, et de lui-même, rêve auquel Gerbault répond par une invitation non pas à traverser l'Atlantique d'est en ouest, aventure trop périlleuse pour laquelle il ne peut s'engager, mais à courir les mers du Sud un jour avec lui.

« Viens me rejoindre à mon bord et je te ferai visiter mes îles. »

Ella est emballée, plus entichée que jamais d'Alain, mais craint de devoir poursuivre une chimère toute sa vie, dans cette infernale quête d'une existence vagabonde qu'elle remet de plus en plus en cause. Et puis d'abord, comment payer sa descente vers les mers du Sud ? Et ce caractère d'ermite est-il supportable au-delà de vingt-quatre heures de vie commune à bord ? De tout cela Kini se moque. Elle se sait taillée pour les épreuves, les embruns de haute mer, la course, quitte à renoncer pour un temps à une existence de marin, puisque Miette est mariée et qu'elle ne peut s'offrir à elle seule un voilier.

CHAPITRE X

Ella ne supporte plus cette vie d'errance, d'escales, où elle ne sait pas de quoi demain sera fait. Elle enchaîne les petits boulots, dont celui de modèle pour le sculpteur Raymond Delamare. Elle se fuit elle-même, comme elle fuit sa famille, sujette à l'instar de nombre d'habitants de la vieille Europe à cet « effondrement central de l'âme » dont parle Antonin Artaud. Après avoir fait ses adieux à l'antique barge et à son colonel, Kini décide de s'ancrer à Berlin, en 1929, avec pour toute fortune cinq livres en poche. On recrute des figurants et des techniciens pour l'UFA (Universum Film Aktien Gesellschaft), qui a ouvert à Neubabelsberg les studios les plus modernes d'Europe. Ella veut surtout rencontrer le Dr Franck, producteur de très beaux documentaires sur la montagne.

Berlin, quel tourbillon ! Quelle somme de destinées, d'énergies ! Quelle somme de déchéances aussi, avec son cortège de chômeurs victimes de la crise – cinq millions –, son lot de paumés, ses soupes populaires. « Il fallait que je cesse de dériver sans but. » À la recherche de repères, Ella Maillart croit débusquer là un havre qui l'aidera à trouver sa voie, quitte à reprendre plus tard son bâton de pèlerin. Les studios de l'UFA ? Elle y court, joue les soudures, rencontre un producteur séduit par sa maîtrise de l'anglais et qui lui propose de traduire les premiers films du cinéma parlant, par épisodes, avec une solde qui lui permettra tout juste de survivre. Elle fréquente aussi les émigrés russes, sans le sou, en particulier ceux qui gravitent autour de Vera, une femme pauvre mais à l'accueil légendaire, dont le mari chauffeur de taxi ramène en pleine nuit des compatriotes au regard las, mais désireux de parler jusqu'à l'aube devant un fond de bouteille. L'hospitalité de Vera enchante Ella, reconnaissante de cette chaleur qui fait oublier les soucis matériels. Tous ont le mal du pays. Tous, comme Ella, soulignent l'étroitesse d'esprit des sociétés occidentales, leur manque de profondeur d'âme.

Pour arrondir ses fins de mois et égayer sa vie somme toute misérable, Ella donne des leçons d'anglais à des adultes et des enfants, avec une prédilection pour ces deniers car le goûter partagé avec eux lui permet de sauter le repas du soir. Elle écrit aussi des articles pour des journaux suisses afin de régler le loyer de sa sordide chambre sur cour où elle cuisine sur un réchaud Primus comme à bord de la *Perlette*, avant d'être hébergée chez des amis bavarois. Dès qu'elle le peut, elle retourne aux studios, écoute, flaire l'activité de ce septième art en gestation, traîne dans les coulisses, contemple Marlene Dietrich qui tourne *L'Ange bleu* de Josef von Sternberg, lequel lance le mythe de la femme fatale. Curieuse de ce milieu, Kini approche à nouveau le Dr Franck, le metteur en scène de tragédies montagnardes, mais celui-ci ne veut tourner qu'avec Leni Riefenstahl, qui réalisera plus tard deux films à la gloire du nazisme avant de se reconvertir dans la photographie en Afrique. Qu'importe, Ella erre sur ces plateaux avec un regard d'entomologiste, observant les uns et les autres. Qu'en retire-t-elle ? Un mélange d'admiration et de suspicion devant ce monde d'êtres à la fois passionnés et superficiels. Au moins se trouve-t-elle de nouveaux horizons, tangibles, au décor parfois irréel, quand les maîtres d'œuvre des atmosphères colorient à tire-larigot, réinventent les paysages, créent des illusions pour mieux séduire les amoureux des salles obscures. Un décor qui l'enchante, elle qui cherche à se raccrocher à de solides réalités mais ne peut s'empêcher de verser dans l'imaginaire.

Réinventer sa propre vie, Ella n'attend que cela. D'autant que son père est dans une passe difficile, et que les certitudes des bords du lac Léman s'effondrent avec l'entreprise de fourrure qui périclite, malmenée par la faillite de deux banques suisses, à tel point que sa famille est contrainte de vendre la maison du Creux-de-Genthod, le paradis de son enfance. Errer sur les plateaux de l'UFA ne l'empêche pas de rêver à l'Asie, sa nouvelle terre promise, là où transhument les yaks dans les dunes du désert de Gobi, là où les fleuves de Sibérie mêlent leurs eaux à la toundra, là où les cavaliers aux épais bonnets de laine courent sur des montures à perdre haleine dans des espaces infinis. Les émigrés russes qui tentent de gagner quelques marks en traînant dans les studios alors que la crise de 1929 gagne l'Allemagne lui parlent de leurs terres natales. Défilent dans sa tête des noms glanés dans ses lectures d'enfance, Oural, Samarcande, Kaboul, Boukhara. « Tous m'attiraient. Partout il y avait des êtres, des choses à voir, à comprendre. Et partout, peut-être, il y avait des hommes qui menaient une vie plus normale que celle de nos monstrueuses villes assujetties aux machines. »

Pour Ella, la porte de l'Asie est la Russie, si proche de ce Berlin où circulent tant de nouvelles de Moscou, où se jouent les pièces et sont projetés des films en provenance de cet Orient-là. Un cinéaste russe lui donne même des chutes de films pour son appareil photo. Lorsqu'elle rencontre une Américaine qui arrive de Moscou, elle l'abreuve de questions. Que la capitale soviétique semble proche tout à coup, même si ses amis émigrés russes la traitent de folle lorsqu'ils apprennent qu'elle veut s'y rendre ! Mais Vera la défend, consciente que scintille dans l'œil d'Ella une flamme de nomade que nul ne pourra jamais éteindre, comme un supplément de cœur qui fait tant défaut à l'Europe. À Paris, Kini rend visite à Luc Durtain, qui vient de publier un livre sur la Russie et qui l'encourage à s'y rendre à son tour. Pas de doute, le Grand Ailleurs commence là-bas. Elle demande à l'un des représentants commerciaux de l'URSS à Berlin quels sont les films soviétiques qui circulent en Europe. Une chance : Dovjenko, le cinéaste ukrainien, est justement de passage, avec dans son sac les bobines de *La Terre*, et signe de bonne grâce un mot pour son directeur à Kiev.

Plus que jamais enfant de la Grande Guerre, Ella veut poursuivre la route, rompre les amarres comme Gerbault avec ce monde qui ne l'intéresse plus, ce monde de nantis qui sabre, tue et détruit ce qu'il a construit, ou n'ose plus construire. Famille, État, religion, société... Autant de mots que Kini abhorre, masques d'hypocrisie, non pas qu'elle rejette la croyance, au contraire, mais parce que la foi a déserté l'Ancien Monde, ou qu'elle est fausseté. Elle est « lasse de cette Suisse imperturbable, sûre de son fait, étouffant sous la croûte des vieilles habitudes ».

La Russie... Ce nom devient une idée fixe dans la tête de Kini. Comme pour Victor Point, qui pensait que la Croisière jaune pouvait pénétrer l'Asie par l'empire des soviets, avant que le chef de la mission Citroën, Georges-Marie Haardt, n'essuie un cuisant refus de la part des autorités de Moscou. Me revient en tête le fantôme de Point. Comme sa fuite était différente et semblable en même temps à celle d'Ella Maillart ! Lui s'était élancé dans une course éperdue, un voyage où l'on quitte tout, ses racines, ses amours, et soi-même. Il avait préféré l'aventure aux promesses d'une actrice célèbre, étoile montante de ce cinéma parlant dont Ella voyait poindre les premiers succès. Les déserts et les oasis de l'Asie lointaine l'avaient envoûté, comme Kini. Avec pour horizon cependant la noirceur, l'obscurité, les ténèbres. « La liberté est noire », écrivait Artaud.

Nouvelle rupture, nouveau départ. Sous prétexte d'enquêter sur la jeunesse russe et de vouloir écrire un livre sur le cinéma soviétique, encouragée dans cette tâche par Jean Bernier, l'écrivain rencontré aux îles du Levant avec Drieu La Rochelle, Kini obtient un visa aisément. Avant de s'élancer vers l'URSS, elle rend visite à Charmian, l'épouse de Jack London, de passage à Berlin ; c'est une connaissance d'Alain Gerbault, préfacier de son livre paru à New York, *In Quest of the Sun*. La veuve est touchée par la volonté de cette jeune femme prête à franchir les méridiens pour assouvir sa soif de voyage et de connaissance des autres. Elle lui donne cinquante dollars, une somme qui vient doubler ses maigres économies. Charmian, qui vit dans une jungle de souvenirs doux et terribles, est heureuse d'aider cette aventurière qui lui rappelle les errances de son mari, lequel s'est suicidé quatorze ans plus tôt. Kini, elle, ne sait comment remercier Mrs. London, qui regrette de ne pouvoir voyager dans ce pays où les livres de son défunt époux ont un succès fou. Une aide financière d'une telle femme ne peut être que de bon augure pour qui s'apprête à courir les steppes.

Le train s'élance de la gare de la Friedrichstrasse avec un grincement d'essieux en guise d'adieu. Sans regrets, l'âme légère, Ella quitte la capitale allemande après un séjour de près d'un an, dans un wagon de troisième classe. Avec dans son sac de montagne du porridge à profusion, du beurre, des biscuits, du sucre, des fruits secs, du riz, du saucisson et une grammaire de russe achetée sur le boulevard Saint-Michel, elle n'est pas mécontente d'abandonner toutes ces certitudes, la bourgeoisie qu'elle côtoie, ces artistes qui ne pensent qu'à leur nombril et qui ont oublié de sourire ailleurs que devant une caméra. La liberté de glisser sur une voie ferrée dont le cliquetis la berce, mémoire des longs voyages, est grisante, même si elle est teintée d'inquiétude. Ragaillardie par ce départ somme toute impromptu, Ella veut sillonner en toute liberté le pays des soviets dont elle ne connaît rien, même s'il est impossible pour une étrangère de se déplacer sans être surveillée de près. Que lui réservent ces espaces de nouveau monde ?

Le train traverse les forêts de Prusse-Orientale, des marécages, des champs polonais, et au fil des arrêts le wagon se vide peu à peu, comme si l'ultime étape était pestiférée. Ella se réveille en gare de Moscou, où sur la contre-voie trois ouvrières déboulonnent un rail, sans doute pour signifier que cet endroit est un terminus d'où l'on ne repart pas. C'est avec un œil candide qu'elle aborde la capitale. Elle ne veut pas juger ni condamner, elle désire simplement vivre à l'écoute des gens, les comprendre, « connaître les aspirations nouvelles des jeunes de vingt ans, ceux qui ne connurent pas l'ancien monde, ceux pour qui le nouvel État semble être bâti ».

Au bout de la ligne du bus à dix kopecks, le Grand Hôtel ne reçoit pas : il est en réparation. Les autres rares hôtels, le Métropole, le Savoy, affichent complet. Seule une chambre à l'hôtel Europe, à trois dollars, près de la place du Théâtre, est libre. À ce train-là, ses économies vont fondre comme neige au soleil. Moscou ? Un tourbillon. Dès le premier jour, Ella Maillart est captivée par le maelström d'ethnies qui se côtoient dans la rue, par le mélange inédit d'odeurs et d'images, tabac de Géorgie, légumes des terres noires, brochettes de mouton du Caucase. Ce monde inconnu la fascine. Le lendemain, elle rend visite à Olga Tolstoïa, traductrice et belle-fille de Tolstoï, qui hébergea dans l'appartement, dont elle a gardé la jouissance en raison de son illustre ascendance, Jessie, la camarade américaine d'Ella dans l'équipe de hockey. C'est une dame à cheveux blancs, au sourire discret et aux yeux noirs qui pétillent, avide de saisir l'état d'esprit de la visiteuse. Ella aime ce contact chaleureux, et la maîtresse de maison, qui invite la voyageuse à fouler les tapis de son salon, meublé d'un bahut, de deux divans, d'une bibliothèque et d'une coiffeuse, lui propose aussitôt pour cinquante roubles par mois la chambre de sa nièce, alors en vacances.

L'appartement collectif de cinq pièces où réside la comtesse Tolstoïa est une fenêtre sur la ville, plongée dans la crise du logement depuis le transfert de la capitale de Leningrad à Moscou et l'afflux de paysans. Outre la fille de la comtesse, Sonia, employée dans un musée, et Natacha, douze ans, dont la mère est à Paris, cohabitent la grosse Ievguenia Petrovna, caissière aux yeux bleu foncé, son fils Petia et la vieille Marfoucha, servante bossue au visage ridé et jaune comme une figue sèche. Celle-ci est d'une patience infinie, sauf lorsqu'elle fait la queue devant les magasins d'alimentation.

« Les bolcheviks, chez vous, vous donnent-ils assez de beurre et de lait ? » s'enquiert-elle auprès d'Ella.

Sa découverte des Russes est lente. Elle entend prendre son temps pour parfaire sa connaissance de la langue et vit de pain noir et de thé afin de ne pas gaspiller ses économies. Par où commencer ? L'un des meilleurs moyens de rencontrer les Moscovites consiste encore à faire la queue devant les magasins, où l'étrangère prend sa place comme les autres. Elle capte des bribes de conversation, force son oreille, engage la discussion. Un jour, dans la file qui s'étire devant la porte d'un restaurant, à une blague lancée par un jeune elle rit plus que de coutume. Ses voisins se retournent.

« Es-tu de Moscou ? lui demande une brune à la coiffure hirsute.

– Non, je suis étrangère.

– Je viens de Kharkov, mais quel est ton pays ? »

Le mot « étrangère » se répand comme une traînée de poudre et la colonne entière l'inonde de questions, s'approche et la touche :

« Comment t'appelles-tu ? Où travailles-tu ? Te plais-tu chez nous ? Est-ce aussi bien chez toi ? »

Des étudiants agronomes d'Ukraine l'invitent au théâtre pour voir *Les Trois Gros Hommes*. Avec ses nouveaux compagnons, Ella découvre comment la patrie du réalisme socialiste a transformé les esprits. Tous sont enthousiastes et défendent le dogme. Kini ne se laisse pas pour autant aveugler mais veut comprendre de l'intérieur les grandeurs et les servitudes soviétiques. Les autres voyageurs, les écrivains, les thuriféraires du communisme visitent le pays en quelques jours ou semaines. Ella Maillart, elle, veut y passer six mois.

Elle ne juge pas, elle observe. Tout y passe, le travail des employées, les interrogations d'ouvriers qui s'inquiètent de la disparition de Dieu, les manœuvres d'une vieille femme qui vend les charmes de sa nièce, les joueurs de football du Dynamo de Moscou. Elle regarde d'un œil critique quelques compatriotes débarquer à Moscou, des sportifs suisses sympathisants du socialisme soviétique venus disputer un match de football avec une équipe russe. Ella les rejoint dans les vestiaires du stade et constate qu'ils désirent s'installer en URSS tant ils sont enchantés par leurs découvertes. Pas dupe, elle se contente d'écrire dans ses carnets : « La qualité du jeu ce jour-là est quelconque. »

Peu à peu, Ella trouve ses marques à Moscou. Elle collabore à une publication, *Sport et culture physique*, dont le directeur bedonnant lui demande un article sur le hockey, activité qu'il s'agirait d'introduire en Union soviétique, et rejoint grâce à la belle Maroussia un club d'aviron sur une île au milieu de la Moskova, quitte à exagérer ses compétences. Nouvelles rencontres, nouvelles occasions de découvrir la société russe, celle qui ne connaît pas encore le machinisme, contrairement à ce qui est dit en Europe, celle qui répare ses souvenirs faute de pouvoir en acheter, celle qui espère en des lendemains meilleurs et serre les dents. Elle découvre parmi les équipiers de l'aviron l'élégant Obolenski, au visage barré d'une fine moustache, metteur en scène aux studios Mejrabpom, ami de Poudovkine et d'Eisenstein, qui ponctue chacune de ses réponses d'un : « C'est charmant » et fournirait un excellent portrait pour le livre sur le cinéma qu'elle projette d'écrire. Son ascendance aristocratique lui interdit toute réussite, et il souque d'autant plus ferme sur la Moskova. Ensemble, avec Choura, Olga et quelques compagnons, il barre un huit jusqu'à la montagne Lénine, dont le tremplin de saut attire une foule de skieurs en hiver.

Au hasard de ses pérégrinations, Ella rencontre aussi d'étonnants Allemands, dont Ludwig Turek. Communiste militant à la calvitie prononcée malgré son jeune âge, il a bourlingué dans maintes contrées avant de s'échouer en URSS, où il a écrit un livre dont les droits d'auteur de la traduction en russe, deux mille roubles non convertibles en marks, lui permettent de vivre aisément. Turek n'a qu'une idée en tête : construire son voilier, le *Malik*, descendre la Volga puis le Don jusqu'à la mer Noire, et rentrer en Allemagne par le détroit de Gibraltar. Chaque jour, il s'évertue à élaborer ce rêve dans un chantier naval, non loin de l'endroit où Ella s'entraîne à l'aviron, avec une ferveur obsessionnelle qui rappelle les préparatifs de Gerbault dans le port de Cannes avant sa traversée de l'Atlantique. C'est déjà une belle coque presque terminée de six mètres vingt de long que Kini inspecte, avec un rouf sur la cabine. Elle donne quelques conseils, partage avec Turek son expérience de la mer, et revient souvent au chantier naval le soir pour veiller auprès de l'Allemand, qui lui présente ses comparses, Bauer, ouvrier sellier, et Kühler, ouvrier pâtissier de Hambourg qui a fui la crise économique en Allemagne, ses cinq millions de chômeurs et le nationalisme grandissant, pour travailler à Moscou. Ludwig, lui, ne quitte presque plus son voilier à l'ébauche, dort sous la tente, offre à Ella du hareng et envoie Bauer chercher en barque une bière sur l'autre rive de la Moskova, à la cantine des Monts-des-Moineaux.

La vie frugale de Moscou ne déplaît pas à Ella, avide d'explorer la « Soviétie ». Elle entretient avec l'équipe d'aviron une franche camaraderie. La petite Betty qui n'a que des expressions soviétiques à la mode au bord des lèvres – plan quinquennal en quatre ans, concours d'émulation, front culturel, offensive antivénérienne – lui demande :

« Es-tu membre du Parti ? »
Ella répond :
« Non, Betty, je suis une sale bourgeoise.
– Pas vrai, on ne t'aurait pas laissée entrer dans l'Union ! »

Ella découvre aussi la liberté des mœurs. Garçons et filles se laissent aller au vent de leurs désirs, sauf lorsque Fedia tombe sous l'interdit d'approcher une femme avant les compétitions d'aviron, le mois prochain. Ella aussi se laisse aller, rencontre Serguéï avec qui elle se promène, en compagnie des autres membres du club d'aviron, au bord de la rivière, à la lisière d'une forêt, dans un champ de céréales. Elle éprouve pour ce Russe à la belle carrure des sentiments à la fois simples et profonds. « Je rêve et m'étonne, en regardant Serge, qu'une simple paire d'épaules au soleil puisse créer en moi une joie si profonde, écrit-elle dans ses notes, plus hédoniste que jamais. Les beaux êtres devraient vivre nus ! »

Sa découverte de l'Orient commence à Moscou dans les studios du cinéma soviétique. Au parc de Culture et de Repos, le long de la Moskova, elle voit maints films à l'occasion d'un festival, une aubaine, et surtout *Tempête sur l'Asie,* dont le seul titre est évocateur des futures passions d'Ella, avec ses scènes dans les steppes, les tentes mongoles, les cavalcades effrénées, la lente succession des images qui enseigne quelque chose du temps en cet horizon extrême. L'auteur, Poudovkine, un des grands du muet soviétique avec Eisenstein, et théoricien du cinéma tout comme lui, prépare *La vie est belle* avec des gens du peuple, bien meilleurs, dit-il, que nombre d'acteurs professionnels.

Sur l'écran du Sovkino Ella voit alors défiler une succession de bobines et croise des cinéastes qui reviennent de la toundra du Kamtchatka, des sables du Turkestan, de la Mongolie ventée. « Il y avait tant de choses qu'il me paraissait urgent de savoir et de comprendre qu'une vie entière semblait trop courte pour y parvenir. » C'est à un orientalisme nouveau que rêve Ella, un orientalisme non pas romantique mais réaliste et cru, qui réinvente celui de Goethe et de Nerval et deviendra au cours des décennies suivantes une part du mythe occidental. Comme si Kini avait compris que le destin du monde trop sédentaire était de se renouveler par des retrouvailles avec le nomadisme.

J'ai essayé de suivre les traces d'Ella Maillart à Moscou. J'ai vu les grands boulevards qu'elle aimait tant, où les Moscovites sortent durant les mois d'été jusque tard dans la nuit, avides de profiter des lueurs crépusculaires et des parcs à l'herbe bien verte, la Moskova où elle s'entraînait à l'aviron, les chantiers navals où elle bricolait sur le voilier de Ludwig Turek. Guère de pistes concrètes, en somme. Pas d'adresse pour l'appartement de la comtesse Tolstoïa. Mais Ella était depuis mon arrivée à Moscou un compagnon de route, un amphitryon à la fois discret et tenace qui vous raconte les arbres, le cheminement des feuilles de peuplier, la beauté de la lumière du soir, l'épiphanie des rencontres au hasard.

Kini aurait-elle reconnu cette jeunesse russe, plongée dans les affres de la rénovation, du grand chamboulement, des prémices de l'économie de marché ? Sans doute aurait-elle trouvé là les mêmes élans, en direction opposée, des élans de commencement du monde, de débrouille, et les mêmes disparités, les privilèges des nantis et des puissants.

Au café Pyramida m'attendait Bertrand, un Français parti lui aussi sur les traces d'Ella Maillart en Asie centrale, sur la route Paris-Pékin. Il était l'un de ces golden boys à la recherche d'argent facile et rapide et proclamait faire fortune en quelques années, avant l'âge de trente ans. Quel étrange mélange... Il parlait de Kini mais se souciait davantage de ses gains à la Bourse de Moscou, après une première faillite dans l'immobilier. Bertrand était accompagné ce soir-là de deux autres Français, gens bien mis lancés eux aussi à la conquête de Moscou. L'un, lunettes carrées, cheveux courts, léger embonpoint de jeune premier, tentait sa chance dans la finance, l'autre s'essayait au négoce de bric et de broc. Il avait déjà vendu plusieurs wagons d'épilateurs de nez à des Sibériens friands de gadgets et s'évertuait à écouler des stocks d'anneaux magiques, des bagues en toc fabriquées en Chine et destinées à l'amaigrissement, marchandise qui lui avait déjà rapporté une belle petite fortune.

Affublé de quelques tics, Bertrand hochait la tête en dégustant ses sushis, dans la lumière des néons et sur un fond de musique disco. Assises aux tables voisines, des filles maquillées jusqu'au bout des ongles, parfois dotées de lunettes noires, attendaient l'âme sœur et ne refusaient pas les invitations des nouveaux venus. Bertrand regardait alentour et semblait ne plus se soucier d'Ella Maillart ni de son expédition en Asie centrale. Il avait pourtant baigné pendant des lustres dans l'esprit nomade. La seule caravane qu'il convoitait désormais était celle de l'or et des richesses. Moscou semblait être sa dernière escale, un eldorado auquel il s'ancrait pour ne plus le quitter, comme une oasis imprévue.

Devant son assiette de sushis dont la sauce au soja dégoulinait de ses mains, avachi sur une table où la bière coulait à flots, Bertrand fut prolixe ce soir-là, mais davantage pour parler de ses ambitions que pour évoquer la mémoire d'Ella Maillart, qui n'était déjà plus qu'un lointain souvenir, une chimère. Même chose deux jours plus tard, quand je le revis à la terrasse d'un café, le soir, dans une rue piétonne balayée par une brise légère et le cri de Russes ivres. Son amie le rejoignit et il ne parla plus que de dollars, de containers, de hausse des cours. Il brassait des millions, mélangeait vodka et bière, les rêves aussi, se voyait en nouveau boyard, dans un carrosse de riche, avec une montre en or au poignet. Il oublia de payer la note et je m'en acquittai. Ella Maillart était si loin, au-delà de ces décomptes et calculs de fortuné en devenir.

Sans doute sommes-nous tous condamnés à poursuivre cette chimère, à croire l'attraper et à nous en détacher. Comme j'aimerais que la quête du fantôme d'Ella soit perpétuelle, avec son cortège de rencontres, ses heureuses et mauvaises surprises, ses joies et ses peines en chemin. Dévoilera-t-on jamais l'énigme de la rupture, de cette fuite en avant, de ce besoin de nomadisme ? Kini, puisses-tu garder tes secrets, ne pas les divulguer même au plus profond des oasis et des steppes, rester mystérieuse à jamais.

Je vis une ombre au loin, dans le clair-obscur estival qui tardait à poindre. Elle dansait, semblait joyeuse. Je plissai les yeux pour mieux la distinguer. C'était Ella Maillart qui pressait le pas, heureuse de partir, de quitter les quelques attaches rencontrées en chemin, les amis et les charlatans, comme une envie de rupture perpétuelle, une quête ambulatoire. Sa robe volait dans le vent, ses cheveux flottaient telle une crinière de cheval sauvage. Elle n'avait pas d'âge, se savait condamnée à errer sans cesse et aimait les escales quand elles demeuraient des escales, des relâches avant un nouveau périple. Elle portait l'orgueil et la simplicité de Marco Polo dans son âme. Elle savait déjà que dans ce monde moderne, dépressif, où l'hypertrophie de l'individualité a tué le moi, le vrai, elle avait ouvert la voie au voyage rédempteur.

Ella, en mal de projets, ne tient plus en place. Elle a certes proposé à Ludwig de l'accompagner dans sa descente de la Volga et du Don vers la mer Noire à bord du *Malik*, mais le voilier s'avère trop petit pour quatre passagers. La vie en ville ne l'inspire guère. L'expérience communiste non plus : marre de la misère, marre des rigueurs prolétariennes, de cet esprit communautaire qu'elle trouve faux, trop manichéen, trop fabriqué. Elle se débarrasse de ses dernières scories, devient de plus en plus sceptique sur les religions et ne veut s'en tenir qu'à sa propre découverte de l'humanité pour comprendre pourquoi nous sommes sur terre. Parfois, ces questions lui semblent bien inutiles, et seule lui importe la jouissance de l'instant, vivre pour vivre, en espérant prélever sur ce temps volé à la mort des moments de bonheur.

Kini entend alors monter sa propre expédition et cherche un kayak qu'elle veut équiper. Mais le camarade spécialiste des voies navigables à la section nautique du Sovtourist, la Société de tourisme prolétarien, l'en dissuade : trop long, trop coûteux. Pourquoi ne pas partir plutôt vers les montagnes du Caucase ? se demande Ella, qui se souvient du nom de la mystérieuse vallée évoquée par l'écrivain russe Sergueï Tretiakov, la Svanétie. Il lui en coûtera cent dix roubles, avec nourriture, guides, billets de train, de bateau, et location d'un âne pour les cols.

Avec une dizaine de jeunes Russes plus ou moins sportifs, elle prépare son expédition et, sac au dos, avec un chandail, une couverture, un quart, une cuiller, un couteau et des crampons, s'élance dans le train du Caucase, où les camarades parlent peu. Ils songent tous à la Svanétie, coupée du monde l'hiver et accessible l'été par des cols qui se cachent au-delà des nuages comme une promesse d'éternité. Aux abords de ces monts sauvages, Ella renaît, d'autant qu'à la veille du départ l'écrivain Sergueï Tretiakov lui a encore vanté les sortilèges de la haute vallée. À Naltchik, capitale de la république de Kabardino-Balkarie, l'équipe loue des charrettes pour se rendre au pied de la chaîne de montagnes. La nuit, les compagnons montent la garde à tour de rôle pour se prémunir contre les voleurs, dont Alexandre Dumas fut victime lors de son voyage dans le Caucase un siècle plus tôt. Peu à peu la steppe se mue en une vallée morne et poussiéreuse, aux villages en terrasses, avec des maisons qui enchevêtrent leurs toits comme pour mieux se protéger de la morsure du froid. Sylvestre Naveriani, un instituteur svane rencontré dans la petite ville de Teguenekli, informe Ella que l'hiver prochain des skieurs vont pour la première fois tenter de relier la Svanétie aux vallées voisines, dessein qui conforte la Suissesse dans son impression d'atteindre là-haut le bout du monde.

À l'approche de l'Elbrouz, l'ascension est rude, les cols dépassent tous trois mille mètres et ne sont fréquentés que par de rares bergers. Pour jouir d'une plus belle vue au sommet, Ella et trois de ses compagnons choisissent un sentier moins aisé à flanc de montagne. Mais au-delà de la limite des conifères une tempête de neige s'abat sur eux et les contraint à gagner un abri où des pâtres les invitent à partager leur feu, devant un bol de lait caillé. En chemin, un chien de berger se jette sur Ella, la mord et transperce son mollet de sa mâchoire d'acier. Rebrousser chemin ? Ses compagnons craignent la rage. Ella refuse et décide, malgré sa douleur, de poursuivre la route.

De l'autre côté, après une nuit au bord d'un glacier, un passage par une gorge où s'entasse une avalanche de pierres, quelques bouillons de vermicelle, l'ascension d'un sommet voisin de l'Elbrouz et une marche forcée au pied du glacier Latsga, un spectacle unique s'offre aux yeux de la petite équipe d'alpinistes, précédés par l'aîné des pâtres au turban de flanelle, dans un silence que les hommes ne connaissent plus : la vallée de Svanétie, où nul soldat ne se promène, libre et indépendante en raison de l'altitude et du climat rigoureux. Même si un soviet vient de s'y installer, les habitants de la vallée, qui ignorent l'usage de la roue, boudent Lénine et le dogme de Moscou. Les familles refusent d'envoyer leur progéniture dans les écoles et instituts de Naltchik, car elles redoutent que les enfants ne soient expédiés en Chine pour servir de nourriture. Mais le cinéma gagne peu à peu la contrée et Ella Maillart a droit à une séance en plein air au milieu d'une centaine de villageois. Le film atteint son paroxysme lors du meurtre d'un paysan par un seigneur, épisode qui entraîne le courroux des voisins d'Ella, lesquels envoient quelques projectiles, dont un bâton qui perce l'écran, et se lèvent ensuite pour voir si, derrière la toile, le potentat est bien mort. Dans un autre village, lors d'une représentation théâtrale, les villageois se lèvent eux aussi pour protester contre un meurtre au deuxième acte et se plaindre auprès du directeur, qui s'empresse de les rassurer en appelant l'acteur, bien vivant, et en promettant que l'Armée rouge interviendra au troisième acte.

Quel incroyable patchwork de races et d'ethnies recèle le Caucase ! se dit Ella Maillart. Dans cette vallée reculée, où la ville la plus proche est à quatre jours de marche par des défilés et cols praticables trois mois seulement par an, et dont le nom est ignoré par nombre de Russes et même de Caucasiens sondés par Ella, les hommes portent des mocassins de cuir bourrés d'herbe sèche, des caftans épais serrés à la taille, et ils circulent en traîneaux tirés par des bœufs. Dans un village voisin, l'aubergiste montre à Ella avec une assurance ancestrale qui ne souffrirait aucun contradicteur le rocher précis où Prométhée fut enchaîné. Elle vit là des moments émouvants, heureuse de se retrouver à la fois en montagne, aux portes de l'Asie et dans ce Caucase qui inventa maints mythes indo-européens et où Jason, en remontant l'Ingour, aux portes de la Svanétie, découvrit grâce à Médée la Toison d'or. Ces traditions préservées, ce sens de l'hospitalité, cette discrétion farouche des montagnards qui servent aux visiteurs des pommes de terre bouillies, des galettes remplies d'une pâte au fromage et de miel, ne peuvent qu'encourager Ella à poursuivre la route.

En haute Svanétie, où les paysans affirment qu'ils habitent la vraie Colchide de Jason en raison de l'or de la vallée de Nenskra, on cultive aussi le goût de la vendetta – six cents victimes de 1917 à 1924 sur douze mille âmes. Quand un villageois renonce à tuer un des siens, il s'exile. Des tours-forteresses permettent aux auteurs de crimes de sang de se protéger des représailles, et aussi de repousser l'ennemi des vallées voisines, ce que firent les villageois au cours des siècles en contrant les assauts des princes de Géorgie en provenance de la basse Svanétie. Un sentiment étrange étreint Ella Maillart, le désir de voir les traditions des Svanes se perpétuer, mais l'envie aussi que cette vallée secrète s'ouvre peu à peu, grâce à un sésame dont seul le pouvoir communiste a les clés. Premier bolchevik de la vallée, adversaire des mencheviks dont il a fini par obtenir l'écrasement, Sylvestre Naveriani, instituteur éduqué en Russie, guide de l'équipe et excellent grimpeur de sommets, est ainsi l'objet d'une grande sympathie de la part d'Ella. Ces affinités lui seront plus tard reprochées, notamment quand elle publiera en 1932 son récit *Parmi la jeunesse russe* – « Partout où il sont, les communistes développent l'esprit d'entreprise, de décision. » C'est qu'Ella Maillart est surtout choquée par le culte de la vendetta en Svanétie, les meurtres en série et les représailles qui s'ensuivent pendant des années. L'arrivée du communisme aux portes de la vallée peut seule, estime-t-elle alors, déraciner les vieilles habitudes claniques.

Au retour, à pied, en charrette puis en train jusqu'aux rives de la mer Noire, par les versants ensoleillés au-dessus d'un lac et les flancs de montagne couverts de noisetiers où elle croise un postier à cheval porteur de lettres qui mettent douze jours pour gagner Moscou, Kini ne cesse de penser à ce voyage dans le temps et au nouvel appel du large qui la saisit. Sur le pont des troisièmes classes du bateau qui emmène l'équipe à Sotchi où s'entassent les enfants, les moutons et les volailles, elle observe des heures durant les voyageurs qui portent des turbans, des bachliks – manteaux aux galons dorés –, des caftans, des coiffes de laine bouclée, ceux qui viennent de Tiflis et de Bakou, de Soukhoumi et de Koutaïssi, d'Erevan et d'Astrakhan. Plus que jamais, elle se sent attirée par ce monde oriental, point cardinal de la tolérance de l'autre, de l'hospitalité et de l'aventure humaine. Accoudé au bastingage du *Grouzia*, le mollet encore douloureux de la morsure du chien – elle a renoncé aux piqûres de l'hôpital de Batoumi –, la tête dans le vent, elle se promet de revenir sur cette terre.

À Sotchi, alors que ses compagnons goûtent au repos sur les sables de la mer Noire, au milieu des baigneurs nus, Ella tente de soigner sa blessure et prolonge son séjour sur place, de sorte que son russe finit par grandement s'améliorer, à tel point qu'elle écrit sa première carte postale dans la langue de Pouchkine pour Serge, resté à Moscou. L'équipe se sépare. Glas, l'un des compagnons de route, lance :

« Elle est venue toute seule en Russie, elle saura bien se tirer d'affaire ici, je n'ai pas peur pour elle. »

Peur ? Voilà bien plutôt l'occasion de plonger davantage dans la société russe, celle qui prend ses vacances au bord de la mer Noire, ouvrières et apparatchiks mélangés. « À moi l'inconnu, l'imprévu », note Ella dans ses carnets : elle préfère les buffets et bistros aux restaurants, les dortoirs de la Société de tourisme prolétarien au confort des hôtels de la côte. Elle contemple ces rivages avec un mélange de candeur et de distance accrue, consciente de voyager au pays de la propagande. Sur le chemin du retour, elle visite les studios de l'Ukraine-Film à Odessa et Kiev, où elle rencontre Dziga Vertov, metteur en scène et étoile montante du cinéma soviétique qui tente d'adapter la technique des premiers films sonores américains.

Brusquement, Ella Maillart réalise que son livre sur le cinéma ne pourra jamais voir le jour puisqu'il concerne le film muet, désormais promis à l'oubli. Cette impasse ne peut être qu'une nouvelle liberté, la condition pour lancer un nouveau voyage. Mais une lettre reçue à Moscou l'informe que son père est malade et qu'il lui faut rentrer à Genève. Même si elle est intriguée par le communisme, elle quitte la Russie des soviets sans regret, à la fois touchée par cette sensibilité qui manque à l'Europe, par cet entrain de la jeunesse russe si contraire à l'indifférence déprimante du Vieux Monde, et en même temps guère convaincue par la sublimation des masses et du matériel. Dans le train du retour, un pope partage avec la voyageuse son pain blanc, son beurre et ses pommes. Il a vécu toute sa vie en Russie et doit rentrer dans son pays d'origine, la Pologne. Puis il penche la tête, se met à pleurer, et Ella Maillart ne sait si les larmes sont dues à la nostalgie de quitter ce pays aimé ou à la détresse de l'Église.

Lors de la halte à Berlin, elle propose au correspondant de l'agence Hearst un long récit sur le haut Caucase, et l'Américain accepte, ce qui enthousiasme Ella, peu encline d'habitude à frapper frénétiquement sur sa machine à écrire. Mais quand elle revient toquer à la porte du correspondant avec sous le bras soixante pages dactylographiées, fruit d'un labeur incessant de nuit comme de jour, il soupèse le tout, y jette un regard hautain et lance :

« Ça ne vaut rien ! Votre récit est trop simple. Vous ne dramatisez pas ; le lecteur ne passe pas par des craintes et des émotions à votre sujet. Représentez-vous votre lecteur : ce qu'il veut, c'est être captivé, emporté bien loin de sa vie monotone et terne ! »

Kini repart à peine déçue. Elle ne s'est jamais sentie écrivain. Et son expérience dans les montagnes du Caucase et les hautes vallées coupées du monde lui aura au moins appris à accepter l'existence avec les caprices et les beautés de chacun de ses jours, telle une épreuve du destin, tel un signe de Dieu.

CHAPITRE XI

De son voyage dans le Caucase Ella Maillart revient métamorphosée. Les peuplades, les montagnards rencontrés, les haltes dans les vallées hautes, tout concourt à la jeter plus encore sur les sentiers de l'aventure. « La réalité géographique de la Terre m'obsède. Je sens autour de moi la vie des latitudes, dotées chacune de sa couleur spéciale. Pas une de mes pensées qui ne soit en quelque sorte orientée vers l'un des points cardinaux. Je suis prise à jamais dans les lignes de force de l'aiguille aimantée. »

À Paris elle déprime et ne rêve que d'une chose : repartir, boussole en poche. Alors, pour tenter de se guérir, elle veut coucher sur le papier ses impressions de voyage. Alain Gerbault, qu'elle vient de retrouver, l'encourage en ce sens. Pourquoi ne la présenterait-il pas à son éditeur, Charles Fasquelle ? Celui-ci la rencontre lors d'un déjeuner, la presse de questions sur la Russie, l'écoute longuement et montre son enthousiasme.

« Allez-vous écrire quelque chose sur votre séjour là-bas ? lui demande-t-il.

– Oh non, je ne suis pas écrivain !

– Quelle chance ! »

Il insiste entre la poire et le fromage, elle campe sur ses positions. Il lui parle de son article en anglais refusé à Berlin, elle persiste dans son refus. Pourtant, à l'heure du café, elle accepte. Pour avance, elle reçoit la somme rondelette de six mille francs, plus que tout ce qu'elle a perçu jusqu'à présent. Elle n'en croit pas ses yeux : ce petit trésor lui permettra de s'envoler à nouveau, vers d'autres rêves.

Avec ses notes, ses carnets, ses souvenirs, Ella, que la perspective d'être publiée rend à la fois joyeuse et fiévreuse, s'enferme nuit et jour pour rédiger son récit de voyage. Quel labeur que ces pages arrachées du cahier et sans cesse recommencées ! Il n'empêche, elle est grisée par cet exercice qui consiste à mélanger impressions et jugements. Bien qu'elle n'ait pu évoquer les questions politiques avec les Russes qu'elle a rencontrés, sous peine d'être expulsée, elle n'a pas été dupe dans ce climat de stalinisme florissant. Son récit est parsemé de phrases qui marquent son scepticisme, sur la religion, sur la propagande. Même si elle affiche çà et là quelques sympathies pour la révolution russe, elle souligne les errances du régime et les carences d'un pays qui a perdu son âme. Lorsqu'il paraît, son livre *Parmi la jeunesse russe* est remarqué à Paris. À Genève, c'est le scandale : journalistes et politiques attendaient un réquisitoire contre l'URSS, ils ne trouvent qu'un récit de voyage impressionniste d'où tout jugement est évacué. Et quand elle se lance dans quelques conférences, Ella Maillart s'aperçoit que ses auditeurs en savent déjà beaucoup sur le pays des soviets, ses camps de déportation, la barbarie qui y règne, le régime de travail obligatoire. La voyageuse, elle, ne veut témoigner que de ce qu'elle a vu et entendu. Dans la salle genevoise qui accueille le public ce jour-là, le mécontentement point, les critiques fusent. La presse s'en mêle, attaque la conférencière outrecuidante, l'accuse d'œuvrer pour la propagande des bolcheviks et de voyager aux frais des révolutionnaires. Ella Maillart réplique pied à pied, s'insurge contre cette cabale, elle qui, avec sa bourse peu garnie, s'est nourrie de pain noir et de porridge et a connu six mois durant les dortoirs miteux et la rudesse des troisièmes classes.

Affaibli par la maladie, son père Paul reçoit lui aussi une série de blâmes, y compris de la part de ses amis qui ne comprennent pas ce qu'une fille de si bonne famille a pu aller faire dans la galère soviétique. Mais Ella choisit de se battre, appelle les journalistes, répond aux attaques et exige un droit de réponse dans les journaux. Ce qui l'offusque n'est pas tant la sévérité des critiques ni l'attitude de la presse, qui n'a pas compris ou n'a pas voulu comprendre sa démarche, que les retombées sur son père. Pour les prochains récits, elle se fait une raison : « Ne jamais écrire sur des sujets touchant aux questions politiques qui, après tout, ne m'intéressent pas. »

De cette épreuve elle sort abattue et inquiète, non pour son sort, mais pour celui de l'Ancien Monde : ceux qui ont fustigé son livre sont aveugles et ne se rendent pas compte de la montée des fascismes. L'Europe est victime d'une « anarchie chancelante dans nos capitales », et ce public ne voit rien venir... Fuir, oui, et larguer les voiles.

Elle revoit Alain Gerbault, qui l'encourage encore et encore dans son projet de repartir vers l'Orient lointain. Lui ne possède plus rien sauf des titres de gloire : son *Firecrest*, légué à la marine et remorqué vers Brest, a coulé en route, par inadvertance. Au moins ses récits connaissent-ils un certain succès, et les droits d'auteur lui servent à préparer une nouvelle croisière vers la Polynésie. L'Orient... Le désir de voyage est d'autant plus fort chez Kini que cet Orient rêvé par le monde occidental ne fut longtemps qu'imaginaire. Paul Valéry, qui évoque un « Orient de songe » et connaît Ella Maillart, grande lectrice de ses livres, s'interdit de se rendre dans le Levant chimérique : « Pour que ce nom [d'Orient] produise à l'esprit de quelqu'un son plein et entier effet, il faut, sur toute chose, n'avoir jamais été dans la contrée mal déterminée qu'il désigne. » Kini, elle, veut « aller voir », et prendre le rêve à rebours.

Elle accompagne souvent Alain Gerbault à Sartrouville,

sur les chantiers navals des bords de la Seine où le navigateur révolté affine la coque du voilier qu'il construit. Même si elle a abandonné cette idée de partir vers les mers du Sud, Kini ne peut se résoudre à laisser Gerbault s'enfuir seul. Mais celui-ci est un navigateur hautement solitaire que nul ne saura jamais retenir. Elle le sait mieux que quiconque : elle est faite du même bois, ce bois patiné que l'on hérite des grands marins.

Au fond, elle est heureuse de ce choix : la navigation n'est sans doute pas le meilleur moyen de partir à la rencontre de l'autre. Au cabotage et à la croisière au long cours elle préfère la caravane et l'équipée sauvage, à la dure : « Pouvoir, dans quelque coin reculé de la Terre, partager la vie d'êtres primitifs, encore purs de tout contact avec notre matérialisme insensé. » Peu à peu mûrit en elle le désir de larguer de nouveau les amarres, vers le Turkestan, cette fois, et l'Asie centrale dont elle rêve depuis si longtemps. « Aller vivre parmi les nomades, dans les steppes, et devenir un enfant de la nature, quelle joie ! » s'exclame-t-elle. Dans sa bourse, les six mille francs versés par Fasquelle lui permettront de tenir le cap, en troisième classe, bien au-delà de Moscou, à la recherche des nomades. Elle ouvre son vieil atlas, cherche de ses doigts la prochaine escale. Oui, la route se dessine par là, au-delà des grandes villes, dans le Turkestan russe et le Turkestan chinois, ces régions inexplorées que l'expédition de Citroën n'a fait qu'effleurer.

Je revois les portraits d'Ella Maillart dans un album. Elle porte un baluchon, une casquette, un tricot marin. Elle sourit, sans doute sommes-nous à la veille d'un départ. Elle semble heureuse de quitter l'Europe. Une profonde détermination irrigue son sourire, s'inscrit dans ses traits, souligne son regard. Je sais qu'elle souhaite à ce moment-là se rendre au Turkestan. Malgré les embûches, rien ne paraît devoir l'arrêter.

Auparavant, elle s'entraîne et pratique le hockey avec une équipe féminine suisse qu'elle dirige en 1931 et 1932.

Elle skie aussi et défend les couleurs de la Suisse aux championnats du monde à Mürren, dans l'Oberland bernois, en 1931, et à Cortina d'Ampezzo, en Italie, l'année suivante. Puis elle part pour Moscou en train afin d'obtenir son visa pour le Turkestan, toute gloire bue, comme si de rien n'était. Mais à la Société de tourisme prolétarien on lui refuse un permis individuel en raison de la pénurie qui sévit dans les républiques d'Asie centrale et des craintes d'une révolte des Basmatchis, les rebelles musulmans qui luttent contre les Soviétiques. La secrétaire du président lui propose plutôt un petit tour du côté du Grand Nord, vers Mourmansk, où elle pourrait observer l'exploitation des nouvelles mines ou se rendre à bord du brise-glace *Malyguine*. Ella Maillart refuse :

« Je veux à tout prix partir pour l'Orient ! »

Au commissariat des Affaires étrangères, on signifie à cette aventurière tenace et gênante qu'elle n'est pas communiste et qu'elle ne peut se rendre à Tachkent, contrairement à Paul Vaillant-Couturier, rédacteur en chef de *L'Humanité*.

Ella s'acharne, veut voyager au pays des nomades, faire escale à Tachkent, Samarcande et Boukhara. Ce désir est une obsession : « Là je verrais les ruines laissées par le grand Tamerlan, des femmes musulmanes à peine libérées de la vie de harem, et des caravanes de chameaux arrivant à Boukhara la sainte. » Elle se souvient de ce que lui avait déclaré Victor Point au retour de la Croisière jaune, peu de temps avant son suicide : « Simples et hospitaliers, les Kirghizes sont des hommes libres. » Comme il avait aimé les nomades et les habitants des steppes, malgré les souffrances, la captivité, les heurts avec certains membres de son équipe, les vols et les attaques en chemin !

Je songe à Kini le soir dans sa chambre de Moscou, devisant sur le sort des cavaliers kirghizes et des bergers tadjiks. Ses traces se brouillent là, après son escale dans la capitale russe où j'ai tenté de retrouver ses hôtels et ses escales, dans l'odeur des arbres au printemps et sous les fleurs de peuplier qui tombaient comme une neige versatile. Sur les bords de la Moskova, près de l'île où elle vint donner quelques coups d'aviron en compagnie de Serge, je l'imagine trépignant d'impatience, désireuse de fuir la vie citadine. Quel est le mystère de cet appel à la vie errante, au vagabondage du corps et de l'âme ? « La vie des nomades me captive. Leur instabilité m'attire, je la sens mienne comme celle des marins : ils vont d'une escale à l'autre, partout et nulle part chez eux, chaque arrivée ne marquant somme toute qu'un nouvel appareillage... »

En Ella Maillart se confrontent Prométhée et Dionysos. C'est sans doute pour cela, au fond, que j'ai cherché à marcher dans ses pas. Il existe en elle une part de secret insondable, ce goût de la rupture comme un retour aux origines, cette envie de route pour compenser la déroute des âmes.

Prométhée et Dionysos se promènent en chacun de nous. La part de la sédentarité et celle du nomadisme. « L'homme sédentaire envie l'existence des nomades », a écrit Theodor Adorno. L'inverse est vrai aussi. Puis le nomade sédentarisé envie une nouvelle fois sa condition d'hier.

Conversation dans le désert saharien avec Saïf, qui dirige avec son frère un petit hôtel perdu au fond du Sud tunisien, dans un minuscule village à l'orée des dunes. Il est nomade et entend le rester en s'aventurant souvent dans le désert, même de nuit, comme ce soir-là où il m'emmène sur une grande dune, à plusieurs heures de chameau de son bled. La lune éclaire le sable d'une lumière bleutée. Nous marchons pieds nus, buste en avant pour compenser l'enfoncement des corps dans le sable. Au sommet de la grande dune, alors que les chameaux désellés crient, Saïf parle de son enfance de Berbère, dans le désert. Nulle monotonie pour lui dans ces horizons paisibles.

Chaque dune a sa forme, chaque plante ses mystères et sa part d'eau. Dans la douce lueur lunaire, il évoque la mainmise des sédentaires sur le désert.

« Ils décident de tout, veulent nous fixer dans les villes et les villages, comme si bouger était un délit, comme si transmettre notre culture était une aberration. »

Alors Saïf se rend souvent dans le désert, vient retrouver ses dunes favorites, dort sous la tente des nomades comme cette nuit où nous avons parlé longuement.

Horreur d'un monde où il n'y aurait plus de nomades. La société industrielle ne comprend pas, ne veut pas comprendre le nomadisme, jugé dangereux, contraire à ses canons. Tout mouvement doit être perçu et organisé dans un sens compatible avec l'avancement de la société. Le voyage lui-même est entendu comme temps fini, comme champ d'activité économique, ou comme nouvelle impulsion pour mieux revenir. Le voyage doit avoir une finalité alors qu'il est d'abord source de vie.

Est-ce là le mystère d'Ella Maillart ? Durant toute son existence, elle a tenté de mêler sédentarité et nomadisme, comme pour mieux démontrer, par le voyage en Orient, que l'origine de l'homme se situait dans la mouvance.

Claude Lévi-Strauss s'est évertué à prouver la coexistence des désirs de sédentarité et de nomadisme chez les Indiens d'Amérique du Sud. L'errance et la fixité se mélangent. Il y avait davantage d'errance dans les sociétés traditionnelles. Il y a davantage de fixité dans les sociétés modernes, mais avec toujours cette volonté de revenir aux sources.

Le nomadisme est une liberté que ne peut supporter le monde sédentaire, sauf s'il lui est soumis, comme condition de son renouvellement. Le « partir, revenir » n'est acceptable que si le revenir l'emporte, et non pas à égalité des actes. Des hommes libres, oui, ainsi que le désirait Victor Point. Ella, à propos des hommes libres, après avoir vu Point : « C'est la qualité qui pouvait me toucher le plus ; partout je cherche le secret des hommes droits qu'un ciel clair suffit à rendre heureux. Seul un retour vers leur manière de vivre peut nous sortir de l'impasse où nous piétinons. »

Liberté apparente du nomadisme, qui obéit à des règles éternelles, de temps et de lieu. La moitié du nomade est rigueur. Ella écrivit dans *Croisières et caravanes*, à propos de son expédition vers les montagnes de Kirghizie : « C'est une erreur de croire que les nomades sont libres de leurs mouvements et n'obéissent qu'à leur humeur du moment. »

Phrase glanée dans son livre *Des monts Célestes aux sables Rouges* : « Il faut tout réapprendre afin de pouvoir apprécier. C'est la notion que nous avons plus ou moins perdue : le prix de la vie. Près de peuples simples, montagnards, marins ou nomades, les lois élémentaires s'imposent à nouveau. La vie retrouve son équilibre. » Et dans le même récit : « Peut-être restera-t-il des nomades tant qu'il y aura des troupeaux à mener paître dans les plaines du monde ? »

Héros de la mythologie babylonienne, Gilgamesh ne cesse de se lancer dans de nouvelles aventures. C'est ce qui avait plu à Victor Point, et c'était ainsi que je l'imaginais. Roi d'Uruk, Gilgamesh ne s'embarrasse pas de principes, du moins ceux de son clan. Établi dans la ville, il n'écoute pas les siens, il pense que la gloire vaut tous les dangers, et il finit par tyranniser ses sujets.

Il est fidèle en amitié, surtout envers Enkidu, autre personnage de *L'Épopée de Gilgamesh*, le plus ancien des récits épiques, écrite voici plus de trente-sept siècles, bien avant l'*Iliade* et le *Mahâbhârata*. Enfanté par la déesse Aruru, un peu garce, le genre diviser pour mieux régner, Enkidu arrive sur terre pour s'opposer à Gilgamesh, son contraire, et le ramener dans le droit chemin. Enkidu est sauvage, ne comprend rien à la vie en ville. Mais Gilgamesh, renseigné par un fidèle, envoie à Enkidu une courtisane pour le calmer, et l'accorte messagère s'y prend si bien qu'elle finit par le charmer, l'attirer dans ses rets de plaisir, lui faire l'amour « six jours et sept nuits », et lui souffler dans le creux de l'oreille durant leurs longs ébats qu'il finira par pactiser avec Gilgamesh. Celui-ci a-t-il gagné la partie ? Pas le moins du monde. Au lieu d'utiliser le glaive, Enkidu s'évertue à convaincre par la parole son nouvel ami. Ensemble, ils désobéissent aux dieux, courent les prairies, se rendent au pays des Cèdres. Reine de l'amour libre, la déesse Ishtar cherche à séduire Gilgamesh, mais il repousse ses avances, entraînant le courroux de la divinité, qui envoie un taureau pour dévaster la cité d'Uruk, taureau céleste que Gilgamesh parvient à tuer. Or voici qu'Enkidu, pestiféré des dieux qui l'ont dépêché sur terre, tombe malade. Il rêve du Pays Sans Retour et meurt, pleuré par Gilgamesh une semaine durant. Alors commence une longue errance pour Gilgamesh, son compagnon oublié, le double de sa destinée, qui, métamorphosé par le spectacle de la mort, fait acte d'humilité, voyage dans les déserts et les défilés, traverse des oasis gigantesques, édens de Mésopotamie, rencontre le survivant du déluge, Utanapishtim, immortel, dont le nom signifie « J'ai-trouvé-la-vie-sans-fin », tombe nez à nez avec une mystérieuse nymphe sur un rivage inconnu, Siduri, « la cabaretière qui demeure au bord de la mer », découvre enfin la plante qui le rendra immortel, mais celle-ci est mangée par un serpent. Le voyageur devient alors conscient de sa propre destinée d'être humain.

Sublime récit païen qui inspira l'Ancien Testament, la légende de Gilgamesh met en scène deux compagnons de route obligés que seule la mort sépare. Citadin tyrannique, Gilgamesh est sauvé de la cruauté par Enkidu, l'anticitadin, qui ne renâcle pas cependant devant les plaisirs et le stupre de la ville. Par la parole, Gilgamesh se rachète une conduite. La mort de son ami l'entraîne sur la voie des origines, celle des antiques caravanes, avant qu'il ne regagne la cité. Le potentat devient homme, et homme de bonté, grâce à l'amitié et au voyage. Le nomadisme a eu raison du mal.

Cette parabole splendide est malheureusement tombée dans l'oubli. Pourtant cet appel au nomadisme salvateur existe en chacun de nous. L'homme est à la fois apollinien et gilgaméshien, appelé à la rédemption et à prendre en main sa condition humaine par le voyage et la rencontre de l'autre, l'inconnu, l'étranger à la cité. Être gilgaméshien, c'est découvrir sa condition d'homme, et l'accepter.

Soirée caucasienne chez Sylvain Tesson dans un appartement aménagé sous les combles d'un vieil immeuble du VIe arrondissement de Paris. Il y avait là des gens de toutes sortes, jeunes et moins jeunes, de tous horizons. Édouard rentrait tout juste d'Afghanistan, qu'il avait rallié en 2 CV avec des péripéties dignes d'Ella Maillart – direction cassée et remplacée par des pièces de jeep russes, escapade au pays des héritiers des talibans dans le Sud, mésaventures avec maints gardes-frontières –, Mathilde retournait régulièrement en Abkhazie, région de Géorgie au bord de mer Noire, ravagée par la guerre civile, « laquelle a été totalement manipulée par les Russes, à leur plus grand profit », tandis que Marie montait une école dans le Panchir d'Afghanistan. Vers minuit, la vodka avait déjà provoqué quelques tornades, mais la même chaleur animait tous ces voyageurs, fous d'Asie centrale, du Kazakhstan, des splendeurs des steppes comme Sylvain, des fleuves qui naissent sur les toits du monde et disparaissent dans des mers intérieures asséchées par la déraison de l'homme, comme Amandine qui revenait de Chine et des républiques musulmanes, sur les traces elle aussi de Kini, et tant d'autres encore. Je m'aperçus que tous ou presque avaient des traits communs avec Ella Maillart, par leurs envies, leurs lectures, leurs errances vers l'Asie centrale. Kini était très présente ce soir-là. Édouard, par exemple, s'était aventuré sur les terres reculées de la Svanétie, là où elle avait marché avec ses compagnons russes, dans la haute vallée de Naltchik, et rêvait de repartir dans la vallée des bouddhas de Bamyan.

Tous évoquaient leur route avec grande simplicité, et avec un peu de désordre dans les propos, au fur et à mesure que l'heure avançait dans la nuit et que s'accumulaient les bouteilles de vin et de vodka sur la table basse de Sylvain, au-dessus d'une moquette déjà largement maculée. Pourtant, les lignes fortes demeuraient : l'amour du voyage, la fascination pour le monde nomade, la révérence lancée maintes fois à Ella Maillart, dont l'âme flottait au-dessus de nous comme un fanal au milieu d'un détroit dont on n'apercevait plus les rives, plongées dans des brumes festives. Ce que fêtait Sylvain ce soir-là, outre l'amitié, c'était la joie d'évoquer la route vers l'Orient, et l'une de ses étapes, la Géorgie. Il y en avait tant d'autres, et l'envie de repartir aussi s'annonçait. « Qu'est-ce qu'on fout ici ? » disait Ella. Ce soir-là, le murmure de Kini rebondissait de tête en tête.

Vers trois heures du matin, trois policiers vinrent demander à Sylvain de faire un peu de moins de bruit, à la demande de son voisin de l'étage inférieur, passablement agacé non par le volume sonore mais par les pas résonnant sur le parquet. La discussion se poursuivit dans la rue, tandis que Bernard, photographe qui avait bourlingué lui aussi sur les terres d'Ella Maillart, tentait de dissuader Sylvain, alpiniste de bon niveau, de réaliser dans l'instant même une ascension de la face sud du Sacré-Cœur puis de Sainte-Clothilde, ce qui, au regard de l'heure avancée et du degré d'ébriété environnant, n'était pas une bonne idée. Les doigts de Sylvain lui fourmillaient, et lors de la dernière soirée il s'était suspendu d'une main à son balcon, dans le vide, sous le regard horrifié de ses invités. Il revint tranquillement chez lui, par le vieil escalier de bois qui semblait échappé du château de Chambord. La route d'Ella commençait ici, sous les charpentes et les zincs de Paris, qui étaient l'antichambre des toits du monde.

Blaise Cendrars, nomade en pleine guerre, poète à la main coupée, échoué au café de Flore en 1917. À l'église Saint-Germain-des-Prés, « la plus laide de Paris », il propose à Philippe Soupault d'émigrer vers Notre-Dame de Paris, le symbole des bâtisseurs qui ont transhumé vers la Terre sainte. « Je ne savais pas où aller et où il allait », écrit Philippe Soupault dans *Profils perdus*.

Philosophe et historien d'origine canadienne, professeur au Collège de France, Ian Hacking a écrit un livre magnifique, *Les Fous voyageurs*, qui raconte la maladie déambulatoire d'un homme au siècle dernier. Albert Dadas est frappé d'un mal étrange : la folie du vagabondage. Il ne peut tenir en place, et sans cesse il part vers des destinations inconnues, à pied. Employé d'une compagnie de gaz à Bordeaux, Dadas se met en marche à la seule évocation du nom d'une ville. Infatigable pèlerin, il vogue vers les cités d'Europe du Nord à raison d'une soixantaine de kilomètres par jour, mendie en chemin, se rend de Bordeaux à Valenciennes, revient, repart pour Berlin, Varsovie, Budapest. Il communique à l'aide de quelques mots et par gestes. À peine est-il assagi qu'il se lève. Il a mal commencé : quand il s'est engagé, jeune, dans le 27e régiment d'infanterie comme cuistot, il s'est aussitôt livré à la fugue intensive. Avec un camarade du 16e de dragons, il marche en plein hiver vers la Belgique et la Hollande. Le camarade meurt de froid et de faim. Albert, lui, continue. Quand il parvient dans une ville, il contacte le consul de France qui lui paie son retour en France par le train, en quatrième classe. Sur la route de Poznan, il est mordu par un chien et atterrit à l'hôpital – séjour de deux semaines payé par le propriétaire de l'animal. À Moscou, un commissaire de police lui lance : « Je sais qui vous êtes ! » On le prend pour un nihiliste et il écope d'une peine de trois mois de prison avec les condamnés à mort accusés d'avoir assassiné le tsar le

13 mars 1881. Il finit par être expulsé vers la Turquie, entre cosaques et bohémiennes affamées.

On l'enferme, la psychiatrie s'intéresse à lui, et ce rapport entre Dadas et la thérapie de l'époque guide toute la recherche de Ian Hacking. L'employé du gaz oscille perpétuellement entre l'art de la fugue et le penchant pour l'hystérie. Est-il fou à lier, lui qui défait sans cesse ses liens, avec tout, sa famille, sa compagne, sa ville, ainsi qu'en jugent alors les médecins ? Ian Hacking préfère parler de maladie mentale transitoire, une maladie qui apparaît à un endroit et à une époque donnés pour s'estomper peu à peu. Dadas, lui, perd tout, et jusqu'à ses papiers et son identité, mais il ne perd jamais son goût pour le voyage, pour la traversée des villages, pour le sourire des paysans sur le chemin, des femmes ébahies qui lui donnent du pain, des enfants qui parfois s'accrochent à ses basques. On l'enferme encore, on le traite en asile, mais à peine relâché il repart, s'aventure en Algérie où un zouave lui conseille de rentrer à la maison, dans l'Empire ottoman, en Russie. Il visite Constantinople. Il vit de bric et de broc, trouve quelques petits boulots, dérobe quelques légumes, fait la plonge sur un navire. Il rit et il pleure comme un nomade à la rencontre de l'autre. Oui, fou à lier...

Dadas croit retrouver son usine à gaz alors qu'il erre sur la place de la Préfecture à Pau. Il prend la main de sa fiancée pour marcher, elle l'accompagne, puis il l'abandonne juste avant le mariage promis, continue sa randonnée qui semble éternelle. Même la nuit il rêve qu'il marche. Quand il aperçoit dans ses songes des lueurs de gaz qui miroitent dans la Garonne, il se lève et part. Le jour, quand il pressent qu'il doit lever le camp, il est en proie à de terribles migraines, à se frapper la tête contre les murs, ses oreilles résonnent du plus profond de son cerveau, il se masturbe plusieurs fois de suite. L'échappée pour Dadas n'est pas belle, elle est compulsive.

Lui aussi se pose la question d'Ella Maillart : « Qu'est-ce qu'on fout ici ? » Il se livre à son médecin Philippe Tissié :

« Je ne suis jamais fatigué. La marche dégage ma tête et ne fatigue jamais mon corps. » Le médecin acquiesce, s'occupe de son patient à l'hôpital Saint-André de Bordeaux mais doit constater que ledit Albert est intenable : il s'entraîne à forcer l'allure dans les couloirs de l'établissement. Fugueur-né, il ne marche pas, il cavale, il ne fuit pas, il avance. Il dérange surtout, car sa maladie ne rentre pas dans les catégories de l'aliénation mentale de l'époque. On lui trouve donc une catégorie. Une hystérie, diagnostique son médecin. Une épilepsie, selon Charcot, sommité de la médecine parisienne qui recommande le traitement des fugueurs au bromure. Le malade Dadas dérange aussi car il fait tache d'huile, et d'autres « aliénés voyageurs », selon l'expression du médecin, s'élancent à leur tour sur les routes, depuis Bordeaux, mais aussi Paris, puis dans la France entière, l'Italie, l'Allemagne, la Russie. On invente des termes, *Wandertrieb* en allemand, automatisme ambulatoire, dromomanie (du grec *dromo*, course), poriomanie (du grec *poreia*, marche). Est-ce un trouble mental, thèse que tend à accréditer Ian Hacking ? Est-ce l'expression d'une force interne à une société qui pousse certains de ses sujets à s'aventurer au-delà de son cercle ? Ou encore est-ce une prodigieuse projection de soi, et de l'homme, vers l'Autre ? La trace d'Ella Maillart donne à penser que la troisième hypothèse est la bonne. La route de l'Orient est une projection d'une société sur ses confins, ses propres fantasmes, et sur l'inconnu, une résultante aussi de sa culpabilité à se sentir aveugle et égoïste. Les enfants d'Ella Maillart sont des aliénés voyageurs, des nomades à la recherche d'autres nomades, sur la piste des origines, de toutes les origines, jusque dans le ventre du monde, là-bas, par-delà les steppes et les fleuves irascibles.

Le livre de Ian Hacking pose une question essentielle : qui définit une maladie ? À partir de la notion de maladie mentale transitoire et de la série de fugues qui ont eu lieu, à la suite d'Albert Dadas, dans les années 1890, le philosophe canadien s'interroge sur la réalité d'une pathologie :

existe-t-elle en tant que telle ou n'est-elle que l'expression de la représentation du monde par la psychiatrie, le résultat d'une construction sociale ? Le partir-revenir des voyageurs comme Ella Maillart et ses émules d'aujourd'hui, lancés sur la trace des derniers nomades, résulte aussi d'une rébellion contre le bornage mental d'une civilisation. Qu'est-ce qui définit l'autre ? Où commencent les frontières ?

Pour Ian Hacking, l'accès de vagabondage, en tant que « maladie mentale transitoire », s'inscrit dans un laps de temps circonscrit, ce qu'il appelle une « niche écologique ». Si Albert Dadas pratique l'escapade à outrance, c'est parce que la société de son époque hésite entre le tourisme naissant, incarné par le monopole du voyage en Europe et au Levant aux mains de l'agence Thomas Cook, et la répression du vagabondage, puni par une loi. Dadas réinvente le nomadisme pour se rebeller contre l'ordre du nouveau sédentarisme. On perd sa trace en l'an 1907, dans les montagnes pyrénéennes, sur les sentiers de contrebande.

« Il rêve de pays lointains », écrit Hacking.

Parabole du Juif errant, condamné à errer sa vie entière pour avoir insulté Jésus sur le chemin de croix. Autre version, plus édulcorée, moins « culpabilisante » : le Juif errant comme porte-parole de l'humanité *en souffrance*. Le cas d'Albert Dadas s'en rapproche, estime en 1888 Émile Duponchel, médecin militaire. « N'est-ce pas là un sujet bien digne de susciter nos réflexions ? » s'interroge-t-il. Dadas partirait à la recherche de l'autre pour mieux expier ses fautes. Les enfants d'Ella Maillart aussi, porte-étendard des sédentaires qui aimeraient voir revivre le nomadisme, et d'abord renouer avec leur propres racines nomades.

Goethe, Byron, Shelley s'emparent de la légende du Juif errant. Fruttero et Lucentini plus tard aussi, dans *L'Amant sans domicile fixe*. Deux livres m'ont bouleversé durant un séjour en Australie : *Le Chant des pistes* de Chatwin, qui célèbre lui aussi les nomades et les sociétés traditionnelles en montrant comment les aborigènes ont la délicatesse de définir leurs frontières, leurs territoires non pas grâce au cadastre ou au tracé géographique mais par le chant, et l'ouvrage de Fruttero et Lucentini. J'avais rédigé quelques notes sur ce livre dans un appartement de Sydney, puis les avais perdues. Je n'ai récupéré le texte que des mois plus tard. En voici le résumé.

Une marchande de tableaux italienne venue de Londres rencontre à Venise un guide touristique, David Silverra. Sa personnalité l'intrigue, comme nimbée de mystère. L'homme a du charme, une élégance certaine. Elle ressent une forte attraction pour lui, dès le premier jour, et ne peut résister. Commence une promenade éperdue dans Venise qui nous conduit sur les ponts, dans les venelles et les palais, jusqu'au cœur du gotha mondain, affairé à trier ce qui compte et ce qui ne compte pas. Silvera, qui parle plusieurs dizaines de langues, flotte sur cette atmosphère comme un prince de fin de siècle. Le mystère de ses origines fascine de plus en plus l'héroïne, qui demande à ses amis, dont Raimondo, leur avis sur Silvera. Il se révèle être le Juif errant, ce que trahit son deuxième prénom, Ashver. Pour avoir refusé à Jésus d'entrer chez lui, il a été condamné à errer pendant des siècles.

Version de Fruttero et Lucentini : le Juif errant a simplement refusé l'hospitalité à Jésus. Leur héros, David Ashver, sédentaire, abandonne un homme sur son chemin, nomade en route pour son calvaire et la mort. Au refus d'hospitalité correspond un autre nomadisme, l'errance.

À la suite de Dadas, des Juifs commencent eux aussi à entrer dans cette gestuelle déambulatoire, dont un jeune Hongrois nommé Klein, qui depuis 1886 et pendant au moins trois ans sillonne l'Allemagne, la Belgique, l'Angleterre et la France. Est-il l'éclaireur du peuple juif en exil ? Est-il déjà l'incarnation des voyageurs de la route des Indes ? Lorsqu'il arrive à Paris, Klein se rend dans un hôpital pour soigner ses pieds, en sang. À peine remis, il veut reprendre son bâton de marcheur et s'aventurer au Brésil. Marcher sur l'eau pour mieux expier ses fautes et ressembler à Jésus, hypothèse christiano-centriste. Ou déambuler encore un peu plus pour guider les autres Juifs. Il est en proie à des cauchemars, comme hanté par l'antisémitisme en Europe centrale. Le docteur Jean-Marie Charcot, dans un article sur la maladie déambulatoire en 1889, écrit à propos de Klein : « Je vous le présente comme un véritable descendant d'Ahasvérus ou de Cartophilus. » Le premier est le nom donné au Juif errant depuis le XVIIe siècle. Le second, personnage d'un livre du XIIIe siècle signé Mathieu Paris, est un lieutenant immortel de Ponce Pilate. Et le médecin de conclure en estimant que Klein est victime non pas d'une maladie mentale mais de ses propres hallucinations, et qu'il s'érige en guide des Juifs.

Fascinée par l'Orient, l'Europe se construit un imaginaire à propos du Juif errant comme elle se construira plus tard une représentation de l'Orient puis du nomadisme, sur les pas d'Ella Maillart. Ahasvérus apparaît pour la première fois dans un texte canonique en l'an 1602, mais dès le Moyen Âge plusieurs auteurs décrivent l'errance d'un personnage sous d'autres noms, notamment Buttadeo en italien. C'est cependant le XIXe siècle qui l'installe véritablement dans la littérature populaire, d'abord par une épopée signée Édouard Quinet, en 1833, puis par le roman-fleuve d'Eugène Sue *Le Juif errant*, publié en feuilleton en 1844 dans *Le Constitutionnel*. Entre les deux paraît en 1836, à titre posthume, *Der ewige Jude* (titre traduit en français par *Le Juif errant* mais dont la traduction littérale est *Le Juif éternel*) de Goethe, un poème vraisemblablement écrit en 1774 : à l'âge de vingt-cinq ans, l'écrivain s'avouait fasciné par ce thème depuis l'enfance.

La légende de Quinet, elle, relate l'histoire d'un agent qui s'apitoie sur le sort du Juif errant. Leur relation symbolise la lutte de l'homme, de tout temps, pour le bien et contre le mal. Apparaît ainsi un thème récurrent, et fondamental : le Juif errant est dépositaire de l'âme de chacun d'entre nous. Il rachète ses fautes, et nous avec. La marche, ou l'exil, est une rédemption.

Chez Eugène Sue, la démarche, de veine huguenote, n'est pas neutre, transpirant de rhétorique anticatholique et aussi d'antisémitisme. Les sept héros protestants de Sue, descendants de la sœur du Juif errant, sont ainsi confrontés à des jésuites, qui jouent le mauvais rôle. Mais le bien ne triomphe pas du mal, et à la fin du livre six des sept héros sont morts. L'errance n'est donc pas un rédemption.

Notons que la psychiatrie s'empare du thème du Juif errant et du concept de maladie déambulatoire à l'époque où la France connaît à la fois la hantise du vagabondage – une loi le restreint dans les années 1880 – et l'arrivée de Juifs d'Europe centrale fuyant les pogroms. L'errance est de plus en plus considérée comme une pathologie, car résultant d'une incapacité à se contenter d'une existence dans un endroit donné. La quête d'un ailleurs est donc perçue comme une hérésie. C'est une conclusion typique de sédentaire. À l'horizon de son rêve, l'« inconnu démesuré », Ella Maillart, elle, a renversé la vapeur et pris les devants pour s'enfuir très tôt à la rencontre des « gens qui marchent ».

Georg Trakl, poète autrichien maudit, dans *Rêve et folie* : « À la porte du monastère, il mendia un morceau de pain ; l'ombre d'un cheval noir bondit hors de l'obscurité et l'effraya. Quand il était couché dans son lit glacé, des larmes indicibles s'emparaient de lui. Mais il n'y avait personne pour poser la main sur son front. Quand l'automne venait, il allait, un voyant, dans la prairie brune. » Trakl a lui aussi, dans ses poèmes, plaidé pour l'errance en tant que rébellion, comme d'autres prônent l'insurrection armée. Il n'a pas eu le temps d'aller jusqu'au bout de ses divagations. Il fut envoyé sur le front russe en 1914. Il y mourut non sous le canon ennemi mais d'une trop forte dose de cocaïne.

Dadas veut reprendre la route dès qu'il entend un nom de lieu. Quand il perçoit le nom de Marseille qui s'échappe de la bouche d'un quidam, il marche aussitôt vers la cité phocéenne. À Marseille, quand on lui parle de l'Algérie, il s'embarque immédiatement sur un bateau en route vers les côtes d'Afrique du Nord. Est-ce folie ? On imagine ce qu'une litanie telle que Samarcande-Trébizonde-Zanzibar-Boukhara-Tombouctou pourrait provoquer de dégâts chez l'employé du gaz. Les émules d'Ella Maillart en tout cas pratiquent avec audace cet art de la fugue. Est-ce le fruit de la propre imagination, des fantasmes de l'Occident, que véhicule Dadas ? Des thèses sur l'orientalisme, dont celle de Thierry Hentsch, ont montré comment l'Orient imaginaire avait bouleversé la vision politique occidentale de l'Est méditerranéen. Ce regard sur l'Orient a aussi métamorphosé la psyché, l'âme collective de l'Occident qui s'est créé un miroir, avec une redéfinition du bien et du mal, un changement de focale dans la perception du vice et de la vertu. Dadas ne fait que renvoyer une nouvelle image à la société occidentale de la fin du XIXe siècle. Ses marches parlent pour lui-même : arrêtez de condamner le vagabondage, admettez le nomadisme.

Les fidèles d'Ella Maillart ne disent pas autre chose par leurs pérégrinations insensées.

Rimbaud : fugueur, ou aliéné voyageur, selon la terminologie du XIXe siècle ? Il pousse l'escapade bien plus loin que Dadas et se rend à Chypre, à Java, en Abyssinie. Il a envisagé le monde et la vie sous l'angle de la rupture perpétuelle. Son enfance et ses années d'adulte empruntent la même tangente : rompre. Années d'apprentissage et d'écriture, puis années de fuite. Il avait prévenu par quelques lignes des *Illuminations*, en guise de prophétie et de testament : « Dans un vieux passage à Paris on m'a enseigné les sciences classiques. Dans une magnifique demeure cernée par l'Orient entier j'ai accompli mon immense œuvre et passé mon illustre retraite. »

Gérard de Nerval, dans *Aurélia* : « Cette terre n'est qu'un lieu de passage où les âmes viennent s'éprouver... L'éternité tout entière est à nous... Nous sommes éternels. » Nerval est lui aussi la proie d'hallucinations ambulatoires. Sa thérapie consiste un temps à fuir en avant, comme Ella Maillart. Mais à la différence des autres orientalistes, il compose lui-même ses chimères, mélange les mythes, comme plus tard certains voyageurs au bord du Gange, dont Lewis Thompson, l'ami d'Ella Maillart à Bénarès. Les périples des « aliénés voyageurs » étudiés par la psychiatrie au XIXe siècle, notamment par Foville en 1875, étaient alors perçus comme une conséquence de leurs hallucinations. Pour Nerval, le processus est différent : le voyage se nourrit de ses hallucinations, et inversement. Il revient transformé et tend à vouloir transformer le lecteur. Son orientalisme nomade est actif.

Sur la place Saint-Sulpice, j'avais rendez-vous avec deux voyageurs : une jeune femme revenant de Turquie, du mont Ararat, sur les traces elle aussi d'Ella Maillart, et le rédacteur en chef de *Trek Magazine*, qui s'intéressait de près aux expéditions de Kini. Nous parlâmes d'Asie centrale, de nomades et d'expéditions lointaines à quelques mètres des fresques de Delacroix, dont *La Mort de Sardanapale* me hantait toujours. La revue de Christophe Raylat, basée à Grenoble, avait justement publié un éditorial sur le livre de Ian Hacking, article que j'avais découvert par hasard. Les passionnés de randonnée étaient conviés à lire sur-le-champ *Les Fous voyageurs* afin de se demander si la maladie déambulatoire existait toujours. À en croire Christophe, grand marcheur lui aussi, la maladie n'avait pas cessé d'exister. Mais c'était à se demander qui était malade, de l'individu ou de la société, interpellée par des promeneurs solitaires en quête de mythes perdus et de traces du nomadisme. Christophe lui-même allait partir dans le Sud algérien afin d'effectuer une traversée du désert du Hoggar en trois semaines, comme Ella avait traversé ses déserts des sables Rouges entre l'Ouzbékistan et la mer d'Aral. Il se réjouissait de cette escapade et ne craignait pas la chaleur. Il voulait aussi publier un article sur Ella Maillart.

Errant dans Moscou livrée à la pénurie, aux carnets de rationnement, aux queues interminables devant les magasins d'alimentation, Ella Maillart est un peu déprimée. Que lui cache-t-on ? Pourquoi cette fin de non-recevoir lorsqu'elle demande un visa pour Tachkent ? « Tout ce que j'entreprends échoue, pense-t-elle. Je suis à coup sûr une idiote ou je manque de recommandations. » Son ami Serge ? Il ne peut l'aider car il est parti pour Leningrad au service militaire. Elle se rend sur les bords de la Moskova, au club d'aviron de la Strielka. Fedia l'instructeur est bien là, mais nombre de camarades sont absents à l'appel.

« L'équipe des Tchanguis s'entraîne-t-elle toujours ?

– Ah non ! Plusieurs d'entre eux font une cure en Sibérie. »

La Sibérie ? Ella est tétanisée. La Sibérie, cela signifie qu'ils ont été déportés.

« Qu'avaient-ils fait ?

– Oh ! Sait-on jamais ? Leur langue était trop bien pendue ! »

Nouvelle déconvenue. Derrière elle, une banderole proclame : « Sportifs, à l'assaut de la décisive année du Quinquennal ! » Que réserve ce pays qui déporte ses enfants, broie les récalcitrants, affame les opposants ? Pour se réconforter, Ella rend visite à Poudovkine, que Hollywood veut embaucher à prix d'or et qui monte son dernier film, *Déserteur*. Las ! Le réalisateur, qui regrette qu'elle ne lui ait pas apporté des lames de rasoir et des disques de danses mexicaines, introuvables à Moscou, ne lui est d'aucun secours et tente même de la décourager :

« Je ne vous conseille pas de passer en Chine en ce moment. Il y a partout des brigands. Au sud de la Mongolie où la féodalité règne, les chefs pensent faire une bonne affaire en vendant leurs terres aux Chinois. Les indigènes sont alors congédiés et se transforment en voleurs. »

Ella songe déjà à rentrer lorsqu'elle rencontre, grâce à une doctoresse russe qui boucle ses fins de mois en effectuant des travaux de photographie le soir et à qui elle apporte un réchaud démontable pour la montagne, deux couples de Russes qui veulent s'aventurer dans le T'ienchan, les monts Célestes, à la frontière chinoise, et s'apprêtent à partir le lendemain soir pour le Kirghizistan. On questionne la Suissesse sur ses états de service, sa pratique de l'équitation, son matériel, et Ella ne cesse d'en rajouter, bluffe, elle qui totalise pour toute expérience de l'équitation une demi-heure sur le dos d'une jument en Crète. On lui demande même si elle est capable de rester de bonne humeur lorsqu'elle tombe de fatigue...

Les deux couples ne sont pas très chauds pour emmener l'étrangère et se ravisent. Mais le sang de Kini ne fait qu'un tour. Elle leur force la main, se procure pour quatre-vingt-sept roubles cinquante une place dans le train pour le Kirghizistan avec droit de s'allonger, boucle son sac en un clin d'œil, achète des crampons, une corde, un piolet, des vivres pour deux mois, trente kilos de pâté, cinq kilos de sucre, douze plaques de chocolat, un kilo de lard, deux paquets de thé, deux savons, des fruits secs, deux pains, des bougies, et se joint aux deux couples dans le train pour Frounzé, bien qu'elle n'ait pas de visa pour les montagnes qui bordent la frontière chinoise. Pas de doute, le fou voyageur Dadas de Bordeaux compte au moins une descendante digne de lui... À force de ténacité Kini a vaincu tous les obstacles, obtenu un permis de séjour pour six mois – en plaine –, mené les tractations avec les chemins de fer soviétiques, réputés pour leur remarquable lenteur, et avec le bureau de ravitaillement pour étrangers travaillant à Moscou, où elle a réussi à être inscrite comme journaliste. Rien ne semble devoir l'arrêter : « Je suis en ce moment de force à renverser des montagnes ! Qu'il est bon de sentir couler en soi cette puissance miraculeuse ! »

Dans le train, épuisée par les dernières négociations, elle s'effondre, dort trente-six heures d'une traite et, au réveil, fait véritablement connaissance avec ses compagnons de route. Il y a là Volodia et sa femme Lila, biologistes qui parlent français, ainsi qu'Auguste et Capa, deux médecins qui s'adonnent à leurs passe-temps favoris : repérer des sentiers de montagne et relever des itinéraires d'excursion. Les quatre Russes l'adoptent aussitôt, lui demandent ce qu'elle compte trouver dans la région frontalière, si elle est prête à rester en selle douze heures de suite sans manger. Peu à peu, au gré des haltes dans les gares où l'on sert du thé, des biscuits, des fruits, au fil des discussions dans les wagons où abondent les punaises et la poussière, Ella Maillart sent que les quatre Russes consentent désormais à l'emmener avec eux jusque dans les montagnes.

À Frounzé, la paisible capitale du Kirghizistan, ville-jardin aux innombrables arbres et aux non moins nombreux mendiants, traversée par les caravanes de chameaux qui arrivent de Chine, Volodia obtient l'autorisation pour l'équipe de se rendre au-delà de Karakol, ce qui ne résout pas la question du transport vu que les deux tiers des camions alloués à la capitale sont en réparation. Avant de quitter la ville, Ella, malade, en proie à une belle fièvre, veut rendre secrètement visite à un déporté dont elle a appris l'adresse par cœur. Trotskiste, Vassili Ivanovitch paie le prix de sa déviance, et encore s'en sort-il bien puisqu'il est en vie. Grand, large d'épaules, le front haut marqué par de grandes arcades sourcilières, en blouse écrue, le dissident s'informe longuement de la situation à Moscou. Entouré d'autres déportés, il confie que le pays sous la coupe de Staline est perdu. L'entretien est extraordinaire de prémonition. À écouter ces hommes, Ella Maillart se rend compte que le pays demeure un empire aux visées totalitaires, sous la férule d'un seul homme dont les séides considèrent les républiques d'Asie centrale comme de vulgaires terres à coloniser, au mépris des cultures nomades. Patiemment, elle écoute et répond aux questions de ces pestiférés avides de connaître le pouls de Paris, de Berlin et d'ailleurs en Europe.

Cette nuit-là, Kini rentre fort tard à la maison où dorment ses compagnons de route, accompagnée par Vassili. Au réveil, elle est vertement tancée, mais une caravane de chameaux qui intrigue l'équipe sert d'heureuse diversion. Comme dans un film au ralenti, les chameaux évoluent d'un pas lent, bercés par un concert de clochettes au son grave et guidés par un Kirghize juché sur un âne. La ville de Chine d'où ils viennent porte un nom magique aux oreilles d'Ella : Kachgar.

C'est sur un véhicule datant de Mathusalem qu'Ella et ses compagnons quittent Frounzé, à une allure d'escargot, allure qui lui permet d'observer davantage la route avec ses paysans, ses caravaniers, ses chameliers, ses aubergistes qui haranguent le voyageur, ainsi que les montagnes qui se dessinent au loin. La première nuit à la belle étoile, lors d'une panne du camion, est un moment fantastique pour Ella, qui regarde longuement les étoiles et se sent bercée par le vent, ce vent qui balaie tout l'horizon qu'elle désire, celui des déserts et des cimes d'Asie centrale, qui enjambe les montagnes, énerve les caravaniers, incline les chardons, fouette les tentes mongoles et asperge de sable les visages tannés des nomades au long cours. « Communion profonde avec la terre dure qui écrase les angles de mon corps, avec le ciel dont le dôme est enfin total au-dessus du regard insatiable. »

Trois jours de train vous forcent à l'introspection. Une myriade d'arbres défilent devant les yeux d'Ella Maillart, qui songe plus que jamais à la vie qu'elle se dessine. Son voisin, Seid-Achmet, Kazakh d'Alma-Ata au veston noir, au regard enflammé caché derrière deux paupières enflées, lui donne la réplique :

« Vous irez là-bas six mois ou un an, vous en rapporterez un livre. À quoi cela vous avancera-t-il ? Et vous n'êtes certes pas de ces dégénérés qui courent toujours sans savoir où ils vont. Vous avez une force en vous, vous devez faire bien ce que vous faites. Ayez des enfants, qu'ils deviennent des hommes vrais et forts, c'est ce dont nous avons besoin.

– Oui, mais il faut être deux pour cela, et sédentaire aussi ! répond Ella. Non... les visages rudes de la terre m'appellent violemment. La vie civilisée est trop loin de la vie tout court. Je veux aussi, sachez-le, arriver à gagner ma croûte d'une manière qui me convienne. »

Au fil des arrêts et des longues courses dans la steppe, tandis que les deux couples russes lisent *La Vie d'Honoré de Balzac* et *Suzanne et le Pacifique*, Ella Maillart se forge une ligne de conduite : « Apprendre à connaître la vie. Surtout la rendre vraie en la simplifiant moralement et physiquement. Alors seulement en goûter la saveur saine. »

CHAPITRE XII

À mille six cents mètres d'altitude, le lac Issyk-Koul, le Temurtu-Nor ou lac de Fer du temps des Mongols, qui vit débouler en l'an 1375 Tamerlan et sa horde, est une escale magnifique qui conforte Ella Maillart dans son désir de steppes infinies. Ses rives sont dénudées et désertes, hormis un village de pêcheurs près duquel est incongrûment amarrée une goélette à trois mâts. Un temps, Ella trouve lui quelques similitudes avec le lac Léman, puis se ravise. Que la lointaine, bruyante et futile Europe est loin... Puisque le camion s'en retourne à Frounzé et que les chevaux ont eux aussi déserté les rives du lac, Ella et ses compagnons décident de poursuivre la route par bateau. Sur une embarcation misérable qui mérite plutôt le surnom d'arche de Noé tant elle est chargée de paysans, d'émigrants de Russie fuyant le rationnement, de marchandises et d'animaux, la promiscuité est telle que la Suissesse doit passer la nuit accroupie sous une échelle de coupée menant au pont supérieur, recroquevillée pour éviter que la foule des passagers ne lui marche sur les pieds et sur les mains, la tête saupoudrée de sable et de graines de tournesol que les noctambules décortiquent à tout-va.

Mais les privations endurées en chemin ne servent pas pour autant de viatique. À Karakol, faute d'autorisation pour Ella, le voyage vers les monts Célestes reste incertain et l'équipe lui propose une excursion vers le nord « pour y étudier l'agriculture du pays ». Kini s'accroche à son rêve, tente de parlementer, cherche des appuis. Dans la ville, deux personnalités se révèlent enthousiastes, l'éditeur d'un journal local et le chef de la Guépéou, la police secrète de Staline, qui veulent que l'auteur du récit de voyage sur le Caucase voie l'œuvre des Soviétiques sur les hauts plateaux. Ella Maillart serait-elle l'otage volontaire des agents de Staline ou feint-elle l'approbation pour mener à bien son vieux rêve ? Mi-figue mi-raisin, sans doute : elle n'est pas dupe du totalitarisme, fustige les chimères de la patrie des travailleurs où, deux ans après son expédition en Svanétie, les enfants de Marx sont soumis au plus strict dénuement et où les caciques jouissent de maints privilèges. Elle ne perd pas une occasion, dans ses livres, de se moquer de Lénine, au portrait couvert d'une armée de mouches, et au culte risible : « Quelles suppositions fera-t-on dans dix mille ans lorsqu'on découvrira peu à peu des Lénine en bronze sur tout le continent ? » Elle tance aussi les soviets pour leur destruction de la vie nomade, vouée à la sédentarisation et à la collectivisation, se gausse à Karakol de « la voie de l'amélioration sociale par l'autocritique ». Et lorsqu'elle rencontre le commissaire du peuple Krilenko, tête puissante, dure et chauve vissée sur un corps rabougri, alpiniste à ses heures mais surtout connu pour ses exactions et les condamnations qu'il proclame, elle ne manque pas de souligner dans ses notes la terreur qu'il inspire.

Il est temps d'abandonner la civilisation du véhicule à moteur. De toute façon, l'équipe n'a pas le choix et doit voyager à cheval, sur des montures monnayées à bas prix, quatre cents roubles pièce, en fait des juments engrossées par des ânes, selon les paysans rencontrés. L'aventure, la vraie, commence enfin, par des étapes longues et des haltes dans des masures qui sentent le crottin, ou à la belle étoile. Le matin commence par un sempiternel refrain : « Mal dormi, la puce a mordu », vite oublié devant les fabuleuses beautés du décor. Le paysage devient montagneux, parfois lunaire, avec ses vallées étroites, des gorges profondes, des alpages qui s'étagent et des glaciers magnifiques.

C'est à Paris, lors d'un colloque à l'Unesco sur les bouddhas de Bamyan, que j'ai rencontré pour la première fois Sylvain Tesson et Priscilla Telmon, ces deux voyageurs partis eux aussi sur les traces d'Ella Maillart. Ils rentraient d'un périple de trois mille kilomètres à cheval en Asie centrale, du Kazakhstan à la mer d'Aral, via Karakol et le Kirghizistan. J'avais revu Sylvain dans une ville de Bretagne où il préparait dans une parfaite clandestinité et avec l'attirail du parfait grimpeur, cordes et pitons, une ascension nocturne du mont Saint-Michel avec quelques camarades passionnés d'alpinisme, à la suite d'une face sud de Notre-Dame de Paris et de quelques autres acrobaties sur des monuments religieux – exercice de foi spirituelle et physique démontrant que la maison de Dieu ouvre aussi ses flancs extérieurs aux voyageurs. Front haut, grandes lunettes cerclées, Sylvain Tesson détailla les raisons de son voyage, ce périple où il avait connu avec Priscilla toutes les déconvenues, les détrousseurs de grand chemin et bandits de petit sentier, les voleurs de chevaux, les islamistes du Fergana, les bureaucrates aussi nombreux que ces champs de coton ayant asséché la mer d'Aral, et autres surprises de la longue route des steppes et des oasis. Soucieux d'effectuer un double périple, l'un d'aventure sur les chevaux, l'autre à travers les écrits des voyageurs, ils avaient entassé des bouquins sur la troisième monture, au grand étonnement de leur guide kazakh et ami Otanché, « Celui qui bûcheronne », cavalier des steppes et descendant des Mongols. Ce chargement faisait songer aux malles de Blaise Cendrars en route pour la Russie puis Prague, « dix caisses immenses et immensément lourdes » emplies de livres. Sur la monture de Sylvain Tesson figuraient les ouvrages d'Ella, notamment *Des monts Célestes aux sables Rouges*, et *Courrier de Tartarie*, de son compagnon au flegme très britannique Peter Fleming.

Même si Maillart est jugée trop indulgente envers le système soviétique, elle constitue un excellent guide, mieux, une étoile du berger, par la sente qu'elle suivit jadis. Craint-elle la monture qu'on lui offre à Karakol – « J'ai tout à apprendre de ces bêtes-là : si on les approche par-derrière elles ruent, si on les tient par la bride elles mordent votre avant-bras. Seigneur, que vais-je devenir ? » –, se retrouve-t-elle à terre après une première tentative que cela réconforte Sylvain Tesson, qui subit lui aussi les ruades de son cheval, « cul dans la boue, selle retournée ». Dévoreur d'horizons lui aussi, il convient qu'on ne peut pas aborder ces limes perdus et ces horizons vides sans avoir l'âme nomade.

L'âme nomade, le guide Otanché la regrette. Au début de leur périple, à quelques jours de cheval d'Almaty, la capitale du Kazakhstan, sur un grand plateau d'herbes et de sable, il désigne un campement de yourtes. Jadis, les tentes étaient innombrables, aussi denses que les touffes d'herbe sur la steppe. Aujourd'hui, elles ne sont plus que quelques-unes, deux ou trois tentes pour une vallée. Voilà aussi ce qu'a constaté Ella Maillart au cours de sa longue chevauchée. Partout la même volonté de soumission de la part de Moscou, qui veut dénomadiser ces gens trop mouvants, installés dans des colonies créées par les Russes après 1916. Beaucoup n'ont pas saisi ce qu'était un jardin et sont repartis vers leurs steppes d'origine. Pendant ce temps, l'afflux de Russes continue. Sous le régime tsariste, quarante millions d'hectares de l'immense contrée des Kazakhs et des Kirghizes ont été distribués aux colons. En 1868, le gouverneur militaire de Karakol invite les Russes à cultiver les terres de la région des Sept Rivières. On vient de tous les coins de toutes les Russies, on crée des villages, vingt-neuf précisément, on cultive la terre des nomades, lesquels sont peu à peu chassés. Lorsque la révolution surgit dans les steppes, on promet aux nomades de leur rendre leurs terres. Mais la colonisation ne fait que se poursuivre, et la propriété russe a doublé en quelques années. Ceux qui tenteront par la suite d'aider les Kirghizes, comme Safarov, seront accusés de menées contre-révolutionnaires et prestement écartés.

« Présence au monde acquise en chemin. Clairvoyance enseignée par la vie vagabonde, écrivent Sylvain Tesson et Priscilla Telmon. C'est ainsi qu'on devient nomade : en lisant les signes cachés de la Nature, en percevant aussi ceux que lancent les chevaux. » Ces phrases belles résonnent comme un sermon, une reconnaissance de dettes envers Ella Maillart et aussi un nouveau baptême, un retour aux sources.

À écouter Sylvain, je vois surgir les images de Kini sur les plateaux d'Asie centrale, avec la même détermination, la même volonté d'aller à la rencontre des nomades, les mêmes soucis financiers. Il me semble que les guides, Otanché au bonnet de feutre blanc et Djokoubbai sur son alezan, se ressemblent comme deux gouttes d'eau. Peut-être ont-ils des liens de sang.

En juillet 1932, Kini n'en est qu'au début de son long périple et déjà sa bourse est vide à cause des dépenses qu'elle a dû faire en chemin, l'achat de la monture, de la selle pour cinquante roubles. Tant pis, elle se nourrira de peu, vivra comme les habitants de la vaste steppe – du thé, du pain et du fromage. L'allure est bonne, du trot souvent, et les paysages défilent, jamais monotones : des plateaux jaunes parsemés de touffes d'herbe, des versants pentus, des vallées soudainement vertes, des étendues blanches où parfois pousse le pavot, celui de l'opium, que l'on incise le soir pour en récolter un suc le lendemain, celui de la volupté des fumées âcres.

Lorsque Ella croise une femme à cheval, en turban et emmitouflée dans un manteau de velours malgré la chaleur étouffante, comme une créature surgie d'un ailleurs troublant, celle-ci lui lance en désignant la montagne :

« Vers la Syrte ? »

Autre parole magique, autre nom mythique, autre invitation au voyage.

Kini est bientôt récompensée : lorsqu'elle parvient au sommet du col, après avoir dépassé des tombeaux et un fortin tenu par un soviet, elle aperçoit au-delà du glacier survolé par les aigles, à quatre mille deux cents mètres d'altitude, les pistes qui mènent à la Kachgarie, de l'autre côté de la frontière, en Chine, jalonnées par des carcasses de chameaux et de chevaux. Ella lève la tête et voit un mince filet d'eau qui surgit du glacier : c'est la source du Syr-Daria, qui devient en amont le puissant fleuve déambulant dans les steppes et qui se jette dans la mer d'Aral, au-delà du désert des sables Rouges. Heureuse de cette rencontre avec un grand fleuve, Ella ne peut s'empêcher de se lancer au galop dans la descente, foulant au passage des paquets d'edelweiss qui sourdent de la terre sombre.

Au fur et à mesure que le périple se poursuit, parfois au galop sur le plateau de la Syrte, cette contrée au nom légendaire, Ella Maillart revit. Versants rapides couverts de sapins des monts Célestes, comme des flèches de cathédrale, parois rocheuses dénudées au soleil, vallées étroites où les chevaux foulent une herbe grasse sous des saules touffus, sentes accidentées dans les éboulis où les montures adoptent un pas hésitant, les cavaliers tirant comme des uhlans sur les rênes, les étriers à la hauteur des yeux des chevaux. Parfois un couple de cavaliers les rattrape, les salue vaguement et poursuit vers l'inconnu comme si de rien n'était, sidérantes et furtives rencontres que permettent les alpages des nomades. On ne regarde même plus l'altimètre. De toute façon, il ne marche pas et cela plaît à Ella qui ne veut plus dépendre d'aucun instrument, ni montre, ni compas, pour se fier à ses seuls états d'âme. Le soir, les compagnons de route dorment sous la yourte des nomades kirghizes, qui leur servent du koumis, la boisson traditionnelle, du lait fermenté de jument aux vertus connues dans toutes les steppes, y compris pour lutter contre la tuberculose. A-t-on donné des maisons à ces coureurs de plateaux ? Ils dédaignent le legs des soviets et laissent dans les bâtisses neuves leurs animaux et la volaille pour rester sous leur tente au toit percé pour la fumée des poêles, ce qui permet à Ella de contempler longuement les étoiles et de songer avec tristesse au sort de ses hôtes tandis que les chiens hurlent au loup. « À présent, les nomades sont condamnés à disparaître, cela ne fait pas de doute : on les a transformés en citoyens d'un État socialisé et on a réquisitionné leurs troupeaux au profit de fermes collectives. »

Sous une tente se présente Patma, la maîtresse de céans. Elle est intelligente, fine, elle a de grosses joues qui remontent sous les yeux. Elle ne cesse d'offrir un breuvage composé de thé et de crème à son hôte, qu'elle mélange à du mil, en une sorte de galette liquide. Pendant plusieurs jours Ella sera la confidente de Patma, dont le mari s'étonne qu'une étrangère soit seule, sans époux, perdue dans ces steppes avec des compagnons en couples.

« Apprends, lui dit la Russe Mila, que ces hommes ne peuvent pas comprendre qu'une femme voyage sans mari. »

Devant la tente, Matkerim et Djokoubbai fabriquent des balles de fusil, comme pour préparer un siège. C'est l'heure de la chasse, qui offre comme butin une marmotte. À ces nomades-chasseurs chassés par les Russes, Ella rêve de poser une question.

« Soviets bons ?

– Mauvais, oh ! mauvais. Chevaux, moutons, point... »

À les écouter baragouiner un pidgin de kirghize et de russe, Ella comprend combien ces nomades ne saisissent pas le dessein des Soviétiques et le drame qui étrille leur peuple. Ils assistent impuissants à la déliquescence de leur culture. Ella se souvient de Kendeur le *manap*, le dernier patriarche nommé chef des Kirghizes, dont on lui a raconté l'histoire dans un campement. Avant la grande insurrection de 1916, des envoyés du tsar lui rendirent visite pour le sonder sur l'hostilité ambiante à l'égard des Russes.

« Apportez-moi un seau », lança-t-il.

Et on apporta un seau dans lequel il jeta une poignée de sable, puis il dit aux envoyés de Saint-Pétersbourg :

« Maintenant, retrouvez les grains que j'ai eus en main ! »

Les émissaires comprirent tout de suite le message : « Trop de Russes dans la région, nous sommes submergés. » Plus tard, quand l'insurrection éclata, le manap s'était déjà évaporé, parti se réfugier en Chine avec son clan, l'équivalent de sept cents yourtes, et chef d'une révolte lancée dans son sillage. Il revint quelques années plus tard au bercail, et les Russes ne lui tinrent pas rigueur de son exil ni de son appel à la sédition. Quand le manap Kemeur mourut en 1927, cinq mille Russes lui rendirent un dernier hommage.

Il est temps de reprendre la route. Mais les chevaux s'échappent, qui courent dans ce paysage alpin comme s'il s'agissait d'un caprice de poulain. Quand Matkerim les rattrape, le cheval de bât, blessé à l'échine, a le garrot tout enflé. L'interprète n'hésite pas, saisit son couteau et fait une saignée en croix qui laisse écouler un pus jaune sur lequel il verse du thé brûlant.

« *Khosh ! Rachmatt !* (Au revoir ! Merci !) »

Les femmes qui saluent Ella tentent en riant de lui prendre son béret basque puis lancent une grande claque sur sa monture en guise de bénédiction pour son long voyage. Ella est des leurs, cette étrange et chaleureuse voyageuse qui déjà s'est habituée à l'odeur âcre des vêtements imprégnés des bouses de vache séchées au soleil qui servent de combustible. Peu à peu elle apprend à renifler, le nez au vent : l'odeur des bouses brûlées signifie la proximité des yourtes.

Au gré des étapes, sur le sentier de terre noire qui monte sous les sapins, entre les moraines et les versants survolés par les aigles, Matkerim, l'interprète, initie Ella aux traditions kirghizes, à la manière de boire le koumis, à la façon de manger le mouton offert à la halte. Celui-ci est entièrement dévoré, en commençant par la queue, coupée en tranches pour des sandwichs, puis les yeux et jusqu'aux tendons, les os sucés, la carcasse dépecée, les nerfs mastiqués. Et tant pis s'il gèle la nuit, si les puces vous dévorent la chair – Ella s'évertue à les exterminer en les broyant sous ses dents. « Pendant ces nuits sous la tente, je me rends enfin compte que les singes sont mes frères, malgré tous les sacrifices que mes parents se sont imposés pour parfaire mon éducation. » Elle mange plus que de coutume, technique du chameau pour se préserver de l'imprévu et des longues traites sans escale. « Obéissant inconsciemment à cette règle, chaque jour je me goinfre ; j'engraisse à vue d'œil et suis la terreur de Mila, préposée aux vivres. Ses regards ou sa voix répètent chaque jour : "C'est effrayant, Ella mange plus que les hommes !" »

Kini, qui renoue avec l'univers de la haute montagne, en oublie une subite fièvre avec près de quarante, sans doute la typhoïde, qui lui vaut de rater l'ascension du sommet voisin de la passe de Djougoutchak et de séjourner dans l'unique bâtiment de ces hauteurs, l'observatoire du T'ien-chan. Il est bâti sur le glacier et accueille de temps à autre les voyageurs, tels ces caravaniers chinois qui craignent la radio, surnommée « le démon de la montagne », et évitent de toucher la porte, de crainte que la maison ne soit ensorcelée. Là vivent en permanence huit Russes soumis à une température moyenne de six degrés, engoncés dans de longs manteau et des bottes de feutre. L'un d'eux, un étudiant, raconte qu'un ours s'est récemment amusé à jeter des pierres sur les cavaliers qui empruntaient le glacier.

En pleine nuit, une tempête réveille Ella, qui rêvait de ports et de voiliers, et Maria Federovna, la servante russe. Les deux femmes sont aussitôt interpellées par le garde qui leur crie, triomphant :

« J'ai Berlin à la radio pour vous ! »

Ella s'agenouille alors devant le poste à ondes courtes qui diffuse de la musique allemande. Que ces notes lui paraissent ridicules ! Le Russe croyait lui être agréable, il ne lui apporte que des bribes d'un monde auquel elle a décidé de tourner le dos. Le lendemain, quand les autres membres de l'équipe rentrent de leur ascension, quand la neige a recouvert tous les versants alentour, Ella, malgré sa fièvre, décide, sur des skis improvisés avec des fixations en fil de cuivre, de s'offrir une randonnée en solitaire, parmi les ours, sur les pentes du Sari-Tor, après avoir ouvert la trace devant des Russes ébahis à la porte de l'observatoire, conscients d'avoir hébergé cette nuit-là un drôle de météore. Elle persiste, continue sa progression, dépasse même le campement des autres membres de l'équipe, subit un blizzard violent, hésite puis continue, s'arrête tous les deux cents mètres pour respirer, puis tous les cent mètres. Elle est totalement isolée, mais ce sentiment décuple ses forces, elle s'entête, ferraille avec la neige où s'enfoncent ses bâtons bricolés. Le vent est glacial, elle ne peut avancer plus vite pour se réchauffer en raison du manque d'oxygène. Mais la plus grande épreuve consiste à enlever ses gants et à photographier au Leica avec les doigts gelés. Elle serre les dents. « J'en pleure, mais j'ai le sentiment de faire consciencieusement mon devoir de voyageuse. » En pleine progression, elle prend alors la folle décision d'effectuer seule, à skis, l'ascension du Sari-Tor, haut de près de cinq mille mètres. À force de ténacité, après sept heures de montée, chaque pas gagné sur la douleur et le manque d'oxygène, elle parvient au sommet et savoure le seul butin de son exploit : la vue magique sur les monts Célestes, le Khan-Tengri qui tutoie les cieux du haut de ses sept mille quatre cents mètres.

La descente est risquée, Ella ne peut freiner sur ses skis rudimentaires, subit quelques chutes, se redresse, repart illico pour éviter l'ankylose dans ce froid d'outre-tombe et glisse jusqu'au refuge, devant ses compagnons médusés par une telle prouesse : sept heures alors qu'eux ont dû mettre le double. Mais Ella demeure stoïque, par pudeur, simplement soûle du merveilleux spectacle qui s'est offert à ses yeux au sommet du Sari-Tor. Sa fièvre est tombée.

Sur le plateau de Syrte au pelage ras et fauve se succèdent les tourmentes de neige qui ralentissent l'avancée de l'expédition. Ella a parfois l'impression de pénétrer dans un autre monde dont elle ignore les dimensions, où l'on se fie à ses impressions, un monde où les éléments dominent, battu par les vents, fouetté par les neiges, brûlé par le soleil, mais où seule comptent la parole de l'homme et son hospitalité. Étranges rencontres sur ce plateau du bout de la planète : des gardes-frontières qui les rattrapent au galop, un Kirghize qui arbore des lunettes de glacier, des chasseurs, l'aigle au poing, tête recouverte d'un capuchon de cuir, en quête de marmottes.

Quand elle pénètre dans un aoul, un bivouac de quinze yourtes coincées entre deux versants, sorte de coopérative de montagne itinérante qui lève le camp toutes les deux semaines, Ella Maillart voit brusquement arriver un cavalier qui se jette à terre, prie en direction de La Mecque et annonce aux nomades la mort d'un Kirghize. La nouvelle se propage et engendre des cris de deuil qui résonnent dans toute la vallée. Si près de la frontière chinoise, le guide Djokoubbai, qui ne s'est jamais aventuré aussi loin, n'en mène pas large et craint à tout moment une attaque des Basmatchis, les rebelles de l'endroit. Pour l'heure, c'est un Kirghize qui est effrayé par cette étrange caravane qui descend les pentes raides du glacier. Il ne s'en approche que lorsque les feux du soir sont allumés et prévient Ella du danger en amont, les inondations barrant le chemin au nord. Dans une vallée fermée par une montagne abrupte coiffée d'un glacier, au-delà des gorges torrides du Kaitché, Djokoubbai explore le chemin à coups de fusil, comme pour se rassurer.

L'expédition change de route, gravit un col de quatre mille huit cents mètres, de toute beauté, au paysage irréel, à la fois glacé et lunaire. De l'autre côté, au-delà du versant qui dévale vers la Chine, les voyageurs aperçoivent une masse jaune qui danse dans l'air. C'est le terrible océan de sable du Takla-Makan, qui borde le désert de Gobi. Dans cet Orient inconnu se fomentent maintes séditions. Déjà Ella fait le serment de traîner ses guêtres un jour vers ce lointain horizon, là où se perdent les sentes des aventuriers. « Devant nous, consigne-t-elle dans ses carnets, il y a des milliers de kilomètres à parcourir, des mois heureux de voyages et de découverte. Que ne donnerais-je pas pour pénétrer dans l'inconnu ! » Elle hésite. Son inconscient l'appelle à franchir ces quelques verstes à pied, sac de couchage sur le dos, pour se rendre à Tourfan, rôder aux alentours des grottes aux cent mille bouddhas, se frotter au peuple chinois. Elle ferme les yeux, là, à près de cinq mille mètres d'altitude, sur son cheval au souffle court, et se souvient des mots de Blaise Cendrars : « L'aventure n'est pas ce qu'on imagine, un roman. Elle ne s'apprend pas dans un livre. L'aventure est toujours une chose vécue, et pour la connaître il faut avant tout être à la hauteur pour la vivre, vivre et ne pas avoir peur ! » Mais elle se fait une raison : cette contrée lui est quasiment interdite, et obtenir un visa exige au moins six mois d'attente. Un jour, peut-être...

« Triste demi-tour, note-t-elle, dos tourné à mon désir, longue descente sous un ciel tourmenté. » Le soir, quand elle dort à nouveau sous la yourte des nomades, elle est heureuse et inquiète. Heureuse de voir le ciel se découper dans le trou de la tente, lucarne sur le monde des étoiles, repères des voyageurs, veilleuses des migrants. Et inquiète pour le devenir de ses hôtes, ceux qui l'accueillent avec le lait aigre de jument. « Pour combien de temps leurs descendants vivront-ils encore comme il y a mille et dix mille ans ? écrit-elle dans *Des monts Célestes aux sables Rouges*.

Maintenant que les bolcheviks cherchent à sédentariser, collectiviser... »

Les amis russes d'Ella doivent rentrer sur Moscou et l'équipe s'engage sur le chemin du retour. À Karakol, elle n'a pas reçu l'argent qu'elle espérait de Suisse. Les préposés à la poste lui annoncent que le mandat n'est pas arrivé. Mensonge : la somme est là, mais les employés la gardent sous le coude, ordre étant donné de réquisitionner toutes les liquidités pour les salaires des ouvriers et des paysans. Comment payer le guide Djokoubbai et l'interprète Matkerim ? Le seul moyen est de vendre les chevaux à Alma-Ata, où les coéquipiers d'Ella comptent se rendre. Les deux Kirghizes en sont pour leurs frais : ils accompagneront Ella.

Triste chemin au long duquel la voyageuse se rend compte, au fil des aouls et des campements, combien les Kirghizes ont été laminés par la présence des Russes, qui gouvernent en autocrates, ont chassé les manaps, les vieux chefs, et ont réduit des deux tiers le cheptel des nomades. Dans la plaine du Kazakhstan s'étendent d'immenses champs aux corolles blanches : le coton a remplacé toutes les autres cultures. Les nomades finiront-ils tous dans des fermes collectives ? se demande Kini. Sa bourse étant vide, elle revend quelques effets personnels, dont ses chaussures à clous pour quarante roubles. De quoi s'acheter les patates hors de prix qui traînent sur les étals du marché, à deux roubles le kilo.

Ella se retrouve bien seule. Comme l'amie Capa va lui manquer, elle qui lançait chaque soir : « Ella, viens te promener avec moi ! », elle qui tous les matins extirpait des livres de son sac pour déclamer dans les montagnes une ou deux pages de Balzac ou Giraudoux. Quand ses compagnons de route montent dans le train pour Moscou, elle reste à quai. Inlassable arpenteuse des méridiens d'Asie centrale, elle entend séjourner sur la terre des steppes « jusqu'à [s]on dernier kopeck ». La Chine ? Elle en rêve encore. Mais nulle trace de Ba Tu Xin, le consul du Sinkiang. Tant pis, ce périple si longtemps désiré demeurera un rêve. Elle se console en songeant aux villes légendaires du Turkestan, Boukhara et Samarcande. La route s'ouvre devant elle.

CHAPITRE XIII

Ce fut une étrange soirée. Julien Delpech m'avait invité à un buffet entre amis dans un vaste appartement bourgeois, boulevard du Montparnasse. Charles de Roncière, un ancien diplomate, élégant, aux lunettes rondes et au regard franc, m'accueillit au seuil de l'appartement. Sur la table du salon, autour de laquelle se dispersaient de petits groupes, les bouteilles de vodka avaient déjà subi un préjudice notable ainsi que la sangria qui l'accompagnait, mélange qui justifiait sans doute la gaieté des convives. Dans un coin, près du magnifique oriel qui ouvrait sur la cour, à deux pas de l'hôtel particulier où vécut Philippe Berthelot, une fille brune devisait avec son compagnon. Elsa Cornevin rentrait d'un long voyage en Asie centrale. Toutes les personnes présentes à cette soirée avaient un lien avec cette contrée du monde, voyageurs en vieille voiture, diplomate russe de l'ambassade du Kazakhstan, aventuriers ayant prolongé leur escapade dans le Caucase jusque sur le toit du monde... Beaucoup, aussi, cachaient au fond de leur cœur une vénération pour Ella Maillart.

« C'est à cause d'elle et pour elle que nous sommes partis vers l'Asie centrale, dit Elsa Cornevin. Ella Maillart nous a inspirés tout au long de ce voyage. Dans chaque ville traversée, on a essayé de retrouver ses traces. Il en reste un film... »

Sur la cheminée traînaient des fonds de verre, et de

nombreux invités, plutôt que de tituber, préféraient s'asseoir pour deviser sur le sort de cette partie du monde, si lointaine, si proche, avec ses déserts interminables, ses sommets mythiques, ses nomades silencieux, ses feux de campement éteints.

Il y avait là le fils de Charles de Roncière, qui avait participé à une petite expédition et qui ne songeait qu'à repartir. Son père avait vécu à Bichkek, la capitale du Kirghizistan, et avait été marqué à vie par ce séjour. Lui aussi avait lu Ella Maillart et pensait que c'était la meilleure introduction à l'Asie centrale. Il rêvait depuis aux nomades kirghizes, ceux qui s'aventuraient encore dans les steppes et les longues vallées, par-delà les cols, au pied des gigantesques montagnes.

Dans un coin du salon, Julien Delpech racontait son expédition, un voyage « sur les chemins de l'Eurasie », de Paris à Shanghai, vers les murailles dorées de Samarcande, vers les mausolées déserts et les tours damnées, legs de Tamerlan qui aimait à dire : « Si vous doutez de notre puissance, regardez nos monuments. »

Puis Elsa Cornevin, à la demande de Charles, projeta son film, un voyage dans quelques républiques musulmanes de l'ex-URSS. Ella Maillart n'apparaissait pas, hormis sur quelques photos jaunies, mais sa présence était forte. Une étonnante simplicité sourdait des mots de celle qui lui avait emboîté le pas. Je notai que beaucoup de choses les rapprochaient, et d'abord une certaine manière de voir les paysages, de regarder les gens, de laisser entrer le silence dans leur cœur pour mieux écouter les autres, sous un soleil de feu. Le film déroulait sa pellicule lentement, avec une poésie du temps qu'eût aimée Ella Maillart. Les nomades avaient un peu plus disparu de la contrée, la mer d'Aral s'était asséchée, pompée par les champs de coton, ce qu'avait pressenti la Suissesse, et les Russes, malgré les indépendances, se révélaient toujours aussi envahissants.

Avant de s'aventurer au Turkestan, Ella Maillart, plus curieuse que jamais sur ce qui se trame à Moscou, va rendre visite à un déporté, un homme accusé d'appartenir à une secte religieuse et qui est devenu professeur d'histoire à l'université d'Alma-Ata. Sur la table de sa chambre, elle aperçoit quelques journaux français, dont *Le Temps*. Elle sursaute à la lecture de pages déjà anciennes : Virginie Hériot, la championne de voile, cette reine de la Méditerranée sur son *Ailée* qui lui avait présenté Gerbault et avec qui par deux fois elle avait navigué, vient subitement de mourir. Ella est effondrée. Virginie, cette femme à la fois libre et infiniment triste qui soignait sa mélancolie au bras d'hommes riches qu'elle choisissait, au gré de ses humeurs, de ses fantasmes, cette héroïne qui inspirait tant Kini en écrivant : « Matérialiser dans l'action une longue méditation faite d'isolement et de rêve. »

Sonnée par la nouvelle, Ella n'en oublie pas pour autant son déporté, qui lui raconte son parcours, de Leningrad au Kazakhstan, sa condamnation injuste, l'aide que lui ont apportée les Kazakhs. Étonnante de lucidité, elle comprend qu'un jour ces peuples d'Asie centrale seront libres, affranchis de la tutelle de Moscou.

« Je pense que d'ici quelques années ils se passeront même des Russes », lui répond le déporté.

Lui ne rêve que de Paris, elle que des steppes. Tout les sépare et pourtant ils s'entendent à merveille. Le même amour sans doute pour ces nomades si accueillants.

Afin de poursuivre la route, Ella Maillart se dépouille un peu plus de ses effets personnels et vend ses piolets, cordes, crampons. Méticuleuse, plus prudente que jamais au seuil du désert de glace, elle vérifie avant de s'élancer vers les terres du Turkestan son sac à dos lourd de quinze kilos. L'essentiel y demeure, gourde, réchaud, films, appareil photo, manteau de pluie, pharmacie, chaussettes, linge, beurre, thé, miel, un kilo de porridge, deux de pommes, poêle à frire et pipe, « pour les veillées solitaires ».

Tachkent. Plus que les autres, cette ville d'Orient étonne Ella. Incroyable mélange des foules, Kazakhs en provenance de leurs steppes, Ouzbeks qui vendent des plâtrées de riz aux carottes, gens venus du nord et qui se comportent plus que jamais en conquérants, femmes couvertes de la tête aux pieds du tchadri, qui est une porte de prison et transforme ces sombres silhouettes en cercueils dressés, rues pavées en labyrinthes. Un instant, dans la foule, Kini reconnaît un homme à la taille serrée et aux bottes de toile grise croisé à Tchopan-Alta, au Kirghizistan, sur les bords du lac Issyk-Koul. Elle lui emboîte le pas, mais une bagarre qui vient d'éclater devant un kiosque à savons l'empêche de poursuivre sa filature. Elle parvient néanmoins à le rejoindre plus loin, au bras d'une belle blonde. L'homme, qui cherche de la viande pour sa soupe, la reconnaît. Incroyables retrouvailles, si loin du lac de montagne. La steppe des nomades est un petit monde où les capitales des sédentaires ne sont que des faubourgs.

Avant de s'élancer dans les déserts du Kyzylkoum aux sables rouges, Ella Maillart, insatiable, veut tout voir. Elle erre dans les locaux de la *Pravda Vostoka*, *La Vérité de l'Orient*, l'organe du parti communiste à Tachkent, rend visite aux paysans d'un kolkhoze, s'attarde chez Nicolas, un déporté anarchiste de cinquante-deux ans qu'elle revoit chaque soir. Quel destin ! songe Kini. Cet homme est en fait d'origine tchèque par son père. Fondateur de l'Association scientifique caucasienne de Tiflis, en Géorgie, exilé à Genève avant la guerre, il a été envoyé à Ankara pour le compte de quelques revues publiées en russe, puis à Kaboul en 1923. Il envisage désormais de s'enfuir à Prague où le rejoindrait sa femme, une intrépide qui a froidement abattu un officier de Kerenski à la veille de la révolution d'octobre pour éviter d'être trahie, et a travaillé aux côtés de Faïssoula Khodjaiev, membre fortuné du comité central, ancien émule du mouvement jeune-turc et partisan de la loi coranique devenu communiste acharné.

Ella bondit sur l'occasion et obtient du directeur de la

Pravda Vostoka de rencontrer Faïssoula Khodjaiev, satrape polygame dont les bolcheviks se méfient mais qu'ils laissent en poste en raison de son influence et de ses relations. C'est un étrange personnage qui ouvre la porte à Ella. En complet sombre, râblé, il a de grands yeux noirs et un visage ovale. Devant le déferlement de questions de l'étrangère, le notable se défend pied à pied, mais elle ne le lâche pas, le pousse dans ses retranchements, lui demande s'il n'a pas collaboré avec l'Intelligence Service, quelles réformes il compte mettre en œuvre.

Elle fustige sa politique d'émancipation de la femme, qui a encouragé la prostitution.

« Assurément il en est que leur liberté grise complètement, il faut les éduquer, répond-il. Quant à la prostitution, il y aura toujours des paresseuses pour pratiquer ce métier. »

Ella Maillart pousse le bouchon plus loin, au grand étonnement du petit potentat local, peu habitué à cette audace et à un tel roulement de questions :

« Encore une chose : croyez-vous qu'un Kirghize nomade puisse se transformer en prolétaire ? »

Faïssoula Khodjaiev, qui ne doute de rien, répond par son sésame, « l'émulation socialiste ».

Ella aimerait encore lui parler des doléances des habitants du Turkestan, qui se plaignent que la vie est devenue impossible sous le joug soviétique, ce que maints Russes reconnaissent, mais elle s'en abstient : cela ne servirait à rien, le potentat restera un potentat, fût-ce sous la bannière du communisme.

Cet entretien ubuesque d'une heure et demie lui aura au moins permis d'ouvrir quelques portes, et d'abord celle de l'aéroport où elle reçoit l'autorisation de prendre l'avion pour Samarcande. Voler à bord du junker L 85 à trois places est une belle occasion pour Kini de voir ces terres mythiques d'en haut, steppes infinies que foulèrent les hordes de Gengis Khan et de Tamerlan, le Syr-Daria dont elle a vu la source quelques semaines plus tôt, aux confins du Kirghizistan, des nomades sous leur tente de feutre mélangés aux ouvrières dans leurs casernes de Tachkent, les mausolées des conquérants enserrés dans un entrelacs de béton à la gloire du socialisme bâtisseur. Au moins à Samarcande, lasse de poser des questions, espère-t-elle le silence. L'aérodrome, une piste au milieu du désert, est vide, mais le responsable, jeune et beau, l'accueille avec un sourire franc :

« Quinze jours plus tôt, vous auriez rencontré un Anglais venu d'Angleterre. Après quarante-huit heures passées ici, il rentrait à Londres. Il était raide et silencieux. Sont-ils tous comme ça là-bas ?

– Oui... C'est assez leur genre envers les étrangers. »

Incorrigible Kini. Elle entend bien rester éloignée de ces visiteurs d'opérette qui ne pensent qu'à leur nombril et oublient d'ouvrir leur cœur. Samarcande, nous voilà...

Elle bénit le ciel de toucher cette terre de légende. Errer dans la cour d'une mosquée de Samarcande, approcher le tombeau de Tamerlan. Elle obtient par miracle une chambre dans une madrasa, une école coranique, ancienne cellule dallée blanchie à la chaux, au plafond haut, au confort spartiate, dont la terrasse s'ouvre sur une forêt de toits plats et de minuscules cours intérieures.

J'ai cherché longtemps dans Samarcande la madrasa où avait séjourné Ella Maillart. Nilab, une chirurgienne afghane exilée en France et de retour dans son pays, à la fois chaleureuse, prolixe et parfois mélancolique, m'y avait accompagné. C'était étrange comme chacun de nous, sur la place du Reghistan aux pavés mal joints, à deux pas de la chambre d'Ella Maillart, comprenions cet endroit. Nilab voyait là la marque d'un islam trop conquérant qui avait su bâtir des œuvres grandioses, mais sur une montagne de crânes et de carcasses d'hommes. Guy Caussé, médecin humanitaire qui s'arrêtait là de temps à autre et que nous avions croisé à Tachkent, concevait Samarcande comme l'ancien centre du monde, la ville vers laquelle tous les regards convergeaient, et toutes les craintes aussi. Dans l'attente de pouvoir pénétrer en Afghanistan, j'apercevais l'ombre de Kini, sa pieuse découverte de la ville, sa descente dans ce cœur de la steppe, berceau des nomades et des hordes de cavaliers.

La chaleur était forte en cette fin d'été et nous peinions à marcher, déjà fatigués par notre voyage qui allait nous mener jusque dans le Panchir du commandant Massoud, qui serait assassiné alors que nous étions en chemin, impatients de le rencontrer. Nous avions traversé la steppe à bord d'une vieille Lada conduite par un Ouzbek un peu bandit, trafiquant à ses heures, qui nous abandonna à Samarcande alors que nous l'avions payé pour nous emmener jusqu'à la frontière tadjike. Il prétexta un rendez-vous puis disparut. Il n'y avait pas ou peu de touristes, comme lors du séjour d'Ella Maillart. Dans la cour de l'ancienne école coranique, des Ouzbeks avaient déballé leurs bibelots, tissus, broderies, petites sculptures, colifichets divers. Pendant que Nilab visitait les mosquées alentour, je m'assis sur la margelle pour regarder les coursives à l'étage supérieur. Cette cellule blanche à la porte de bois, était-ce la chambre d'Ella ? À moins que ce ne fût celle de droite ? Quelques étudiants barbus sortirent de l'une d'entre elles. Ils étaient sans nul doute les descendants de ces nomades et de ces Basmatchis, ces rebelles qu'Ella avait croisés. L'un d'eux psalmodiait des sourates du Coran en regardant les dalles, tandis qu'un autre ajustait son calot, l'œil vitreux.

Les commerçants devisaient entre eux et ne comprenaient pas pourquoi je refusais d'acheter leur camelote. Puis ils laissèrent tranquille le visiteur, croyant avoir affaire à un fou, car je restai le cou tendu vers l'étage supérieur pendant des heures. « D'ici, écrit Ella, je vois bien l'échafaudage de briques vulgaires, coulisse de décor, qui forme l'envers de Tilla Kâri [la madrasa], dont la vraie façade regarde la place du Reghistan. Je vois aussi le haut des minarets gigantesques, tours d'usine vierges de fumée. » Tout était là, les échafaudages, le décor, une tour de minaret penchée à vous donner le vertige. Seule la grande tchaïkhana, la maison de thé où les caravaniers venaient se ravitailler, avait disparu du paysage.

Ella la prend en photo : visages hirsutes aux traits fatigués, turbans qui se prélassent sur une natte sommaire au milieu de bottes et de cravaches. Elle vient y prendre le thé, assise à la turque sur les estrades à écouter les tambourins avec de nouveaux amis, dont Maroussia la Russe, chauffeur de camion, peut-être une espionne de la Guépéou, Ruiben l'Arménien, Sergueï le peintre, au milieu des pistaches et des ouriouks, les petits abricots du pays. Elle se rend aussi au café arménien en compagnie de Riza le riche marchand de beurre et de quelques autres connaissances, pour boire de la bière et de la vodka sur une table à la toile cirée maculée de taches de mouton, dans la fumée du tabac fort et la mélodie envoûtante des chants persans. C'est comme un rite initiatique à la veille de son départ. Les hommes chantent, se soûlent et vomissent dans la ruelle attenante. Ella ne déteste pas ces ambiances viriles. Trop viriles ? Riza, qui ne cesse de lui faire des avances, lui propose un séjour dans un village près de Khiva où ne vivent que des femmes.

Je cherchais à Samarcande plus qu'ailleurs à pénétrer le mystère d'Ella Maillart, voyageuse solitaire en perpétuelle rupture de ban. Fut-elle heureuse ici ? Quelles furent ses privations, la souffrance endurée en chemin, comme en aval de cette route le froid terrible de la Karakalpakie, la lande des Bonnets noirs ? Le ciel était d'un bleu intense et les arbres maigres se découpaient sur les façades. Deux chameliers traversèrent la ville d'un pas lent, devant leurs bêtes qui dodelinaient de la tête. Ils semblaient aussi perdus que moi. Au pied des échafaudages, Nilab me ramena à la raison. Le soleil déclinait, il nous fallait partir, abandonner Ella dans sa madrasa.

Avant de quitter les lieux, je me promenai longuement sur la place, là où les Basmatchis furent jugés sous le regard de Kini. Je revoyais défiler devant mes yeux les visages de ces condamnés à mort, pris en photo par Ella. « Je suis réveillée par un fait insolite : des sabots de chevaux résonnent sur les dalles... Je me précipite pour regarder... C'est le jour tant attendu du jugement des Basmatchis dont le procès s'instruit depuis plusieurs mois. » Ella s'approche, intriguée. Une corde est tendue pour tenir les badauds à distance. Parmi eux, les femmes et les mères des accusés, cachées derrière leur tchadri. Elles savent que les rebelles n'ont aucune grâce à attendre des commissaires du peuple. Ella détaille le public, des jeunes à casquette, des ouvriers à calot, des paysans en guenilles au regard las, fataliste. Fusil dans le dos, des gardes à cheval patrouillent sur la place. Il me semble encore entendre le martèlement des sabots qui couvre la voix du commissaire. Au premier rang, les accusés baissent la tête, les mains ramenées sur les plis de leur manteau rapiécé, comme des moines chinois. Un de leurs chefs, Amrista, au caftan rose, pieds nus, épaules tombantes, yeux enfoncés et bouche mince, s'est douze fois évadé de sa geôle et sa légende a traversé les steppes.

« Mais tuez-moi seulement, que voulez-vous que cela me fasse ? Ils sont vingt qui prendront ma place », a-t-il lancé aux policiers.

Cependant ses compagnons sont résignés. Cette prison sera leur dernière demeure. Ella croit un instant que la foule qui gronde va s'insurger, que des fusils vont sortir des longs manteaux. L'effroi se lit sur les visages. Les gardes à cheval veillent, cravache en main.

Au bout de la rangée, il y a un vieux qui regarde l'objectif de cette étrangère puis qui détourne le regard. Sur le côté gauche, les juges, dont l'un porte une casquette à la Staline et l'autre des lunettes à la Trotski. Sur l'estrade centrale, un tapis, une grande table, et devant le procureur, imperturbable, les sourcils froncés au-dessous d'un front aux bosses enflées, le buste de Lénine qui lui ressemble étrangement et paraît défier sous une pluie soudaine les dix-neuf rebelles dont les têtes vont tomber.

Je fermai les yeux et reconstituai les scènes de ce procès où se mélangeaient les calots, les turbans et les étoiles rouges. Les rebelles avaient osé défier l'empire, et les sbires de Moscou leur signifiaient qu'ils avaient perdu, là, sur la place de Tamerlan, au centre du monde, comme pour prouver que le pouvoir rouge s'engendrait ici pour essaimer aux quatre coins de la Terre, et d'abord de la steppe. L'attente de la sentence, du coup de hache.

Ella est là, à côté de moi, elle veille sur ces rebelles qu'elle a aimés, comme moi, ces révoltés qui sont restés nomades et se moquent des frontières, au point de les défier et de jouer leur tête. Kini prend des notes, elle veut savoir ce qui se passe dans la tête des juges et dans celle des condamnés, impuissants, résignés, devant une foule qui n'ose dire mot, traversée par des agents de la Guépéou. Elle est à côté de moi et nous murmurons que leur sort est injuste, que ces royaumes des steppes doivent demeurer l'âme des nomades, et qu'un jour l'esprit de ces migrants sera asséché comme la mer d'Aral qui agonise dans le désert. Ella et moi, côte à côte...

Je lisais ses pages à demi-voix, comme une chanson incantatoire : « Si l'instant n'était pareillement grave, ce serait presque comique, toutes ces têtes sans exception courbées à l'extrême : je pense à ces réunions de prière où chacun exagère sa pose recueillie pour rendre sa contrition plus édifiante. Sur le podium, l'homme lit toujours, les syllabes se succèdent, sourdes, gutturales, bizarrement élidées, fins de mots brusquement accentuées. Un cri, long hurlement... Les femmes se ruent, passent sous la corde. Les dix-neuf accusés dont on vient de lire les noms sont condamnés à mort ! Bagarre déchirante... »

Je sursautai. Était-ce la voix de Nilab ? L'amie afghane

vint me rejoindre. Je sentis une inquiétude jaillir de son regard et moi-même n'étais pas rassuré. Avait-elle perçu ce vent qui soufflait sur la place du Reghistan, emportant les clameurs, les cris, les plaintes, les douleurs des femmes et des mères et des enfants, la litanie des nomades orphelins de leurs chefs ?

Depuis la veille, une suite de circonstances nous poursuivait. D'abord, à peine arrivée à Samarcande, Nilab avait été en proie à une étrange prémonition, comme si un incendie s'était allumé du côté de la frontière afghane, là où nous attendait le commandant Massoud. Elle avait ensuite regardé un documentaire sur l'Algérie, fief des coupeurs de gorge, et tout cela n'était pas de bon augure. Et puis il y avait eu ces quelques touristes européens défilant sur la place du Reghistan, quand nous nous y trouvions, Nilab et moi, comme Ella Maillart aux portes de son gîte : « Mon sourire le plus mondain répond à leur coup de chapeau... » Au même endroit, deux ans plus tôt, Julien Delpech, qui cherchait le recueillement, avait été dépité par l'afflux brusque d'autobus. Comme si le silence nous était interdit à tous les trois, Ella, Julien et moi. Sans doute se tramait-il quelque chose en amont.

Massoud nous attendait, et il nous fallait partir pour franchir à pied la frontière du Tadjikistan, éviter les douaniers et policiers véreux, les racketteurs, les bandits aussi. Deux fois le résistant afghan avait approuvé le projet de Nilab, qui consistait à lui rendre visite et à enquêter sur les femmes afghanes en vue d'une conférence à Paris, révoltée qu'elle était par leur condition comme Ella Maillart soixante-dix ans plus tôt. Le commandant Massoud voulait leur rendre leur liberté. Il était dégoûté lui aussi par cette situation d'esclavage, comme il était las de l'idolâtrie dont il était l'objet en Occident. Il restait un homme simple, un rebelle qui avait ferraillé contre l'ordre de l'Armée rouge comme les condamnés du Reghistan. Massoud demeurait un Basmatchi, un éternel insoumis.

Je regagnai avec Nilab la sortie de cette place mythique qui avait marqué l'histoire du nomadisme, scandé ici dans des refrains enfermés sous les coupoles comme autant de dalles posées sur le sol. Deux soldats, qui ressemblaient aux gardes du procureur voilà trois quarts de siècle, nous interdirent de fouler les pavés sur la gauche de la place en raison d'un nouveau règlement. Je passai une main sur ma nuque en sueur. Nilab paraissait toujours inquiète et fumait cigarette sur cigarette en marchant.

Derrière nous s'éloignaient les fantômes des Basmatchis.

Quelques jours plus tard, Massoud était assassiné.

CHAPITRE XIV

À Samarcande, Ella prépare fiévreusement son expédition à travers le désert du Kyzylkoum, royaume du froid et de la chaleur, où les températures peuvent descendre à moins trente degrés, où les carcasses de chameaux servent de jalons aux caravaniers, où l'on mange peu car les auberges sont rares. Mais avant de partir, elle veut tout savoir de la ville, des bas quartiers, de l'histoire des Ouzbeks. Étrangement, c'est souvent son amitié avec des Russes qui lui sert d'intermédiaire. Blond, l'œil vif, Russe ayant appris l'ouzbek avant la langue de ses parents, Yann lui raconte l'histoire des Basmatchis et la légende de Goul Mourad, réfugié en montagne pour devenir un Robin des Bois de la cause ouzbèke.

Au fil des jours, Ella se fond de plus en plus dans la foule, s'approche des pauvres, s'habille comme une femme du peuple ouzbek. Sans doute est-ce là aussi sa chance, car elle parvient à échapper à la police, qui n'aurait pas manqué de l'expulser, elle, l'étrangère sans visa pour le désert. Une vie vagabonde s'instaure. Chaque jour est une aubaine, une offrande des cieux. « Oh ! quel monde que le nôtre ! s'extasie-t-elle à Samarcande. Combien j'aime sa variété, sa beauté, son humanité qui lutte toujours ! » Du lendemain elle ne sait rien, seulement que ce jour remplira davantage sa vie, qu'elle trouvait si vide en Europe avant de larguer les amarres.

À Boukhara qu'elle rejoint par le train, cette autre ville de légende qui fut la résidence des émirs, longtemps interdite aux non-musulmans au point que maints voyageurs payèrent de leur tête l'audace de s'y rendre, Ella Maillart erre dans le bazar qui ne rassemble guère plus d'une dizaine d'échoppes, et dans les rues délabrées où elle vend ses derniers trésors. Sans cesse elle s'interroge sur le bien-fondé du socialisme en construction : guérir certes les maladies, amener l'eau potable, mais qu'en est-il de la liberté des nomades ? Autant partir, quitter les villes...

C'est à pied, en pleine nuit, à défaut de trouver une charrette, sur une piste que les autochtones redoutent d'emprunter par crainte des Basmatchis, qu'elle entame son périple vers les rives de l'Amou-Daria, l'Oxus des temps anciens, franchi sur un vieux bateau à aubes, le *Pélican*, en route pour Khiva, à huit jours de navigation. Le pont est noir de monde et Ella se réserve un morceau du toit de la cambuse, celle du commissaire aux vivres, où elle étend son sac de couchage. À cuisiner elle-même sa pitance sur son réchaud elle économise les trois roubles de repas par jour et négocie le pain, dont elle manque depuis Boukhara, en échange de pilules de quinine que convoitent le capitaine et un étudiant. Elle quitte le *Pélican* à Tourtkoul, la petite capitale de la république des Karakalpaks, où son apparition fait sensation, car elle est la première étrangère que les habitants voient de leur vie. L'architecte du gouvernement l'invite chez elle, lui détaille les plans de la ville qui ne cesse de s'agrandir, des plans si ambitieux qu'Ella ne peut s'empêcher de s'inquiéter pour les autochtones.

Enfin elle peut développer ses pellicules, qui n'ont que trop souffert de l'humidité et des intempéries. Un premier film, mal manipulé, passe à la trappe : ce sont les photos de l'ascension du Sari-Tor, et Ella en a les larmes les yeux. Mais quel bonheur de voir surgir de la chambre noire improvisée les autres clichés, ceux des Kirghizes et des paysages de montagne. À détailler ces prises de vue qu'elle montre avec enthousiasme à l'architecte, elle n'a qu'une envie : poursuivre la route. D'autant que la Guépéou l'arrête sur le port et la conduit au poste afin de vérifier son identité.

Il faut faire vite : l'hiver pointe déjà son nez et les rivières ne vont pas tarder à geler. La seule solution consiste à se joindre à une caravane pour traverser le désert des sables Rouges et rejoindre la ligne de chemin de fer du Nord. Mais les Karakalpaks la traitent de folle :

« Vous mourrez de froid ! Vous n'avez aucune idée de ce que c'est que de rester quarante jours à dos de chameau par moins trente-cinq ! »

Qu'importe ! Kini s'entête, comme d'habitude. Cette expédition est trop tentante. L'aventure, toujours...

Le bateau qui doit l'emmener en aval, aux portes du désert, se fait attendre. Que faire ? Dormir dehors ? Certes, mais où ? Elle repère une vedette à moteur sur laquelle vit un médecin avec sa femme et ses deux enfants ; il l'invite à dormir sur un banc, le lit du fils aîné qui se réfugie sur la table de la capitainerie du port. Admirable hospitalité, que vénère Ella, sa grande découverte lors de ce voyage, celle qui lui donne à penser que la fraternité entre les hommes n'est pas une utopie.

Un temps, elle s'inquiète. Si le froid persiste, si la rivière gèle, ne risque-t-elle pas d'être bloquée ici, à sept cents kilomètres de la voie ferrée la plus proche, à attendre quatre mois l'arrivée du printemps ? Non, il lui faut partir coûte que coûte. Voilà le bateau qui s'annonce. Mais il s'échoue au milieu de l'Amou-Daria. Imprévisibilité des départs... Ella a visé un autre bateau, une vedette à aubes surchargée. L'air est glacial et les passagers tremblent. Pour se réchauffer, elle imite ses voisins, qui arrachent des boiseries et les brûlent sur un morceau de ferraille. Dans la torpeur due au froid, elle se laisse aller à des divagations oniriques, se rêve en riche voyageuse affrétant un yacht vers Khiva, imagine les eaux du Styx, le spectacle du fleuve ancien de l'Oxus, pour mieux revenir à la réalité dure et belle qui l'entoure.

Le mécanicien est comme un frère pour elle.

« Cette nuit, nous devrons veiller. Des Basmatchis sont dans la région aujourd'hui, ils ont attaqué et dévalisé l'autobus de service, enlevé quatre femmes russes. »

Ella en rit :

« Ah ! ah ! Je serai aux premières loges pour assister à une attaque ! »

Dans son sac, deux armes de choix : un couteau à six lames acheté à Londres, qui fait l'envie des nomades, et du Néosalvarsan, un médicament abortif qu'elle a emmené avec une froide détermination, en cas de mauvaise rencontre. Déjà, dans les vallées kirghizes et sur la piste conduisant à la plaine de Syrte, elle serrait le remède au fond de sa poche comme un précieux talisman, gage du cap à tenir coûte que coûte.

À la faveur d'une halte, elle emprunte la charrette du postier pour se rendre à Khiva, la ville endormie des seigneurs de la steppe. C'est à bicyclette, au grand étonnement de ses habitants, qu'elle visite la cité légendaire, ses palais et ses oasis. Quand elle pénètre dans une lointaine palmeraie, au-delà d'un petit désert et d'une plaine de terre salée, elle découvre les Allemands de la colline d'Ak-Metchet, arrivés là par les hasards de l'errance, adeptes de la secte non violente des mennonites, qui la prennent de prime abord pour une folle à vélo. Invitée à partager leur repas, Ella ne s'émeut guère de cette surprise et réapprend à se servir d'une fourchette, à mâcher lentement, devant des Allemands heureux de parler leur langue en présence d'une voyageuse.

On lui demande des nouvelles de l'Europe, elle répond qu'elles ne sont pas très bonnes :

« On croirait que les hommes se provoquent mutuellement à commettre des erreurs... »

Dans le vieux palais de Khiva, Ella Maillart se rend compte que les sultans d'antan rêvaient de leur nomadisme déjà oublié : une yourte était plantée dans l'enceinte de la demeure comme pour les faire voyager encore dans la mémoire. Les murs jadis tapissés de tentures et de broderies sont devenus, en gage de cette sédentarité, panneaux de céramique. Du haut d'un minaret Ella contemple le royaume d'hier, le désert de Karakoum, les sables Noirs, à l'occident. Elle a choisi d'errer vers ceux du septentrion, le désert des sables Rouges, dont les dunes au loin semblent l'attendre dans le lent sablier de leurs étreintes éternelles.

Le retour vers le petit port de l'Amou-Daria, sur la charrette du postier, est mouvementé, en raison non pas des bandits qui jalonnent la piste mais des avances du conducteur, qui veut en plus s'approprier le couteau de la passagère. Plus forte que lui, Ella Maillart parvient à se soustraire à ses attentions pressantes et médite sur sa fragilité de femme seule au cœur du Turkestan. Elle songe à la communauté allemande de l'oasis : ces pèlerins lui ont renvoyé sa propre image, celle d'une Occidentale vagabondant dans les steppes, à la recherche de valeurs d'entraide et d'absolu.

Trop lourd, le bateau *Lastotchka* n'est pas maniable et ne tarde pas lui aussi à s'échouer. Le capitaine sourcilleux change de tactique et opte pour le remorquage, mais la vedette est entraînée par le courant et se drosse sur un banc de sable dont les passagers parviennent à écarter la coque à l'aide de perches. Ella maugrée, bout d'impatience, en dépit du froid qui gèle jusqu'à la pensée ; engoncée dans son sac de couchage, elle ronge son frein en lançant quelques conseils, quand ce ne sont pas des ordres. Alors qu'à bord un troc s'installe, miches de pain contre cigarettes et thé, le pilote du bateau et le capitaine, soucieux d'éviter une nouvelle embardée, lui confient volontiers le bout de fer brisé qui sert de barre. Horrifiée, elle aperçoit la glace qui se forme sur les bras du fleuve. Lorsque Tadji Mourad, un matelot, la relaye, il précipite le navire sur la berge. Dans son sac de couchage, Ella se réveille en sursaut. Claquant des dents, le nez, les mains et les pieds endoloris par les morsures du froid, elle se dévoue de nouveau. Plutôt mourir de froid sur le pont que noyée sans avoir vu venir le danger...

Des chacals hurlent dans les roseaux des berges. Les passagers, qui se chauffent avec du pétrole dérobé dans le réservoir du navire, s'inquiètent eux aussi : on vient les informer que le dernier cargo de l'année sur la mer d'Aral, celui qui permet de poursuivre le voyage vers le nord, s'est déjà enfui. Lasse d'attendre, redoutant de passer l'hiver dans un bled perdu, Ella prend les devants et fait ses adieux au capitaine, qui lui offre du poisson sec ; elle quitte le navire et le port, en fait deux tentes plantées dans un champ de coton, et s'élance vers le prochain village en quête de caravanes et d'une peau de mouton, pour ne pas périr de froid dans le vent du nord qui commence à souffler. Elle se soucie comme d'une guigne des périls annoncés, les bandits et les pillages de caravanes – une de cinq cents chameaux a été attaquée sur la route d'Astrakhan. L'hospitalité fait le reste. Épuisée par une marche dans le sable, ses pieds s'enfonçant dans la piste molle, elle arrive dans un village, pénètre à l'intérieur d'une sombre tchaïkhana, maison de thé bourrée d'hommes, ouvre une porte et tombe nez à nez avec un couple de géomètres qui vit là.

Merveilleux exemple de cet accueil que la voyageuse parvient à susciter au gré des étapes :

« Est-ce que je peux me chauffer un moment ?

– Mais bien sûr. D'où venez-vous ? Où allez-vous ? Comment vous ravitaillez-vous ? »

Et la voilà invitée pour la nuit, mangeant jusqu'à l'écœurement en prévision de son séjour dans le désert, avec de bonnes rasades de vodka pour faire passer le tout, ce qui lui donne une belle réputation de femme cosaque. Touché tout à la fois par cette volonté de traverser l'inconnu et la fragilité de la voyageuse, le géomètre barbu aux yeux candides lui offre une de ses deux pelisses, qu'il ne porte jamais car elle est trop lourde.

C'est sur une charrette à deux roues, après une journée de voyage harassant, que Kini parvient au village des caravaniers, enveloppée dans son manteau de mouton à l'odeur forte. Le froid est toujours vif mais elle exulte intérieurement, elle approche de son but, elle sent que le silence doit maintenant s'installer, celui des grands déserts, qui est aussi celui des grands recueillements. « Jamais matin de ma vie ne m'a semblé plus beau. J'aimerais trouver un cri qui dise tout ce que je sens. »

Elle n'est pas au bout de ses peines : au village, les chameaux sont absents, et elle doit continuer vers l'est, jusqu'à Takhta-Koupir. Elle dort en chemin dans une auberge bourrée de voyageurs où le réveil est difficile : des Kazakhs lui ont habilement dérobé les précieuses chaussures de montagne qui lui servaient d'oreiller. C'est une catastrophe, le signal de la fin du voyage. Comment sans brodequins poursuivre la route ? Nul voleur à l'horizon : il a dû détaler en pleine nuit. La rage d'Ella tombe sur le conducteur de la charrette, à qui elle reproche l'allure trop lente de son cheval qui date de Gengis Khan. Renoncer ? Elle pourrait encore rebrousser chemin, retourner vers Samarcande, mais elle s'enferre, poursuit sa route sur une sente bordée de sable, de buissons et de lits de rivières à sec, en chaussettes de laine jusqu'au dernier hameau avant le désert des sables Rouges.

Trois Russes, une femme médecin, un géomètre arpenteur et un officier de ravitaillement, l'accueillent avec chaleur, mais elle apprend qu'une petite caravane vient de partir ce matin même pour le nord. « La chance est contre moi », se lamente la voyageuse. Les pieds transis, elle cherche encore à acheter un chameau, mais ils sont soit réquisitionnés – cinq cents bêtes pour le coton et le bois –, soit interdits de déplacement, ordre du soviet local. Dans son infortune, elle dégotte néanmoins des bottes de feutre et une peau de bique offerte par le géomètre. Au cours de cette attente fébrile de six jours, elle découvre aussi un petit trésor, incongru dans cette contrée désertique : vingt caisses de bas de soie qui traînent au dépôt de la coopérative. Quelques ennuis de dernière heure la guettent aussi : elle est délestée d'une partie de son argent au marché, trente-cinq dollars, la réserve prévue pour regagner Moscou et Berlin. Advienne que pourra : la route délivrera d'autres secrets et, après tant de petits malheurs, de meilleures escales.

L'étrangère n'entend pas se laisser abattre et prépare minutieusement son voyage en achetant au bazar de la viande de chameau à quatre roubles le kilo qu'elle cuit longuement après l'avoir coupée en tranches. C'est au bazar encore, à son aise au sein d'une foule de paysans, de nomades et de femmes qui vendent yaourt, crêpes et poivrons, qu'elle rencontre deux Kazakhs en partance pour Kazalinsk, une aubaine qu'Ella ne laisserait filer pour rien au monde. Elle arbore sa plus belle allure de voyageuse, se campe sur ses deux pieds comme un caravanier sûr de lui, de peur qu'on ne refuse de la prendre pour affronter cet impossible désert par moins trente degrés. Quelques heures plus tard, les deux caravaniers emmènent la curieuse étrangère en pelisse de mouton, jaquette et maillot de laine sur un chameau, comme si de rien n'était, comme s'il s'agissait de traverser la rue. Elle est heureuse et songe au film de Poudovkine *Tempête sur l'Asie*, dont les traits du héros apparaissent sur le faciès de ses deux guides.

La steppe déroulait sa piste monotone devant la Lada rouge, qui toussotait et semblait mal supporter la poussière. Les champs étaient dépeuplés de leurs paysans, relégués dans leurs fermes collectives pour cause de sécheresse. Quelques montagnes s'ouvraient au sud. La terre était brûlante et ingrate en cette fin d'été. Je venais de quitter Samarcande et des chants ouzbeks emplissaient déjà ma mémoire, ceux qu'avait entendus Ella Maillart dans son café animé, non loin des souks. La route s'inclinait et la voiture montait péniblement la pente tandis que

Nilab somnolait, toute décoiffée, oubliant pour un temps ses peurs d'Afghane sur le chemin du retour au pays – droit devant.

Sur la piste bordée de terre ocre, entre deux collines soudainement verdoyantes, près d'un bouquet de peupliers, une auberge improvisée nous accueillit pour le déjeuner. Assis sur une vaste terrasse ombragée, nous dévorâmes du chachlik – du mouton en brochettes –, de la pastèque et quelques tomates. Un ruisseau se frayait un chemin entre les arbres en contrebas. Amas de pierres blanches, de briques, de tôles, de bois, de câbles métalliques, d'objets de récupération, de sacs en plastique, de bouts de ficelle, la maison de l'aubergiste se tenait de guingois. La maîtresse des lieux arborait une rangée de dents en or et souriait tout le temps. Elle n'avait plus de vodka et semblait s'en excuser à chaque instant. Quand nous la quittâmes, ses dents brillaient plus que jamais au soleil déjà haut.

Plus loin, la piste descendait au fond d'un vallon et remontait au sommet d'une petite montagne jaune, au soleil déclinant. J'aperçus des chameaux sur la gauche de la piste, au rythme lent, guidés par un caravanier. Peut-être étaient-ils les descendants des compagnons de route d'Ella Maillart ? « Découverte du sommet de notre falaise, la campagne est cristalline comme seul peut la transformer un matin de Turkestan. » Pour un tel matin, je sais qu'elle aurait donné tout l'or du monde.

Maintenant, Ella est seule ou presque, avec ses deux caravaniers, dans un désert qui avance d'un kilomètre par siècle. Les champs de coton qui assèchent les fleuves et les grands plans quinquennaux ne font qu'accélérer cette agonie des steppes, bordées par des dunes de sable en demi-lunes parfaites.

Cinq cents kilomètres de désert ne l'effraient guère. C'est un pays inconnu qui s'ouvre devant elle, un royaume de buissons et de sables d'où, de temps à autre, surgit un campement de quelques yourtes. L'intrépide voyageuse n'a pas de permis de voyage et s'en moque comme de ses premiers brodequins, dans un pays où la police politique expédie au goulag, si ce n'est *ad patres*, tout étranger dont le comportement paraît suspect. C'est peu dire qu'Ella Maillart a parfois des airs de parfaite espionne.

Première étape sous la tente d'Ahmed Ali, quelques heures au coin du feu, et il faut déjà appareiller vers minuit, en compagnie du gros de la caravane, lent cheminement qui brise en un rien de temps le dos d'Ella. Avec le souci de descendre du chameau souvent pour ne pas se laisser engourdir par le froid. Un moment elle s'attarde, relève la tête : la caravane a disparu. Un semblant de panique la saisit, elle court, elle hurle, et ses cris se perdent dans l'immensité, sans aucun écho, assourdis par le sable. Elle a peur, reste sur la piste, mais la caravane n'en suivait aucune. Si les chameliers ne font pas demi-tour dans les minutes qui suivent, c'est la mort lente. Ses cris sont enfin entendus, et les guides la retrouvent exténuée, les yeux hagards. Elle n'oubliera jamais à quoi tient la vie dans l'empire des nomades, fût-il rétréci. À un cri, un signe, une sente, quelques traces. Oui, des traces, celles que je m'efforce de suivre après tant de pistes brouillées.

En chemin, au petit matin, les rencontres et les paysages semblent être des hallucinations : un tombeau de saint, un cavalier qui les dépasse sans un mot en allant relever ses pièges à lièvre, des lacs desséchés et craquelés dont les écailles saluent le vent, un chameau qui transporte un enfant en pleurs, un âne sous une femme enveloppée d'une nappe à carreaux, trois Ouzbeks qui s'évertuent à dépecer une chamelle à la patte brisée, une femme qui se coltine un lourd samovar, un homme aux pieds emmaillotés dans des chiffons qui supplie les guides de leur vendre du grain, des cygnes qui d'un battement d'ailes leur souhaitent une longue vie et un court chemin, des dos de tortues mortes et des kyrielles de coquillages roses. Nombre de nomades croisés sur la piste avouent leur dégoût des fermes collectives, où ils ont travaillé un temps, soumis à l'autorité d'un chef ; l'ordre soviétique leur a promis un salaire sans tenir ses promesses. Ces pérégrins anonymes ont repris la route et maudissent un peu plus les envahisseurs venus du nord.

La nuit, le guide Abouich cherche le koudouk, un puits dans les dunes recouvert d'une couche de glace, pour en tirer une eau saumâtre qui abreuve les bêtes tandis que les hommes se restaurent : thé salé immonde, viande dégelée à la poêle, toasts à la graisse de mouton cuisinés par Ella, avant de s'endormir en rond autour du feu dont les braises ne durent pas, dans des pelisses emplies de vermine. Les haltes sont courtes et le réveil glacial – une couche de neige sur le sac de couchage. C'est ainsi, dans un silence de toute éternité, la tête enturbannée dans sa ceinture en flanelle qui se couvre de givre, qu'Ella Maillart, plus nomade que les nomades, pauvres mais sans maître, somnolant sur son chameau au pas lent, gagne les rives de la mer d'Aral, paysage fabuleux de désolation, aux eaux prises dans les glaces sous des nuages sombres. À l'aube, la terre et les cieux sont d'une même couleur, un noir velours, comme pour mieux communier, et Ella, rompue par son long voyage mais heureuse, comprend qu'elle aussi communie avec ces caravaniers qui un jour disparaîtront comme les rives de la mer d'Aral reculant déjà devant le diktat de l'homme sédentaire. Elle dit adieu à ses caravaniers, venus à Kazalinsk pour revendre clandestinement leur grain trois fois plus cher. Ils se mettent à parler longuement, comme pour rattraper le silence du désert. L'adieu est bref, claquant comme un appel dans l'infiniment grand. Elle regarde les chameaux s'éloigner. Elle songe au but du voyage, qui est de toujours recommencer. Celui-là s'achève. Bientôt elle dormira dans un lit, oubliera le bruit des bêtes la nuit, les flammèches qui brûlent le visage lorsqu'on dort trop près du feu, les glaçons qui se forment dans la nuque au petit matin.

« Il n'y a plus d'imprévu possible », se dit-elle tandis que surgissent les cheminées de la ville, celle des non-errants.

CHAPITRE XV

Au terme d'un périple de six mois dans le Turkestan qui lui a coûté la somme de soixante livres, le prix d'une petite voiture, Ella Maillart revient à Moscou par le train de troisième classe avec quatre roubles en poche et quinze kilos de trop. Rentrée à Genève, elle doit expliquer à ses proches la technique du chameau, gage de sa survie dans le désert de glace : se gaver de graisse et de pain à chaque étape, car on ne sait pas de quoi demain sera fait. Cet embonpoint arrondit sa silhouette, et elle s'empresse de perdre ce surpoids en partant vers les sommets de Suisse, à skis, avec son frère, l'ami Gérald et deux ou trois skieurs chevronnés qui ne renâclent pas lorsqu'il s'agit d'affronter en peaux de phoque les pentes de Saanenmöser ou les versants du Grenzgletscher, ou de s'ouvrir des chemins sur les glaciers ou vers de vertigineux sommets, parfois encordés lorsque l'équipe se rapproche des crevasses. Cela lui rappelle les neiges de l'Asie centrale. Et ce silence dans un monde à la fois beau et hostile la ramène sans cesse à son humble condition d'être humain ; son cœur s'élargit à force de voir sa propre précarité et l'infiniment grand.

Le repos est bref, il lui faut écrire ce qu'elle porte en elle, les chimères des déserts et montagnes d'Asie. Un doute la taraude à nouveau : ces nomades qu'elle aime tant, ceux avec qui elle a partagé le pain et le froid, ceux qui l'ont aidée en chemin, secourue sur les pistes et les berges improbables, sont plus que jamais menacés par les sédentaires soviétiques qui veulent faire asseoir le peuple des ambulants.

Écrire... Une nécessité, toujours. Une torture, souvent. « On n'arrive pas à exprimer les choses les plus importantes et qui demeurent insaisissables », confie-t-elle. Remise de la fatigue du voyage, Ella, qui connaît sa peine à la tâche, s'isole dans une maison prêtée par des amis à Salève, en Haute-Savoie, au dessus de Saint-Julien-en-Genevois, tandis que Charles Fasquelle, le mentor attentif, l'encourage depuis Paris à coucher sur le papier ses exploits d'aventurière perdue aux confins du Turkestan. Alors, ligne après ligne, comme pour se délivrer non seulement du doute mais aussi des sentiments ambigus qui l'habitent, partagée qu'elle est entre sa neutralité de prime abord bienveillante à l'égard du socialisme en construction en URSS et sa critique de la colonisation russe en Asie centrale, du joug impérial qui perdure et se prolonge sous Staline avec une violence inouïe, elle rapporte lentement ses impressions, ses mésaventures, ses joies sur des feuilles griffonnées. Cinq mois de sacerdoce viennent à bout de ses souvenirs et de ses émotions. Fasquelle accepte aussitôt le manuscrit, *Des monts Célestes aux sables Rouges*, achevé en novembre 1933 et publié quelques mois plus tard, puis traduit en anglais sous le titre *Turkestan Solo*.

Le livre rencontre un franc succès et incite Kini à repartir vers d'autres cieux. Entre-temps, le gérant d'une agence Leica, qui a lu son récit, l'invite à montrer ses photographies du Turkestan. Il n'hésite pas une seconde, la conjure de pousser l'aventure encore plus loin, lui offre un agrandisseur ainsi qu'un appareil de projection pour qu'elle puisse se lancer dans une tournée de conférences, ce qu'Ella accepte, avec au programme maintes villes de province où le public découvre sur des images noir et blanc la vie dans les steppes, brûlantes l'été et glaciales l'hiver. Puis le palais du Trocadéro lui demande une exposition de deux cents clichés, mais à ses frais à elle, ce qu'elle accepte aussi, consacrant ses soirées à agrandir les photographies et à les encadrer. Affairée à accrocher les dernières plaques aux cimaises du musée, elle a la surprise de voir débarquer le président du Conseil, qui salue cet incroyable voyage. Comme cette sensation est étrange... Le palais du Trocadéro, c'est là que l'équipe de la Croisière jaune avait présenté les résultats de son expédition quelques années plus tôt. En tenue d'officier de marine, casquette sous le bras, Victor Point avait longuement serré des mains. La croisière était désormais finie. Et Victor Point s'était suicidé en août 1932, alors qu'Ella s'aventurait dans les steppes du Turkestan, celles qui l'avaient tant charmé, celles où il avait tant aimé sa princesse mongole. En escale à Deauville, Kini avait voulu être de cette croisière puis avait ressenti l'« irrésistible impulsion » de partir seule, à l'écart de ces expéditions qu'elle fustige désormais : « [Elles] parcourent le désert dans des autochenilles, accompagnées le jour par le ronronnement des appareils de cinéma et la nuit de la musique de la radio, [elles] rapportent certes une grande quantité de précieuses informations, mais... je doute qu'elles "sentent" véritablement le désert. » Avec Victor Point toutefois c'eût été autre chose, une communion d'esprit avec cet être fragile, tourmenté, qui ne cessait de rechercher le salut dans les lignes mouvantes de l'horizon lointain, en quête lui aussi du Grand Ailleurs.

Déjà Ella Maillart pense aux prochaines escales. Paul Morand, qui la croise, brosse de la jeune femme un superbe portrait : « Visage solidement construit comme un palais de bonne époque, avec un nez droit... un menton conquérant, des pommettes bien sculptées ; ses mains sont viriles, ses grands pieds sont ceux d'un coureur d'univers. »

Elle ne tient pas en place, ne supporte plus l'appartement de ses parents à Genève. Elle sait qu'elle appartient à ces deux mondes et qu'elle ne peut rompre véritablement les amarres avec aucun des deux. Elle est condamnée à errer entre les villes de son enfance et les horizons lointains de ses rêves. Partir, revenir... Est-ce mourir un peu ? Non, « partir, c'est revivre », écrit-elle. Cette Europe dépérit avec la montée des fascismes ; en Italie Mussolini instaure un État totalitaire, en Allemagne Hitler interdit partis politiques et syndicats indépendants après l'incendie du Reichstag. Ella décide de revivre et de s'enfuir vers la Chine, cet empire du bout du monde. Elle en entrevoit quelques facettes au musée Guimet, où la guide le conservateur qui l'a prise sous son aile, lui prodiguant quelques conseils pour évoluer dans le monde parisien.

Elle tâte le terrain, se rend dans plusieurs rédactions de journaux, évoque ses projets, surtout celui de visiter la Mandchourie, cette province du nord de la Chine occupée par les Japonais depuis trois ans. Si les Japonais parviennent à s'emparer de l'empire du Milieu ou à signer un pacte avec lui, plaide-t-elle devant les rédacteurs en chef, l'Extrême-Orient sera bouleversé pour des lustres. Elle est certaine de ce qu'elle avance, convaincue de la montée des totalitarismes autant en Asie qu'en Europe. Même si quelques journalistes spécialisés dans les questions asiatiques estiment qu'elle n'a que peu de chances de réussir, elle s'entête et gagne l'oreille de l'une des étoiles de la presse parisienne, Élie-Joseph Bois, d'accès difficile, dont l'un des adjoints a lu *Des monts Célestes aux sables Rouges*. Silencieux, immobile derrière son immense bureau, corps bien charpenté, longue barbe carrée où est plantée un mégot perpétuel, homme d'influence par excellence, grand prêtre de l'arrière-boutique de la IIIe République, « capitaine d'opinion » selon le mot d'Henri Béraud, Élie-Joseph Bois, rédacteur en chef du *Petit Parisien*, ne perd rien des noms de lieux et de personnages qu'égrène cette jeune voyageuse et qui l'attirent tant.

À la fin de la conversation, alors qu'Ella annonce : « Je reviendrai par l'Asie centrale pour rejoindre l'itinéraire de mon précédent voyage », mots qu'elle regrette aussitôt pour leur présomption, Bois, intelligent et fin, cynique

hors pair, homme d'intuition qui sait flairer les reportages dans l'air du temps et ceux qui vont expliquer l'avenir, demande simplement :
« Combien vous faut-il ? »
C'est ainsi, par le sésame des envoyés spéciaux, que *Le Petit Parisien*, journal qui employa Albert Londres, disparu en mer deux ans plus tôt, décide d'envoyer Ella Maillart en Mandchourie. La partie ne sera guère facile, avertit Élie-Joseph Bois – prédiction qui n'effraie en rien Kini, trop heureuse de trouver un commanditaire apte à régler toutes ses dépenses. En route ! Billet des Messageries maritimes pour Shanghai en poche, elle n'a qu'un espoir : partir longtemps, très longtemps, afin d'oublier jusqu'à la date du retour.

Une fois n'est pas coutume, Kini a le cœur qui chavire sur un bateau. L'été brûlant de 1934 sur la mer Rouge la malmène, et la mousson pendant la traversée de l'océan Indien lui donne le mal de mer. Au large de Ceylan, elle est admise au carré des officiers et revit. On l'initie au quotidien des paquebots, aux manœuvres difficiles à l'approche des ports. Dans sa cabine, elle lit quelques livres sur le Japon et la Chine, des articles, des reportages, elle prend des notes et n'oublie pas de bien se sustenter, autant d'activités indispensables à cette vie de grand reporter qui ne l'intéresse guère. Au large de Hong Kong, elle prend son mal en patience : un typhon oblige le navire à rester à la cape deux jours durant. À Shanghai, elle emprunte un autre paquebot, nippon celui-là, pour filer sur Dairen, le plus grand port de l'État du Mandchoukouo.
Même si récolter des interviews ne l'enchante guère, Ella Maillart s'évertue à traquer l'information dans ses moindres replis. Elle y réussit à merveille, rencontre des hommes d'affaires américains qui vilipendent ces Japonais dont les monopoles d'État font péricliter leur commerce, des missionnaires catholiques effondrés devant la terreur que sème l'armée de l'empereur Hirohito, des consuls que

leur gouvernement n'écoute pas, des réfugiés russes humiliés par les soldats nippons, des Chinois plumés par les fonctionnaires de l'empire du Soleil-Levant, lesquels ont emporté dans leurs bagages des cohortes de geishas en kimono chargées de redonner le moral aux troupes. Autour d'elle, Kini ne constate que peurs, impuissance et aussi cynisme, celui déployé par le Japon pour affaiblir l'ennemi, y compris par les moyens les plus vils tels que l'encouragement à fumer de l'héroïne.

On la dissuade de continuer : raison de plus pour s'entêter. Ella Maillart veut voir et sentir ce pays occupé, ce royaume fantoche fabriqué de toutes pièces par les soldats de Tokyo, quitte à subir leur opprobre. S'embarque-t-elle dans un train, en troisième classe, sur une ligne considérée comme stratégique, la voilà très vite contrôlée, prise pour une espionne. Dans un wagon en direction de Vladivostok, alors qu'elle exprime le désir de manger au restaurant, des soldats nippons lui barrent la route d'un air menaçant. Le matin même, plusieurs d'entre eux ont tabassé deux femmes russes qui portaient un bébé dans leurs bras. Ella demeure prudente. Mais lorsqu'un militaire la bouscule, elle repousse sa main et une empoignade s'ensuit. Furieux, les soldats de l'empereur frappent l'étrangère, hurlent, lui donnent des coups de pied dans le ventre. Elle bat en retraite puis revient à la charge et lance une gifle au premier venu, qui tire une baïonnette de sa ceinture. Malgré sa peur, elle ne peut s'empêcher d'éclater de rire, ce qui a l'avantage de décontenancer la soldatesque prête à occire cette outrecuidante, et recule, sauvée par son hilarité soudaine. À l'arrêt suivant, réconfortée par le chef de train russe qui l'invite à porter plainte, les genoux encore flageolants, elle se remet de ses émotions en ingurgitant une rafale de verres de vodka. Porter plainte ? Il est sept heures du matin et elle est ivre...

Cet incident la convainc d'une chose : les Japonais sont prêts à tout pour conquérir l'Extrême-Orient, comme les nazis en Europe. Une fois de plus, Ella Maillart pressent la montée de la barbarie. En 1938 à Genève, lorsqu'elle verra à la Société des Nations un documentaire sur la conquête de la Chine par les soldats de l'empereur Hirohito, témoignage sorti clandestinement du Japon, avec son cortège d'horreurs et d'exactions, elle ne pourra s'empêcher de réprimer un haut-le-cœur : le monde aurait pu savoir plus tôt, et barrer la route à ce fascisme engendré par la propagande et la théorie du peuple élu.

À Harbin, en plein cœur du Mandchoukouo, elle tombe nez à nez en novembre 1934, dans le bureau du chef de la police des Chemins de fer, avec Peter Fleming, écrivain britannique et envoyé spécial du *Times* « à prix d'or » – jadis rencontré dans un bar de Londres devant un verre de bière, alors que tous deux avaient été invités par un éminent orientaliste.

« Comment faire pour pénétrer dans la république soviétique de Chine du Sud ? avait demandé Ella, en songeant à l'enclave que venait de conquérir Mao Tsé-toung.

– Impossible », avait répondu Fleming.

L'entretien s'était conclu par une invitation au voyage malgré les périls, après une soirée passée à quatre pattes dans la chambre londonienne de Peter au-dessus de cartes de l'Asie.

« Je vous verrai probablement en Chine ? avait dit Ella, comme si de rien n'était.

– Mais oui, nous nous retrouverons là-bas... » avait évasivement répondu Fleming, qui soupçonnait déjà son interlocutrice d'avoir un caractère bien trempé.

À Harbin, le contexte est différent. Beau, le visage fin, les gestes racés, volubile et tout en nerfs, Fleming reconnaît à peine la Suissesse qu'il avait rencontrée élégamment vêtue dans le bar londonien. Le teint bruni, Ella porte un pantalon d'homme et ses cheveux longs et blonds qui flottent sur son visage ne suffisent pas à masquer cet air déterminé et parfois renfrogné qui lui donne des allures de garçon manqué. En face d'eux, dans le bureau du chef de la police, des fonctionnaires à la solde des Japonais enregistrent la plainte de Kini contre les soldats du wagon. Il y a là un Chinois qui porte l'étoile de l'État fantoche du Mandchoukouo, des Russes blancs en uniforme, un subalterne nippon et un employé des chemins de fer, tous tremblants devant l'arrogant chef de la police impériale qui invente une histoire de bandits dans le train et présente ses excuses, tous sauf Ella Maillart qui, selon Fleming, semble « non seulement insouciante mais amusée » et s'évertue, avec une ironie tout intérieure, à présenter le Mandchoukouo comme un pays énigmatique à bien des égards.

Au sortir du bureau de police, Peter Fleming la conseille :

« Faites-les chanter. Déposez une plainte auprès de votre consul. Écrivez un article et envoyez la copie au bureau des Affaires étrangères à Hsin-king. »

Mais Kini préfère enterrer la hache de guerre et ne pas donner suite à l'incident, histoire d'être sûre de poursuivre la route jusqu'au bout de son rêve : le Turkestan interdit.

Fleming, qui est arrivé en Chine par le Transsibérien, est certes heureux de pouvoir parler sa langue avec une aussi jolie femme, mais il est surtout de mauvaise humeur car il n'a pas réussi son pari fou : chasser le tigre de Sibérie, malgré les promesses de l'Intourist qui l'a baladé pendant six jours dans des villages où manifestement la battue aux fauves ne figurait pas au programme. Son humeur devient massacrante quand il apprend que le *Times* de Londres est quasi impossible à trouver à Pékin, même avec un mois de retard. S'il n'a pas tué de fauves en Sibérie, il chassera l'oie sauvage en Chine du Sud. Vont-ils se comprendre ? « Nous nous entendions bien, tout en affirmant (ce qui ne paraissait pas se justifier entièrement) qu'il aurait été préférable pour chacun d'être seul », écrira Fleming dans *Courrier de Tartarie*, avant d'ajouter, pince-sans-rire : « Je n'avais jamais fait l'expérience d'une compagne de voyage, mais Kini était l'antithèse de ce spécimen inquiétant. »

Depuis le début du voyage il ne cesse de vanter dans ses carnets les mérites de la Suissesse, courageuse, entreprenante, pratique, bouffonne quand il le faut, silencieuse et cérémonieuse à souhait, endurante – qualité pour laquelle « elle dépassait la majorité des hommes ». Ella, en tout cas, apprécie déjà l'humour de Peter, son intelligence, « sa faculté de manger n'importe quoi et de dormir n'importe où ». Elle pressent aussi que le jeune écrivain britannique ne souffrira ni de ses chansons fausses ni de sa cuisine primitive. Il est honnête : il l'avertit que son dernier compagnon de voyage est devenu presque fou à force de subir son insupportable accent d'Oxford.

Peter Fleming confie à Ella son dessein de se rendre dans la mystérieuse Mongolie-Extérieure, sous protectorat soviétique. Kini, elle, veut rentrer en Europe non par bateau mais par la voie terrestre, via les déserts du Takla-Makan et les monts Célestes, qu'elle a vus miroiter à l'horizon de la frontière kirghize. Leurs routes pourraient se croiser, mais rien n'est conclu entre eux. Ils se contentent d'échanger leurs adresses à Pékin.

Pékin ! Quelle ambiance ! Quel tourbillon de foules, d'odeurs, de sensations ! Comme une toupie, Ella Maillart, qui n'a pris pour l'heure que huit leçons de chinois, tourne sur elle-même, ne cesse de détailler les palais et les maisons de mandarins depuis sa chambre de l'hôtel du Nord, de visiter les cours cachées au détour d'une ruelle et les jardins fabuleux. Elle rencontre l'explorateur suédois Sven Hedin, qui lui conseille d'emprunter pour son expédition la piste au nord du Tibet ; c'est aussi ce que lui recommande le père Teilhard de Chardin, philosophe et découvreur de l'*Homo sinanthropus*, qui connaît bien le Sin-kiang pour y avoir séjourné en compagnie de Victor Point et des membres de l'expédition Citroën en haute Asie.

Le jésuite lui lance cette superbe remarque :
« Vous avez su voir, il vous reste maintenant à savoir aimer... »

Après l'enquête au Mandchoukouo et l'écriture d'articles, elle semble renaître et veut apprendre le chinois comme gage de sa découverte. La meilleure entrée demeure l'université, où elle compte rester six mois, le temps de connaître les rudiments de la langue mais aussi de récolter quelques bribes d'informations sur les contrées interdites d'Asie centrale. Au bar de l'hôtel, Tannberg, un Suédois en blouson de cuir, coiffé d'une toque d'épaisse fourrure, aventurier qui plonge dans la bière avant de partir pour des contrées lointaines afin d'acheter des boyaux de mouton pour une compagnie américaine de saucisses, évoque longuement la Chine profonde. Il met Ella en garde contre les agents des nationalistes :

« Et surtout que Nankin ignore tout de vos projets, ou gare aux bâtons dans les roues ! »

Une rencontre opportune change sa route : un couple de Russes, les Smigounov, qui ont dû fuir le nord du Tibet, le Tsaidam, pour se réfugier à Pékin en raison d'une révolte, compte regagner leurs hauts plateaux d'adoption. Ce couple est incroyable, deux êtres drôles, aventuriers, qui parlent chinois, mongol, tibétain, ouïghour. L'aubaine ne saurait se renouveler et Ella décide aussitôt de les accompagner : le Tsaidam est cette porte magique qui peut lui permettre de rejoindre le Sin-kiang, le Turkestan chinois, en évitant les routes caravanières, interdites aux étrangers.

Le Sin-kiang ? Mais vous n'y pensez pas ! Les Smigounov, qui éprouvent une grande amitié pour cette jeune Suissesse qui connaît leur pays et parle leur langue, la dissuadent de prime abord d'aller traîner ses guêtres au pays des insoumis, là où les rebelles musulmans garrottent, décapitent, rasent, pillent allégrement, là où les étrangers ont été jetés en prison, où les Chinois ont été sommés de se convertir sous peine d'être trucidés.

Le chargé d'affaires suisse fulmine :
« Si vous quittez Pékin, je ne m'occuperai plus de vous. »
Ella enregistre et n'en démord pas, même si, comme elle

l'avouera plus tard à son amie Catherine Domain, de la librairie Ulysse à Paris, elle hésite longtemps avant de partir seule. Le Sin-kiang devient une obsession. Tel est le but de son périple, désir profond dont elle ne peut se débarrasser qu'en l'assouvissant.

Dès qu'elle le peut, elle rend visite à Peter Fleming, de retour lui aussi à Pékin. Le Sin-kiang ? Il réfléchit, bourre son éternelle pipe, jauge sa partenaire qu'il ne connaît véritablement, hormis leur première rencontre à Londres, que depuis quelques jours, la trouve audacieuse, pleine de vaillance, d'endurance, de bonne humeur et de tact – ces deux dernières qualités lui échappant parfois –, et acquiesce d'un ton énigmatique, comme si le danger le rassurait.

Fleming est un drôle de voyageur, un flâneur au long cours qui a déjà publié un récit sur ses aventures au Brésil et s'est aventuré dans la Chine du Sud deux ans auparavant. C'est un râleur de première, aussi, mais son humour dévastateur le sauve aux yeux de Kini... Passionné de littérature et de théâtre, lui qui présida la compagnie d'acteurs-étudiants d'Oxford a quitté Londres pour les États-Unis afin d'y entamer une carrière d'homme d'affaires, ce qui lui a déplu au bout de quelques semaines. Aux certitudes de la fortune il a préféré les périls de la « bourlingue », a échoué aux Antilles, gravi un volcan au Guatemala, répondu à une annonce du *Times* de Londres qui cherchait un bon chasseur pour retrouver la trace du colonel Fawcett, perdu dans les forêts d'Amazonie en 1925 à la recherche d'un éden perdu. Lorsqu'il est reparti de sa jungle quelques mois plus tard, il a télégraphié aussitôt à Londres : « Serai Angleterre le 22, délesté bagages, argent et regrets. »

Cette fois, le voyage vers le Sin-kiang ne peut que le fasciner. Il erre en Russie et en Asie depuis six mois : une battue aux sangliers dans le Caucase, une virée sur les tombes de tuiles bleues de Tamerlan à Samarcande, une escapade sur les rives de l'Amour, une excursion sur un petit cheval en Mongolie par de fortes gelées, des haltes dans les auberges à opium de Mandchourie après avoir essuyé les tirs de soldats japonais qui visaient les essieux du train, une chasse à la bécassine sur le Yangtsé, une partie de squash à Tokyo – autant d'épisodes pour son journal londonien, qui pourrait dès lors lui pardonner un échec, celui qui consisterait à rentrer bredouille d'une tentative de traversée du Turkestan chinois.

De son propre aveu, le Sin-kiang exerce sur Peter le même attrait que l'Afrique sur les explorateurs du temps de la reine Victoria. La mensuration des crânes ou de savantes recherches ? « Pas de notre ressort », tranche Fleming. Ce que recherchent les deux voyageurs, c'est le pur exploit, avec en plus pour Ella une quête spirituelle, ce dont se moque éperdument l'écrivain britannique. Impatient, nerveux, souvent de mauvaise humeur, Peter reste cependant le compagnon idoine pour Kini, bourru comme elle, ce qui leur permet au moins de se comprendre. La fiancée de Fleming, l'actrice Celia Johnson ? Elle attendra, elle qui ne rêve que de se marier.... Lui veut tailler la route : nul visiteur ne s'est aventuré sur ces terres depuis huit ans, sur cette route de Pékin aux Indes. La révolte des musulmans a contribué à isoler un peu plus la province, d'autant que la rumeur veut que les puissances étrangères, Union soviétique, Grande-Bretagne, France, Allemagne, cherchent à y envoyer quelques espions. « On n'y pénétrait pas, écrira Fleming ; on n'en sortait pas davantage. » Raison de plus pour pousser l'exploration encore plus loin.

Ella et Peter invoquent la chasse à l'oie cendrée et à l'outarde pour obtenir leur passeport vers le Koukou-Nor, quitte à filer ensuite sur d'autres pistes, plus clandestines, si dangereuses que le gouvernement n'a même pas prévu de les interdire. « Cette lente traversée de la côte chinoise à l'Inde moghole est sans doute le plus beau trajet de pleine terre qu'on puisse faire sur cette planète. Prenez la mappemonde et trouvez-moi mieux ! » s'exclamera dans les années 1980 Nicolas Bouvier. Conscients des merveilles et des mésaventures qui les guettent en chemin, Ella et Peter préparent fébrilement l'expédition et envoient leurs vieux bagages en Europe. Pas d'équipement particulier, hormis de l'or en lingots, facile à monnayer à condition d'éviter les truands, deux carabines dont l'une offerte par des compatriotes de Peter, John et Tony Keswick, avec des munitions de calibre 44 léguées par sir Eric Teichmann, quatre bouteilles de fine – sait-on jamais ? – et les *Poésies* de Paul Valéry dédicacées par l'écrivain : « À Ella Maillart, femme du globe, le poète qui l'entrevit. »

Les Smigounov ne font qu'aggraver la situation en avertissant Ella :

« Vous devriez avoir un revolver sur vous, à cause des ours. »

Elle parvient à se procurer un colt dans Pékin, outil de voyage hautement recommandé en raison non seulement des ours et du gibier à plumes que l'on peut rencontrer en chemin, mais aussi des brigands, tout aussi abondants. Alors, pendant plusieurs jours, dans la cour de la légation de France, la voyageuse s'entraîne au tir, colt en main, afin de décapiter une douzaine de bouteilles vides, tandis que les gardes, mi-amusés, mi-effrayés, se bouchent les oreilles. L'arme sera égarée au bout de quelques jours. Dommage : Ella s'avérait redoutable à l'entraînement.

Peu de vivres – du beurre, de petits cubes de pain durs comme du biscuit de mer, de la viande froide, du sucre –, encore moins de viatique, mais une machine à écrire pour chacun et un gramophone pour Ella avec trois disques. Afin que les voyageurs résistent au typhus, le médecin Chang leur inocule un vaccin obtenu d'une drôle de manière : deux cents poux issus d'un élevage unique au monde ont d'abord été déposés sur les jambes de trois vieillards malades, des mendiants aux vêtements élimés qui gagnent leur vie ainsi, à jouer les cobayes pour douze dollars par mois. Indifférents à l'exploit qui se prépare, les trois vieux sont demeurés mutiques et leur silence rappelle à Ella et Peter, qui reçoivent à leur tour les poux sur la peau, le stoïcisme du continent qu'ils s'apprêtent à traverser. Va pour les poux...

Sur le quai de la gare, un journaliste suisse ami de Peter, Bosshard, vient les photographier avec son appareil au magnésium, ce qui n'est pas tellement bon signe car il est devenu célèbre grâce à une collection de clichés de missionnaires attaqués peu après par les bandits sur la voie ferrée. La série de poses est si longue qu'Ella finit par protester.

« Eh, répond le journaliste suisse, si vous disparaissez pour toujours, qui sait si je ne ferai pas une fortune avec ces photos ? »

Peter Fleming ne peut s'empêcher de songer au télégramme qui attend leurs proches : « Dernier cliché... cette entreprise téméraire... d'après le rapport du gouverneur civil... il faut maintenant renoncer à tout espoir... nouveaux efforts pour retrouver les corps. » Kini, elle, écrit à sa famille en donnant deux échéances : six mois, lorsque sa prochaine lettre postée des Indes parviendra en Suisse ; un an, lorsqu'il s'agira de s'inquiéter si aucune lettre n'est arrivée à Genève... Quelques sourires ponctuent les adieux à Pékin. On s'amuse de ce couple bizarre, deux caractères qui s'entendent et s'affrontent, elle, l'aventurière qui n'a pas sa langue dans sa poche, dont la malle ne contient que trois sweaters et trois caleçons de laine, et le Britannique aux phrases affectées, avec sa carabine 22 BSA fixée sur la selle et des bagages bourrés d'énormes boîtes à tabac pour sa pipe. On s'amuse aussi du titre de leur dernier livre : *One's Company* pour Peter, *Turkestan Solo* pour Ella. La vie n'est que lenteur pour Kini, avide de plénitude et d'abandon du temps. Peter, lui, est pressé et entend mériter son surnom de « Ventre-à-Terre ». « Une vie nouvelle commence », écrit Ella.

Et c'est ainsi, tels de silencieux pèlerins perdus sur une longue route, que les deux voyageurs s'élancent en janvier 1935 vers la tache blanche que représente sur les cartes le

Turkestan chinois, par le train de Han-kéou construit par les Français. Les accompagnent les époux Smigounov en bonnet de fourrure, dans un wagon orné d'écriteaux qui ordonnent, bizarrement, de siffler dans les virages. Avec dans sa besace de la valériane qui remonte les nerfs, de la teinture d'Amara contre le mal des montagnes, de la digitaline pour stimuler le cœur et du menthol pour aider les chevaux épuisés lors de l'ascension des cols, une bouilloire accrochée à sa selle et un quart dans sa veste, Ella est à la fois heureuse et soucieuse, rendue à sa liberté comme un oiseau hors de sa cage, et consciente aussi qu'à chaque moment le voyage peut sombrer dans le cauchemar, avec le risque pour les deux compagnons de route d'atterrir au fond d'une geôle sordide : « Je pars vers le Moyen Âge, et même l'âge du bronze. » Pour célébrer cette vie nouvelle, ce départ vers la Tartarie inconnue, elle a pris soin d'emporter avec elle des cartes de visite bilingues par lesquelles elle devient Ma Ya Ngan, ce qui signifie « Cheval universel de la paix ».

Cette expédition est insensée. Il n'empêche, les deux compagnons s'en vont vers les oasis interdites les yeux fermés. « Aucun de nous n'estimait nos chances d'aboutir à une sur vingt », écrira Peter dans *Courrier de Tartarie*.

Ella Maillart est la première femme blanche à pénétrer dans cette contrée hostile.

C'est un voyage dans l'irréel, un périple qui commence dans une gare non encore construite, le terminus de la ligne de Long-hai ouvrant sur l'inconnu, où des soldats clament qu'ils vont livrer la guerre aux « pirates » – catégorie assez vague qui peut désigner tout citoyen chinois, même innocent. L'équipée se poursuit en camion, Ella et Peter juchés sur le chargement avec vingt-cinq Chinois par un vent glacial qui fait que les étapes sont bienvenues pour se réchauffer, puis sur le bac du fleuve Jaune empli d'hommes et de bêtes, afin de remonter un affluent fougueux. Dans un camion ancestral qui pratique l'art de la panne avec une régularité de métronome, Ella affronte la partie la plus éprouvante du voyage, dans le froid, dans l'eau glacée lorsque le véhicule s'immobilise au milieu d'une rivière, dans la boue à la halte obligée. Elle est perchée au sommet du véhicule à l'agonie en compagnie d'une vingtaine de passagers emmitouflés qui jouent des coudes pour ne pas tomber sur la route, près de Peter qui ne cesse de lever le bras pour se protéger des vomissements de son voisin malade, tandis que Stéphane Smigounov, dans son paletot de cuir chamoisé qui craque à chaque effort et son bonnet à oreillères qui déteint sur son visage avec la neige, continue imperturbablement à décrire les fortins, à pointer du doigt les géomètres œuvrant sur la route, les enfants nus jouant dans le froid au seuil de quelque cahute misérable. Sur le camion, deux Chinois harassés de fatigue, torturés par les crampes, en viennent aux mains et se martèlent le visage jusqu'au sang. La haine, pense Ella, poursuit les hommes jusque sur le toit du monde. Le soir, elle s'endort dans son sac de couchage tout habillée, en proie à des quintes de toux engendrées par le cuir tanné au sel, toux qu'elle tentera de calmer plus tard dans une fumerie d'opium, en vain, tandis que Peter aide les Chinois à allumer le feu à l'aide des pages déchirées de son livre sur la Croisière jaune. Voilà à quoi servent les récits de voyage : à réchauffer au moins le cœur et le corps des autres voyageurs. Prions toutefois pour que Fleming ait épargné Victor Point.

À Lan-tchéou tout se complique : la police chinoise arrête les Smigounov et décide de les expulser, en raison d'un nouveau décret qui vise à purger le pays des suspects et en dépit de palabres menées par Maillart et Fleming avec les autorités huit jours durant. Quand les Smigounov font leurs adieux aux deux voyageurs, ils leur soufflent que les policiers chinois ont reçu l'ordre de les refouler à la frontière de la province. Vite, quittons cette ville hostile, où le moindre étranger est considéré comme un espion ! C'est à dos de mulet qu'Ella et Peter « Fou Lei Ming »

(Fleming) reprennent la route, vers Sining, à cinq jours de là. Aux portes de Lan-tchéou, ils croisent un prisonnier, un étranger blond escorté par des soldats. Est-il allemand, russe ? Arrivé à leur hauteur, il leur souffle « *Kaputt !* » et poursuit son chemin de croix. Étrange rencontre qui glace le dos d'Ella quand elle y songe.

La ville qui les attend à deux mille cinq cents mètres d'altitude ressemble à l'antichambre d'un pays nouveau. Avec ses caravaniers au cuir tanné, ses turbans jaunes et blancs qui remplacent le traditionnel calot chinois, ses paysans tibétains aux bonnets en épaisse fourrure de lynx et aux manteaux de laine rouge, ses nobles des hauts plateaux aux revers de col en peau de léopard ou d'agneau, qui ouvrent des yeux étonnés sur cette étrangère blonde en culotte de cheval, ses Mongols du Tsaidam au manteau tombant jusqu'aux genoux, portant un sabre sur le côté et cachant dans leurs bottes fourrées une pipe au fourneau de cuivre, Si-ning s'apparente à une antique cité des steppes d'où l'on pourrait voir surgir des hordes de cavaliers, les descendants de Tamerlan. Quelques missionnaires protestants y résident, mais ils évitent ces deux étrangers qui ne peuvent leur attirer que des ennuis. Tristes émissaires de la vieille Europe, maugrée Ella : ceux-là ne se parlent même pas. « Comment s'étonner, pense-t-elle, que les Orientaux soient enclins à considérer les Occidentaux, en particulier dans le domaine spirituel, comme à la fois hypocrites et stupides ? »

Les tracas continuent. Suspicieux, les hommes du gouverneur militaire consignent les deux Longs-Nez dans une auberge de la ville, le temps de s'informer par télégramme de la position de Nankin, siège du pouvoir nationaliste. Peter Fleming s'en ronge les ongles. Si le gouvernement central répond que les visas n'existent pas, c'en est fini de l'expédition. Dans l'attente, Ella et Peter parviennent à négocier une visite au fameux monastère de Koumboum, où affluent des dizaines de milliers de pèlerins tibétains. Non loin de la lamaserie, dans un village accueillant les caravanes où Ella Maillart, toujours en proie à son obsession voyageuse, rencontre un riche marchand musulman, elle apprend que le prince de Dzoun doit retourner au Tsaidam la semaine suivante en compagnie de quelques négociants et de deux cent cinquante chameaux.

« Il vous est facile de vous joindre à eux, explique le marchand : vous louerez quatre chameaux pour porter vos chargements. Un de mes hommes, Li, pourra aller avec vous. »

Incroyable chance qui se poursuit lors du retour à Sining, où les hommes du gouverneur leur octroient finalement un passeport, à condition toutefois qu'ils soient suivis par une escorte militaire, ce qui effraie un temps les deux acolytes. Mais ils se rassurent en découvrant ladite escorte, en fait un bon vieux soldat intoxiqué à l'opium qui ne se soucie que d'une chose : ne pas s'éloigner de sa fumerie. Quelques pièces glissées par Peter à la sortie de la ville convainquent le garde décati de rentrer subrepticement chez lui afin de goûter aux voluptés de la fée verte.

Les ruisseaux gèlent, l'hiver est de plus en plus rigoureux, et il s'agit d'être prudent en chemin en raison des innombrables brigands qui hantent les lieux, notamment à Tangar, à deux mille six cents mètres d'altitude, où un missionnaire suisse, Urech, vient extirper Ella et Peter de leur auberge misérable afin de leur offrir une hospitalité plus sûre que ce repaire de bandits. Le fils des missionnaires, Malcolm, appelle Peter « le vieux Maillart », ce qui a le don de mettre l'écrivain britannique en rogne. C'est là, dans cette petite ville des confins, que les voyageurs fous achètent deux poneys et louent quatre chameaux afin d'y charger leurs bagages, deux valises et quatre caisses de provisions, attirail somme toute dérisoire pour qui veut s'aventurer dans les steppes et sur les hauts plateaux six mois durant. Dans la maison de M. et Mme Urech, laquelle ne cesse de taquiner les deux amis sur la cruauté du sieur Ma Djou Ying, le rebelle musulman qui répand l'agitation dans toute la contrée mais dont on ne sait où il a placé ses frontières – ce qui rend l'expédition encore plus périlleuse –, Ella écrit une dernière lettre à sa famille :

« Si tout va bien, ma prochaine lettre sera datée des Indes, dans six mois d'ici ; mais il ne faudra pas vous inquiéter si vous n'avez pas de nouvelles de nous. Nous allons nous joindre à la caravane d'un prince mongol et voyager avec lui pendant dix-sept jours : ensuite nous ne savons pas ! »

En selle pour un autre monde. Sur son cheval nerveux à la croupe rembourrée par le sac de couchage et qui bondit à droite et à gauche, ce qui lui vaut le nom de Slalom, Ella renaît. Son bonnet de fourrure, son épais manteau, ses nombreux lainages la protègent à peine du froid, colporté par des vents furieux qui surgissent du septentrion, mais elle sourit intérieurement, nantie d'une nouvelle peau, celle des nomades, chevauchant son poney aux côtés des caravaniers du prince de Dzoun, les joues enduites de beurre comme les Tibétaines. Le prince Dzoun No Yé, qu'Ella et Peter découvrent dans son campement et à qui ils offrent une petite lunette d'approche posée sur une écharpe de Si-ning, est un homme jeune, beau, timide, aux pommettes hautes, aux yeux à peine bridés, et qui porte un calot de feutre brun doublé de fourrure et rehaussé d'or. Lors de la cérémonie du thé au beurre, assis sur une peau de mouton, impressionnant de sérénité, il offre son hospitalité de nomade, c'est-à-dire une place dans sa caravane de deux cent cinquante chameaux de Bactriane, trente chevaux et quatre-vingts hommes. À l'aube, quand le prince se courbe vers la terre pour ses prières, Ella se laisse envahir par une vague de sérénité.

Très vite, elle retrouve l'âme de son expédition dans le Turkestan, cette noblesse de gestes et de cœur qu'offrent les caravaniers. Si Peter paraît un novice, elle baigne dans son élément. « Je connais déjà l'odeur des chameaux, leur haleine fétide quand ils ruminent, écrit-elle dans ses carnets, je sais la halte au point d'eau, la collecte du crottin pour le feu et les joies que procure le thé bouillant, je n'ignore pas la recherche des bêtes égarées à la poursuite de leur pâture ni le silence des nuits où les yeux brûlent d'avoir trop regardé dans le vent. » À l'étape, les caravaniers s'aperçoivent que la voyageuse est à son aise, qu'elle sait repérer les points d'eau, ramasser des bouses en guise de combustible, chercher les bêtes qui se sont éloignées en broutant.

Elle rudoie Peter, auteur riche et célèbre qui ne se lave pas, guère gêné par son odorat, lequel semble être resté en carafe sur les quais de Pékin. À l'occasion, elle lave ses liquettes et lui rappelle qu'une femme, son actrice de fiancée, l'attend à Londres, mais propre.

Kini aime les journées où l'on se courbe contre le vent, les escales dans l'attente, la faim au ventre, de la galette qui cuit ou du lièvre tiré par Peter, le silence éternel des étoiles qui remplacent les paroles. « J'aurais aimé que le voyage durât autant que ma vie. » Plus que jamais elle se sent maîtresse sur ces terres lointaines. Elle s'insère dans le paysage et parvient à cette conclusion magnifique, tandis que Peter Fou Lei Ming s'évertue à chasser le gibier, des oies gris perle ou des antilopes à quatre cent cinquante pas. « La steppe, je la possède. » Déjà elle oublie l'idée de retour dans cet Occident où rien ne l'attire et où elle se sent seule. Même Peter, cet intrépide voyageur qu'elle vénère pour la qualité de son regard et sa persévérance, malgré leurs prises de bec, l'ennuie parfois lorsqu'il parle de sa terre natale, des battues dans le domaine familial dont il rêve le soir, quand il répète telle une litanie à l'oreille d'Ella : « Soixante lis de moins d'ici Londres ! » Elle médite sur ce magnétisme du bercail, elle qui a abandonné la vieille Europe, qui l'oublie même dans ses songes, comme si elle avait toujours vécu au milieu de ces hommes qui ne se lavent pas de peur d'être transformés en poissons et de ces bêtes qui puent à peine plus que les caravaniers : « Ce qui est sûr, c'est que Peter semble craindre moins de finir au fond d'une prison d'Ouroumtsi que de ne pas être de retour à temps pour chasser la grouse en Écosse. »

En route, les deux compagnons croisent un chercheur d'or, qu'ils surnomment le Bosco, et que Peter ravitaille d'une oie. Le Bosco les invite à se joindre à sa quête de mines aurifères, et voilà les deux Longs-Nez galopant dans les régions désolées du Koukou-Nor, à la recherche de quelque filon. Puis brusquement, lorsqu'ils se retrouvent seuls avec leur guide, Ella réalise la fragilité de leur expédition : Peter est désarçonné par Greys, la petite monture acquise auprès d'un lama tibétain et qui ne cesse de ruer dans les brancards. Il est projeté au sol, grimace de douleur et regarde sa cheville enflée. Un temps, Ella croit à une fracture, mais il ne s'agit que d'une contusion. Que feraient-ils tous deux en cas de pépin dans une telle contrée, loin de tout dispensaire, avec pour pharmacie quelques pansements et des herbes traditionnelles chinoises ?

Le spectacle du lac gelé, le Koukou-Nor, dans une lumière ouateuse, les console de ces tracas. Ils marchent dans le vent, courbés comme des sarments de vigne, ils sont humbles dans ce royaume de la désolation, ils jubilent, les yeux larmoyants à cause du froid. Ella ne pense plus mais fabule, bercée par les chimères et les mélanges du cru que lui conte le guide, qui explique que les villes ici sont enfouies sous les sables.

La petite caravane progresse lentement et la lumière sur la neige est aveuglante. Peter Fleming, qui avait déclaré présomptueusement à Pékin qu'il ne cacherait jamais ses yeux, consent à porter les lunettes de glacier d'Ella. Celle-ci, muée en médecin, s'évertue à soigner la troupe et les nomades rencontrés sur la piste, dont un jeune homme à la cuisse trouée par un abcès vieux de sept ans qu'elle traite plusieurs fois à coups de permanganate, de pommade iodoformée et de pilules japonaises Jintan, sauf un soir où, fourbue par une chevauchée sur une selle cassée en deux, elle s'endort comme un enfant auprès du feu.

La traversée du désert est éprouvante, avec ses longues étapes à pied pour éviter que les chevaux ne s'enfoncent dans la poudre des pistes improbables, sous une lumière poussiéreuse qui baigne l'horizon comme une promesse de marchand de sable.

À Dzoun, oasis de tamaris à deux mois de route de Pékin, misérable trou habité par un lama et trois vieilles femmes, terme de l'expédition princière, la caravane se disloque, tandis que Peter, sous l'œil étonné d'un vieil homme qui lance son moulin à prières afin de se protéger contre les sortilèges de la dactylographie, tape sur la machine à écrire ses notes de voyage après avoir dégusté son verre d'alcool chinois, comme chaque soir. Les seuls candidats à la réussite du voyage sont des chercheurs d'or aux mines patibulaires dont l'un arbore des lunettes de montagne cachant son regard. Les chameaux ? Ils sont absents et personne ne veut en louer, les deux compagnons ayant été doublés par un chercheur d'or rencontré en chemin qui a pris de l'avance et s'est accaparé les dernières montures avant eux. Peter est d'une humeur massacrante, Ella craint de rester en carafe plusieurs mois. Elle opte alors pour une avancée jusqu'à Teijinar, à quinze jours de cheval de Dzoun, résidence d'un prince et région de pâturages idéale pour les poneys efflanqués. Là, un Russe cinquantenaire, Borodichine, dit « Boro », ami des Smigounov, pourrait les aider, s'il n'a pas décampé. Sur lui seul repose désormais l'avenir de l'expédition.

Heureusement, le Russe vit toujours dans sa yourte, au-delà d'un marécage entouré de taupinières. Il achète aux nomades des cuirs et des laines qu'il exporte en Chine. Ancien commandant d'une troupe de cosaques dont le général en retraite fut assassiné par les Chinois, errant en Asie centrale depuis la révolution bolchevik, séparé à jamais de sa femme et de ses enfants, Boro, qui fume une longue pipe chinoise dans un petit fourreau, invite dans son antre les deux voyageurs qui semblent avoir surgi d'un brouillard lointain comme par magie. La route est dangereuse, avertit le Russe, parsemée de rebelles dounganes, les maquisards du Sin-kiang, et la piste principale est contrôlée par un poste frontière qui interdit pour l'heure tout passage. Plus personne n'ose emprunter la route des caravanes. On ne sait même pas si la guerre civile entre musulmans et Chinois est terminée. Reste un chemin détourné par le Tibet septentrional, mais à cinq mille mètres d'altitude, avec des vallées désertes et peu d'eau. Ella et Peter, qui tente de vaincre ses accès d'humeur par de longues parties de cartes, n'ont guère le choix. Malgré la difficulté du parcours, ils jubilent : ils vont traverser des régions qualifiées jusqu'à présent par les atlas géographiques d'« inexplorées ». Des chameaux ? Le prince du lieu demande un prix si exorbitant qu'il n'est même pas question de négocier, et c'est Boro, un homme qui ne peut que plaire à Ella, « nomade dans l'âme et partout chez lui », qui loue ses quatre bêtes en proposant, malgré un cœur fragile à de telles altitudes, d'accompagner ces deux singuliers voyageurs.

Toute trace humaine a disparu de la vallée creusée par l'érosion que traverse la petite caravane. Seuls quelques ânes sauvages peuplent l'endroit, ainsi que des antilopes chassées par Fleming pour améliorer l'ordinaire des pâtes chinoises, cuites avec de la neige fondue. Jours froids et rudes pour Ella, dépossédée de tout, hormis un sac de couchage et quelques vêtements chauds. Alors que Peter, incroyablement fidèle à lui-même, ne peut s'empêcher de galoper dans les steppes pour traquer quelque gibier, elle lit sur son cheval *La Jeune Parque* de Paul Valéry, dont elle apprend des pages entières par cœur. « Réciter de la poésie face à l'immensité de la nature est une source inépuisable de bonheur », dira-t-elle plus tard à l'amie Catherine Domain. Elle ressent au plus profond d'elle-même une joie calme, une sensation inédite de jouir de la vie, de la vivre pleinement. Lorsque le petit groupe croise des bergers, les premiers en un mois de route, Boro leur confie ses deux amis, soucieux qu'il est de rentrer dans son campement et d'éviter les rebelles musulmans qui pourraient l'exécuter. Les adieux sont déchirants, comme souvent lorsque les errances communes paraissent longues d'un siècle.

Les deux bergers ne ressemblent en rien à des Chinois, à des Mongols ou à des Tibétains ; ils sont issus d'un type indo-européen du Sin-kiang. Pour Ella, cette rencontre est déjà un signe, un adieu au « monde jaune ». Les plateaux deviennent de plus en plus stériles, et les bêtes doivent batailler avec de faméliques buissons pour se nourrir. Mais quelle beauté ! Un magnifique lac bleu s'étale sous des montagnes enneigées, puis s'ouvre devant Ella une gorge impressionnante. Les étapes sont longues, jusqu'à quatorze heures de marche d'affilée, et le soir Maillart et Fleming s'endorment souvent l'estomac vide, faute d'eau pour cuire le repas. Quelques bergers leur offrent du lait caillé et des galettes d'avoine. Ils annoncent aussi que la paix est rétablie à Cherchen, là où ferraillaient rebelles musulmans et soldats chinois. La petite caravane descend lentement de ses hauteurs somptueuses, elle passe de quatre mille à quinze cents mètres pour rejoindre le terrible désert du Takla-Makan, alors que s'annoncent déjà les chaleurs torrides de l'été.

Mais si la guerre est finie, l'esprit tatillon des fonctionnaires chinois demeure, héritier du zèle fidèle des mandarins impériaux. Les Mongols sont lourdement taxés, dix dollars par yourte, soit, pour les mille cinq cents tentes du Tsaidam, l'équivalent de trois cents chevaux et deux cents vaches. Les impôts atterrissent dans la poche du gouverneur par l'intermédiaire de son âme damnée, Mâ Chin Té, un usurier prêt à tout. Les nomades s'endettent auprès de lui, et l'aigrefin envoie ses sbires saisir quelque bétail, un mouton pour un dollar, tribut qui devient deux moutons l'année suivante si la dette n'est pas réglée. Ella Maillart, qui consigne soigneusement les doléances des autochtones, est révoltée par ces pratiques féodales.

Une antilope chassée par Peter devait fournir leur repas du soir, mais il s'avère, une fois cuite, qu'elle recèle encore une colonie de vers gros comme des noix. Les deux compagnons s'abstiennent. Quelques jours plus tard, la faim aidant, ils ont moins de scrupules et dévorent une viande rongée par les parasites. Lors des haltes, Ella constate la valeur des biens pour les nomades : deux cuillers de bois se négocient contre deux moutons ou vingt-deux cartouches de la carabine de Peter ; un paquet de boîtes d'allumettes et un savon valent une bouteille vide. Souvent elle n'a même plus la force de monter la tente, épuisée par les longues marches au côté de son cheval Slalom ; alors elle déballe à peine ses affaires, sac de couchage, jumelles, Leica, trousse de toilette, carnets de route, et s'effondre sur le sol sans demander son reste, le dos en compote, les genoux douloureux. Indécrottable, Peter, lui, ne songe qu'à fêter royalement le 4 juin, jour anniversaire de la fondation du collège d'Eton, en 1440, ce qu'un ancien élève, même au fin fond des steppes, ne saurait oublier sous peine d'excommunication.

De temps à autre, des villageois leur apportent des galettes de maïs, et ce sont alors des moments de simplicité et d'hospitalité pour lesquels Ella donnerait son cheval : « Si jamais j'ai vécu un instant de bonheur sans mélange, c'est là, devant ces dons parfumés et savoureux de la nature, entourée de visages bienveillants. Je remarque parfois des cheveux et des yeux clairs qui me donnent l'impression de me trouver parmi des cousins éloignés jusqu'alors inconnus. » L'osmose avec les nomades est si forte chez elle que lorsque les voyageurs parviennent dans la petite ville de Bach-Malgan, elle dresse un étal improvisé avec des caisses renversées et vend comme une paysanne de l'Altyn-Tagh tout ce qui lui semble superflu, allumettes, savon, aiguilles, fil, vieilles bouilloires, boîtes et bouteilles vides, poivre, cotonnades, sacs de crin, fers à cheval, comme pour mieux apprendre à se débrouiller dans cette contrée du dénuement et se rapprocher des autochtones qui lui offrent leurs trésors – riz, agneau, graisse de brebis.

Peu à peu la vie reprend ses droits sur cette route de l'inconnu. Lorsque Peter braque ses jumelles sur l'horizon, il crie : « Des peupliers ! », tel un capitaine qui n'aurait pas croisé de rivage pendant des lustres. Des femmes entourent Ella, qui mettent un certain temps avant de comprendre à quel sexe appartient ce cavalier au visage tanné recouvert de pantalons. On lui apporte des roses, du pain, et Kini en a les larmes aux yeux.

Lorsqu'ils parviennent dans une oasis du Sin-kiang, l'une de ces villes où les Indes britanniques possèdent un consulat, Maillart et Fleming n'ont pas le temps de se rendre dans la demeure du plénipotentiaire : les soldats chinois sont déjà à leurs trousses, leur intiment l'ordre de les suivre, les contrôlent, les gardent quelques heures avant de les relâcher. Immuable protocole, qui retarde à chaque fois la joie de découvrir une oasis. La chaleur, elle, s'accroît, et la nuit, près des points d'eau, après une marche dans le désert de sables mouvants, les voyageurs connaissent un autre fléau : les innombrables moustiques pourrissent le charme d'une étape. Ella ne peut cependant cacher son trouble : plus loin, à Khotan, siège des rebelles, les derniers étrangers à avoir montré patte blanche, le savant allemand Filcher et l'équipage d'un avion allemand, ont séjourné six mois dans les geôles de l'endroit. Elle lève le nez lorsque la nuit descend, et songe à sa bonne étoile. Sans doute les rebelles penseront-ils que Peter est tout sauf un espion puisqu'il est accompagné d'une femme... Et une femme ne peut guère être suspecte, car elle est considérée dans la contrée comme aussi importante qu'une tête de bétail.

Fleming appartient à cette catégorie de voyageurs dont l'âme s'élève au gré des étapes mais dont le caractère incorrigible ne saurait supporter le moindre aggiornamento. Mais l'humour suffit à colmater les brèches. Pour cet être insolite, à la fois drôle et versatile, Ella Maillart ressent une forte attirance. Au demeurant, elle ne cache pas ses sentiments, tournés vers une vie simple où les élans du corps et du cœur trouvent une voie naturelle. Et Fleming, lui, n'est pas insensible au charme de sa camarade de route, malgré son comportement de garçon manqué. Sous la tente, le soir, lorsque dorment les deux bergers, se noue à défaut d'une idylle une forte complicité amoureuse.

Enfin Khotan ! Voici l'atlas de l'inconnu, l'antre des Dounganes, les rebelles musulmans. Ancienne étape célèbre sur la route des grandes caravanes, la ville est devenue la capitale de la révolte religieuse. Qui œuvre en coulisse ? Qui sont les commanditaires ? Ella et Peter n'oublient pas leur rôle de correspondants spéciaux et abreuvent de questions leurs interlocuteurs, fonctionnaires chinois, militaires, partisans de la rébellion. À force de sillonner la cité aux abords soigneusement irrigués, ils finissent par remonter des filières et tombent sur des recrues de la révolte, les terribles conscrits dounganes. Le crâne rasé, en pyjama blanc, coiffés d'un chapeau à larges bords, ils entonnent des chants martiaux et défilent au pas de l'oie dans un voile de poussière. Leur regard est envoûtant, ils sont comme hypnotisés, même si tous ne semblent pas avoir rejoint de leur plein gré les rangs de l'insurrection. Souvent ils arborent le masque de l'horreur, figé dans l'enchaînement des mouvements et la répétition des slogans.

Les chefs sont méfiants mais acceptent les entretiens. Ils n'ont plus le vent en poupe : leurs troupes ont perdu du terrain dans ce Sin-kiang deux fois grand comme la France où les avions soviétiques ont volé au secours des soldats chinois pour mater une partie de la sédition. Les paysans, eux, ont fait les frais de ces retours de bâton : ils ont été massacrés et par les Chinois et par les Dounganes. Ella entrevoit très vite le jeu des grandes puissances qui rivalisent de manigances dans la contrée, et ses paradoxes : « Les soviets, défenseurs du peuple (en principe), aidaient un gouvernement chinois moyenâgeux et usurpateur à opprimer des musulmans qui se révoltaient contre lui ! »

Un temps admiratrice de la révolution bolchevik, la voyageuse au long cours est définitivement lavée de ses sympathies de jadis.

L'entrée dans Kachgar est encore plus émouvante pour Ella. Au-delà de la ville, elle aperçoit les monts T'ien-chan, ces monts Célestes qui la firent tant rêver lorsqu'elle chevauchait dans les vallées perdues du Kirghizistan, de l'autre côté de la frontière chinoise. Ce rêve incroyable, traverser les oasis interdites, ce vœu insensé même depuis Pékin, elle l'a accompli en moins de trois ans. À Kachgar elle se sent chez elle, comme si elle se rapprochait de ses racines. Là encore, elle s'aperçoit très vite que les Soviétiques manœuvrent en coulisse ; ils sont les maîtres du grand jeu qui secoue l'Asie centrale. À Ouroumtsi, la capitale du Sin-kiang, le gouverneur chinois est entouré d'une kyrielle de conseillers russes à l'allure arrogante qui ont l'air de s'être installés ici pour cent ans.

Prompts à espionner, les envoyés de Moscou surveillent les frontières, interdisent à certains marchands de se rendre dans l'empire des Indes britanniques, le rival du Sud. Tout témoin étranger est considéré comme indésirable. Partir vers les dernières oasis, au-delà de Kachgar ? Ella s'entête, mais Peter la dissuade. La situation se gâte, les Soviétiques sont trop présents, et la tribu qui accompagnerait les deux voyageurs subirait inévitablement des représailles de la part des encombrants mentors du Nord.

Pour tâter le terrain, Kini se rend au consulat d'URSS à Kachgar pour demander si la route de Tachkent est ouverte – le plus court chemin, dit-elle, pour rentrer en Europe. Impérieux, d'un ton qui ne souffre pas la contradiction, le consul répond :

« Cette route est fermée à cause d'une épidémie de peste. »

Ella sait à quoi s'en tenir. Elle ne verra pas les monts Célestes de ce côté-ci de la frontière, colonisé à la fois par les Chinois et par les Soviétiques.

Peter, qui ne perd jamais son flegme, n'est pas malheureux de ce changement de cap : la chasse au Cachemire, dans l'empire des Indes, est sûrement une aubaine. Alors, avant de reprendre la route, dans l'attente des visas, les deux compagnons rongent leur frein en jouant au football en compagnie des gardes de la vallée. Ella y montre une certaine habileté, ce qui lance une nouvelle rumeur selon laquelle un espion russe s'est déguisé en femme... Le soir, une grande réception est offerte en leur honneur, avec les consuls, les notables chinois, le général djoungane et le général chinois. Les deux personnages galonnés se méfient l'un de l'autre et, par peur d'un attentat, ne se déplacent qu'avec une escorte armée jusqu'aux dents qui continue de monter la garde même pendant la réception. Le mélange de Bénédictine, de vodka et de cognac a tôt fait de soûler tous les invités, ce qui accroît la suspicion d'Ella, consciente que les ennemis se trucident au cours des banquets, vieille habitude dans la contrée, surtout au moment du dessert. Quand le général chinois entame son discours, traduit en anglais, en russe et en persan, devant des consuls qui ont enlevé leur veste d'uniforme, il est déjà bien éméché, et défilent sur ses lèvres tous les hommages de la terre ; il porte un toast aux avions soviétiques qui ont désenclavé la ville, un autre aux courriers des Indes qui ont livré du sérum contre la peste, un autre encore à Genève, la ville de la grande voyageuse, « la plus grande ville du monde » à cause de la Société des Nations, et puis encore un au *Times*, le meilleur de tous les journaux.

À la fin de la soirée, devant les gardes inquiets, le gouverneur, de plus en plus incohérent, interrompt son discours en lançant :

« Je vais m'arrêter, je crains de me répéter... et je ne me rappelle pas ce que j'ai déjà dit ! »

Quand l'orchestre entame une valse, le général chinois se lance dans un pas de danse audacieux, le revolver flottant sur ses culottes militaires, dans la plus comique des attitudes. À la fin du dîner, Ella Maillart est ivre morte pour la première fois de sa vie. Elle jure qu'on ne l'y reprendra plus.

Le changement de cap ne sera pas désagréable, estime Ella au réveil, enfin dessoûlée. Le Cachemire et la vallée de la Hounza au lieu des monts Célestes : le jeu en vaut la chandelle. Au cours de ces quarante jours de voyage, il y aura le col de Mintaka, la chaîne du Karakoram, les pentes de l'Himalaya. Autant d'étapes dont Ella rêve depuis bien longtemps.

Avant de lever le camp, les deux voyageurs monnayent l'or en lingots qu'ils transportent afin d'acheter cinq bons poneys. Enfin ils sortent de l'état de vagabonds dans lequel ils se complaisaient pour échapper à la maréchaussée sur la piste, lors d'un périple sans autorisation. Peter est rasé de frais, enfin nanti de mousse mais aussi de dentifrice. Sur les caisses antichoc amarrées au bât des poneys flotte un drapeau anglais pour dissuader ces maudits maraudeurs qui écument la route et empêchent de jouir pleinement des étapes.

Lorsque la petite caravane escortée par deux soldats chinois se met en route sur les plateaux du Turkestan, Ella respire à nouveau. « Comme j'étais heureuse d'être, une fois de plus, dans la montagne, de retrouver la vie simple de la tente, d'avoir quitté en même temps le luxe du consulat et les auberges infestées de puces ! » Mais les ennuis ne se font pas attendre. D'abord, les soldats chinois se comportent comme des mandarins de l'empire, fouettent des nomades au passage, réquisitionnent des yaks auprès de Kirghizes. Avec leur bât primitif, les poneys ont le garrot à vif en quelques jours. Les pistes s'avèrent dangereuses le long des précipices ou à l'assaut de montagnes aux flancs escarpés qui ne laissent espérer aucune chance de survie en cas de chute.

Accompagnés du muletier Satar, Ella et Peter, qui parviennent à se débarrasser de l'escorte chinoise avant la frontière, franchissent sans encombre le Pamir, cette antichambre du toit du monde. Désormais, ils marchent comme des nomades, ont appris le silence, ne contemplent pas le paysage mais le vivent, s'y fondent en une singulière alchimie. Ella est devenue cette peau du monde, sensation qu'elle guette depuis toujours sans avoir pu la nommer.

Dans la haute vallée de la Hounza, près de la frontière chinoise, sur l'ancienne route de l'empire des Indes, j'ai tenté de me fondre moi aussi dans le paysage avec un vieil homme du cru pour retrouver les sensations d'Ella Maillart, qui avait fait halte ici. Je me souvins qu'elle avait escaladé une montagne élevée, seule, sans Peter, afin d'admirer un pic éloigné, malheureusement caché par des nuages ce jour-là. Au sommet, elle avait été saisie d'une angoisse soudaine en regardant les éboulis en contrebas. « Quelle impression me fait l'idée de trouver la mort dans les rochers éboulés à mes pieds ? Mais qu'est-ce que la mort, après tout ? Pourquoi la craindre ? »

J'observai les éboulis blancs du haut de la montagne ocre de Singal, entourée de sommets de sept mille mètres. J'avais presque honte d'être malade ce jour-là, car le vieux qui m'accompagnait, quatre-vingts ans bien sonnés, sec comme une trique, des yeux noirs dissimulés derrière d'épaisses lunettes à la monture en plastique fendue, était en pleine forme. Je contemplai les cimes enneigées de l'Himalaya, celles qui sont tournées vers le Turkestan, et lui, muni d'un bâton de ski, me dit qu'il fallait couper court à travers les éboulis. Je le suivis comme un automate et me remémorai les mots d'Ella, prise entre son réflexe de nomade, qui guidait chacun de ses pas, et sa hantise de la mort, qui cependant n'effrayait guère son esprit.

Le vieux baba sautait dans les éboulis comme un cabri, il virevoltait, s'appuyait sur son bâton, ponctuait ses virages d'un *hop ! hop !* Il s'amusait, il rajeunissait à vue d'œil, et moi je le suivais, tombant, me relevant, tenant mes tripes, vomissant lors d'une pause durant laquelle il m'expliqua que les habitants de la vallée vivaient centenaires grâce aux quatorze variétés d'abricots du coin, et que lui en avait encore pour longtemps, autant d'années à s'amuser dans les éboulis, à contempler les paysages, à regarder en bas les villages somnolents, là où, disait-il, la montée de la civilisation allait empêcher les gens de vivre, c'est-à-dire de vieillir, puisqu'il estimait que la margarine et l'huile auraient bientôt raison des centenaires. Je répétais les phrases d'Ella : « Qu'est-ce donc qui me conduisait ainsi aux quatre coins du monde ? Quel était ce besoin de voir et de comprendre ? » Durant cette traversée de l'Himalaya, la voyageuse ressassait indéfiniment les mêmes chimères, et la marche, hallucinatoire, lui permettait d'alterner les pensées et les retrouvailles avec la terre des hommes. Quand je parvins en bas, je levai les yeux vers cette montagne qu'il me semblait impossible de gravir de nouveau. Le vieux baba était hilare et regardait la montagne jaune. Lui était prêt à repartir comme pour me prouver que la margarine n'avait pas encore gagné la partie.

Peu à peu Ella Maillart et Peter Fleming descendent vers l'empire des Indes, après le col de Mintaka plongé dans une tempête de neige. Par crainte de mauvaises rencontres, notamment avec les bandits de grand chemin qui hantent ces hautes vallées, les deux voyageurs cachent soigneusement ce qu'ils ont de plus précieux, non pas l'or mais les films et les carnets de notes. Dans la vallée de la Hounza, la succession de moraines, de glaciers, de rocs à pic et de précipices crée un spectacle inattendu après le Pamir chinois et ses contours arrondis, ces douces ondulations où abonde l'herbe drue et qui bercent le regard du voyageur.

À Baltit, la principale localité de la vallée, résidence du mir, prince de la contrée qui vit dans un château blanc dominé par le Rakapochi, une gigantesque montagne de sept mille sept cent quatre-vingt-dix mètres dont les glaciers semblent s'affaler sur les premières maisons, Ella se laisse aller, boit du vin tous les soirs dans ce fief des ismaéliens où l'alcool n'est pas banni, assiste aux danses du sabre et du bouclier, au jeu du tir à l'arc en plein galop et aux parties de polo, où tous les coups ou presque sont permis. Pour un peu, dans ce décor grandiose de neiges éternelles et de roches tourmentées, dans ce village accroché au flanc d'une montagne qui défie les hommes, elle passerait bien une partie de sa vie.

Le mir les reçoit dans sa belle demeure. C'est un vieil homme illettré mais cultivé qui connaît Bombay, Calcutta et la sagesse, depuis qu'il a mis fin à la guerre qui l'opposait au mir de Nagar, de l'autre côté de la montagne. Au-dessus de la cheminée sont affichés les portraits de lord Kurzon, de lord Kitchener et de l'Agha Khan, chef spirituel des ismaéliens, qui reçoit son poids d'or dans une balance devant la foule de fidèles et, selon Cocteau, a conservé « la distance mystérieuse que les fausses gloires affectent ». Le mir Muhammed Nazim Khan doit désormais livrer une autre bataille, celle du dépeuplement dû à la fuite vers les villes des jeunes de cette vallée trop étroite pour nourrir les milliers de sujets du prince, lequel vit en potentat absolu.

Au pied du Rakapochi, dans les maisons où avait été reçue Ella Maillart, je rencontrai le mir du pays hounza avec la même envie de parler du sort des habitants d'une région si longtemps coupée du monde. Le prince ne se rappelait plus la visite de la voyageuse à Baltit, dans la maison de son père, en cours de restauration à l'initiative de l'Agha Khan. La montagne semblait vouloir couvrir ce coin de vallée de sa cape de glace tel un manteau de magicien. Les villageois de Baltit, aujourd'hui Karimabad, du nom du chef spirituel des ismaéliens, courbaient le dos sous le chargement des provisions d'hiver – pommes de terre, bois, abricots, margarine – car au mitan de l'automne le froid commençait à s'immiscer dans les maisons. Le décor paraissait le même que celui décrit par Ella, à peine retouché par les échafaudages du palais du mir et la route en contrebas, avant l'entrée du bourg où les voitures ne pénétraient pas.

Le prince m'attendait dans sa demeure pleine de tapis, de trophées de chasse, de fusils, de portraits. Il fit servir le thé par son majordome, qui n'ignorait rien de l'étiquette à observer devant ce descendant de rois, héritier de la plus vieille dynastie du sous-continent indien, éteinte avec l'abolition de la monarchie dans cette petite vallée en 1974. Mir Ghazanfar portait un gilet marron et un pantalon blanc, et de ses grands yeux tristes contemplait depuis sa large baie vitrée la vallée en contrebas, son royaume, celui où il n'était plus roi mais dont les habitants, ses sujets pourrait-on dire, le vénéraient toujours, comme ils vénéraient l'Agha Khan. Il me raconta les prouesses des ismaéliens dans la vallée, comment Mohammed Abdullah, le chef d'un petit bourg, ancien employé de la division des travaux publics et poète à ses heures, avait ordonné la plantation de cent huit mille arbres en cinq ans, comment le village d'Hanouchal avait construit un incroyable petit canal à travers la montagne pour irriguer de nouvelles terres, comment quatre cent cinquante mille roupies avaient été épargnées par le district pour construire une toute petite usine électrique, au nez et à la barbe d'une capitale sise par-delà les cols enneigés et qui se moquait éperdument des difficultés de la vie sur ces hauteurs. Le prince parlait de sa belle voix posée, ponctuée de temps à autre par un hoquet dû au thé vert, avec des gestes raffinés qui tous semblaient témoigner de son appartenance à une dynastie vieille de neuf cent quatre-vingts ans. En scrutant les flancs de la montagne, j'aperçus des paysans menant une petite caravane de chevaux. Les plus vieux royaumes sédentaires peuvent disparaître, jamais ceux du nomadisme.

Le mir du Hounza me montra ses armes, ses fusils, ses souvenirs de chasse et de guerre. Ella Maillart avait contemplé les mêmes armes et Peter Fleming avait rêvé de chasse devant ces magnifiques tromblons de pirates, qui dataient de l'époque où le peuple hounza, qui ne dépassait pas quatorze mille âmes, écumait la contrée – ce peuple « dont la propension aux razzias avait excédé la patience du gouvernement des Indes », avait-il noté. Leur escale avait été mémorable : « Personne, écrit Peter dans *Courrier de Tartarie*, n'aurait pu réussir mieux que nos hôtes de Baltit à rendre idyllique l'avant-dernière étape d'un voyage souvent ardu. » Invitée par le mir dans le même palais, Ella avait bu du champagne, don du maharadjah du Cachemire, et « une merveilleuse vieille fine », cadeau de l'expédition Citroën. Ç'avait été là son dernier partage avec Victor Point, qui s'était suicidé trois ans plus tôt.

Je regardais par la baie vitrée, que fouettait un vent fort, sous des cieux purs comme l'eau de la rivière Hounza qui, furieuse, jetait son écume sur les roches jaunes. J'avais l'impression de rêver dans un jardin secret perdu au fond d'une vallée, entre l'empire de Chine et l'empire des Indes, au sein d'une principauté de pierres, de glaces et de furies qui maniait la rébellion comme le paysan la bêche. Le vent déposa un voile sur le sommet de la montagne, juste au-dessus du fort, et je crus voir le visage d'Ella Maillart qui souriait. Était-ce l'ivresse de l'altitude, la narcose des longs voyages ? Les traits de Kini se dissimulaient dans les nuages.

Je marchai longtemps ce jour-là. Le ciel s'était dégagé et les parois rocheuses, noires et vertes, semblaient luisantes comme l'ardoise après la pluie. Sans doute aurais-je pu croiser Ella ; je l'aurais reconnue, elle m'aurait salué, avec son visage déjà ridé par le soleil et ses mains épaisses à force d'avoir barré et manié des caisses. Elle aurait sans doute souri, regardé le fort de Baltit puis les creux dans les roches, ces farces du temps, ignorant que j'étais lancé sur ses traces pour percer le mystère – sans que le mystère puisse se révéler. Elle se serait arrêtée, nous aurions pris le thé sur un feu de broussailles, nous aurions parlé longuement, puis elle aurait repris son chemin comme si de rien n'était, en nomade éternelle qui ne se plaît que sur les sentiers et dans le mouvement.

À Gilgit, Ella Maillart a l'impression, bonne et fâcheuse, de retrouver la civilisation. Celle-ci, représentée par la gentry britannique, ne lui sied guère et a de mauvaises nouvelles à lui annoncer. De la vieille Europe, parviennent les rumeurs les plus alarmantes : l'Italie a envahi l'Abyssinie, la Grande-Bretagne et la Société des Nations ont riposté par une série de sanctions. Ella est inquiète pour les siens. La mort dans l'âme, elle renonce à son voyage par caravane en Afghanistan et en Iran. Un jour, elle reviendra. Pour l'heure, elle entend rallier Srinagar au plus vite.

Cela représente un parcours d'une semaine à dos de poney. Fatigué, gagné à son tour par les craintes de sa compagne de route, Peter Fleming plonge de plus en plus dans la mauvaise humeur. Kini, elle, se laisse éblouir par les dernières beautés de ces pérégrinations sur la piste des nomades, les neiges de l'Himalaya, le massif du Nanga-Parbat, les traces de l'expédition Citroën Centre-Asie qui s'aventura à Gilgit en autochenilles puis en caravanes, les pièces détachées hissées sur des montures, jusqu'au col frontalier et ensuite vers la Chine. En chemin, elle croise d'autres nomades, des pèlerins de retour de La Mecque après un voyage de deux ans.

Srinagar, terminus. Le long périple touche à sa fin dans cette ville du Cachemire britannique où on les avait signalés disparus. Ella veut fêter cela dignement, dans le meilleur hôtel de l'endroit, au milieu de dames à chapeau en tenue de soirée et d'hommes en uniforme colonial. Peter et elle portent des chemises crasseuses, des pantalons élimés, ils ont le visage boucané et ils se moquent des émois alentour. « Si jamais nous arrivons à Srinagar, s'étaient-ils promis en route, nous prendrons une telle cuite que personne ne pourra l'oublier. » La promesse n'est pas tenue. En dégustant son caviar éventé et un verre de champagne, Kini toise comme par défi les convives et songe qu'elle assiste à une absurde comédie en toilette d'apparat. Trop triste pour une dernière cuite.

Les chemins d'Ella et de Peter se séparent. Leur rêve se termine là, de toute façon, aux portes de la civilisation britannique et de l'empire des Indes. Leur fabuleuse expédition a réussi : ils ont relié Pékin au Cachemire par voie de terre. Le périple, qui a duré sept mois et couvert six mille kilomètres, suscite un fabuleux engouement chez les colons anglais et les explorateurs. Et dire qu'André Citroën avait refusé de recruter Kini pour sa Croisière jaune sous prétexte qu'elle était une femme ! S'il savait, maintenant ! songe-t-elle. Peut-être que Victor Point aurait été sauvé de ses tourments.

Un exploit, leur souffle-t-on. « Une randonnée, répond modestement Peter, couronnée d'un succès immérité. » Ella se rappelle qu'au départ ils se donnaient tous deux une chance sur vingt d'arriver à bon port.

Fleming décide d'aller chasser le coq de bruyère puis de rentrer à Londres. Kini, elle, visite le Taj Mahal avant de s'envoler vers la Suisse, via Bagdad, Beyrouth et Marseille. En survolant les steppes et les déserts, elle s'aperçoit qu'elle n'est plus la même. Le voyage en haute Asie l'a profondément transformée : « Je n'étais plus uniquement suissesse ou européenne ; je me sentais liée au monde dans son ensemble et j'avais l'impression que je ne serais plus jamais tout à fait chez moi à Genève. » Elle possède comme une nouvelle peau et ce retour ne se fait pas sans mal. Elle bégaie, « cherchant ses mots comme dans le dictionnaire », dira Paul Morand, ne comprend plus à Paris ce qu'est la circulation automobile, regarde les arbres quand elle traverse une rue. Une semaine n'est pas de trop pour réapprendre la vie urbaine, si longtemps oubliée. Il n'empêche, ces bruits de ville lui paraissent de plus en plus superficiels.

Les mots du retour en Europe sonnent comme un triste épilogue : « J'aurais aimé que le voyage durât toute ma vie. »

CHAPITRE XVI

Amandine Roche est comme une enfant d'Ella Maillart et n'a pas de maison. C'est la première chose qu'elle me dit lorsqu'elle m'appelle. Depuis plusieurs années, Amandine, qui a vingt-huit ans, emprunte le parcours de la voyageuse. Elle veut tout sentir, tout voir, retrouver les gens qui l'ont connue, ou leurs descendants. Je la rencontre dans un restaurant parisien, puis à la terrasse d'un café, place Saint-Sulpice. À la fois vive et réservée, rêvant perpétuellement d'expéditions lointaines, elle a les pieds sur terre et ses récits témoignent, au-delà de sa fascination pour Ella Maillart, d'un réel intérêt pour les destinées des gens simples. Une sorte de sérénité émane de ses paroles, comme si elle avait approché une forme de sagesse, peut-être grâce à Ella.

Alors que les derniers rayons du soleil caressent les flancs de Saint-Sulpice et ses lignes pures, elle parle longuement de ses virées sur les hauts plateaux de Chine, dans les profondes vallées de Kirghizie, les déserts d'Asie centrale, et je crois entendre Kini la coureuse d'immensités. La terrasse du café est ensoleillée et la fontaine des Quatre-Évêques ressemble soudainement à une oasis du Sin-kiang où l'eau coulerait à flots. Telle une nomade qui ne connaîtrait que peu d'escales, Amandine a tout abandonné pour sa passion, la remontée du fleuve Ella M.

Elle avait quelques antécédents, une grand-mère archéologue, un père qui s'aventura au Sahara. Mais elle avait choisi des études tranquilles, de droit, à Bordeaux. Un accident un soir de réveillon, alors qu'elle se rendait en voiture chez des amis, dans un château de Saint-Émilion, a bouleversé sa vie. La voiture glissa sous la pluie en haut d'une côte, effectua quelques tonneaux dans les vignes et se fracassa sur un coteau : le capot en accordéon, portières bloquées. Amandine, sonnée, blessée au cou et à la jambe, vit inscrit devant elle comme dans un film le mot « Fin » mais s'en sortit par enchantement. Un automobiliste se porta à son secours, la conduisit au château voisin. « Vous êtes une miraculée », lui dit-on. Elle n'avait pas vingt ans et ce frôlement de la mort, cette petite lueur blanche à l'horizon de son regard fermé, remit en question sa conception de l'existence. Vivre chaque jour comme si c'était le dernier, décida-t-elle, et ne rien attendre du lendemain. Elle aperçut plus tard le visage d'Ella Maillart à la télévision et sut que cette femme la guiderait un jour dans des périples lointains. Déjà la tante d'une amie avait appelé le responsable de l'émission pour rencontrer la voyageuse. « Elle est à Perpignan », lui avait-on répondu, et la tante avait foncé dans le Sud, mais trop tard. Elle avait fini par la rencontrer, loin de là, en Suisse.

Quel est donc cet étrange magnétisme qui entraîne les gens si loin, en quête d'Ella M. ? se demande Amandine Roche. Quand elle lit dans l'avion Washington-Genève *La Voie cruelle*, elle est fascinée par les descriptions d'Ella, sa « focale », et succombe à son tour à la magie. Elle décide de rester à Genève, tente de rencontrer Ella, mais la vieille dame est partie vers les montagnes, à Chandolin, dans sa maison des hauteurs qui toise le Cervin. Amandine est tellement déçue d'avoir raté Ella qu'elle décide de flâner elle aussi vers ces horizons rêvés. Elle s'en va alors vers l'Asie, dix-huit mois durant, à Bénarès en Inde, au Népal, dans les hautes vallées solitaires du Ladakh, dans les monastères du Tibet en proie à la répression chinoise et au froid de l'hiver himalayen. « Je voulais voyager à travers cette femme, approcher comme elle les nomades en Mandchourie, en Afghanistan, au Kirghizistan, prendre les mêmes photos, savourer un thé à Kachgar. » Marcher sur ses traces est plus qu'une idée fixe, c'est une obsession qui la hante jour et nuit. Elle baigne dans la féerie d'Ella Maillart, comme si la voyageuse avait jeté un sort étrange à ceux qui lisent ses livres.

Quel plus bel héritage ? pensais-je en écoutant Amandine. Dans l'église Saint-Sulpice se cachent quelques tableaux de Delacroix, et je songeais dans la lumière déclinante de la fin de l'été à son attrait pour l'Orient, à sa vision obsessionnelle de ce lointain, à son Sardanapale, ce tyran qui attend la mort dans une nonchalance voluptueuse, entre orgie et boucherie, entre plaisirs capiteux et cruauté, et qui longtemps défia l'imaginaire d'un Occident repu et trop manichéen. Cette toile m'intrigue toujours, par la métamorphose de la destruction en fête, par le trouble que suggère le mariage entre plaisir et destin, par le fantasme aussi que le vieux monde projeta sur ses confins, cet Orient qui servit pendant des siècles à le borner.

La violence, Amandine Roche la rencontre à maintes reprises sur les traces d'Ella Maillart, et d'abord à la frontière chinoise, où les gardes-frontières l'arrêtent, l'interrogent après avoir confisqué et déchiré des photos de Kini prises dans les années 1930 – « C'est la loi chinoise ! » Elle est coincée là, dans ce no man's land des sommets, à trois mille huit cents mètres d'altitude, et si les Chinois ne la laissent pas passer elle va mourir dans le froid de la nuit. C'est le petit-fils de l'ancien gouverneur de Kachgar qui, inquiet de ne pas avoir de nouvelles, lui envoie une voiture avec chauffeur, lequel tombe dans un ravin, mais l'alerte est donnée et la voyageuse est sauvée. Quand elle parvient à pénétrer dans le terrible désert de Takla-Makan, avec le guide Yousouf, elle assiste à des scènes d'émeute dans le bus, bagarres entre Hans et Ouïgours, coups de poing, coups de genou, les raclées pleuvent et les mâchoires craquent. Les injures volent, tout aussi graves dans la contrée que les horions qui, eux, finissent par cicatriser, contrairement à l'honneur blessé. En chemin, Yousouf avoue à Amandine qu'il a déjà été arrêté avec un Américain, et que si les policiers chinois le reprennent il connaîtra l'enfer des *laogai*, les terribles camps de travail.

Dans les bus poussifs, sur les chargements de camions grinçants, dans les auberges crasseuses et parfois malfamées, elle lit et relit les livres d'Ella, note d'étonnantes similitudes. Les républiques musulmanes d'Asie centrale, elle les découvre dix ans après l'indépendance alors que Kini s'est aventurée dans les mêmes endroits dix ans après la révolution. La colonisation chinoise au Sin-kiang se poursuit et muselle un peu plus la vie nomade. Comme Ella, elle ressent un sentiment de mort en Afghanistan. L'attitude des Chinois à la frontière est la même : ils la soupçonnent d'être une espionne. Sur la route d'Arménie, où elle a trouvé une mission de photographe pour une agence des Nations unies, elle rate Naltchik, la ville de haute Svanétie, en raison de troubles dans le Caucase, mais se console en débusquant à Odessa l'ancien palais où résida Ella, décrit dans son récit *Parmi la jeunesse russe*. Elle ressasse aussi le leitmotiv de la Suissesse : « Chacun devrait prendre son bâton de pèlerin et aller au bout de soi-même. »

1936. Ella Maillart ne tient décidément pas en place. À peine rentrée à Genève, la voilà soucieuse de repartir vers les steppes d'Asie centrale. Pourtant elle est heureuse de retrouver son lit, aussi rassurant qu'un port après une longue croisière en haute mer, son club de hockey, ses proches – bien que ses parents ne comprennent pas cette bougeotte perpétuelle. Dans la maison familiale de Genève, l'ambiance n'est pas gaie. Les affaires paternelles périclitent, et Albert, le frère d'Ella, est d'humeur morose, comme son père avec qui il travaille. Kini se rend compte qu'elle est incapable de les soutenir moralement : elle est repliée sur elle-même, soucieuse de sa voie, qui risque de ne la mener nulle part, de ne lui laisser qu'une vie solitaire – « ... à finir mes jours de vieille fille dans quelque pension de famille ». Quand elle revoit une amie d'enfance, elle réalise qu'elle l'envie pour sa vie de femme heureuse, aimée, aimant, et que cette amie elle aussi l'envie pour sa vie de nomade... Ella Maillart doute, puis se ressaisit, et en rit. Les éditeurs la courtisent, des écrivains veulent la rencontrer, un hebdomadaire illustré publie deux longs articles signés de sa main.

En septembre 1936, elle largue de nouveau les amarres pour se rendre au Liban et rejoindre Miette de Saussure, dont le mari diplomate est en poste à Beyrouth. Là, dans cette maison ancienne, non loin du bord de mer, elle rédige d'un souffle *Oasis interdites*. Elle doit rétablir l'équilibre : le livre de Peter Fleming, *Courrier de Tartarie*, est sorti en premier. Il a beau avoir signé une superbe dédicace sur l'exemplaire envoyé à Ella – « À Kini, une bonne fille, ce souvenir inadéquat d'un voyage que nous ne sommes pas près d'oublier est offert avec admiration, affection et gratitude » –, il se présente en chef d'une expédition où elle est escamotée ! Nombre de lecteurs s'indignent et la pressent de donner sa version des faits. Elle la couche donc sur le papier, sans rancune. Peter s'en justifie ainsi : « Tu as tout à gagner à ce que je parle peu de toi, je l'ai fait exprès. Quand ton livre sortira, tout le monde voudra le lire pour en savoir plus. » Ella acquiesce et se remet à l'ouvrage. « Je tiens pour un chef-d'œuvre, écrira Nicolas Bouvier, ce livre dont les protagonistes sont l'espace, le silence et une forme de bonheur dont on ne guérit jamais. »

J'imagine Ella peinant à la tâche, rivée à sa machine à écrire, frappant des deux doigts ces mots qui sortent avec difficulté de son corps, condamnée à la sédentarité pour mieux fixer les paysages nomades, rêvant du Grand Ailleurs à nouveau, là, au-delà de cette ligne de montagnes, dans le désert syrien et les plaines de l'Euphrate. « Un effort épuisant », dit-elle, même si elle est soutenue par Miette. Je la vois relever cent fois la tête, chercher l'inspiration, replonger dans le texte, rayer, recommencer. Ce ne sont pas les souvenirs qui manquent, au contraire, mais les mots sont parfois introuvables ou imprécis, et les phrases souvent trop faibles pour restituer l'émotion.

À l'automne 1936, elle gagne Londres pour un cycle de conférences, de quoi regarnir sa bourse. Exploratrice, elle ? C'est du moins ce que proclament les éditeurs et journaux qui la publient. Kini garde son sang-froid, son détachement de femme de la terre, proche des humains et de la glèbe : non, je n'ai rien exploré, j'ai vu seulement. Son humilité rend encore plus sensibles ses témoignages qui « donnent à voir », comme le dit Eluard, et elle tente de démontrer dans ses discours ce que l'Asie peut apporter à la vieille Europe déboussolée, ses richesses, sa spiritualité, et d'abord la quête du sens de la vie. « Il y a quelque chose de pourri dans cette vie humaine, écrivait Aragon dans *Le Roman inachevé*, quelque chose par quoi l'esprit voit se rétrécir son domaine. » Ne pas rétrécir son esprit, mais au contraire l'agrandir, pour soi et l'amour de l'autre, tel est le leitmotiv d'Ella. Bien plus tard, elle dédicacera *Oasis interdites* à Nicolas Bouvier d'un superbe trait de plume : « Un voyage où il ne se passe rien, mais ce rien me comblera toute ma vie. »

Ses tournées l'entraînent à Paris où elle retrouve des amis de la route. Paul Morand l'encense : « Celle que je veux dire, écrit-il, c'est une femme bottée de mouton, gantée de moufles, le teint cuit par l'altitude ou le vent du désert, qui explore des régions inaccessibles avec des Chinois, des Tibétains, des Russes, des Anglais dont elle reprise les chaussettes, panse les plaies, et avec lesquels elle dort en pleine innocence sous les étoiles... » Elle dîne rarement seule, d'un croissant trempé dans un café crème, souvenir de ses années de dèche, et on l'invite souvent. Que de chemin parcouru, déjà, depuis ses premiers séjours dans les villes européennes, à l'âge de vingt ans...

Le rédacteur en chef du *Petit Parisien* lui propose un nouveau voyage vers l'Orient. Elle accepte et s'en va comme si de rien n'était, après une étape rapide à la comptabilité, cette escale obligée des grands reporters. En camion et en autobus, elle se rend en Inde, via la Turquie, l'Iran et l'Afghanistan, avec des haltes dans des caravansérails surpeuplés. Cette fois, elle ne s'attarde pas et choisit la vitesse. Ses reportages en sont d'autant plus secs, dans lesquels elle mélange faits et impressions. À son retour, elle se replonge dans le cycle des colloques et causeries. Paul Morand la salue de nouveau. Il voit en elle « une amie des pentes neigeuses et des altitudes de pierrailles, dormeuse de troisième classe, éleveuse de poux, buveuse d'eau saumâtre et de poésie claire, girouette sur le toit du monde ». Les salles de conférences la demandent. Elle joue le jeu pour regarnir sa bourse, mais n'est pas dupe et tente d'échapper aux rets de la notoriété : « Je n'avais aucune aventure sensationnelle à raconter et je ne connaissais que superficiellement les pays que j'avais traversés. »

Ces mondanités ne la satisfont pas. Cette Europe qui va droit dans le mur des fascismes ne lui dit rien qui vaille. Trop d'insouciance s'offre à ses yeux, alors que tout lui semble orage. Elle veut rester cependant auprès de sa mère, malgré ces bruits de tonnerre, et renonce à une expédition, pour la première fois, à l'été 1938. Mais l'impatience la gagne, elle croit à un sursaut provisoire de l'Europe et se laisse gagner par ses rêves : revoir les nomades, croiser des Polynésiens, se porter au-devant des Tibétains sur le toit du monde. Comprendre aussi pourquoi l'Europe tourne si mal, cette « civilisation insensée » qui la chagrine, autant par ses travers que par son propre remords d'en faire partie.

Pour cela un long recul est nécessaire, auprès de tribus traditionnelles, dans les vallées perdues et sur les plateaux à l'âme nomade. Lorsque son amie zurichoise Annemarie Schwarzenbach lui annonce que son père va lui offrir une

Ford neuve pour remplacer sa vieille voiture, le sang d'Ella ne fait qu'un tour : cinglons vers l'Orient. Annemarie, qui a trente et un ans, obtempère aussitôt : elle veut fuir son pays, sa famille bourgeoise, les ragots et son destin d'homosexuelle morphinomane. Même sa mère la pousse à partir : « Il faut parfois savoir prendre des risques – à supposer que tu sois décidée à continuer d'exercer ton métier. Et la chance que tu as de voyager avec Mlle Maillart ne se répétera pas tous les jours – sans doute jamais plus. »

Titulaire d'un doctorat en histoire, fille d'un riche industriel du textile qui dispose d'une magnifique demeure à Bocken, surplombant le lac de Zurich, Annemarie n'a jamais voulu enseigner. Elle s'est tournée très vite vers les voyages et les écrits. C'est un auteur de talent plongé dans la mélancolie, une figure androgyne taillée dans la finesse : les rédacteurs en chef en redemandent. Sa mère Renée, qui entretient une relation avec une actrice réputée, a toujours cultivé l'ambiguïté, et d'abord sur l'identité d'Annemarie, qu'elle traite comme un enfant asexué. Schwarzenbach voyage, écrit, photographie. Son regard aigu, sa pointe chaleureuse, son sens du tragique font d'elle une chroniqueuse de talent, ouverte sur le monde et le cœur des autres. Elle vogue aussi entre des moments de lucidité où sa plume se laisse aller, sensible, alerte, émouvante, et des temps de dépression qu'elle tente de guérir par la morphine. La cure qu'elle vient de terminer ne l'a pas sortie des affres des paradis artificiels. Elle replonge, se débat avec ses chimères, elle, « ange dévasté » comme l'appelait Thomas Mann, « ange inconsolable » selon Roger Martin du Gard, dans la dédicace de son livre *Confidence africaine*. Elle traîne sa mélancolie dans ses voyages, tente de se consoler auprès de Klaus et Erika Mann, avec qui elle se lie d'une amitié forte, oublie pour un temps l'emprise de la drogue. Elle cherche une issue. L'Orient sans doute la sauvera.

Elle connaît certaines de ces contrées lointaines, la Syrie

et la Perse, où elle a participé à des fouilles archéologiques, la Palestine et l'Irak qu'elle a traversés, un Rolleiflex à double objectif autour du cou. À Téhéran, en mai 1935, elle a épousé un diplomate, deuxième secrétaire à l'ambassade de France, Claude Achille Clarac, rencontré l'année précédente. Ce mariage, pensait-elle, allait la sauver de la chute, après sa tentative de suicide de janvier 1935. Mais pendant qu'elle écrit ses nouvelles dans la maison louée à Farmanieh, à vingt kilomètres de Téhéran, Clarac invite une amie de Washington, Barbara Hamilton-Wright. L'amitié amoureuse qui naît entre les deux femmes délivre du naufrage Annemarie, qui s'échappe avec elle aux États-Unis. Dans la grande dépression qui frappe le pays d'est en ouest, Annemarie Schwarzenbach, devenue citoyenne française, se dévoile brusquement. Elle croque des portraits d'Américains déchus, visite les usines de Pittsburgh, prend des photos des sans-le-sou, enquête sur le lynchage en Virginie. Son humanité se révèle face à la dérive des ouvriers et techniciens livrés au chômage, et dont le regard croise l'appareil photo de la voyageuse au milieu de leurs banlieues de misère et dans les files d'attente de la soupe populaire.

Quand Ella Maillart la rencontre, la sensibilité de la Suissesse la touche aussitôt. « Partir, écrit Annemarie, c'est la délivrance – ô unique liberté qui nous soit restée ! – et il n'est besoin pour cela que d'un courage sans faille, chaque jour renouvelé... » Comme Ella, Annemarie est issue d'une riche famille, fuit sa contrée natale, se soucie du sort des autres, des gueux et miséreux que les nantis ne regardent même plus. Ella est frappée d'emblée par la beauté trouble de « l'enfant suisse », comme la nommait Klaus Mann, avec qui Annemarie s'est rendue au congrès des écrivains de Moscou en 1934. Lui ne cesse de rallier des énergies autour de lui pour sa revue antifasciste *Die Sammlung (Le Rassemblement)*, elle s'oppose à sa famille, ouvertement pronazie. Elle a fui, s'est rendue à Istanbul, a souffert de la solitude, est rentrée en Suisse, a écrit un journal de voyage, *Hiver au Proche-Orient*. Comme le rappelle Dominique Laure Miermont, qui a traduit ses livres en français, le premier mot de ce récit, publié en 1934 et jamais réédité, est « mélancolie ». En Ella Maillart Annemarie Schwarzenbach trouve son contraire : « Ma route a alors croisé le destin d'une autre femme aussi forte et apaisée que j'étais accablée. J'avais peur de la vie tandis qu'elle l'empoignait, prête à la conquérir dans toute sa quintessence sibylline. » Toutes deux sont des enfants perdues de l'entre-deux-guerres. Elles n'ont aucun mal à s'entendre à propos de leur prochain voyage, conçu comme une épreuve de rédemption.

L'amitié que porte Ella à Annemarie se nourrit de leurs fragilités respectives. De plus en plus, Ella s'interroge sur sa vie, son goût pour le nomadisme, intact, mais soumis à tant de privations, et d'abord affectives. Et Annemarie ne cesse de se remettre en question, oscillant entre le salut par l'écriture et des phases de dépression. Elle veut exorciser ses démons par la morphine, songe sans cesse à la mort, qui est souvent pour elle-même la raison de la passion : « Nous voulions parler de bonheur et nous ne nous rendions pas compte que nous pensions à la mort. » Elle doute d'elle-même, cherche des appuis, mais l'aide de Stefan Zweig et de Thomas Mann, qui la recommandent vivement auprès de différents éditeurs, ne suffit pas à ouvrir les portes. « Il y a trop de douleur dans ce livre », entend-elle çà et là lorsqu'elle dépose le manuscrit de son roman, *La Cage aux faucons*. « Aller vers l'avenir sans traîner derrière soi le poids du passé », tel est son credo, qu'elle inscrit dans les pages de ses impressions d'Orient. Il ne peut que convaincre un peu plus Ella, qui a renoncé à une invitation de Blaise Cendrars pour un séjour estival dans la forêt des Ardennes, de cingler en Ford Roadster « Deluxe » vers l'Afghanistan, ses lacs d'altitude et ses bouddhas éternels.

Ella bondit comme un cabri, passe de Genève à Paris et Londres pour rencontrer archéologues et cinéastes, déjeune au Savoy en compagnie de l'éditeur Frere-Reeves. Que se sont-ils dit dans les salons lambrissés des bords de la Tamise ? Je me suis rendu à mon tour dans le hall puis dans le bar du Savoy, un après-midi de printemps, comme pour mieux épier l'ombre de Kini. Dans ces lieux un peu décatis, à l'atmosphère surannée, je m'assis pour dévisager longuement le fantôme d'Ella. Je l'imaginais vêtue comme une exploratrice, avec ses chaussures de marche et son pantalon épais, la tenue qu'elle arborait lorsqu'elle avait rencontré dans un autre grand hôtel le colonel Benett, propriétaire du *Volunteer*, qui l'avait accueillie à son bord, pygmalion de ses premières aventures en mer.

Le bois du Savoy sentait l'encaustique. Des bûches crépitaient dans l'âtre du hall, devant un canapé abîmé dans lequel je m'enfonçai. L'éditeur Frere-Reeves, qu'Ella connaissait depuis quelques années, était devenu plus réservé, comme empreint d'une sagesse nouvelle ; il s'était dépouillé de ses plaisanteries habituelles. L'heure, aussi, était à la gravité. Je songeai à Ella inquiète autant pour ce voyage que pour l'Europe qui allait plonger dans le désastre. Ce n'était pas une fuite pourtant qu'elle préparait. Elle croyait encore à la paix mais plus aux hommes qui gouvernaient ce monde, accusés soit de fascisme, soit de cynisme, soit de lâcheté. Frere-Reeves, au cours du repas, finit par lui livrer le fond de sa pensée : cette Europe était d'abord malade de son manque de spiritualité. Les flammes de l'âtre dansaient sans doute ce jour-là, comme un rappel des haltes dans les lointaines steppes d'Asie, lorsque les caravaniers lançaient des brindilles et du bois sec dans le feu.

En sortant du Savoy, je tournai à gauche puis descendis la rue qui donnait sur le quai. Des employés indiens fumaient une cigarette à l'entrée d'un bistro, tandis que des cadres londoniens finissaient leur déjeuner dans un restaurant italien qui laissait échapper des senteurs de basilic et de thym. L'eau de la Tamise était boueuse ce jour-là. Je me rappelai les débuts d'Ella sur ce fleuve, à la manœuvre de la lourde barge du colonel Benett. Je m'accoudai au parapet. Quelques objets flottaient sur les eaux, morceaux de bois, détritus divers, petit bateau abandonné par un enfant. Je crus voir le visage de Kini dans les reflets du fleuve. Elle avait déjà tout abandonné pour sa prochaine quête, façon de dire à l'Europe que les bonnes volontés suffiraient peut-être à la sauver, et la quête de l'ailleurs aussi, comme un retour aux sources vers le Gange des mythes indo-européens. Un fragment du mystère s'était dévoilé ce jour-là, à l'instar du ciel londonien qui s'était épuré. Ella semait les pièces de son puzzle sur le long chemin de sa vie. Je la comprenais de mieux en mieux, du moins le pensais-je. En revanche, je comprenais de moins en moins mon propre entêtement à remonter la piste de Kini. Et voilà que je croisai le regard du serveur du Savoy, surpris par le va-et-vient de mon regard entre les vieilles photos d'Ella Maillart et les flammes dans la cheminée. Je lui pardonnai volontiers son insistant étonnement. Il ne pouvait pas savoir que je buvais un whisky en compagnie d'un fantôme.

Le voyage vers l'Afghanistan sera sans nul doute épique. À Zurich, Ella rencontre le psychanalyste Carl Gustav Jung, qui a effectué plusieurs voyages ethnographiques en Inde, au Mexique et en Afrique avec le secret et naïf espoir de percer en quelques heures le secret des mentalités primitives.

Quand elle lui offre un de ses livres, il lui demande :
« Pourquoi voyagez-vous ?
– Pour trouver ceux qui savent encore vivre en paix », répond-elle.

Son interlocuteur demeure sceptique. Toutefois, intrigué par tant de volonté, conscient de parler à une jeune femme qui pourrait se révéler une excellente patiente tant est grande sa propension à la fuite, Jung consent à livrer l'état de ses dernières recherches. Sa conclusion est sublime :

« Celui qui veut connaître doit prendre sur lui le risque de devenir insensé. »

Ces mots résonnent longtemps dans la tête d'Ella comme une invitation à poursuivre sa route coûte que coûte, quitte à s'installer « en dehors des sentiments et de la vie quotidienne, en dehors de l'ordre des choses », comme le lui avait suggéré, admiratif, Paul Morand.

C'est une petite victoire qui permet aux deux jeunes femmes de poursuivre : l'agence de presse zurichoise Wehrle consent à leur donner une avance de mille francs suisses, qui s'ajoutent aux contrats obtenus par Annemarie auprès des éditions Morgarten et des deux hebdomadaires *Zürcher Illustrierte* et *Die Weltwoche*. Annemarie semble abandonnée par l'infortune, et la chance lui sourit.

Mais avant même le départ, Ella mesure combien les difficultés seront grandes, tant suintent les drames d'Annemarie, cet écrivain déjà maudit, et ses chimères. Leur équipée encore dans les limbes ressemble à celle d'Henri Michaux vers l'Équateur avec son compagnon de route Alfredo Gangotena, « poète habité par le génie et le malheur », et dont il tirera *Ecuador*. Le génie et le malheur, oui, comme Annemarie. Une amie de Londres, Irène, déconseille à Ella de partir avec Annemarie, qu'elle connaît depuis son séjour à Téhéran en 1935, mais cela ne brise en rien son dessein. En avril 1939, dans une lettre à Ella, Annemarie se demande « si ce voyage serait une fuite, un expériment, un risque », avant d'ajouter : « Non, il est une simple nécessité... Il faut que je me détache de moi-même, que je me laisse absorber par notre monde, voir, apprendre, comprendre. » Le génie d'Annemarie Schwarzenbach, c'est aussi d'apprendre son propre malheur, et de ne pas s'en contenter. « Une chose est certaine, écrit Kini : elle croyait à la souffrance. Elle la vénérait comme source de toute grandeur. Et ce jour-là je me demandai si elle était à même de supporter sa misère parce qu'une partie d'elle-même s'en réjouissait. Dans ce cas, parviendrait-elle à parfaire la courbe commencée, transformant ainsi l'enfer en paradis ? » Ella sent toute la force qui se dégage de cette nouvelle amie, et qui n'est pour l'heure que nostalgie.

« Qu'allez-vous faire en Perse ? » lance André Malraux à Annemarie Schwarzenbach. Plus mutique et étrange que jamais, celle-ci réserve sa réplique pour plus tard, sous forme de livre, *La Mort en Perse* : elle y décrit longuement une halte iranienne, dans la vallée du Lahr, à deux mille cinq cents mètres d'altitude et des poussières, qui lui permet de contempler les nomades qui défilent devant ses yeux, ceux-là mêmes dont Kini cherche à suivre la longue trace dans les sables et sur les plateaux de l'éternité en marche. Annemarie distille aussi dans ce livre-testament ses peurs, qui sont celles de tout être humain, la hantise de la mort, des angoisses qui montent du fond des temps alors que souffle sur le temps le vent des montagnes. Il y a aussi l'alcool, « parfois des poisons bien pires ». « Qu'allez-vous faire en Afghanistan ? » pourrait-on demander à Annemarie, qui écrit dans un article de la *National-Zeitung* en avril 1940 : « Le voyage n'exige pas que nous prenions des décisions et il ne place pas notre conscience devant un choix qui nous rend coupables et repentants, humbles ou obstinés. » Chimères et voyages nomades : Ella et Annemarie ne peuvent que s'entendre. « Si on ne veut pas rester trente ans sous les verrous, il est bon de prendre le large à temps », écrit encore Annemarie, pour qui le voyage « est le symbole de notre existence ».

Kini, elle, fuit le lac Léman sous la même impulsion. Partons, vite...

CHAPITRE XVII

Quand Ella et Annemarie quittent Genève, le 6 juin 1939, leur Ford immatriculée GR 2111 ressemble à la fois à une voiture de luxe en route pour quelque mystérieuse destination et à un véhicule d'expédition scientifique. Sur la V 8 décapotable aménagée par le garage Tip-Top de Zurich, les suspensions ont été renforcées, deux jerricans de quinze litres fixés de part et d'autre, et deux gouttières placées sur les côtés afin de sortir l'engin en forme de scarabée des ornières et de la boue. Surtout, le coffre regorge de films vierges pour la caméra seize millimètres que les deux filles emportent. Le chargement, pièces de rechange et nourriture, est tel que le châssis commence très vite à plier. Bientôt les portes ne ferment plus et des joints de réservoir fuient. Qu'importe. La route s'ouvre devant, vers « le pays caché par l'horizon ».

Les paysans se retournent sur ces curieuses passagères, cheveux au vent, foulard autour du cou, qui cinglent vers l'Orient profond comme on se rend dans une vallée de l'Engadine. Elles campent sur le flanc sud du col du Simplon puis font route vers la Yougoslavie. Un paysan leur vend un pain de seigle sur lequel sont gravés un scorpion, des lettres de l'alphabet et des signes du zodiaque. Ella regarde longuement cette croûte aux trois symboles, coupée de tranche en tranche pendant plusieurs jours, jusque dans les Balkans. Tout est rassemblé dans ces dessins : le péril, l'écriture, la croyance, toute la vie d'Ella.

Kini cependant contemple moins les paysages que lors de ses expéditions précédentes : « Je sens que ma compagne est inquiète, et je ne peux plus comme par le passé être entièrement captivée par ce que je vois, car mes pensées se concentrent sur elle. » Le voyage vers la Perse est rapide, avec de courtes haltes : Constantinople, qui ne s'offre qu'à ceux qui s'attardent et où la Ford voisine dans un garage avec une Mercedes rouge, cadeau personnel de Hitler au roi Zog Ier d'Albanie ; le Bosphore, où elles admirent comme Marlowe et plus tard Julien Green la tour de Léandre ; la mer Noire en bateau jusqu'à Trébizonde pour s'épargner quelque fatigue sur les routes d'Anatolie ; la frontière iranienne franchie sans encombre.

En chemin, elles contemplent depuis les toits du château de Bayazid le mont Ararat, insolent de grâce et de puissance. À leurs pieds s'étale une ville grouillante qui attire aventuriers, ingénieurs, Russes et apatrides, ces éternels exilés dont Ella se sent si proche, au point de fuir jusqu'aux escales. Annemarie, elle, ne veut pas arriver en retard à son rendez-vous en Afghanistan avec des amis archéologues, Joseph et Ria Hackin, qui l'attendent pour des fouilles d'été au nord de Kaboul, et Ella craint que le temps perdu sur la route ne se transforme en mélancolie et en pente descendante vers la drogue. Déjà, à Sofia, Annemarie a rechuté et a tendu la main vers une fiole de morphine. Cette rechute l'accable, autant physiquement que moralement : elle est consciente d'avoir enfreint son serment. Entre les deux femmes une méfiance s'installe pour quelques jours, avant que l'amitié et la générosité ne reprennent le dessus. Mais Ella se demande « si l'on peut vraiment secourir les grandes souffrances d'autrui ».

Au-delà de la frontière iranienne, les voyageuses découvrent un village aux canaux bordés d'arbres, cerné par une montagne bleue. Ici, leur dit-on, est enterré le patriarche Noé, au pied d'une vigne. Ella et Annemarie ne s'y attardent pas. Leur Ford les attend, comme une arche biblique dans laquelle elles auraient entassé tous leurs espoirs, leurs convictions. Quelques semaines plus tard, elles apprendront qu'un violent tremblement de terre a dévasté toute la contrée, balayant la ville de Bayazid et son château de sultan. Plus que jamais la route semble s'ouvrir devant elles deux, s'ouvrir et se refermer pour s'enfoncer dans les profondeurs de la terre. Séisme dans les souvenirs aussi des deux femmes. Tout est remué, rien n'est durable. Derrière elles, elles laissent deux périls : l'écorce terrestre ravagée et la guerre en Europe, la terre en agonie et les hommes qui se déchirent. Plus que jamais le voyage vers l'Orient ressemble à une fuite en avant.

Serait-ce l'emprise de la vitesse, cette fée qui vous emmène de Trébizonde à Erzeroum ? Ou plutôt cette plongée dans la générosité, pour aider l'autre, alors que suintent de la peau, brusquement révélées, les propres chimères d'Ella, toujours invaincues ? Au cours d'une nuit passée à la belle étoile en Perse, c'est Annemarie qui se porte au secours d'Ella, qui s'est brûlé la main avec le réchaud à essence. Quelques jours plus tard, elles se rendent à la légation de Grande-Bretagne à Téhéran et le médecin anglais, pour cautériser la plaie, verse de l'acide tannique. Ella serre les dents, s'interdit de hurler, et la blessure cicatrise. Mais les plaies d'Annemarie, elles, restent vives, alors que la route d'Afghanistan leur est interdite en raison d'une épidémie de choléra : son vague à l'âme perpétuel demeure, elle souffre, se remémore son séjour à Téhéran. Ella comprend combien ces angoisses sont lourdes à porter.

Lorsque leur parvient enfin le visa de sortie, elles quittent le jour même Téhéran pour la frontière afghane, avec un détour vers la Caspienne, au-delà de la chaîne de l'Elbourz, par la route qui descend de la montagne vers les rivages étouffants aux eaux vert palme dans laquelle elles plongent allégrement. Cheveux au vent, le visage déjà buriné par le soleil d'Orient, les deux femmes ne prêtent même plus attention aux regards étonnés des paysans croisés en chemin. Se débarrasser de ses dernières scories, de ses miasmes d'Europe, abandonner aussi les douleurs d'Annemarie, tel est le credo d'Ella qui n'a rien perdu de sa volonté de vaincre les tourments de sa coéquipière. À Meched, les non-musulmans sont autorisés à visiter la mosquée de l'imam Reza, avec ses magnifiques cours aux carreaux d'émail, et les deux amies pénètrent avec enchantement dans ce lieu saint, dont l'ouverture provoqua l'ire des imams quelques années plus tôt, ce qui dégénéra en révolte. L'armée des soldats à casque haut, comme une parodie de tenue coloniale, tira dans la foule des rebelles sur ordre du shah. Les mollahs s'inclinèrent, mais jurèrent de se venger. Quand elle s'aventure dans les cours de la mosquée, Ella, qui filme à la dérobée, comprend que le défi moderniste du shah n'est pas gagné et que tôt ou tard la révolte des mollahs éclatera de nouveau.

Frontière afghane. Un gigantesque no man's land de trente kilomètres entre les postes de Youssoufabad et Islam-Kaleh se dresse devant les deux femmes, qui ne distinguent même plus la piste puisqu'elle s'arrête là, dans le sinistre « vent des Cent Vingt Jours » qui descend des steppes du Turkestan. Cette frontière est inconnue pour Ella, qui n'a fréquenté deux ans plus tôt que les pistes du Sud. Annemarie, elle, est obsédée par les routes septentrionales, où les voitures se comptent à l'année sur les doigts de la main, et veut emmener sa coéquipière vers Herat, Chibarghan, Mazar-i-Charif. Ella obtempère car elle n'a qu'un souci : sauver Annemarie de la grande chute. « J'ai trente ans. C'est là une dernière chance pour corriger ma manière de vivre, une dernière tentative pour me prendre en main », avait-elle soufflé à Ella avant le départ.

Entre les deux femmes il n'y a nulle ambiguïté, mais une profonde amitié s'installe, faite de respect et de sensibilité pour ce que l'autre ressent. Ce périple aventureux vers l'Afghanistan ressemble à une ultime tentative de salut, de sortie du chaos, celui qui baigne l'Europe et celui qui cerne Annemarie.

Elles dorment dans des caravansérails immondes, parfois à la belle étoile, dans deux lits surmontés d'une moustiquaire, offrande de toile transparente aux regards des nomades, tel un trône cotonneux. Parfois elles parlent pendant des heures, et souvent elles ne parlent pas.

Pourquoi tant de souffrances ? m'étais-je demandé à Samarcande en songeant à Ella en partance pour le désert glacial de l'hiver ouzbek. À la découverte des quelques haltes afghanes d'Ella, à Kaboul, à Mazar-i-Charif, à Bamyan, le sens de sa mission auprès d'Annemarie me devint plus compréhensible. Après avoir vécu la douleur, s'être infligé tant de maux, Kini se devait de sauver une âme sœur de ses affres. Cette expulsion de la douleur représente une sorte de catharsis, d'adieu aux afflictions d'hier, un adieu aussi au monde qu'elles ont laissé derrière elles, un monde condamné malgré ce qu'en dit l'ami Blaise Cendrars.

Le voyage en Afghanistan est étrange, comme une profonde léthargie, une promenade dans un voile blanchâtre. Kini et Annemarie flottent entre décors et onirisme. « Je n'arrive pas à distinguer les souvenirs des rêves, note Annemarie. Et je confonds souvent des rêves... avec l'étrange certitude d'une vie antérieure. » Ella suit la même démarche spirituelle, comme un retour aux sources, à une vie d'antan. Afghanistan, pays pauvre, pays de cocagne. « Nous avions atteint "notre" pays, le pays que nous allions étudier avec amour », écrit Ella. Cette entrée au pays des Afghans est d'abord une plongée dans la mélancolie.

En chemin, elles dorment chez l'habitant, fument la pipe à eau, regardent les paysans mâcher leur tabac, boivent du thé comme de vieux nomades, goûtent au pain savoureux et parfumé qui accompagne le repas des Afghans depuis des siècles, dévorent des pêches fondantes « douces comme du miel blanc ». Annemarie semble heureuse de retrouver ces plaisirs frugaux, et Kini l'observe à la dérobée, comme ragaillardie par cet espoir nouveau. « Je me sentais intensément vivante, curieuse, pleine de bonnes résolutions. » Les sommets se succèdent, que la Ford gravit et dévale comme des montagnes russes. Les descentes sont vertigineuses, avec les roues qui empiètent sur le domaine des ravins sous la main d'Annemarie, plus que jamais grisée par le vide et la vitesse.

C'est aussi une plongée, de nouveau, dans la drogue. À peine arrivée à Kaboul, Annemarie, à la consternation d'Ella, se rue dans une échoppe pour acheter non seulement des stylos à encre et des enveloppes mais aussi un sédatif puissant, prélude à la morphine, qu'elle se procure aisément. « Nous avons déjà nos petites habitudes », note-t-elle, un brin désabusée. La voie cruelle qu'Ella entrevoyait dès le départ le devient de plus en plus.

La morphine, Annemarie en redemande. Le périple vers Kaboul ne serait-il que le journal d'une longue déchéance ? Ella prend brusquement conscience que le voyage peut être une incitation à fuir vers l'avant, à s'oublier, quitte à sombrer dans les pires tourments.

À Kaboul j'ai tenté de remonter cette piste de la drogue, de l'opium qui coule à flots dans les veines de l'Occident, après quelques étapes dans les laboratoires de morphine et d'héroïne. Sur les hauteurs de Djalalabad, aux portes de ce Nouristan qui fit rêver Kipling au point qu'il planta là le décor de *L'Homme qui voulait être roi*, les champs de pavot fleurissaient à perte de vue. Les talibans avaient détalé, du moins officiellement, mais les trafiquants, souvent les mêmes, étaient restés dans les parages. Je montai avec Ahmed dans un village avoisinant. Les champs devenaient insolents de corolles rouges et blanches, royaume du « délire opiacé » (Cocteau). Un homme armé montait la garde près de l'une des parcelles. Il dit à mon chauffeur qu'il lui casserait la figure s'il m'indiquait où étaient les réserves d'opium, menace inutile car nous savions déjà où les trouver. Des échoppes, plus loin, offraient secrètement des boulettes opiacées à des trafiquants, lesquels repartaient vers leurs montagnes et la frontière pakistanaise. Hormis les abords de la route, qui semblait à peu près dégagée de toute culture illicite afin de ménager la vue des visiteurs se dirigeant vers Kaboul, la contrée était infestée de ces champs de pavot source du rêve d'opium, de cette « torpeur de l'âme, du bien-être somnolent » selon Maupassant. Annemarie Schwarzenbach aurait hanté longtemps cet endroit, pour le simple plaisir de connaître l'amont de son délire. J'imaginais le conflit entre Kini et elle sur la route en contrebas, dans leur Ford V 8. Tout ce qui les rassemblait se heurtait à la prise de drogue, cette porte que l'on croit ouvrir sur l'infini et qui débouche sur le néant.

Enturbanné, des yeux maquillés de khôl laissant poindre sa malice, l'un des commerçants était un vieux roublard prêt à vendre père et mère pour écouler sa cargaison d'opium. Il gagnait de trente à quarante dollars par kilo, une fortune dans les parages, et désirait désormais deux récoltes par an – « Vous verrez, tout pousse par ici, les mauvaises herbes comme les bonnes. » Il clignait sans cesse de l'œil, tic ou signe de complicité, tandis que ses voisins s'esclaffaient. Ils étaient armés, se battaient pour leur village contre des ennemis qui changeaient à l'occasion. Le ciel était d'un bleu pur et eux recherchaient aussi la pureté, dans la religion et le code tribal, mais ne se souciaient guère du poison qu'ils injectaient dans les veines des infidèles comme des fidèles, puisque l'écoulement de leur marchandise commençait à Karachi, où les bras se tendaient vers les trafiquants tels ceux des mendiants brandissant leur sébile.

Le frère d'Ahmed, un homme aux cheveux courts et vêtu entièrement de gris, me souffla qu'il était temps de partir. Il avait trente ans et connaissait la région comme sa poche. J'appris qu'il trafiquait lui aussi l'opium et l'héroïne, en particulier avec les Iraniens, ce qui lui avait valu un séjour de plusieurs mois en prison. Il voulait expédier cette fois de la poudre blanche – « De la bonne, elle est de plus en plus pure, comme nous ! » – de l'autre côté de la frontière et disposait pour cela d'une kyrielle d'intermédiaires et de porteurs prêts à franchir les montagnes par des sentes discrètes, loin du regard des gabelous, quand ceux-ci n'étaient pas payés par ses hommes. Il riait de plus en plus et je m'inquiétais de l'heure, vu les mines patibulaires des trafiquants-anges gardiens-cultivateurs qui se tenaient autour de moi – « Mais non, ne t'en fais pas, ils n'aiment pas assassiner de jour. » Et nous avons donc levé le camp avant la tombée de la nuit, histoire de ne pas titiller les instincts vespéraux des villageois. Ceux-ci, il est vrai, devenaient de plus en plus nerveux au fur et à mesure que le soleil déclinait au-dessus de la montagne orange, d'une teinte qui se mariait si bien avec les corolles épanouies à mes pieds, cette source du « vice oriental » qui plaisait tant à Claude Farrère.

CHAPITRE XVIII

Comme il est étrange que l'on retrouve le même genre de personnages que ceux dont on s'efforce de suivre les traces ! Partie avec en poche en guise de bréviaire le livre de Robert Byron *Sur la route d'Oxiane*, Ella se retrouve comme l'écrivain britannique dans la maison d'un dignitaire du roi d'Afghanistan à Mazar-i-Charif. Kini recherche elle aussi un envoyé du souverain, qu'elle finit par trouver, sur la route qui mène à cette ville, dans une belle maison de Kala-i-Nao ornée de parterres de fleurs. Le gouverneur est un homme de petite taille vêtu d'un pantalon de golf et d'un bonnet d'astrakan marron. Il reçoit les deux étrangères de manière fort courtoise, et même chaleureuse. Il doit regagner son autre résidence, une citadelle aux jardins murés et entourés de peupliers, le jour même, avant le coucher du soleil, pour l'heure des prières, et invite à bord de sa voiture Ella, qui bénéficie d'une visite guidée de la contrée. Le dignitaire est du même clan que le roi Zaher Chah, celui des Mohammedzai. « Pour ceux qui sont au courant, dit Ella, le fait a son importance, quoique les hommes du gouvernement de Kaboul essaient de vous faire croire que le système des tribus n'a pas cours. »

Soixante ans plus tard, le climat n'a pas changé, et malgré la chute des talibans, l'Afghanistan que je parcours sur les traces d'Ella est du même acabit : les clans et les tribus sont partout rois, qui nomment leurs chefs à la tête d'une contrée, souvent d'anciens seigneurs de la guerre reconvertis dans la politique, c'est-à-dire les affaires.

À Bamyan, le gouverneur qui me reçoit est imposant, grand, respecté par ses hommes. C'est un homme affable aux gestes lents. Karim Khalili, le chef des Hazaras, ces chiites qui vivent dans les montagnes du Centre, ce château fort naturel de l'Afghanistan, s'est emparé du trône de Bamyan lorsque les talibans ont fui. Tandis qu'une escouade de serviteurs servent du thé et des fruits secs sur une table basse, sous le portrait d'un autre célèbre Hazara assassiné par les islamistes, Karim Khalili tripote son chapelet, me regarde d'un air ironique et déclare après un instant de silence, comme à son habitude, que s'il n'a pu sauver les grands bouddhas de la destruction il tentera du moins d'évincer les pillards et autres voleurs de trésors archéologiques qui écument la contrée. Peine perdue : les vestiges des géants de pierre ont déjà fui vers Kaboul et le Pakistan, aux mains de quelques contrebandiers qui écouleront ensuite leurs stocks de fresques en Asie, à Londres, en Suisse et aux États-Unis.

Pour tenter de sauver Annemarie, épuisée, déprimée, Kini l'emmène en montagne, à Bamyan, à deux mille cinq cents mètres d'altitude, où elles vont camper une semaine durant. L'endroit est fabuleux : la vallée étroite s'élargit peu à peu entre des falaises ocre et jaunes pour saluer deux grandes niches creusées dans les flancs qui abritent les statues géantes de Bouddha, de trente-huit et cinquante-cinq mètres de hauteur. Elles semblent défier les cimes neigeuses alentour. La magnificence des figures minérales, sculptées entre le Ve et le VIIIe siècle de notre ère, fascine les deux femmes qui se contentent du silence. Quelle splendeur, et quelle déchéance aussi... Non celle des pierres, mais celle d'Annemarie. Un dégoût de soi s'est emparé d'elle, dégoût des pouvoirs envoûtants de la drogue, cette croqueuse de vies, dégoût de l'existence. « Je m'étonne maintenant des notes que j'ai prises pendant ce voyage. J'ai oublié la plupart des noms. Je n'ai même pas envie de raconter les légendes que j'ai réunies », écrit-elle sur la route. Les mythes, les légendes représentaient pourtant son Graal, comme pour Ella, qui les collectionnait autant qu'elle. Désormais, tout à son désir d'immortalité, ressenti déjà sur les pentes du mont Demavend en Perse, Annemarie veut les oublier, et Ella recoller les morceaux.

Dans le petit bourg de Bamyan où sont revenus les commerçants, sous la falaise aux bouddhas abattus, j'ai cherché des yeux l'endroit où Ella et Annemarie ont campé. La place n'avait guère dû changer depuis les années 1930. Petites échoppes d'un étage, rivière qui serpentait entre des champs que la neige recouvrait vite à l'automne, citadelle détruite en 1222 par les troupes vengeresses de Gengis Khan, furieux d'avoir perdu son petit-fils préféré lors d'un assaut manqué, composaient ce paysage d'altitude. Je songeai aussi à la double vision d'Ella lors de son voyage en Afghanistan : une plongée dans le Moyen Âge et la découverte d'un pays baigné par l'or noir, au nord, après une belle trouvaille par l'Inland Exploration Company de New York, qui disposait d'une concession à Farah. Soixante ans plus tard Ella Maillart ne serait pas dépaysée, dit Zafirullah qui m'accompagnait et maudissait les islamistes pour avoir détruit les bouddhas.

Zafirullah Pamyan était un archéologue d'une cinquantaine d'années mais qui en paraissait dix de moins, exilé en France et rentré au pays après une absence de vingt ans. Il redécouvrait son pays avec des yeux de Huron, parfois effarés. Je l'avais rencontré dans la maison d'un humanitaire à Kaboul, et lorsque j'évoquai un voyage de plusieurs jours à Bamyan, il bondit sur l'occasion. Le visage en lame de couteau, le front haut, les gestes racés, le regard en accent circonflexe – lequel ne cessait de se prononcer au fur et à mesure de notre ascension vers la haute vallée qui était aussi pour lui, et bientôt pour moi, une plongée dans la déconvenue –, il ne portait pas de barbe ni de tunique traditionnelle.

À mon grand étonnement, il avait lu plusieurs ouvrages d'Ella Maillart, dont *La Voie cruelle*, et rêvait de la traduire en persan, l'une des deux langues d'Afghanistan. Dans la voiture, une vieille Toyota qui semblait agoniser en franchissant le col vers Bamyan, nous parlâmes longuement d'Ella. Comment Kini et Annemarie avaient-elle pu s'aventurer jusqu'ici, sur cette terre caillouteuse, sans garage en chemin, loin de toute agglomération ? Deux femmes de surcroît... Vue de cette route, avec ses haltes dans de minuscules maisons de thé aux tapis sales, la prouesse paraissait encore plus grande. Mais recherchaient-elles vraiment la prouesse ? À relire à Bamyan *La Voie cruelle*, leur voyage paraissait une simple escapade, une nécessité dont l'urgence permettait d'oublier les contingences. La seule peur était celle qui surgissait à l'étape, lorsque les deux femmes songeaient à un retour, car l'on revient toujours, même des plus grands voyages. Et ce périple était de nouveau une fuite en avant, une escalade vers l'inconnu, une chance de plus tant pour Annemarie que pour Kini, soucieuse de ne plus regarder en arrière, vers soi et vers la vieille Europe, cette Gomorrhe où étaient enterrés tous les espoirs, toutes les bontés de l'homme.

Aux pieds de la falaise aux bouddhas détruits, Zafirullah retint son souffle. En face de nous, dans les niches qui avaient fait jadis la joie des voyageurs et devant lesquelles l'homme ne pouvait que s'incliner et mesurer sa petitesse, s'étalaient des tonnes de débris. Dynamitées par les talibans, les sculptures, fresques et statues n'étaient plus que poussières, comme si les iconoclastes, qui avaient banni toute image, avaient voulu assassiner la mémoire d'Afghanistan, cette rencontre entre les cultures, ce premier mariage entre l'Orient et l'Occident, entre la sagesse du bouddhisme et les canons de l'art grec véhiculés par les sculpteurs d'Alexandre le Grand, qui sema ici quelques Alexandrie et satrapies. Ella Maillart déjà craignait le pire lorsqu'elle évoquait l'un des bouddhas, « si souvent abîmé par de fanatiques musulmans ». La peine inscrite dans les sillons de son visage, Zafirullah maudit les anciens maîtres de Kaboul, lui qui s'était acharné à cet endroit même, en 1973, avec des archéologues indiens, à restaurer les bouddhas et à creuser des drains dans la falaise aux « deux trous sombres comme ceux de guérites gigantesques » décrits par Ella. L'évocation de Maillart lui permettait au moins de se souvenir d'un temps béni de Dieu, lorsque les Afghans ne s'étripaient pas, lorsque le roi avait instauré la paix des provinces, lorsque les hommes respectaient les lieux de tout culte et les symboles de toute religion.

Le soir, dans l'auberge aux murs suintants de graisse qui nous accueillit, Zafirullah parla longuement de la destinée de ce pays maudit, et d'abord maudit par lui-même, en proie aux deux plaies qu'avait déjà notées Ella, le syndrome féodal et la convoitise du pétrole. Du thé vert nous fut servi, qui nous empêcha de dormir, ainsi que la fumée du poêle à bois qu'un jeune Hazara s'efforçait d'éventer. La tristesse de Zafirullah semblait incommensurable. Moi non plus je n'arrivais pas à m'endormir. Je relus encore quelques pages de Kini sur son voyage dans le Hazaradjat. Il me sembla qu'elle cherchait là une riposte à la destruction d'Annemarie, figure d'ange déchu, et de son esprit nomade. Je ressassai ce qu'étaient devenus Bamyan et ses légendaires bouddhas, symboles de tolérance tombés sous les coups de boutoir des obscurantistes. Je montai sur la terrasse. Des soldats hazaras patrouillaient dans la cour de l'auberge, tandis que d'autres se réchauffaient autour d'un feu. Devant moi, de l'autre côté de la route, éclairée par la lune, la falaise aux bouddhas demeurait silencieuse, encore plus dramatique dans cette atmosphère bleutée qui ravinait davantage, comme un linceul éternel, chaque saillie, chaque béance. Au creux de la niche du Grand

Bouddha, sarcophage du désespoir, il me sembla distinguer le visage d'Ella, et dans l'autre, à droite, vers l'est, celui d'Annemarie, comme si elles étaient ancrées elles aussi dans la destruction de l'image, pleurant la démence des hommes et la mort de la tolérance, cette tolérance cristallisée des siècles durant dans ces falaises vénérées par tous les nomades.

À Bamyan où elles campent, à peu près à l'endroit où Zafirullah et moi avons dégotté une auberge bien chauffée, près de la rivière et face à la niche aux bouddhas, Ella et Annemarie devisent longuement. Ella, qui ne veut pas se contenter d'écrire des livres, explique qu'elle désire devenir ethnographe, pour mieux expliquer les différences et les ressemblances entre les « sociétés mécanisées » et les sociétés traditionnelles, celle des nomades surtout. Elle ne veut plus arpenter les longitudes pour le seul plaisir de ses yeux ou pour rédiger quelque reportage aussitôt expédié à la poubelle.

« Si mes livres ont atteint un tel résultat, cela ne me satisfait plus, dit-elle sous la tente, après un repas frugal composé de soupe, de risotto et d'abricots frits. À quoi cela sert-il d'expédier des gens de par le monde ? Je sais, d'expérience, que courir le monde ne sert qu'à tuer le temps. »

Par ces mots, elle tente une fois encore de remettre Annemarie dans le droit chemin, de l'écarter des sentiers de la drogue, qui commencent ici, avec quelques champs de pavot dissimulés dans les vallées voisines. Épuisée par le voyage et la lutte contre le mal d'Annemarie, Kini aimerait que cette amie abandonne ses tourments, si tant est que ceux-ci puissent la laisser tranquille, et qu'elle se lance dans les fouilles archéologiques, avec Joseph et Ria Hackin, qui les attendent en contrebas, à Bagram. Mais Schwarzenbach ne désire qu'une chose : écrire. Ella insiste, lui dit combien cette vie auprès des Hackin lui serait bénéfique pendant six mois, tandis qu'elle-même partirait seule vers le Kafiristan, le pays des Infidèles, à l'orient de Kaboul, puis vers l'Inde.

Elles évoquent aussi le destin fou de l'Europe, ce vieux continent où la raison s'est égarée.

« Vous souvenez-vous de notre conversation sur la route gelée près de Neuchâtel ? Quand l'Europe a-t-elle déraillé ? Quand avons-nous cessé d'être dignes de nous-mêmes ? cessé de porter la tête droite ? »

Malgré les routes divergentes qu'elles s'apprêtent à emprunter, Ella et Annemarie unissent une fois de plus leur vocation à vouloir comprendre le monde. Mais Kini s'avère plus lucide qu'Annemarie, évoque cette obsession lancinante qui consiste pour tout esprit européen à envisager dans son entier la misère de l'univers, « comme si nous étions Dieu », avec un sentiment de culpabilité, ce besoin de corriger toute jouissance, toute approche du bonheur par une sensation de faute. Et là, aux pieds des bouddhas, ces symboles des amours entre l'Orient et l'Occident, Maillart rêve de marier ces deux points cardinaux, « entre l'amer savoir de l'Occidental et l'insouciante ignorance du monde propre aux nomades ».

Le lendemain de notre arrivée à Bamyan, Zafirullah entreprit l'ascension du grand bouddha. Il était déprimé et ses yeux trahissaient une infinie tristesse. À ses pieds s'accumulaient les débris, comme autant de témoins de la déchéance des pierres et de l'aberration humaine. Il marmonnait dans sa moustache, regardait le trou béant face à nous, cette cavité ouverte sur le néant tel un signe du destin que subissait l'Afghanistan. « Putain de pays, putain de pays », répétait-il, et rien ne pouvait le consoler. Je pris des morceaux de pierre dans ma main et des fragments de peinture, du pisé friable comme une biscotte. Il soupesait les morceaux, tentait d'en recoller deux ou trois dans un geste dérisoire et touchant, puis laissait retomber ces cailloux comme un couvercle de cercueil. Ella Maillart avait perçu cette dimension iconoclaste en germe lorsque l'État afghan, après avoir émis un timbre représentant l'un des bouddhas, l'avait aussitôt retiré de la circulation parce que des mollahs s'étaient déclarés choqués par cette représentation d'une figure humaine.

Un Hazara du coin nous expliqua que l'œuvre de destruction avait exigé non pas une journée mais vingt, avec des explosifs sans cesse apportés à dos d'homme, y compris par lui-même, manœuvre réquisitionné sous la menace des fusils. Et chaque jour les bouddhas se défendaient, refusaient de livrer une partie de leur corps, un bras, une jambe, la tête, le thorax, et chaque jour des portefaix descendaient à l'aide de cordes sur les statues afin d'y placer la poudre de la dévastation. Face aux Sisyphe de l'iconoclasme, aux barbares de l'éradication, ces tueurs de tolérance, le grand bouddha livrait son dernier combat.

Zafirullah ne pouvait supporter ce spectacle et m'entraîna dans la galerie adjacente, un escalier creusé dans la roche qui permettait l'ascension du grand bouddha jusqu'à sa tête et que j'avais emprunté deux ans plus tôt, avant la destruction. D'immenses fissures apparaissaient au-dessus de nos têtes, et le jeune combattant hazara qui nous servait de guide nous dit que la montagne, menacée dans ses fondements, un jour pourrait s'affaisser. Une odeur d'humidité et de salpêtre sourdait de ces murs abîmés. Les fresques murales qui jadis avaient fait la gloire de ce bouddha avaient toutes disparues. Des traces de peinture blanche figuraient aussi çà et là, legs de censeurs d'hier. Zafirullah tombait de Charybde en Scylla – « putain de pays, putain de pays » – et avançait en ahanant. Nous nous tenions à tout ce que nous pouvions saisir, saillies, surplombs, en évitant de regarder les fissures qui donnaient dans le vide. Au débouché de la galerie, nous vîmes que même le chemin qui passait derrière la tête disparue s'était écroulé sous la puissance du feu. Il restait un morceau de sente inclinée qui donnait sur le vide et que le combattant emprunta en courant. Nous le suivîmes tant bien que mal.

Zafirullah tenait à surmonter sa peur pour mieux exorciser son angoisse.

Qu'il est triste de voir un archéologue devant un massacre de pierres. Ce qu'exprimait Zafirullah était un message de détresse qui signifiait que tout le drame de l'Afghanistan s'était joué là, dans cette folie barbare, paroxysme de l'iconoclasme. Ce qui était arrivé aux pierres allait arriver aux hommes. La destruction des figures minérales traduisait l'effacement de la culture dans le dessein de créer un homme nouveau. Nous ne verrions plus les bouddhas et leur charme mystérieux d'icônes veillant sur la destinée de toutes les vallées d'Afghanistan et du monde, Zafirullah ne verrait plus cette beauté magique qui avait suscité l'admiration des plus ténébreux nomades, il ne verrait plus ce masque de sérénité « avec une oreille deux fois plus haute que moi », comme l'écrivait Ella : il n'y avait plus là que des tas de pierres et des gravats, héritage de la folie des hommes.

Au sommet de la falaise, des soldats hazaras, ceux de Karim Khalili, montaient la garde en silence dans une casemate de terre surmontée d'un drapeau jaune. Devant nous s'étalait la ville détruite de Char-i-Gholghola, la Cité des Murmures, avec ses ruines jaunes, ses sentiers minés, ses casemates délabrées. Gengis Khan l'avait rasée en ordonnant une grande tuerie, que pas un n'en réchappe, égorgez-les tous, et tous avaient été égorgés, et la cité n'était plus qu'une longue plainte, un long murmure d'agonie, et les bêtes aussi avaient été massacrés, les chevaux, les ânes, la volaille. « La ville, écrit Pétis de la Croix dans son *Histoire de Genghizcan* publiée en 1710, devint un monceau de ruines et le pays d'alentour un affreux désert. »

Ella ajoute à ce récit une version que j'ignorais : c'est une femme, une traîtresse, qui par amour pour Gengis indiqua aux assaillants un passage secret par où l'eau arrivait à la citadelle. L'amour et la haine s'étaient donc mélangés. Cette histoire qui me fut racontée dans les longues aubes, sur un lit de camp, dans un vent qui soulageait les tempes brûlantes et pleines d'espérances, est sans doute imaginaire, fruit de la légende des siècles de la contrée, mais elle me plut. Elle évoque d'abord ce mariage hasardeux, amour et haine, qui compose l'univers des hommes depuis Babylone, une alchimie mystérieuse dont Kini avait essayé de percer le secret et qui nous jeta sur le chemin, elle et moi, à quelques générations d'intervalle, elle, mentor sceptique qui jamais n'a pu percer l'intimité de ce Grand Ailleurs, et moi qui tente encore de percer le secret d'Ella, porte ouverte sur la vie d'une autre et des paysages inconnus – oui, amour et haine, ce conjungo insolent qui agite comme un mouvement perpétuel la mémoire des hommes et les fait s'adorer ou se tuer.

Zafirullah m'entraîna au sommet de la Cité des Murmures, via un sentier balisé qui évitait les mines de part et d'autre. Trois soldats de vingt ans gardaient l'endroit et s'ennuyaient à mourir. Ils avaient peint leurs fusils de trois couleurs différentes, vert, rouge et bleu. Ils souffraient de la chaleur, malgré l'altitude, et du manque d'eau, qu'il fallait chercher dans la plaine au loin, par-delà les chemins minés. Leur chef était las de ces guerres – il n'avait connu que cela depuis son enfance – et n'aspirait qu'à la paix, malgré un désir évident de vengeance contre les Pachtouns barbares qui avaient massacré les siens. Des avions mystérieux atterrissaient en face, sur le petit aérodrome de Bamyan, pour livrer des armes. J'avais l'impression que tout pouvait éclater de nouveau, que les différends ancestraux étaient alimentés par ces instruments martiaux et que la guerre pouvait durer longtemps encore dans cette citadelle de l'irrévérence. « Mais nous sommes arrivés trop tard, écrivait Annemarie Schwarzenbach au pied des bouddhas. Il y a plus de mille ans, les Arabes, armés de torches incendiaires et de flèches, ont dévasté, tué, exterminé, réduit en cendres : ils ont réussi à mettre un terme à l'innocente vie de Bamyan. » Je me retournai vers Zafirullah, dont le corps se détachait de la falaise aux bouddhas absents : nous aussi, nous étions arrivés trop tard.

Dans le bourg de Bamyan, une longue rue bordée par les falaises et la rivière, Zafirullah continuait de fulminer : « Mais pourquoi ? Mais pourquoi ? » Chaque fois que nous découvrions dans la montagne un site archéologique, à pied ou en voiture, c'était pour constater les dégâts causés par les talibans. « C'est fou, ce pouvoir d'effacer et de détruire... » Il semblait psalmodier comme les moines l'avaient fait pendant des siècles devant ces niches et ces grottes.

Un résistant qui combattait les talibans, Ali Tawasoli, parla de « massacre culturel », et Zafirullah, toujours déprimé, hocha la tête comme pour approuver.

« Même Mahmud de Ghazni, le roi fanatique du XIe siècle qui avait interdit l'image, n'avait pas osé s'attaquer aux bouddhas, dit le résistant. Mais nous le reconstruirons, vous verrez. »

Pour se consoler, Zafirullah pensa aux descriptions faites par Ella Maillart. Il m'entraîna au restaurant Gholghola, empli de commerçants et de camionneurs, dont le propriétaire, Abdulhamid, un boute-en-train d'une soixantaine d'années qui aimait se déguiser, désirait ouvrir un hôtel sur les lacs de Band-i-Amir, en amont, à une journée de piste de là.

Zafirullah me raconta alors comment il avait découvert un livre d'Ella Maillart dans une bibliothèque parisienne puis avait dévoré les autres.

« C'était une femme courageuse, dit-il en mangeant son riz pilaf qui baignait dans la graisse de mouton. Ses livres montraient un Afghanistan de la tolérance et de l'hospitalité, ce pays que je croyais retrouver un jour intact, à mon retour d'exil. Elle et Annemarie étaient deux femmes très courageuses. Moi, je ne reconnais pas mon pays aujourd'hui. Sans doute elles non plus... »

Aux lacs de Band-i-Amir, à une journée de route de Bamyan, Maillart et Schwarzenbach semblent brusquement renaître et oublient les drames de la route, la fatigue, les privations. Kini s'avoue étonnée par la renaissance de sa compagne de route. Déjà, quelques jours plus tôt, lorsqu'elles s'étaient aventurées dans une montagne près de Poul-i-Khoumri, Kini avait été surprise par la résistance d'Annemarie, alors qu'elle-même avait connu un état proche de l'épuisement, en raison de la chaleur et de la longue randonnée. « Elle m'étonnait, avait-elle noté. Pour la seconde fois au cours de notre voyage, cette fille frêle faisait preuve de plus de résistance que moi. D'où lui venait-elle ? »

Le paysage est féerique, un monde de beauté où les vallons semblent vierges. Est-ce un hasard si Ella songe alors à la phrase de Baudelaire, dans *Mon cœur mis à nu*, sur la fin des civilisations occidentales ? « Peuples nomades, pasteurs, chasseurs, agricoles et même anthropophages, tous peuvent être supérieurs, par l'énergie, par la dignité personnelle, à nos races d'Occident. Celles-ci peut-être seront détruites. ». La Ford s'élève à la vitesse d'un escargot tant les pentes sont raides, et Ella prend le temps entre deux crevaisons d'observer ce paysage dépouillé, une somme de collines rondes, dénuement qui lui convient plus que tout autre décor, « rien de trop et presque rien du tout ». Des nomades sous des tentes grossières tissent la laine ? Elle croit apercevoir de vieux amis croisés dans les monts Célestes ou le Sin-kiang. Ceux-là lèveront sans doute bientôt le camp et abandonneront leur nomadisme, soumis au diktat des camions et à la mévente des chevaux, comme le craignait l'ami ethnologue Joseph Hackin. Constat de tristesse pour Ella : le nomadisme est condamné à jamais en raison de la logique des États, du contrôle des frontières, de la soumission des tribus aux pouvoirs centraux. Cheveux au vent, le visage couvert de la poussière lourde des pistes, elle tente de savourer ces derniers instants de bonheur à l'état brut, ces aperçus de la vie mouvante.

La route est sinueuse et son esprit vagabonde lorsqu'elle freine brusquement : devant la voiture s'étalent des lacs de toute splendeur, ceux de Band-i-Amir, le Barrage du Roi, joyaux sombres dans un décor de nacre. Serties entre des falaises roses, ces retenues d'eau semblent bordées de murs naturels comme une sculpture d'un artisan délicat dans un immense palais à ciel ouvert, velouté de bleus et de verts déclinés qui n'attire que la caresse de la main.

« J'aime cet endroit », sourit enfin Annemarie.

La paroi blanche qui borde le lac ressemble à une vasque tendue vers les montagnes et accentue le bleu irradiant des eaux. Dans les reflets aux mille nuances miroite aussi la renaissance d'Annemarie.

Les deux amies campent dans un *ziarat*, le tombeau d'un saint aux murs noircis de fumée qui, disent les nomades, pourrait être le sépulcre d'Ali, le gendre du Prophète. Quand le gardien engoncé dans un caftan en loques les quitte, il leur apprend que l'un des lacs est sans fond. Tandis que le soleil couchant verse des teintes de jacinthe sur les monts alentour, Ella se laisse bercer par le silence des lieux. Ce lac n'est pas le toit du monde mais il est le bout du monde, et peut-être son commencement, né d'une magie enchanteresse. Le lac est sans fond et c'est tant mieux, réceptacle de tous les espoirs, sépulture aussi des vieilles chimères que la poussière n'a pu effacer. En s'étendant sur sa couche, Kini regarde le ciel. Deux voies lactées dessinent des traits d'amitié, invite au mystère du Grand Rien.

À Bamyan, en compagnie de Zafirullah, je tentai moi aussi de rejoindre les lacs, situés en amont. Deux villages de chasseurs se terraient là-haut, des chasseurs du faucon afghan décrit dans *Le Langage des oiseaux*, un conte relaté à Herat et sans doute issu du poème allégorique du mystique persan Farid ad-Dîm Attab, mort au début du

XIII⁰ siècle : « Le faucon est le symbole de l'âme exilée du monde. » Peut-être que là-haut résidait le secret du cœur nomade, celui qu'aimait tant Ella, et aussi sans doute la clé du mystère de son âme.

Nous cherchâmes longtemps une piste tout-terrain, mais nul chauffeur ne voulait se rendre sur cette sente trop troublée. Elle était minée. Nous voulûmes emprunter une autre route, mais elle se révéla elle aussi minée sur les bas-côtés, et le moindre dérapage sur la chaussée verglacée pouvait provoquer un drame. Les chauffeurs que je croisai au bazar baissaient tous la tête, comme si cet endroit, en amont, était à la fois sacré et maudit. Je regardai la montagne vers l'ouest et la trouée en direction des lacs. Un rapace aux ailes sombres passa dans le ciel, une buse sans doute, et je me rappelai ce conte du *Langage des oiseaux* dans lequel un oiseau noir symbolise tous les malheurs.

Je n'irais pas sur les traces d'Ella Maillart, je ne baignerais pas dans cet écrin que l'on dit magnifique et qui recèle sans doute l'énigme de Kini. Je ne verrais jamais les lacs de Band-i-Amir, perdus sur le faîte de l'Afghanistan. Je ne verrais que l'ombre de deux femmes parties là-haut respirer l'air des cieux, quand les figures tutélaires des bouddhas veillaient encore sur les passions et les amours.

Sur la route du retour, une piste poussiéreuse que la voiture jaune descendait lentement, entre des gorges, des cols désertiques, sous le mont Koh-i-Baba, Zafirullah parla encore d'Ella Maillart, que les autres archéologues aussi avaient lue, comme une consolation aux plaies de la vallée des bouddhas, qui étaient celles de l'Afghanistan. Cette époque était jugée mythique par les archéologues afghans car elle correspondait à la mission de Hackin et Fouché qui fut lancée en 1928 et dont faisaient partie les fouilles de Bagram, au nord de Kaboul, qui permirent la découverte des fameux ivoires en 1937, fouilles auxquelles allait participer Annemarie Schwarzenbach, encouragée en cela par Ella comme une dernière tentative de sauvetage.

Je fermai les paupières. Mes yeux étaient usés par le voyage et l'expédition à Bamyan et aux alentours, royaume de la mélancolie. La peine de Zafirullah me touchait profondément. Je ressentais sa tristesse, ces échardes qui perçaient son corps, ce corps qu'il avait promené de site en site pour restaurer les œuvres du bouddhisme. Il gardait un espoir, découvrir un jour le bouddha couché dont on parlait depuis vingt ans et dont l'existence avait été révélée par un moine chinois, Hiuan-tsang, celui qu'Ella adorait pour ses écrits, « mon guide en tant d'endroits », un moine qui rêvait de déterrer cette sculpture gigantesque enfouie dans les contreforts de la falaise, entre les deux statues géantes. Mais combien de pillards les fouilles allaient-elles attirer...

Je songeais à la nostalgie de Bruce Chatwin qui doutait en 1980 de revoir un jour l'Afghanistan de la tolérance, désormais plongé dans la guerre, et qui craignait de ne plus monter « sur la tête du bouddha de Bamyan, dressé dans sa niche comme une baleine en cale sèche » et de ne plus dormir « sous une tente nomade ». Je pensais aussi aux mots d'Ella au pied des bouddhas : « Ils appartenaient à l'avenir. » L'avenir, ce furent les promesses de destruction et la barbarie des hommes. Tout cela se mélangeait, le massacre des statues et la fin du nomadisme. Bamyan était un cimetière de la pensée d'hospitalité, un carrefour de tous les désespoirs. Aux pieds des statues, empreinte brusquement d'une sensation de volupté, Ella avait dit : « Ne serait-ce que pour cet instant de plénitude, il valait la peine d'avoir parcouru tant de pays. » Devant les cercueils debout, je n'aspirais qu'à une chose : quitter l'antre de Karim Khalili, le seigneur des lieux, qui se préparait à nouveau à la guerre et avait fermé les yeux durant tant d'années sur le pillage des trésors de Bamyan.

Nous croisâmes des paysans et nous marchâmes dans la montagne. « *Mandana bashi*, Ne sois pas fatigué », me lançaient les nomades, ce à quoi je répondais par « *Zenda bashi*, Sois vivant » – exactement les mots qu'avait appris

Ella soixante ans plus tôt. Durant les longues heures du retour jusque dans la plaine de Chamali, Zafirullah s'efforça d'imaginer le périple des deux femmes, perdues sur cette piste sans escorte, dépourvue de garage et de mécaniciens, à la merci du moindre bandit. La route n'avait guère changé depuis, hormis des mines posées à vingt centimètres de ses bords dans la vallée de Ghorband, où il convenait de ne pas déraper comme ces trois camions qui avaient explosé quelques semaines plus tôt. Les mêmes hommes gardaient l'endroit. C'étaient ceux de mon ami le commandant Ali, un Tadjik de trente-deux ans qui avait cru mourir à maintes reprises lors des offensives des talibans, à deux kilomètres en amont de la vallée, au-delà d'une chicane où les casemates ennemies se défiaient à cent mètres de distance.

« Reste en vie », lui ai-je lancé.

Les mots ce jour-là prenaient toute leur importance.

La Toyota jaune et blanche dévalait la piste poussiéreuse, dans un halo jaune de fin du monde, et nous respirions, Zafirullah et moi, à travers un turban. Les quelques paysans que nous croisions relevaient à peine la tête. Leur vallée de Ghorband aux petits champs coincés entre les flancs sombres de la montagne traversée par un torrent fougueux semblait unique au monde, il y avait de petites maisons qui avaient longtemps servi de postes de gué aux résistants à l'obscurantisme, des tranchées disséminées sur les crêtes comme des cicatrices de la haine, des villageois armés jusqu'aux dents et des toits effondrés, des semences qu'on jetait dans les sillons et des tôles tordues qu'on lançait dans le ravin, des arbres calcinés et des camions explosés, aux chairs d'acier dont les trous indiquaient d'où venait le mal. Je songeais à ce goût de la mort qui inonde la bouche lorsqu'on la voit de trop près, je songeais à ce mariage de vie et de néant. Combien Kini avait dû ressentir cela...

Ella et Annemarie sont si différentes. Kini qui rit,

Annemarie qui pleure, et Kini qui pleure à son tour dans son cœur. J'étais envahi par une douce torpeur durant ce voyage où la moindre pierre sur la route envoyait la voiture vers les cieux, et je fermai les yeux pour songer à Ella quittant la vallée bénie par les dieux et maudite par les hommes. Sa compagne de voyage redescendait vers la grande ville, Kaboul, et vers les échoppes à morphine qui l'attiraient comme la lumière un papillon, pour mieux engloutir ses secrets, les travers qu'elle évoquait en Perse – « Mais ce n'était pas moi, c'était la vie » –, fautes qu'elle avait voulu expier dans la Vallée heureuse, « où il n'y pas d'issue, et qui, pour cette raison, doit ressembler au royaume des morts ».

La voiture avançait lentement, Zafirullah somnolait, les mâchoires serrées, le front sévère, legs de la fatigue et de la tension de ces derniers jours, et je regardais les cimes dentelées sur lesquelles s'accrochaient les espoirs des Afghans. Des paysans au dos chargé escaladaient les versants avec des ânes qui n'évitaient pas toujours les chemins minés – ces sentes aux semailles de mort –, des enfants jouaient en contrebas dans des champs déjà verts au sortir de l'hiver et de la guerre, et leur rire résonnait entre toutes les montagnes tel un écho éternel que j'aurais aimé garder dans ma tête, chavirée par tant de routes défoncées et d'espoirs défaussés. Bamyan et Ghorband composaient un fief semblable à la Vallée heureuse de Perse, un royaume de la mort où l'espoir de Kini n'avait pas gagné, une piste versatile qui serpentait à l'aller vers les niches de la tolérance et au retour vers le néant. Ella avait rêvé elle aussi les yeux grands ouverts devant les lacs de Band-i-Amir, et elle songeait à la disparition des nomades et de leur pensée – les Kurdes dans leur grande misère, à la culture étouffée par les pays de tutelle, Iran, Irak, Turquie, les nomades des montagnes du Sud iranien aussi, les Kazakhs, les Kirghizes et les Turkmènes, « disparus par millions », les Mongols dépossédés de leurs pâturages par les colons chinois, les bédouins d'Arabie Saoudite soumis à Dieu et au roi.

Kini avait vu les bouddhas mais non la rédemption de cette amie qu'elle voulait sauver. Une brume légère recouvrait le col plongé dans le froid, brouillant les frontières de la vue, mirage du voyage quand les miracles se sont tus. Où s'arrête la générosité ? Quelle est la part du don vers l'autre et du don de soi lorsque la parole nomade s'est envolée ? Tenter de sauver l'autre, c'est se sauver soi-même. Le don souvent s'avère intéressé, proche de la pitié métaphysique dont parlait Schopenhauer. Je donne donc je suis. Mais le don sans retour, le don pour l'homme en tant qu'homme, autre, et non reflet de soi, atteint la pitié métaphysique, ajoutait le philosophe allemand. Il me semble que Kini ne s'intéressait pas à elle-même en voulant ainsi sauver Annemarie, elle ne recherchait pas le miroir de son visage et de ses tourments, elle fuyait le rachat judéo-chrétien de la faute et la culpabilité. Les grands bouddhas furent sa glace sans tain, les lacs de Band-i-Amir son « miroir enchanté ». Mais sur mon chemin il n'y avait plus de miroir.

CHAPITRE XIX

Comme Kini, j'avais le sentiment de quitter un monde très ancien, d'abandonner une vallée insoumise qui sombrait dans sa propre perdition. Au fond de cette haute vallée malheureuse on vieillissait plus vite qu'ailleurs, comme ce blé qui se hâtait de grandir durant un été court. Car tout était court à l'aune de cet endroit que je fuyais, les céréales, les hommes, la vie, dans le murmure des ruisseaux et le bruissement des blés, flottille de voiles qui tentaient d'émerger d'une mer de vagues désordonnées.

Annemarie a attrapé froid dans son léger sac de couchage et Ella s'empresse d'atteindre la chaude vallée de Charikar, en contrebas, sur la route de Kaboul. Mais au lieu de rouler vers la capitale, elle bifurque dans la plaine, vers les fouilles archéologiques de Joseph Hackin. Là, son amie trouvera sans doute une nouvelle planche de salut. La dernière, se dit Ella...
Dans la plaine où s'activent quelques ouvriers afghans, Annemarie semble débuter une nouvelle vie. Kini et elle sont tombées dans les bras de Joseph et Ria Hackin, qui les attendaient avec impatience, au pied d'une colline qui n'était guère évidente à repérer. Debout au milieu de ses hommes devant une hutte en terre, un casque colonial soigneusement vissé sur le crâne, Hackin est un homme accueillant, fin et intelligent. Il est obsédé par ses

recherches, fiévreux depuis sa grande trouvaille, les ivoires de Bagram. Autour de lui règne une atmosphère bourdonnante, pagaille apparente qui cache une incroyable discipline : des nuées de bicyclettes, de cabriolets, des portefaix chargés de gravats qui ahanent entre des fossés et des terrains en friche. Prévenante, Ria Hackin s'occupe aussitôt d'Annemarie, dont la fièvre n'a pas décru, avec une attention toute maternelle. Kini, elle, est lasse de cette équipée. Elle a besoin de reprendre des forces, d'oublier cette cavalcade à travers les steppes, les montagnes, les vallées perdues, et s'empiffre de coq au vin et de soufflé au chocolat.

À Bagram, quand Annemarie est remise sur pied, les deux femmes coulent des jours heureux au rythme des humeurs de Hackin, baromètre de ses découvertes. Tandis que Kini écrit sous sa tente aux rabats ouverts, devant un paysage désolé, un plateau de terres jaunes bordées de montagnes sous la barrière du Panchir, son amie se lance dans les fouilles, gratte méthodiquement la terre, plonge les mains dans la glaise à la recherche de quelque potiche ou fragment d'histoire enseveli pendant des siècles. Elle revit, délaisse ses obsessions de morphinomane. Depuis sa tente Ella regarde ce petit monde avec tendresse, comme si se mélangeaient sur cette lande qui semble à jamais attachée aux temps ancestraux les chimères de ses voyages, archives minérales enfouies sous la glèbe, nomades devenus manœuvres de l'archéologie, pierres anciennes cristallisant les mémoires antédiluviennes. Jours d'insouciance, jours de beauté, jours de joie lorsque l'équipe déterre un petit trésor que l'on contemple avec des regards de chercheurs d'or. Au loin, au-delà de la muraille montagneuse du Hazaradjat, grondent les tambours de guerre de la vieille Europe. Dans la lumière chaleureuse de la fin de journée qui baigne les montagnes d'une teinte violacée, Ella ressent étrangement ces périls lointains. Est-ce la présence de cette ville ensevelie sous ses pieds, dans cette gangue de boue séchée qui absorbe tout sauf l'esprit des disparus ? Est-ce l'œil vitreux de ce cabri à la gorge tranchée dans la brume bleutée de l'aurore qui lui arrache un soupir puis un ravissement : « Même la mort pouvait alors être belle » ? Elle lève les yeux vers la tente où sont réunis Ria, Joseph et Annemarie, comme saisie d'une prémonition. Des trois personnes qui s'activent devant elle aucune ne sortira vivante de ce gouffre : Ria et Joseph périront en mer en 1942, sur un navire torpillé au large de la Bretagne, soldats de l'ombre et de la France libre en route vers l'Orient, et Annemarie mourra la même année des suites d'un accident de bicyclette, à l'âge de trente-quatre ans.

Ella ne cesse de contempler les montagnes depuis sa tente. Face aux murailles violacées, elle veut encore pousser plus loin l'aventure, marcher dans la vallée du Nejrab et au-delà rallier le Kafiristan, le pays des Kafirs, les anciens Infidèles. Je m'y étais rendu, avant l'expédition de Bamyan avec Zafirullah, sous forte escorte. La guerre contre les talibans redoublait, et cette vallée représentait le seul point de passage pour les contrebandiers entre les deux forces, les turbans noirs et les soldats de Massoud. Les champs se succédaient en de minuscules parcelles souvent cloisonnées par des rangées d'arbres. L'eau coulait à flots dans cette contrée grâce aux canaux d'irrigation greffés sur la rivière Panchir. Un dissident taliban m'accueillit près de la ligne de front en contrebas, où les paysans recevaient de temps à autre des obus. L'endroit subissait la double calamité de la guerre et de la rapine, et je me souvins de ces mots de l'empereur Babour au XVIe siècle à propos de cette vallée, cités par Ella Maillart : « C'est un lieu tout à fait isolé. Il y croît du raisin et des fruits en abondance. Ses habitants font beaucoup de vin, mais ils le font bouillir. Ils engraissent beaucoup de volaille en hiver, ils sont grands buveurs ; ils ne prient pas, n'ont pas de scrupules et sont comme les Kafirs. » Babour avait raison : les gens de l'endroit sont de grands brigands, et mon escorte, mandatée par le gouverneur de la résistance, était là pour tenir les malandrins à l'écart. La résistance afghane n'avait en fait guère de moyens pour soumettre ces maraudeurs, guerriers le jour ferraillant avec succès contre les talibans, détrousseurs de grand chemin la nuit. Le dissident taliban lui-même me dit d'ouvrir grands les yeux sur la route et de surveiller jusqu'à mes gardes, dont le naturel pouvait très vite reprendre le dessus.

Malgré la guerre, une incroyable animation traversait les villages et les champs, comme si la vie ne voulait pas se laisser ensevelir sous les cendres. La voiture brinquebalante qui m'emmenait vers la ligne de front traversait des vergers et des jardins qui demeuraient remarquablement entretenus à l'abord du no man's land. Sur un petit plateau se dressait, incongru, un bâtiment de deux étages à la façade déchiquetée par les coups de canon. Des partisans emmitouflés dans des châles de laine attendaient l'offensive du jour. Ils grelottaient et se cachaient derrière les quelques murs qui restaient encore debout. La route du Nouristan, l'ex-Kafiristan, était coupée droit devant, en contrebas, au-delà de la petite rivière, là où l'on apercevait les guérites des talibans, lesquels se signalaient de temps à autre par des nuages de fumée émis par leur artillerie.

J'ai regardé longtemps ce jour-là le cirque de montagnes alentour, amphithéâtre de silence trahi par les cris de la guerre. Le fantôme d'Ella se perdait par là, sous les neiges éternelles de l'Hindou Kouch, la « montagne tueuse d'Hindous ». Ella quitterait bientôt l'Afghanistan, sans Annemarie, affairée à fouiller le sol avec Joseph et Ria Hackin, dont elle était secrètement amoureuse, penchée sur la terre lourde d'histoires comme une paysanne des labours riches, accomplissant des gestes qu'elle répétait mille fois dans la journée et qui lui permettaient d'approcher un semblant de bonheur, les caresses sur la lande se mêlant aux promesses de l'aube.

Lorsque je revins dans la plaine, les talibans en avaient

été chassés. Avec Zafirullah, je cherchai longuement l'emplacement des fouilles de l'ancienne mission française, qu'il connaissait. La voiture s'aventura sur des pistes balisées de petites pierres peintes en rouge, qui indiquaient des zones minées. Partout la terre avait été éventrée, non par des archéologues mais par les turbans noirs, avides de tranchées. Des casemates surmontaient quelques-uns de ces sillons où les hommes avaient connu le froid, la faim, la mort. L'explosion de mines résonnait de-ci de-là, et nous ne savions pas si les victimes étaient des animaux ou des humains. Dans un petit village sur la route, nous découvrîmes l'atelier d'un forgeron. Il récupérait les pièces de métal que les enfants lui apportaient, débris d'obus, éclats divers, fragments de bombes larguées par avion vendus quelques afghanis le kilo, autant dire une misère pour cette moisson périlleuse destinée à se transformer en pelles, seaux, outils. Les enfants n'avaient pour tout terrain de jeu que ces champs labourés par les engins de mort. Quelques gosses étaient tombés au champ du déshonneur et les vieux sages semblaient s'en soucier comme d'une guigne.

Un ancien instituteur qui attendait que l'école rouvre un jour – « si Dieu le veut » – m'emmena dans une ferme fortifiée. Au milieu de son étable une gigantesque bombe était venue se planter, sans exploser. Le maître de céans n'en dormait plus et ne savait comment déloger l'intruse que personne ne se risquait à désamorcer. Il avait fini par vivre avec, comme en compagnie d'une maîtresse acariâtre, prête à vous tuer en cas de mauvais regard, et il contournait soigneusement l'arme à retardement qui le défiait. Ella avait détesté les abords de Charikar salis par les boîtes en fer-blanc. Elle aurait encore moins aimé ces parages pollués par autant d'ustensiles martiaux.

Nous arrivâmes trop tard dans le périmètre des fouilles anciennes. L'obscurité et les mines nous empêchaient d'aller de l'avant et quelques combattants nous barrèrent la route. Zafirullah fulminait, moi aussi. Où donc se nichaient les terrains défrichés par Annemarie Schwarzenbach et Ella Maillart ? Nous tendions l'oreille, soucieux d'écouter le murmure du Reg Rawan, le « sable sonore », mentionné avant Ella par l'empereur Babour et l'officier de Sa Majesté britannique G. T. Vigne dans les années 1830 en raison de ses roulements de tambour et de son chant d'amour. Le Reg Rawan demeura silencieux. La plaine jadis fertile et que la guerre avait transformée en désert ne livrait pas ses secrets, la piste d'Ella demeurait mystérieuse, et Zafirullah et moi partageâmes ce soir-là la même mélancolie.

Est-ce un labyrinthe, l'entrelacs de ses propres chimères ? Ella plonge souvent au cœur des fouilles de Kapissa, ces excavations poussiéreuses qui sont autant de couches d'histoire et de passions humaines et qui furent la résidence d'été du roi Kanichka, le plus fameux des souverains kouchanes. Serait-ce la beauté des lieux habités par des couches souterraines de tragédies et de grandeurs ? Toujours est-il que Kini en a le tournis, comme si elle foulait un concentré de la légende des hommes, des strates de conquêtes et de civilisations, là où séjourna Alexandre le Grand. Selon l'archéologue Paul Bernard, Kapissa et l'Alexandrie du Caucase ne font qu'une, au confluent du Panchir et du Ghorband. Les Kouchanes, peuple de nomades des steppes, se sont arrêtés là, au pied de ces montagnes, loin de la Chine qu'ils ont voulu envahir, quand l'empereur Qin Shihuangdi construisit la Grande Muraille au IIIe siècle avant Jésus-Christ. Dans l'une des pièces sorties de terre, Ria, après deux mois de travail acharné à l'aide d'une cuiller et d'une brosse à dents, a découvert un véritable trésor, une collection de bols et de vases en verre « aussi beaux que ceux de Murano ». Certains représentent des personnages en costume grec, d'autres des poissons décoratifs. La découverte est essentielle, qui indique que l'art grec et l'art indien se sont mariés ici, dans cette plaine mangée par le soleil, et non dans la contrée du Gandhara du haut Indus.

Je n'avais pas pu voir les anciennes fouilles de Bagram perdues derrière les champs de mines, et je me contenterais du film. À Paris, un conservateur du musée Guimet avait organisé une projection du documentaire sur la mission archéologique française. La salle était comble et les fidèles du musée, de tous âges, se pressaient pour voir ces bouts de pellicule défraîchis qui montraient un Afghanistan éternel, celui que nous garderons à jamais gravé dans nos rétines, comme pour nous assurer que la guerre, un jour, un seul jour, n'avait pas eu lieu. Ria Hackin avait longuement filmé les lieux de ses recherches, dévoilant les mystères des villages de Chamali, les fumeurs de narguilé, les ombres qui défilaient derrière les moucharabiehs, ces vantaux de bois permettant aux femmes de se cacher. Des paysans traversaient la rivière juchés sur un radeau, flottant sur des outres. Les maisons aux portes sculptées du nord de Kaboul arboraient de grandes fissures, en raison non pas de la guerre mais de l'oubli et de l'indifférence. Aujourd'hui, ces maisons ont laissé la place à des ruines. Sur la pellicule striée de traits et de taches apparut Joseph Hackin tel un nabab de l'archéologie, fier de ses trouvailles, les ivoires de Bagram, et certain de poursuivre encore le long chemin des fouilles. Il montrait quelques poteries, brandies comme des trophées de conquérant. Il sourit, sa femme aussi. Je cherchais partout l'ombre d'Ella et ne la trouvais pas.

L'arrivée à Kaboul n'est qu'une sombre déchéance. Souffrant d'une bronchite, Annemarie Schwarzenbach est alitée dix jours durant, sur demande du médecin de la légation britannique. Kaboul, « la lisière du monde habité », écrit-elle à l'ami Arnold Kübler en septembre 1939. Les deux femmes logent dans une maison prêtée par des Français, Marthe et Gabriel, mais Annemarie devient capricieuse. Elle oblige Kini à se rendre chez le seul pharmacien de la ville afin de lui acheter de la codéine en grande quantité pour sa toux. Quand elle voit Annemarie ingurgiter de grandes quantités de sirop, Ella finit par comprendre : sa compagne de voyage replonge dans la drogue, et le sirop, un extrait d'opium, lui permet de retrouver les paradis artificiels. Sauver l'amie perdue ? Les visites dans la ville, dans les jardins de Babour et dans l'école pour filles n'y suffisent pas. Annemarie n'est plus qu'une loque, l'ombre d'elle-même.

Kini est triste mais poursuit son exploration de la ville, avec Annemarie qui se traîne. Près des jardins de Babour elle entend des cris d'enfants dans une piscine. Lorsque les deux femmes approchent, un salut collectif les accueille – « *Gou-ten-tak !* » –, qu'elles comprennent enfin lorsqu'elles réalisent qu'il s'agit du collège allemand. Plus loin, c'est l'école des filles, que les mollahs assemblés dans une *choura*, une réunion des vieux sages, veulent interdire par crainte de semer de dangereuses idées dans les têtes, tandis que d'autres prônent la fermeture du cinéma de Kaboul. Tant bien que mal, le gouvernement du roi Zahir Chah s'oppose point par point aux doléances des mille six cents mollahs. (Soixante ans plus tard, la même querelle oppose les anciens et les modernes en Afghanistan sur les femmes, la culture et le cinéma. Dans le Kaboul que j'atteins en compagnie de Zafirullah, j'entends des lycéens et des mollahs proclamer que jamais ils ne laisseront agir les barbares qui déversent dans les salles obscures des films indiens aux danseuses lascives et aux filles un peu trop dévêtues ; ils préfèrent ramener l'ordre fondamentaliste dans les rues de la ville.)

Une dernière fois, Ella tente de remettre Annemarie dans le droit chemin. Elle la secoue, la sermonne, parle d'un ton docte comme cette autre Suissesse, humanitaire avant l'heure, une infirmière-major qui rudoie les Afghans dans son sanatorium pour tuberculeux à Aliabad. Mais rien n'y fait : Annemarie poursuit son chemin de croix et, exaspérée par les remarques d'Ella, lui lance :

« Je ne veux pas devenir aussi détachée que vous. Les plus grandes créations de l'homme sont nées dans la souffrance !

— Je vous entends, lui répond Ella, vous voulez gémir avec Musset : "Les plus désespérés sont les chants les plus beaux, / Et j'en sais d'immortels qui sont de purs sanglots !" Mais vous vous enlisez. C'est une terrible demi-vérité. Lorsqu'un poète crée un chef-d'œuvre il a dépassé sa souffrance...

— Mais laissez-moi donc souffrir ! » crie Annemarie, le regard dur.

Lorsque cette dernière prétend, en montrant une seringue : « Ce voyage m'a libérée de la drogue », Kini la croit un temps, avant de s'apercevoir que sa compagne de voyage, ce terme inquiétant pour Fleming, replonge de plus belle. Alors, pour oublier la faillite de son amitié, Ella se lance dans de nouvelles lectures, dévore tout ce qu'elle peut trouver sur l'Afghanistan et son histoire tourmentée. Elle rend visite aussi à ses amis Nicole et Raymond, des Français qui reviennent d'un incroyable périple à bicyclette dans les montagnes du Hazaradjat. Annemarie, qui souffre désormais d'un triple furoncle à la nuque sans jamais se plaindre, lui parle de la folie allemande, de la destruction entreprise par les nazis, elle qui les a si souvent dénoncés, comme l'amie Erika Mann. Elle a perdu du poids, vomit souvent, sous l'œil de Ria Hackin qui a pris la relève. Le docteur Moody, un médecin juif allemand, prend Ella à part : cette femme est à bout de forces et deux mois de cure lui sont nécessaires. Autant dire que l'ordonnance du médecin signe la fin du voyage. Dans un moment de lucidité, Annemarie confie à Ella qu'elle n'a pas cessé de mentir et qu'elle ne renoncera jamais à l'euphorie de la morphine. J'ai trahi, semblent avouer ses yeux, d'une infinie tristesse.

Ella tente encore de la convaincre :

« Vous savez parfaitement que vous n'êtes pas une toxicomane puisque vous pouvez parfaitement bien vous en passer pendant des mois. Aussi sûrement que je parle, je sais que vous guérirez ! »

Autant s'adresser à un mur... Ce jour-là, Ella comprend que le combat est voué à l'échec face à cette femme désespérée, à cet ange déchu aux mille tourments qui se fige dans la posture de la douleur, dans une névrose du désespoir comme imposée à elle-même pour se flageller en punition de ses fautes et pour mieux accoucher de ses écrits. Ange déchu... Ses amis avaient raison. Avec un art consommé de la distillation du poison, Annemarie cultive le sens du tragique : « Plus que jamais, la souffrance, la lutte, la tension, l'affrontement, le bouleversement intérieur m'apparaissent comme les composantes de la vie même. » Alors, sans doute pour mieux se prouver qu'elle aura tout essayé, Ella rend visite au médecin allemand, au médecin anglais, à l'amie suisse, à quelques vieux résidents de Kaboul. Peine perdue, là encore. Elle est fatiguée de son effort, de sa générosité envers Annemarie depuis six mois. Mieux vaut se quitter.

Annemarie prend les devants, qui veut se rendre au Turkestan pour rejoindre les Hackin, avec un arsenal de peaux de mouton, de couvertures et un manteau de cuir. Ella lui dit encore qu'elle voit « quelque chose de grand » en elle. Leurs chemins se séparent tels deux sentiers qui dans la steppe auraient trop longtemps voisiné.

Sur la route chaotique qui mène à Pechawar, en contrebas de la passe de Khyber par où défilèrent les hordes de conquérants, depuis les Grecs d'Alexandre jusqu'aux envahisseurs moghols et aux soldats de Sa Majesté britannique, Ella entreprend la descente vers les Indes comme un retour aux sources. Ces Indes que l'on dit hautement spirituelles l'attirent depuis des lustres. Là peut-être pourra-t-elle accomplir son chemin de foi. Là sans doute pourra-t-elle oublier ses chimères, et d'abord le désastre d'Annemarie Schwarzenbach, tombée dans les pièges de la mauvaise fée Morphine. Sur la route, elle est hébergée par des amis anglais qui disposent d'une belle villa. Halte salutaire ? Pas même, tant le voyage a été douloureux. Dans sa tête se mélangent trop de souvenirs, trop d'impressions, de sentiments. Elle doit tout coucher sur le papier et commence la rédaction d'un livre, *Gypsy Afloat*, qui deviendra plus tard *La Vagabonde des mers*, avec le secret espoir que les royalties lui permettront de continuer la route.

À Indore, au centre de l'Inde, au nouvel an 1940, alors que la guerre tonne en Europe, elle revoit Annemarie, qui attend un paquebot pour la Suisse. Est-elle guérie, a-t-elle renoncé aux méfaits de la seringue ? Une forte grippe durant son voyage vers le nord, une faiblesse incommensurable à Koundouz : Annemarie dit que son périple a été épuisant, un calvaire qui lui a fait entrevoir le fond, le ravin des paradis artificiels, comme une géhenne que l'on ne peut éviter au terme d'un chemin de croix où l'on jetterait son honneur, où l'on avouerait sa faiblesse, où l'on renierait la parole donnée. Elle semble rajeunie, avec un regard lumineux et un corps svelte, semblable aux jeunes Indiennes qui pêchent et jouent sur les lacs bordés de roseaux.

La drogue ?

« Je crois que cette fois j'en suis débarrassée pour de bon ! »

Ella lui donne une chance, une de plus, et veut revivre des moments d'insouciance en visitant avec elle pendant deux jours les ruines de Mandu, la Cité de la Joie, qui fut la résidence de rois afghans. Elle tente aussi de freiner Annemarie dans son désir de rentrer en Suisse, dans une Europe plongée dans la guerre et qui ne pourra que la déprimer.

« Si vous restiez une année ici avec moi, vous deviendriez forte et vous seriez utile dans ce que vous entreprendriez alors.

— Non, lui répond Schwarzenbach, je n'ai pas le courage de rester... Je dois rentrer. Je ne peux pas rester ici pendant qu'ils souffrent là-bas. J'appartiens à là-bas.

— Tandis que moi je n'appartiens à nulle part, à moins que ce soit à partout. Je regrette de ne pas pouvoir vous garder. »

De nulle part... Ella ne fuit pas la guerre. Si tel était son mobile, elle se serait obligée à rentrer avec Annemarie. Non, elle désire plutôt accomplir son chemin spirituel, aller jusqu'au bout de la route, quitte à vivre comme une mendiante. « Cette guerre-ci me force à chercher quelle est la signification de ce monde, quel est le commun dénominateur de chacun de nous, la base sur laquelle on peut recommencer à vivre. »

Derniers adieux. Annemarie, au volant de la Ford V 8 abîmée par tant de pistes et de steppes, tourne la clé plate puis disparaît dans une rue de Bombay. Image fantomatique, de nouveau. Ella sait qu'elle ne pourra plus jamais l'aider, que l'amie s'est imposé la voie de la douleur comme moyen, justement, de dépasser la souffrance et d'accomplir son moi. Kini a de nouveau l'impression de flotter dans une brume cotonneuse, loin de toute réalité. Cette route des Indes est une pénitence, pour elle et son ancienne compagne de voyage.

CHAPITRE XX

Quand donc Ella cessera-t-elle de peupler ses rêves de décors sans cesse reculés, de ces peintures du « pays caché par l'horizon » ? Sur les routes qui sillonnent l'empire des Indes, elle songe à Annemarie Schwarzenbach, laissée à son destin. Est-ce une trahison ? Est-ce un instant d'inattention qui a permis à Annemarie de succomber à la tentation ? Ella a pourtant tout essayé pour sauver l'âme et le corps de cette formidable et impossible compagne de voyage, jusqu'au sacrifice de soi. Mais la générosité a ses limites, dont l'amitié doit s'encombrer. Annemarie revivra peut-être, dans une autre vie.

Bouleversée par ce long périple qui est aussi le récit d'une déchéance, Ella ne cesse de douter d'elle-même ; elle s'interroge sur son sens des valeurs humaines, sa générosité, son goût apparent de la bonté, qu'elle récuse au terme de ce voyage. De son propre aveu, elle traverse « un grave moment de [sa] vie intérieure ». Ce voyage est brutal, rien ne sera plus jamais comme avant, jamais, jamais. Alors, autant écrire... Ce sera un acte de retrouvailles, un autre sacerdoce.

De temps à autre, elle relit les carnets que lui a laissés Annemarie, partie pour le Congo puis New York, comme un héritage spirituel, des pages couvertes d'une écriture fine, parfois nerveuse, où elle avoue sa haine pour cette drogue qu'elle a tenté de dédaigner pour de plus profondes aventures, celles de l'âme, de l'introspection, de la spiritualité. « Car la drogue, c'était toujours l'abandon, la fuite devant l'excès de sensibilité qui me fait souffrir, c'était le désir fatal de tuer la vie. La drogue, c'est effacer la douleur et la joie, la tension-source de l'activité humaine. »

Combien Kini doit souffrir elle aussi à la lecture de ces notes ! Tout y est révélé, la quête de souffrance comme ascèse du corps et de l'esprit, antichambre de la connaissance de soi et de l'autre, le besoin au terme du voyage d'une rédemption, fût-elle rêvée, la soif de spiritualité au-delà des plaisirs éphémères. Ces phrases vont longtemps résonner dans la tête d'Ella, tout au long de son séjour de quatre ans en Inde, à la recherche elle aussi de l'âme du monde.

En 1940, Annemarie Schwarzenbach se rend aux États-Unis où elle rencontre l'écrivain Carson McCullers. L'Américaine lui dédiera son plus beau livre, *Reflets dans un œil d'or*. Annemarie se livre à des actes de violence contre une amie, connaît l'internement psychiatrique avant d'être expulsée des États-Unis. Tourmentée par le silence troublant d'Annemarie, Ella, toujours en Inde, lui envoie un télégramme :

« Souvenez-vous, la vérité triomphe. »

Elle reçoit une réponse laconique de Suisse :

« Annemarie morte paisiblement 15 novembre 1942 suite accident bicyclette. »

Dans l'ashram modeste qui l'héberge à Tiruvanamalai, près du maître Sri Ramana, philosophe vénéré dans toute l'Inde, Ella accueille la nouvelle avec une douleur incommensurable. Cette mort est une imposture. Annemarie s'est lancée dans une nouvelle farce. Elle a pris le chemin de l'exil permanent, celui des nomades lointains, sous un accoutrement de pâtre triste, de montagnard des cimes inviolées, d'arpenteur des sentes inconnues. Elle n'est pas morte, puisqu'elle a déjà vécu sa propre mort, en Perse... Puis Kini se ravise. Sans doute Annemarie est-elle plus heureuse dans cet autre monde. Peut-être lui enverra-t-elle des messages. Pour l'accompagner, pendant des jours et des jours, Ella redessine dans sa tête les contours de leur long voyage, salvateur et épouvantable à la fois.

C'est un peu pour elle que Kini entreprend dans son ashram la rédaction de *La Voie cruelle*, récit du périple qui la mena de Silvaplana, dans les montagnes suisses, aux confins de l'empire des Indes. Le fantôme d'Annemarie Schwarzenbach, appelée Christina dans le livre, y est omniprésent, avec sa soif d'absolu, son exigence de voyageuse insatiable et son besoin d'aimer le monde pour mieux l'embrasser. Ella se rend compte que le voyage, source ou fruit de rupture, est aussi une aventure de l'âme : « Pour la première fois, le voyage dans le monde objectif ne parvenait plus à me captiver entièrement. Car le monde est moins réel que ce qui active notre vie intérieure. Cette fois-ci, la bataille qui se livrait chez ma compagne était si poignante que mes pensées en étaient tout imprégnées. »

Elle nourrit aussi ses journées de longues séances de méditation, pour se débarrasser de son ego et s'ouvrir au sens de la vie, au centre de ce qu'elle nomme les trois énigmes : le monde, nous-même et Dieu. Elle ne renonce pas au voyage, mais s'intéresse d'abord à la quête de ce qu'elle appelle la paix immuable en dehors de la chair, et l'horizon de l'être vrai. Elle sent qu'elle se situe au début d'un nouveau périple, long, difficile et passionnant, prélude à la vie complète et harmonieuse qu'elle recherche par instinct depuis son adolescence.

Elle vit grâce à de maigres économies et aux droits du film qu'elle a tourné en Afghanistan, images sur le monde des nomades et la sagesse de la vallée de Bamyan projetées à Bombay en échange de quelques centaines de roupies. Ce pécule lui permet de survivre dix-huit mois encore dans une simplicité extrême – quelques vêtements de coton blanc, des repas frugaux, une natte pour dormir. À Tiruvanamalai, son ashram, elle est de plus en plus conquise par les enseignements de Sri Ramana, ce sage parti à l'aventure de la connaissance à l'âge de dix-sept ans et qui prodigue ses conseils au cours de longues discussions dans l'enceinte de ce lieu de retraite. Au pied de la montagne sacrée où est ancré l'ashram, Ella est fascinée par tant de richesses et de beautés dans un océan de dénuement. Elle se rend parfois à Pondichéry, à quelques heures de route, pour entrevoir le maître Aurobindo, quelques instants seulement, quand il consent à parler aux centaines de disciples qui l'attendent, car la plupart du temps il vit retiré dans une chambre modeste, au premier étage d'une grande maison grise. Avec ce philosophe vénéré par Malraux Ella ne s'entend pas : sa voie est ailleurs. Elle retourne sur sa paillasse de « Tiruvana », où Sri Ramana, lui, passe le plus clair de son temps au milieu de ses fidèles. Comme eux, Ella écoute patiemment les paroles du maître, assise en tailleur dans le grand hall, deux heures le matin et deux heures l'après-midi ; le soir, elle lit les brochures qui rassemblent les enseignements du maître sur trente ans.

Tiruvanamalai est une ville bruyante au nom imprononçable, mais elle ne semble vivre, étrangement, que pour ses temples calmes et ses deux grands ashrams. En provenance de Madras, j'avais cherché longtemps cette cité du sud de l'Inde et je m'étais un peu perdu, non pas en raison de sa taille modeste – cent mille habitants, un village à l'échelle de la métropole de la côte de Caramandel –, mais à cause de ma faible capacité à imiter l'accent tamoul, pétri de roulements, de lettres avalées. Les hochements de tête de mes interlocuteurs redoublaient d'intensité, suivis de grands éclats de rire, lorsqu'ils comprenaient enfin les syllabes qui s'échappaient tant bien que mal de ma bouche.

Deux camions renversés au bord de la route semblaient agoniser comme des bêtes de somme épuisées, et leurs chargements s'étalaient sur le bas-côté, pastèques, melons, sacs de farine, cargaisons qui se mélangeaient en une affreuse pâte semblable à de la colle. Hari, le chauffeur au visage rond et bourré de tics, parlait trois mots d'anglais, mots que j'avais du mal à différencier du tamoul, de même qu'il ne comprenait pas ma prononciation, à tel point que j'avais fini par gesticuler pour me faire comprendre, ce qui était beaucoup plus concluant. Il adorait sa guirlande, où était suspendue une statuette en plastique représentant une divinité hindoue et qui gigotait à chaque bosse avec des clignotements de lumières vertes et rouges. Hari se retournait sans cesse et s'esclaffait dès qu'il voyait un accident, avec des éructations et des commentaires du genre : « Ah ! les chauffards ! Ah ! les idiots ! », ce qui était à la fois réaliste, étant donné le style de conduite adopté dans la région, et franchement déplaisant vu l'état de santé de sa vieille Ambassador, tapissée de rouille à l'extérieur et de moquette jusqu'au plafond à l'intérieur, ce qui faisait de l'engin un cercueil idéal.

Un cloaque bordait le petit hôtel où j'atterris ; j'y étais le seul client pour la vingtaine de chambres qui sentaient le renfermé et dont les fenêtres étaient closes nuit et jour afin d'échapper au chapardage mené par une bande de macaques insolents. Plusieurs familles s'entassaient dans la boue et les immondices avec des cochons noirs, sous des toiles trouées. Leurs enfants vivaient de la mendicité aux abords des temples, roupies jetées par des brahmanes arrogants, bananes offertes par des paysans venus de la campagne pour prier Surya, le dieu du soleil, pains donnés par les boulangers de l'endroit, en sueur au sortir de leur four à galettes. Je levai les yeux : la ville tumultueuse était dominée par Arunachala, « Aruna l'immuable », une montagne couverte de taillis et de roches sombres, vierge de toute construction, et qu'il ne fallait gravir que pieds nus. Une fois l'an, des brahmanes allument au sommet un chaudron qui brûle pendant trois nuits, comme au temps d'Ella, lorsque les pèlerins venaient caresser la marmite de la régénération remplie de beurre.

Je cherchai dans les venelles la rue des Danseuses, là où Ella avait habité il y a bien longtemps. Était-ce une maison de brahmane, une chambre dans une masure ? La rue était désormais bordée de néons, avec une allée de petites demeures. Un minuscule temple jouxtait le quartier où se rendaient les fidèles le soir, à la fraîche, le front strié de rouge. Je pénétrai à mon tour, pieds nus, dans le grand temple de la ville, aux sculptures représentant le panthéon hindou, au pied de la montagne magique de roches rouges qui est vénérée comme pivot immuable de l'univers, et qui fut jadis puits de lumière.

Ella y assiste à une procession en l'honneur de Shiva, avec des chars décorés, des centaines d'hommes presque nus et en turban blanc, des fleurs dans une main, une corde dans l'autre pour tirer l'immense carriole de la cérémonie, dans un doux ronflement, une mélopée qui semble monter du fond des siècles, un chant saccadé issu de poitrines douloureuses et dont le refrain suggère que l'on parle avec les dieux pour mieux dialoguer avec les hommes.

Une incroyable cohue s'était emparée de cet ensemble d'édifices vieux de cinq cents ans, derrière les murailles, à la tombée du jour, et les dévots s'y poussaient, errant de temple en temple, d'escalier en bassin rituel gardé par des sadhous obséquieux dont l'un chassait les moins généreux, devant des policiers rieurs aux pieds nus. Beaucoup avaient abandonné leurs études ou leur carrière pour devenir moines de la route, enveloppés dans la toge safran, bâton de pèlerin dans une main, gamelle pour le riz dans l'autre. Plus loin, aux abords d'une arrière-cour en travaux où s'activaient des ouvriers en sueur, les pieds dans le ciment, des femmes embauchées comme manœuvres portaient une double charge, des bouts de bois dans les bras et leur enfant sur le dos.

C'était le jour anniversaire de la naissance d'Ella Maillart et j'avais envie de célébrer mon arrivée dans la ville dignement, en l'honneur de mes retrouvailles avec Kini, sur cette terre qui lui avait été chère, autant sinon plus que les steppes et les oasis interdites. Un prêtre m'invita dans son temple, celui de Bâlasubrâhmanya, le second fils de Shiva. Une odeur d'encens emplissait l'atmosphère, et des remparts sombres du temple surgissaient les divinités en grès, dont certaines avaient les membres usés à force d'avoir été caressés par les fidèles. Deux néons éclairaient l'entrée du temple d'une lueur verdâtre qui se détachait sur le rouge du grès, et l'on franchissait le seuil pieds nus en se baissant afin d'éviter de se cogner aux poutrelles de l'échafaudage. Le lieu de culte était en réfection depuis longtemps, pour le plus grand bonheur du prêtre, Umeapathy, qui voyait là le moyen d'attirer encore davantage de dévots. Ella avait foulé les dalles de ce temple, j'en étais quasi certain, et je me demandais ce qui avait le plus compté pour elle, le temple, l'ashram ou la montagne sacrée, à quelques centaines de mètres devant nous.

La petite cérémonie d'anniversaire fut brève et frugale – une noix de coco, une mangue, des fleurs, le tout déposé dans une assiette d'aluminium gondolée après que le prêtre m'eut inscrit sur le front quelques formules incantatoires à la craie. Umeapathy était un Tamoul corpulent aux dents jaunes, avec un sourire franc et des éclairs dans les yeux. Il était très volubile, et chaque fois qu'un homme ou une femme pénétrait dans l'antre sacré il délaissait mon anniversaire-retrouvailles avec Ella pour leur parler longuement. Comme je secouais de temps à autre la gamelle d'aluminium, il finissait par abréger la conversation pour revenir à moi après avoir cassé quelques noix de coco devant la statue de la divinité. Il régnait une chaleur infernale dans le temple et Umeapathy s'aspergeait régulièrement d'eau sacrée. Il eût bien aimé s'offrir un ou deux serviteurs pour agiter un éventail aux heures chaudes, mais la générosité et la foi avaient des limites qui se perdaient dans les méandres des innombrables temples de Tiruvana, où le feu sacré brûlait en l'honneur de Shiva, le dieu créateur, une fois l'an, en novembre, le mois de *kartikka*. Ella avait ainsi, pieds nus, suivi un dévot dans une grotte où se dessinaient « de vagues formes de dieux ou de saints tout luisants d'innombrables offrandes de beurre clarifié ».

Je poursuivis ma quête et parvins de nuit à l'ashram de Sri Ramana, où Ella était restée trois ans, au pied de la montagne vénérée, aux portes de la ville. La cohue se perdait dans les faubourgs, et l'entrée de l'ashram, sous les arbres, comme ouvrant sur les pentes de la montagne, invitait à la quiétude. Des pèlerins s'assemblaient pour la prière du soir, ombres blanches qui flottaient dans l'air et glissaient sur les marches de l'escalier et le sol lisse des arches du temple tels des danseurs ivres de fatigue. Au-delà du portail, la montagne noire dressait son mystère, balayée par une brise nocturne. On me dit qu'un moine habitait au sommet du mont sacré, dans une cahute, se nourrissant de racines et d'herbes. Quelques hautes silhouettes déambulaient devant la minuscule maison qui abritait le cénotaphe de Sri Ramana, des étrangers qui logeaient là. Ella, pendant la Deuxième Guerre mondiale, avait elle aussi croisé dans les allées de l'ashram quelques visiteurs venus de loin, dont une élégante Américaine qui, ne parvenant pas à manger avec les mains, se servait d'une cuiller en argent, pour le plus grand dégoût des femmes brahmanes, qui désertaient alors la pièce.

J'approchai de la minuscule maison. Tout l'attirail du maître était déposé autour de sa couche, un lit minuscule recouvert d'un épais tissu de coton blanc, réveil, livres, valise en cuir, tunique, lunettes, crayon, carnet, dans une disposition qui ne pouvait qu'exacerber la dévotion des fidèles, lesquels se pressaient le soir devant la porte vitrée avec des soupirs de recueillement.

Pendant deux ans, Ella Maillart côtoie le maître, le sage « libéré vivant », qui lui décline les secrets de l'unité du monde. Elle est conquise par la bonté, la distinction et la paix immuable qui émanent de cet homme simple.

Comme Ella, je me suis assis sur les marches de l'escalier pour lire les écrits du philosophe Ramana. Le gérant de l'ashram vint me voir. Il s'appelait Sri Murti, avait un visage racé, un corps tout en longueur, le crâne dégarni, et me dit que deux ans plus tôt deux femmes étaient venues de Pondichéry pour se renseigner sur le séjour d'Ella Maillart. Il n'avait pas retenu leur nom. Sri Murti me parla longuement de son maître, installé ici en 1896, soit exactement quatre-vingt-deux ans avant lui. Originaire de Bangalore, Sri Murti accueillait volontiers les étrangers, comme ces deux Japonais, cette Espagnole et cette Américaine qui tournaient autour de la statue de Sri Ramana dans le temple qui lui était dédié, hôtes encouragés à faire des dons afin de perpétuer l'œuvre du maître.

Sous les arcades, le dos collé au mur, une femme sans âge, blonde, au beau visage débarrassé de toute ride d'anxiété, méditait les yeux grands ouverts. Elle était vêtue d'une fine cotonnade blanche et portait des sandales de cuir aux lanières étroites. Ella aurait sans doute aimé lui parler, elle qui méditait en compagnie des habitués de l'ashram, une vingtaine de disciples hindous et quatre ou cinq Européens.

Je lus et relus pendant ce séjour en Inde méridionale le seul texte qu'elle ait laissé de ce long voyage spirituel, hormis quelques pages de-ci, de-là : *Ti-Puss*, où il n'est question que de sa chatte tigrée. Son plus long périple, son plus audacieux défi, sa plus profonde expiration, celle de l'âme, Ella Maillart la dissimule, refuse de la livrer et préfère être simplement la maîtresse d'un félin, Ti-Puss, alias Madame Minou Wildhusband, qu'elle promène jusque sur les bords du Gange, en montagne ou sur les rives de l'océan Indien. C'est Sujata, l'épouse française d'un Indien, qui lui a offert le chaton à Tiruvanamalai. Dans le silence de la chambre monacale louée pour cinq roupies rue des Danseuses, aux abords du grand temple de la ville et sous le mont Arunachala, Ti-Puss devient immédiatement le confident de sa solitude et de ses méditations. Sur la découverte spirituelle, rien en vue. Incorrigible Ella, qui aime brouiller les pistes. Essayons de la retrouver au moins dans son fief.

Je marchais dans la campagne, à l'abri des arbres, près des bois qui constituaient la promenade favorite de Kini, lorsqu'un adolescent à vélo m'aborda. Avec ses lunettes, son pantalon, ses livres posés sur le porte-bagages, Santosh avait l'air d'un étudiant perdu dans l'univers des sadhous. Il désigna un grand panneau publicitaire indiquant qu'un terrain adjacent était à vendre pour quelques milliers de roupies.
« Si tu veux te construire un ashram, c'est l'endroit idéal, tu n'auras plus qu'à mettre ton nom en gros sur la façade ! Mon père te fera un bon prix ! »
Il était vif, et bien que je n'eusse aucune envie à cette heure d'ouvrir un ashram, encore moins à mon nom, il m'invita à rendre visite à son père, au 120 Chanyan Road. C'était le journaliste de l'endroit et il avait sûrement connu la personne dont je cherchais les traces, « Elamaya ».
Au bout de Chanyan Road trônait une vaste maison ombragée aux murs décrépis, saturés d'humidité, au milieu d'un jardin dont les arbres perdaient leurs feuilles. Chauve, barbu, une pièce de tissu vert en guise de pagne, Gayaraman, le père de Santosh, vieil homme encore alerte, finissait sa sieste, seul moyen de supporter la chaleur estivale. Le quotidien *Hindu* auquel il collaborait n'aurait pas grand-chose à se mettre sous la dent ce jour-là.
« D'ailleurs, dit Gayaraman, il ne se passe rien dans cette ville, sauf quand les dévots s'amusent à mettre le feu à des pétards pour les fêtes de novembre. »
D'« Elamaya » Gayaraman n'avait qu'un vague souvenir, celui d'une étrangère un peu perdue à ses débuts, vite acclimatée à l'air de la ville, à sa pieuse vocation, et qui se promenait dans les ruelles vêtue à l'indienne, à une époque où le séjour en Inde n'était pas encore à la mode.

« Au fait, vous ne voulez pas vous construire un petit ashram ? J'ai un terrain pour cela, je vous assure, c'est une affaire, vous pouvez installer l'eau et faire venir beaucoup de monde, il y a des affaires rentables... »

Assis sur les marches de sa maison, le père de Santosh, qui se grattait sans cesse l'oreille gauche et s'inquiétait de son bananier, se souvenait mieux de Sri Ramana, rencontré en 1949 ou 1950, il ne se rappelait plus très bien la date. Ramana était un brahmane, un génie, raconta Gayaraman qui essayait de ramener la conversation sur son terrain à ashram. Quand il comprit que je n'étais pas le bon client pour cela, il me servit un thé et me confia que l'ashram de Sri Ramana avait pris un mauvais virage, destiné à remplir les poches de certains plutôt qu'à assurer la paix de l'âme. D'ailleurs, si les étrangers s'y pressaient, c'était parce que leur manne intéressait au plus haut point certains responsables de l'endroit, assurait le vieil homme.

« Exactement le contraire de ce que voulait Sri Ramana, dit-il en continuant de se gratter l'oreille gauche. Et alors mon terrain, hein, allez, ce n'est rien, le prix de quelques palmiers, un cadeau, vous verrez dans dix ans, quatre millions de roupies pour huit mille pieds carrés, combien en mètres carrés ? Oh ! c'est compliqué, mais une affaire, je vous dis, oui, une vraie affaire... »

Il riait de plus belle, conscient de parler non pas à un dévot mais à un illuminé en proie à quelque vision d'un fantôme appelé « Elamaya », alias « Kinimaya ».

Il me reparla de la dérive de l'ashram, évoqua la mésaventure d'un acteur connu, Shiva Kumar, qui avait pris une photo de la toge de Ramana et s'était vu éjecter *manu militari* par un gourou.

« J'ai à la fois ri et versé des larmes ce jour-là, dit le vieil homme. Vous vous rendez compte ? Si on traite comme ça tous les jours les fidèles qui viennent de tous les coins du Tamil Nadu... »

Pour accueillir les déçus de l'ashram, les « vexés », Ugo,

un Allemand, avait construit un autre centre d'accueil, œuvre salutaire pour laquelle le vieil homme avait prié.

Renonçant définitivement à me vendre son lopin de terre, Gayaraman m'assura entrer chaque jour en contact avec la divinité Ganapati – « Croyez-le ou pas » –, et j'avais toutes les raisons de le croire, surtout depuis la démonstration de ses talents de vendeur de terrain à bâtir. C'est sans doute ce dialogue sacré qui lui avait permis de recouvrer la vue à la suite d'un accident, treize ans plus tôt, après être resté aveugle plusieurs jours durant. Il aimait que j'évoque devant lui la destinée d'Elamaya, venue chercher ici la vraie vie sans en livrer le secret, et c'est sans doute pourquoi elle avait vécu si longtemps, à l'entendre.

« Tenez, moi-même je vous livre mes secrets, qui sont, en dehors de la méditation, la consommation de dix litres d'eau et de thé par jour, de gingembre, de poivre et d'oignons. Et cette Elamaya, vous êtes sûr qu'elle n'a pas une descendante qui pourrait m'acheter mon terrain pour quatre millions de roupies ? »

Ladite Elamaya, au terme de son séjour en Inde du Sud, écrivait : « J'étais au début d'un voyage tout nouveau qui devait me conduire plus avant vers la vie complète et harmonieuse que je cherchais instinctivement. Pour entreprendre ce voyage, il me fallait apprendre d'abord à connaître les "terres inconnues" de mon propre esprit. »

CHAPITRE XXI

Je m'approchai du temple où reposait le corps de Ramana, là où Elamaya avait tant médité. Des hommes et des femmes tournaient autour de l'immense statue, une sculpture verdâtre qui eût sans doute déplu au maître, et je remarquai un homme aux cheveux blancs coiffés en arrière, un Occidental vêtu d'une longue chemise à grosses rayures bleues et blanches, comme pressé d'accomplir son tour quotidien.

Une fidèle du temple me le présenta, mais le frisé qui portait le signe de Shiva sur le front refusa de me regarder dans les yeux. Ella Maillart ? Oui, il en avait entendu parler, mais s'il était là c'était pour se concentrer sur sa démarche spirituelle qu'il n'avait pas le temps de m'expliquer – « Il faudrait plusieurs mois, des années même. »

Ne doutant pas un seul instant de la richesse incommensurable de son âme, j'insistai néanmoins, lui demandant de me donner les clés qui me permettraient de comprendre le cheminement des disciples, mais Georges, originaire de Bretagne, refusa en relevant le menton de plus belle, avec un regard vers ses pieds, ce qui lui donna un air encore plus arrogant dans son refus de me voir.

« Non, vous n'y comprendrez rien ! Pour s'intéresser à moi il faudrait vraiment du temps, beaucoup de temps. C'est comme pour votre Ella Maillart : deux ans à chercher sa trace ça n'est rien. Moi, par exemple, j'ai eu une vie très riche, elle a commencé à vingt ans et j'en ai cinquante, j'ai même été photographe, bien que je me méfie de la presse, et vous voulez que je vous raconte ce que j'ai fait en une ou deux journées ? Ah ! Deux ans même ça serait trop court ! Allez plutôt à la bibliothèque acheter les livres de notre maître, Sri Ramana Maharishi ! »

Il tourna les talons, prétextant que le temps lui était compté puisqu'il devait bientôt repartir vers sa Bretagne, et il me planta là, sur les dalles séparant le temple de la maisonnette de quelques mètres carrés où était mort le maître le 14 avril 1950, à 18 h 47 précises – une heure que le photographe-tourniquet adepte de la méditation à grande vitesse, et sûrement de la photo floue à force de gesticuler, connaissait par cœur.

Au fond, je le comprenais, ce Buster Keaton de l'ashram, ce marathonien des pierres tombales qui avait une âme trop grande pour accepter que les autres puissent l'aborder, de même que les grandes maisons de certains gourous-charlatans sont hérissées de barrières : il n'avait pas de temps à perdre, ni avec les non-initiés ni avec les impurs. Il était plus brahmane que les brahmanes, et sa tenue blanche indiquait peut-être qu'il voulait éviter de se salir et de polluer son antre, qui aspirait à la perfection, au bonheur parfait, loin de toute compromission avec ce monde bassement matériel et pauvre qui commençait là, à deux mètres du portail de l'ashram, cette rue des faubourgs qu'il ne voyait pas, qu'il ne voyait plus. Devant le temple de l'ahsram, des Indiens avaient observé un moment le manège du photographe-tourniquet, mais il avait continué de plus belle, se souciant comme d'une guigne des autochtones, qui ne l'intéressaient guère au fond, ni dans leur grandeur d'âme ni dans leurs misères de tous les jours. Il était trop occupé à être ce dévot que l'on ne pouvait plus débrancher pour l'empêcher de tourner autour de la tombe de Sri Ramana dans le sens des aiguilles d'une montre. L'un des rares préceptes de Sri Ramana que je connaissais était la nécessité d'abandonner son ego, et je me dis que pour Georges l'Énervé, candidat à l'initiation, un sacré bout de chemin restait à parcourir. Comme j'étais loin de Kini, tout à coup ! Elle n'hésitait pas à ouvrir son cœur et son âme, malgré ses doutes et ses fragilités.

À l'ashram Ella passe le plus clair de ses jours, mange avec le sage à midi, prend une douche avant de regagner sa minuscule chambre à la porte branlante et fermée par un cadenas grinçant, tandis que des gamins des rues crient son nom pour s'amuser : « Ellakaka ! Ellakaka ! » Souvent elle s'aventure jusque sur les flancs de la montagne sacrée afin de contempler le grand temple de la ville, en contrebas, au-delà d'une triple enceinte aux pyramides tronquées. Elle rend visite de temps à autre à un moine dans une grotte aux autels creusés dans la roche. Peu à peu, elle s'ouvre à la connaissance de l'univers. À l'ashram, elle médite auprès d'un ami, le sadhou Visvanatha, puis se consacre à ses trois promenades préférées, la montagne, la lagune et le bois de Palakotto où vivent les moines dans des cahutes misérables.

Des dizaines d'entre eux hantaient encore les abords de la montagne lorsque je m'y rendis. L'un d'eux me conseilla d'en faire le tour comme Elamaya, pieds nus, dans le sens des aiguilles d'une montre.
Je m'arrêtai à l'ashram avant de partir pour ma circonvolution. Le photographe-tourniquet s'était volatilisé sous les arcades du temple. J'abordai une femme sans âge, Chantal. Elle avait été comédienne à Paris, avait aimé sans compter puis connu la douleur de la séparation. Son nouveau compagnon avait disparu, mais il avait eu le temps, avant de mourir, de la placer « sur la voie ». Nous nous assîmes contre le mur du temple tandis que la fraîcheur tombait sur les versants de la montagne, et la rue se calma. Elle avait lu le petit livre d'Anne Deriaz sur Ella Maillart et avait cherché à savoir ce que cachait son voyage. La

dimension spirituelle l'intéressait particulièrement. Elle était aux antipodes du photographe-tourniquet, voulait communiquer sans étaler pour autant son savoir, demeurait humble, se mettait à la portée du quidam que j'étais, hermétique au tapage de certains ashrams et de leurs bateleurs. Elle portait une tunique blanche, vivait chichement – avec une centaine de dollars par mois, fruit de la vente d'un appartement dont l'argent avait été placé dans une banque indienne –, dormait dans une chambre modeste non loin de l'ashram, sur une natte, comme Ella. Elle partageait avec Kini maintes passions, et d'abord, avant les enseignements de l'ashram et la pensée de Sri Ramana, celles du voyage et de la mer. Sur son visage passaient d'intenses expressions de bonheur.

« Comme elle a eu de la chance, Ella Maillart, d'avoir pu rencontrer Sri Ramana... »

Dans le temple, quelques Indiens et Occidentaux récitaient leurs mantras, tandis que des sadhous, dont certains avaient été hommes d'affaires et gros commerçants, repartaient vers leur hutte misérable, au pied de la montagne sacrée.

Chantal me raconta alors longuement la vie du sage, sa retraite au sommet de l'Arunachala, sa doctrine, les charlatans qui se pressaient aux portes de l'ashram. Elle me dit aussi qu'elle aurait du mal à revenir en France. Je ne comprenais pas vraiment son attachement à l'ashram, à ce qu'elle appelait « la paix dans une enclave, où on a pris le temps de respirer, de vivre pour cet absolu », mais sa simplicité était à elle seule éloquente à défaut d'être convaincante. Elle me dit aussi avoir trouvé plus fort que l'amour, l'amour divin qui vous rend plus grand, et que Dieu était en nous.

Le temple était désert et je rentrai après avoir hélé un rickshaw poussif que je dégottai miraculeusement au pied de la montagne sacrée.

J'entrepris ma randonnée dès le lendemain matin. Il s'agissait de partir tôt pour éviter les grandes chaleurs, avant que la voûte plantaire ne colle au bitume. Au marché de la ville, alors que mes pieds nus avaient déjà écrasé quelques peaux de légumes et foulé la fange, un Américain en moto Enfield 350 m'aborda. Les cheveux longs et blonds, délicatement vêtu, avec ses lunettes de soleil et sa chemise noir et gris largement ouverte sur le poitrail Britt avait davantage l'allure d'un surfeur que d'un candidat à l'initiation. Comme Ella lors de son séjour à l'ashram, il était âgé d'une quarantaine d'années ; il venait d'Oakland, en Californie, séjournait depuis neuf ans dans un lieu de méditation de la ville après avoir travaillé dans la restauration et l'immobilier aux États-Unis, et préparait son retour, prévu dans quelques jours.

« À Tiruvana, il y a une énergie incroyable. Il suffit de regarder les gens dans les yeux et de leur sourire. C'est sans doute ce qu'a dû ressentir la personne dont vous recherchez les traces. Nous, en Occident, nous restons fermés, il y a un mur quand on parle à quelqu'un et on oublie d'échanger. Ici, on a compris que tout était vie. »

On me dit plus tard que son maître était mort et que des histoires de partage de pouvoir spirituel l'avaient poussé à avancer son retour au pays. Il me donna quelques conseils pour mon parcours : lever les pieds, avancer relativement vite pour ne pas griller au soleil, ne pas trop s'attarder à bavarder en route. Mes pieds chauffaient déjà. Britt disparut comme il était venu, dans une pétarade qui s'évanouit dans le grouillement de la foule, sourire paisible aux lèvres, chemise gonflée par le vent telle une petite montgolfière.

Le soleil commençait à taper fort. Je croisai au sortir de la ville, longeant la montagne sacrée, plusieurs sadhous en tenue safran qui mendiaient des roupies ou des grains de riz dans leur écuelle usée. L'un d'eux, qui vivait sur une natte au bord de la route, lisait un livre aux feuilles jaunies. Il psalmodiait et levait de temps à autre les yeux vers le sommet des roches rouges, perdu dans un océan de broussailles et une lumière diaphane de commencement du monde.

Il me fallut six heures pour accomplir la circonvolution, comme Ella, mais j'avais oublié le parapluie qui protège des rayons du soleil. Mes pieds collaient à la chaussée ; je m'efforçais de marcher sur le bas-côté, mais des épines s'y cachaient. De loin en loin, deux couples de Tamouls me rattrapaient puis me laissaient prendre du champ. Eux aussi marchaient pieds nus et les saris verts brodés d'or des deux femmes traînaient à terre. Nous buvions de temps à autre à la halte. De grosses gouttes de transpiration perlaient de nos fronts, et cette fraternité de la sudation nous réunissait sur cette route sans fin où des singes nous saluaient parfois, eux maraudeurs, nous pèlerins modestes commentant la dureté du soleil et la mollesse du goudron chaud où se brûlaient nos pieds.

Les miens étaient en sang. Je les recouvris d'un morceau de tissu pour faire bonne figure et tenter d'achever le périple. Je ne cessais de contempler la montagne magique, à ma droite, et cherchais des yeux le moine qui s'était construit une hutte au sommet, Narayanan Swani, ermite depuis quatre ans, qui ne se nourrissait que de feuilles et d'eau, là-haut, à trois heures de marche – « un squelette », m'avait dit Umeapathy dans son petit temple. Je cherchais aussi le visage d'Ella, celui qui m'était apparu tant de fois depuis le début de ce voyage, en vain. Je suais trop, la chaleur m'étourdissait et endormait même mes souvenirs les plus vifs, car la douleur, n'est-ce pas Ella, endort les autres souffrances.

Je me réconfortai à l'ashram, marchant comme un vieillard tandis que les deux paons, la fierté du temple depuis Elamaya, me regardaient d'un œil suspicieux. Le repas pour les pauvres venait d'avoir lieu et les fidèles se consacraient à l'étude de textes, dans l'attente de la prière au temple de Sri Ramana. Un sentier partait de l'arrière du jardin et montait vers l'antre du squelette qui méditait là-haut. Était-ce le chemin qu'empruntait Ella le soir, traversant des terrains vagues « où des bûchers rougeoyaient encore » ? À gauche, un autre sentier s'aventurait vers le bois de Palakotto, ou ce qu'il en restait, l'un des itinéraires favoris de Kini. Je sortis de l'ashram pour regagner le Trishul Hotel, avec ses macaques chapardeurs et son patron affable qui se mettait en quatre pour bichonner cet unique client venu de si loin pour retrouver les traces d'une sorte de femme gourou appelée Elamaya.

Il ne comprit pas pourquoi son hôte claudiquait.

« Un accident ? Vous voulez ma pharmacie ? »

Je dis non, simplement un bon plat de riz, et le petit homme à la chemise brune sautilla jusqu'à la cuisine pour m'en rapporter une assiette végétarienne.

« Quelle idée, soupira-t-il, de marcher pieds nus en plein soleil ! »

J'aimais sa manière de considérer les quelques employés du Trishul – ils se croisaient les bras dans l'attente du prochain pèlerinage dans la ville aux cent temples – sans mettre en avant sa haute caste. Il possédait une grande profondeur d'âme, ce legs de nomade que l'on se transmet de père en fils. C'est cela aussi que recherchait Elamaya. Elle avait réussi à trouver la sérénité après quelques randonnées autour de la montagne sacrée. Il me restait encore à accomplir de nombreuses circonvolutions.

À Tiruvana, Ella commence à écrire son récit sur l'Inde, qu'elle achèvera des années plus tard. Elle veut s'appliquer, d'autant qu'elle considère que son livre *Croisières et caravanes*, publié en version anglaise en 1942, a été bâclé. Elle en a honte et regrette d'en avoir offert un exemplaire au maître Sri Ramana. Erreur : l'Inde lui rend bien son amour du sous-continent, et jusqu'au pandit Nehru, chef de file de la lutte pour l'indépendance avec le mahatma Gandhi, qui lit en prison ses livres, dont il apprend des passages entiers par cœur. Dans *Ti-Puss*, il est question surtout de son chat. Peu de choses sur son itinéraire spirituel, sur les quatre ans de séjour dans le Sud, dont deux ans auprès du maître. Sa mascotte, elle, est omniprésente. Le texte semble parfois une galéjade. Partie pour chercher la vérité et son moi profond, Ella au bout du chemin apparaît comme un fidèle défenseur des félins. Ti-Puss cependant lui renvoie la pareille, miroir de ses doutes, et la convainc, par le spectacle de la plénitude, de s'accepter telle qu'elle est. Terrible Elamaya, qui brouille un peu plus les pistes, comme un djinn malicieux perdu aux abords d'un temple.

Je suis parti vers Bénarès, l'une de ses étapes favorites. Pas plus de traces. Un aubergiste m'accueillit dans une modeste chambre dont la fenêtre donnait sur le couloir mais dont la terrasse s'ouvrait largement sur le Gange en contrebas. Ella venait ici pour admirer les eaux sales et sacrées, pour prendre la température de sa spiritualité, mesurer la quiétude de son âme. En aval du fleuve, à quelques centaines de mètres, une foule de manœuvres construisait une maison. En amont, des cadavres achevaient de se consumer. Amandine Roche, qui était partie elle aussi sur les traces d'Ella, m'avait raconté l'errance d'un Américain au beau visage, unijambiste, devenu sadhou sur les ghats, les escaliers qui mènent aux eaux saintes, celles de « la Mère de l'Inde ». Il vivait comme les moines errants et quémandait quelques assiettes de riz. Aux dernières nouvelles, il avait attrapé le choléra. Un calme intense s'emparait des rives le matin, et des cohortes de pèlerins se jetaient doucement dans le fleuve. Voile des corps pudiques, les saris mouillés dessinaient des contours magnifiques. Les hommes plongeaient les mains dans l'eau, maîtres des cérémonies ordonnées dans une brume bleutée. Le grand escalier où brûlait un corps avait des airs de palais tibétain posé sur un mirage. Je repensai aux livres d'Ella, semés dans sa vie autant pour se nourrir, gages de la poursuite de sa route, que pour éclairer le chemin de ceux qui chercheraient à percer son cœur. Le récit des périples lointains est limpide – « Je suis prise à jamais dans les lignes de force de l'aiguille aimantée » –, la trace du voyage intérieur, elle, est absente, comme effacée par le décor qu'elle vénérait et dont elle se méfiait aussi.

Après une chasse au tigre dans le district du Bastar, proche du Bengale, à l'invitation d'amis anglais, elle se rend à Bénarès pour séjourner chez une disciple de Sri Ramana. Subjuguée par la magie et la piété de la ville collée au Gange telle une mousse qui épouse l'arbre, elle y rencontre Lewis Thompson, écrivain britannique au visage fin, au corps maigre, aux lunettes cerclées et au regard perdu dans le lointain, fasciné comme elle par la richesse spirituelle de l'Inde. L'homme est simple, autodidacte, et d'une grande érudition. Il est arrivé sur les rives du Gange une dizaine d'années plus tôt, à l'âge de vingt-trois ans, grâce à la générosité d'un explorateur anglais, sir Arnold Wilson, qui avait voyagé en Perse et fut attendri par la volonté de ce compatriote prêt à tout sacrifier pour se rendre dans l'empire des Indes. Thompson est fasciné par les poèmes de Rimbaud, Mallarmé, Jacob, Cocteau et Eluard, qu'il traduira, et par la littérature bengalie, qu'il lit dans le texte. À Bénarès, Ella lui soumet quelques pages de son manuscrit. Lui s'habille à l'indienne, passe ses journées au bord du Gange, près des ghats, à regarder défiler les barques chargées de pèlerins dès l'aube, les mêmes que celles qui se laissent porter par le flot devant mon auberge, où je prends aujourd'hui un riz épicé arrosé de lait fermenté et salé. Le Gange a eu huit fils, dont sept qu'il a noyés, conte le *Mahâbhârata*. Si les cendres d'un mort sont mêlées à l'esprit des sept fils défunts, la renaissance ne pourra être que meilleure.

Une forte amitié se noue entre Ella Maillart et Lewis Thompson. Ensemble ils parlent de Cocteau, Baudelaire et Genet, puis se lancent dans de longues promenades au bord du Gange, où les sandales glissent sur l'eau des ablutions et les crachats des mourants. Ella séjourne aussi chez le sage Atmananda, à Trivandrum, dans le sud de l'Inde, et un ami, Jean le Musicien, lui prête sa petite maison sur une hauteur qui offre une vue somptueuse sur les collines bordant la côte.

Lorsqu'elle rentre à l'ashram de Tiruvanamalai, tandis que des brahmanes mangent à l'ombre des paravents, le sourire du philosophe Ramana, qui vient de parler à des pauvres, à des hommes presque nus, suffit à la combler. Pour fuir la chaleur torride de Tiruvana et sa chambre surchauffée, qu'elle délaisse d'ailleurs souvent pour dormir sur la terrasse, Ella se rend de temps à autre au sommet d'une montagne éloignée, à Kodaikanal, à plus de deux mille mètres d'altitude, où un couple d'amis lui propose sa maison. Lewis lui envoie quelques lettres, adressées à « Ella d'altitude » – « Quelle femmes vous êtes ! » Elle les reçoit toujours avec enthousiasme : « Vos réponses à mes lettres sont comme les rafales froides venant d'un glacier pur ! »

Kodaikanal. Cette étape me tentait depuis longtemps. Je relus les pages d'Ella sur ce bourg de montagne puis partis en voiture, depuis Tiruvanamalai. Était-ce là l'antre de son secret, l'endroit où elle avait découvert l'absurdité du monde pour mieux se replier sur elle-même ? La vieille Ambassador qui menaçait de rendre l'âme à chaque virage gravit lentement le versant de la montagne, entre des forêts peuplées de singes, des bois d'eucalyptus, des versants dénudés et des cascades, au loin. On pouvait les admirer depuis les cahutes du bord de la route où des hommes débitaient une kyrielle de noix de coco à la machette pour sept roupies, près d'impressionnants précipices dont, de temps à autre, les voitures s'approchaient dangereusement. La chaleur de la plaine du Sud diminuait au fur et à mesure que nous gravissions les flancs vertigineux des monts Palani. Il n'en était pas de même de la chaleur du moteur, et le chauffeur se penchait vers l'avant comme pour aller plus vite, à moins que ce ne fût pour soulager l'esprit de son Ambassador. Il me demanda plusieurs fois ce que je comptais trouver là-haut. Un fantôme. Êtes-vous sérieux ? Il me sourit de toutes ses dents, tandis que la divinité à tête d'éléphant posée sur le tableau de bord, Ganesh, branchée sur la batterie, clignotait de plus belle de ses lumières vertes. Il paraissait perdre une partie de ses gestes nerveux au gré de la montée vers les sommets.

Je l'abandonnai et marchai dans la montagne près du bourg, terminus de la route sinueuse longue de soixante kilomètres. La station climatique de Kodai avait été fondée par des Américains à l'époque du Raj, l'empire des Indes, et les Britanniques leur avaient emboîté le pas. Désormais c'était la gentry de Madras qui s'y pressait, souvent arrogante avec les paysans et les employés du coin.

Je trouvai une chambre près du lac. La fraîcheur rendait l'air salubre et le décor cherchait une voie entre les paysages alpestres et les coulisses des tropiques. J'empruntai un sentier panoramique qui ouvrait sur la plaine, en contrebas de la falaise, par-delà une forêt dense, dans l'horizon bleuté d'une beauté à couper le souffle. Il me sembla distinguer au loin une pluie de mousson, mais ce n'était pas encore la saison. L'activité du bourg se concentrait sur deux rues, et l'on y trouvait des restaurants tibétains, des auberges et un cimetière, sous les arbres, que plus personne ne fréquentait. Ella venait se recueillir dans ce sous-bois macabre. Sans doute avait-elle orné quelques tombes. Des noms anglais étaient à demi effacés par l'usure du temps, qui burinait les gravures sur les pierres. Une croix celtique surgissait des buissons. Plus loin des enfants avaient été enterrés. Je fus frappé par le jeune âge de maints défunts. On ne vivait pas vieux aux confins de l'empire de Sa Majesté. À moins que ses sujets ne fussent venus jusqu'à Kodai pour y soulager quelque mal, ou pour y mourir. Je ne parvins pas à prendre des notes. L'endroit était silencieux, triste. Il était étrangement chargé de l'esprit d'Ella.

Je poursuivis ma quête. Dans une échoppe, deux Français parlaient de leur voyage. Je tentai de m'approcher sans arriver à trouver le prétexte de notre rencontre. Le but de mon périple me semblait brusquement futile. Poursuivre un fantôme, quelle idée... Surtout dans un cimetière. Il me sembla aussi que l'esprit d'Ella me guidait, me prenait par la main, me forçait au silence. Le nomadisme qui s'arrêtait à Kodai ne me plaisait guère, avec son cortège de riches Indiens, ses belles voitures dont les freins criaient dans la grand-rue, le tapage le soir lorsque cette belle société, héritière des colons britanniques, cherchait à dépenser son argent sans compter, avec le même dédain, celui qu'avait détaillé George Orwell dans son premier roman, *Une tragédie birmane*.

De jeunes Indiens en provenance des grandes villes du Sud s'aventuraient en chaussures de montagne sur les contreforts du Perumal Peak, au-delà de la forêt aux orchidées, où l'on recherchait le kurinji, l'arbuste dont les fleurs violettes ne s'épanouissent que tous les douze ans. J'aimais penser à cette floraison longue comme une vie, qui sait attendre la beauté des corolles, loin de toute précipitation saisonnière. Je ne pouvais les suivre : je venais de perdre le talon de ma chaussure gauche, celle-ci était en réparation chez le cordonnier qui jouxtait le Zum Zum Lodge, et je marchais en tongs. Au bout du chemin, sur une plate-forme de terre qui offrait une vue fabuleuse sur le lac, de jeunes Indiennes vendaient du maïs grillé, des mangues et des fruits tropicaux. Des écoliers élégamment vêtus se rendaient en calèche aux portes d'un collège très chic fondé par les Britanniques, tandis que des familles emmenaient leurs enfants sur le lac, sur les gondoles bricolées du Kodaikanal Boat & Rowing Club, ou à dos de poney pour une promenade dans les sous-bois. Une brise fraîche apportait les senteurs d'une échoppe qui vendait des parfums à l'eucalyptus et du miel de sapin. Celui qui tenait la boutique avait des cheveux noirs gominés qui luisaient dans les lueurs du soleil, doux à cette heure. Il me dit que pour rien au monde il ne quitterait les hauteurs de Kodaikanal.

Je louai un vélo pour tenter de trouver la maison d'Ella Maillart sur un versant de la montagne où paissaient des vaches bien grasses, dans un décor plus alpestre qu'indien. Kini avait dû retrouver là les paysages du Valais suisse, avec ses champs verdoyants et ses conifères au tronc épais. Je soufflais en raison de l'altitude. Un pull n'était pas de trop pour supporter les frimas du mois de juin sur ces hauteurs.

« Là-haut pousse une forêt de vrais sapins, la vivacité de l'air stimule la méditation et accorde la force nécessaire à la recherche de la vérité », écrit Ella. Sur les contreforts de ce sommet, à l'orée des pâturages et de la forêt, elle loue une maison pour quinze roupies par mois. Sur les flancs montagneux elle est heureuse, se nourrit de légumes et de framboises, regarde les singes qui escaladent sa terrasse depuis le figuier voisin et volent des bananes, voire son tube de dentifrice, devant son chat terrorisé.

Je demandai mille fois où se situait la maison d'Ella : on m'indiqua vaguement un sentier, un petit hameau de terre au bout du chemin, mais nul ne pouvait m'en dire plus. Les maisons se ressemblaient toutes, modestes, ouvertes sur un beau paysage balayé par le vent. Devant une conduite d'eau au timide débit, des femmes attendaient patiemment leur tour comme l'avait longtemps fait Kini à Tiruvanamalai, cruche en main, elle qui ne voulait pas vivre comme la gentry mais avec les gens simples.

De plus en plus, elle se fond dans la foule, abandonne ses préjugés, ne craint pas l'impureté qui horrifie tant d'Européennes, se glisse dans les wagons de troisième classe « pour observer le fourmillement d'êtres humains qui [l']entourent », loin des premières classes où se réfugient avec une moue dédaigneuse les femmes de missionnaires, les officiels anglo-indiens et les directeurs de fabrique. Le train la berce, dans la douceur des paysages, « parmi des êtres au bon naturel, loin d'être hostiles à une étrangère ». À Kodaikanal où les missionnaires ont évangélisé à tour de bras, elle rencontre maints chrétiens qui s'étonnent qu'une Occidentale ait pu passer deux ans auprès d'un sage indien – ainsi ceux du couvent de la Sainte-Croix, dont la mère supérieure, sœur Gnaman, devait m'accueillir à bras ouverts.

Posé sur une colline aux abords de la forêt, au-dessus de la route en pente raide que des motos dévalent en roue libre, le couvent abrite des orphelins, des fils de gueux, des enfants perdus de l'Inde méridionale. Il venait d'être construit quand Ella séjourna à Kodai, en amont. Sœur Gnaman me reçut dans une salle modeste où traînaient des dessins d'enfants. Les écoliers jouaient dans la cour et attendaient l'heure du déjeuner, servi par terre devant une horde de têtes aux cheveux courts, cuiller en main. Sœur Gnaman me dit que rien n'avait changé depuis Ella, et que la société indienne, toujours aussi dure, produisait de la misère et creusait un fossé chaque jour plus profond entre nantis et indigents, car si les uns respectaient les autres, ils ne les aidaient pas forcément. Bien que la majorité de ses élèves fussent hindouistes, sœur Gnaman reconnut que la conversion au christianisme représentait pour bon nombre de basses castes et d'intouchables un moyen de survivre et d'échapper à l'ordre immuable des parias. Dehors, les cuillers s'agitaient. Deux énormes gamelles de riz apparurent, portées par des adolescents, et les enfants se jetèrent dessus goulûment.

Avec son chat Ti-Puss, confident de sa solitude, Ella se promène souvent sur la crête qui longe Convent Ridge et semble s'ouvrir sur le ciel. Elle traverse aussi l'épaisse vallée de Bear Shola, avec ses racines noueuses sur lesquelles on trébuche de temps à autre, au pied de l'Observatoire.

Je rendis visite au gardien de cet endroit qui eut son heure de gloire sous les Anglais puis dans les années qui suivirent l'indépendance. Tout paraissait désormais vermoulu : les maisons de bois, dispersées dans une vaste clairière au sommet d'une montagne à la végétation dense, au-dessus des nuages de la plaine ; les chalets où résidaient les astronomes ; le musée décati où s'ennuyait Dakshina Murti, le spécialiste de ces lieux de contemplation des étoiles, qui ne voyait guère de visiteurs. Il me parla longuement de la gloire de l'endroit, des multiples découvertes, petites et grandes constellations, des études effectuées en 1844 par T. G. Taylor, qui compléta ici son catalogue de onze mille étoiles. Dakshina aimait vanter les exploits de ces astronomes, morts ou vivants, et me montra l'énorme télescope dont le canon se nichait dans un large conduit qui prenait naissance sur les flancs de la montagne et courait dans une clairière. Les savants qui s'étaient frottés à cet appareil avaient découvert des étoiles nommées Asaia, Sapho, Sylvia, Camilla Vero, Y Virginis, U Scorpii, T Sagittari, ces trois dernières étant des astres variables.

Dakshina m'entraîna dans une salle où il déplia un télescope, mais la brume qui soudain recouvrit la montagne l'empêcha de concrétiser sa louable intention. Et pourtant, malgré les nuages, nous tutoyions le ciel, et je n'avais sans doute jamais été aussi proche de Kini, qui rêvait tant à ces étoiles, à la comète de la vie qui n'était qu'un sillage superficiel, source de beauté en nous. Je ne vis pas ce jour-là les astres de son cœur, mais une brume légère qui accouchait de la même nébuleuse. Je me souvins aussi que lorsque le philosophe Ramana était mort, quelques années après le retour de Kini en Suisse, les journaux indiens avaient salué l'apparition dans le ciel d'une comète à l'heure exacte du décès du sage, 18 h 47, ce que confirma le photographe Henri Cartier-Bresson présent à l'ashram de Tiruvana, au pied du maître.

Ce soir-là, je cherchai l'étoile filante d'Ella et ne la trouvai pas. Malicieuse et têtue, Kini s'obstinait décidément à brouiller les pistes, même au plus haut de l'Inde, le dernier caravansérail sérieux, l'étape ultime de tout voyage, celui qui lui avait fait entrevoir la profondeur de son âme.

Ella doit quitter son havre de paix et rentrer en Suisse, où sa mère a besoin d'elle. À regret, elle abandonne ce Sud indien qu'elle a tant aimé, part pour le Tibet. Elle est heureuse de revoir les montagnes de l'Himalaya après cinq ans de séjour dans le sud de l'Inde. Quand elle croise à la gare de Sealdah deux femmes aux cheveux noirs, engoncées dans un manteau laissant dépasser les manches d'une blouse de soie rouge, son cœur s'emplit de joie, comme si elle retrouvait là, en route vers le nord, les personnages de son décor préféré, celui des nomades.

Avant de quitter le sous-continent indien, elle veut encore s'offrir une grande respiration, celle des cimes, et se lance dans une expédition en haute montagne, au-delà de Gangtok. En chemin, dans le minuscule train qui mène à Darjeeling, tortillard effectuant sa lente montée par paliers, à quelques kilomètres à l'heure – ce qui incite maints voyageurs à sauter en marche sur la voie ferrée pour se dégourdir les jambes –, Ella observe attentivement un groupe de paysans tibétains aux vêtements élimés : ils sont penchés dévotement sur un homme vêtu d'une gabardine à houppelande. C'est le Premier ministre de la principauté du Bhoutan, Radja Dordjé, en route pour Gangtok, à deux mille mètres d'altitude. Le même Radja Dordjé l'aidera un mois plus tard à trouver des porteurs pour son expédition.

À Kalimpong, petite ville agrippée aux contreforts himalayens, elle rejoint une amie anglaise, Beryl, qui rêve de repartir courir les sommets, n'a jamais froid aux yeux et a porté secours à un concitoyen malade au Tibet, où elle est arrivée trop tard malgré une marche forcée, des cols franchis en plein hiver : le Britannique avait expiré entre-temps. Beryl se console en rêvant d'une prochaine escapade en compagnie d'Ella. Les deux amies montent leur expédition à l'ombre du majestueux Kangchenjunga, « les Cinq Trésors de la grande neige », pyramide blanche de huit mille six cents mètres, aux confins du Népal, du Sikkim et du plateau tibétain. Elles décrochent une autorisation exceptionnelle pour visiter le Tibet, partent avec leurs porteurs et se rendent à Phari-Dzong, localité sise à une altitude impossible : quatre mille trois cents mètres.

C'est le toit du monde, le sommet de soi, qui ouvre sur des abîmes vertigineux. Là plus encore qu'ailleurs Kini conçoit la petitesse de l'homme, condamné à cheminer avec ses angoisses à défaut d'en connaître la source.

CHAPITRE XXII

Chandolin est un village alpestre accroché à une montagne retorse qui draine terre et boue, se défend contre l'incursion de l'homme, exhibe sa mauvaise humeur lorsqu'on la taquine trop. J'arrivais enfin dans la dernière cachette d'Ella, au fin fond du Valais suisse, là où sans doute elle a semé les dernières clés. L'endroit, le plus haut village habité de Suisse, se mérite, au bout d'une route qui serpente dans la montagne, loin de la vallée de Sion. Bordé par la forêt et la roche, Chandolin aime le vide, en contrebas, sur lequel il se penche pour mieux approcher les cieux.

Une femme m'y attendait, Anne Deriaz, qui rencontra Ella ici, sur les pentes verdoyantes griffées de taches brunes et noires du Val d'Anniviers, puis la revit en juin 1995 lors de la Fête-Dieu, qui commence à six heures du matin avec des fifres, des tambours, des enfants endimanchés, des femmes portant des bouquets de fleurs dans les bras, dans l'attente du signal des cloches au carillon.

Assise sur un muret, Ella, essoufflée, a lancé à la cantonade :

« Qui est-ce qui m'aide ? »

Des bras se sont lancés vers elle.

« Sauvée ! » a dit Ella.

Comme Kini, la première fois Anne Deriaz était arrivée à pied au village.

« Ella a découvert cet endroit par hasard, par magie aussi. C'est étrange comme rien ne pouvait mieux lui convenir. »

Professeur d'histoire de l'art à Lausanne, photographe au regard clair aimant le noir et blanc, Anne Deriaz m'entraîna dans son chalet étroit, Le Lotus, légué par Kini. Deux minuscules pièces accueillaient ses livres, un lit, une petite table. Elle avait un visage de montagnarde égarée sur les plateaux de Lhassa et portait un collier tibétain autour du cou. Des fanions de prières bouddhistes marquaient l'entrée de sa thébaïde comme s'il s'agissait du seuil d'un monastère de la contemplation. L'endroit était à la fois chaleureux – bois rustique, odeur de lait de vache – et spartiate, dépouillé, peuplé de maigres souvenirs de voyage. Le compagnon d'Anne Deriaz était marin et cinglait à cette heure vers les mers du Sud. Elle le rejoindrait, souhaitait à soixante-trois ans tâter de la voile et du langage des capitaines. Rien ne l'effrayait, ni les périples lointains ni le culte de la mémoire d'Ella, dont elle partageait le goût pour le Grand Tout, le nomadisme et l'appel de l'Orient.

Le village semblait désert. Ramassé sur lui-même, ses maisons collées les unes aux autres sur le versant qui défiait le Cervin pour mieux s'opposer au vent et gêner les rafales de froid qui pouvaient s'insinuer jusque dans les murs, Chandolin restait à l'écart de la vie de la haute vallée, dont il fermait l'issue.

De son séjour en Inde Ella Maillart rentre transformée. Elle regagne la Suisse en 1945, convaincue que l'Occident demeure hermétique à la sagesse, sourd à son destin, ravagé par la guerre. « Somme toute, j'étais parvenue à comprendre que pour la plupart des Occidentaux l'équilibre, l'amour du prochain, la sagesse seront inaccessibles aussi longtemps que la plus importante partie de nous-même restera ignorée ou encore étouffée par nos vies profanes, axées uniquement sur l'obtention d'une sécurité qui ne peut exister sur le plan matériel. » Le constat n'est pas celui d'une voyageuse dépitée de retour au bercail, ni d'une Occidentale brusquement convertie à la sagesse d'Orient. Ella n'est pas aigrie, non, elle accepte ce retour comme un signe du destin et conçoit l'absurdité du monde qu'elle regagne, ce monde trop soucieux de ses deniers. Elle comprend mieux aussi l'absurdité de ses efforts pour rechercher une harmonie profonde. La paix, la vraie paix, n'est pas au bout du chemin, songe-t-elle, mais au fond de soi.

Les deniers, parlons-en. La bourse d'Ella est si légère ! Elle reçoit de temps à autre des droits d'auteur mais vit chichement chez sa mère, à Genève. Ses royalties lui permettent cependant d'acheter un bout de terrain en pleine montagne, face au Cervin : à Chandolin, où l'invite le peintre Edmond Bille.

« Qu'est-ce que vous avez mauvaise mine, Ella ! Je vais vous prêter mon chalet de Chandolin, à deux mille mètres, et en trois mois vous allez vous refaire une santé. »

Et elle demeure trois mois dans la belle maison du peintre, puis loue une chambre dans le village. Elle ne peut plus quitter ce nid d'aigle où elle se sent si près de Dieu. Le Cervin, cette montagne sacrée de l'Europe, sera le pendant de son Arunachala du sud de l'Inde. « Une montagne sacrée, oui. Mais l'Europe s'en fout... », dira-t-elle plus tard à Anne Deriaz.

Ce village lui plaît avec ses chalets minuscules, ses maisonnettes sur pilotis, son sens des hauteurs, son chemin qui mène vers un sanctuaire, proue de ce coin de vallée perdue qui ouvre sur l'infiniment grand. L'hiver, Chandolin est coupé de la vallée de Sierre et personne ou presque ne s'aventure sur la piste enneigée. C'est un bout du monde solitaire et rassurant. Là, Kini pourra contempler longuement le Cervin, les montagnes voisines, s'adonner à de longues marches dans les pâturages, côtoyer des sommets qui semblent vierges.

Elle contacte un maçon du coin, s'engage à payer plus tard, aux premières neiges, à moins que ce ne soit l'an prochain, et même à la saint-glinglin. L'entrepreneur en question, un bon vivant dénommé Daniel Caloz, trouve la cliente sympathique et ils se mettent d'accord sur la somme de vingt-huit mille francs suisses, à régler quand elle le pourra. Et c'est ainsi que surgit le chalet d'Ella, sur les ruines d'une grange de berger, avec des troncs de mélèze, des rondins amenés à dos d'homme et de mulet, des pierres convoyées par glissières et sur luge.

Quand le fils du maçon, Prosper, encore adolescent, lui demande à quoi ressemblent les paysages qu'elle a traversés, elle lui répond :

« Lis donc mes livres ! »

Elle fait placer une chose étrange dans le mur de mélèze en construction : de la poudre rapportée du Tibet. La rumeur ne fait que s'amplifier dans le village : cette voyageuse au repos est décidément bien étrange...

Anne Deriaz me montra le chalet, dont l'accès demeurait fermé. Sur un terrain pentu, la demeure montagnarde d'Ella Maillart, de mélèze et de sapin, portait une plaque de bois marquée « Atchala », diminutif d'Arunachala, la montagne sacrée. Un escalier de pierre aux traverses de bois, conçu par Ella, marquait l'entrée du lopin de terre, agrippé au versant. Un crochet de laiton fermait la petite porte. Il provenait de l'*Atalante*, le voilier de ses jeunes et folles années. La neige s'était attardée en cette fin de printemps et s'arrêtait aux portes du village tel un conquérant pressé de revenir à la charge. Les paysans avaient sorti quelques vaches en contrebas et Chandolin respirait la quiétude. Sur les flancs du chalet, les fleurs qu'Ella aimait tant avaient disparu. Où étaient les œillets roses, la petite gentiane et les iris, les anémones soufrées et les chardons bleus ? Et ces roses qui étaient sa fierté, incongrues à une telle altitude ?

Ce village des hauteurs devient le camp de base d'Ella, son lieu de retraite estival, l'endroit où elle médite sur sa vie de voyages et où elle écrit encore et encore. Après ses expéditions en Asie centrale, ses raids dans les déserts maudits, son voyage de la dernière chance avec Annemarie la morphinomane, elle a trouvé son dernier havre, celui qui offre la paix intérieure. Là, sur la terrasse de bois de son chalet d'où elle aime contempler les visages glacés du Cervin, endroit privilégié de son osmose avec la nature, une vérité s'impose peu à peu, une révélation décantée de tous ses voyages : le Grand Tout est là, assemblé sur ces versants abrupts, ancré dans cette terre lourde qui se débat pour ne pas périr sous les neiges six mois l'an.

Elle reçoit peu, médite, pioche dans sa bibliothèque de deux mille volumes, prend son petit déjeuner sur la terrasse, à une petite table entourée de sièges aux coussins de couleurs vives et de fauteuils bricolés avec des cartons et des journaux.

« Lorsqu'on navigue, explique-t-elle à Anne Deriaz, on apprend à utiliser tout ce qu'on a. À quoi bon jeter les journaux quand on peut en faire des sièges ! Tiens, prends un coussin, ce sera tout à fait confortable. »

Pour survivre, elle donne des conférences, dans la vallée de Sion, à Genève, parfois à Paris. Veut-elle voyager ? Elle contacte une agence de Genève qui lui propose d'accompagner quelques voyageurs en Indonésie, en Inde et au Népal. Dans sa tête, lorsqu'elle regarde depuis la terrasse de Chandolin les montagnes avoisinantes, se mêlent déserts terribles et plateaux interdits, monastères reculés et yourtes de nomades au sourire doux. Elle voyage encore vers toutes les villes magiques qu'elle n'a pas connues.

C'est ainsi qu'elle retourne plusieurs années de suite en Asie, notamment sur la côte du Kerala, dans le sud de l'Inde, pour un mariage de brahmanes à Trivandrum, « la ville du Serpent sacré », en 1951, ou pour une visite au sage Sri Krishna Menon, quatre ans plus tard ; elle fera aussi une escale auprès des guerriers nayars et une virée sur les backwaters, les canaux, rivières et lagunes qui bordent la côte. On l'invite à guider les pas de voyageurs aux quatre coins de l'Asie, mais son instinct la ramène sans cesse vers l'Inde, comme vers une matrice originelle. Elle prend des photos, immortalise un yogi pendant ses ablutions à Bénarès, des pèlerins qui se livrent au bain rituel dans le Gange, des visiteurs dans la grotte de Krishna Govardhan, dans le Tamil Nadu. Ses clichés sont sans âge et la trace des ans se perd sur la surface argentique de ces images, tels des livres ouverts sur ses voyages passés et ses pérégrinations à venir.

Le Népal la fascine. En 1951, elle s'aventure jusqu'au monastère de Thyangboche, et s'attarde davantage sur les visages que sur les paysages. Ella de nulle part aurait-elle tout vu ? Même si, à quarante-huit ans, elle garde une fraîcheur de jeune voyageuse, même si elle continue de s'émerveiller comme un Candide vieillissant, elle délaisse les découvertes pour se recueillir auprès des indigents et des sherpas dont les traits et les expressions reflètent tous les panoramas du monde.

Anne Deriaz poursuivit son chemin dans Chandolin et me désigna les promenades favorites d'Ella, là-bas, au coin de ce versant de montagne, au-delà de l'église sobre aux murs jaunes, le belvédère s'ouvrant tel un balcon sur l'infiniment beau. Ella venait y respirer le calme, les yeux sans doute plissés par la blancheur des cimes en face. Le voyageur a la mémoire des noms et des odeurs qui le ramènent sans cesse aux escales d'hier. Ella disposait en plus de la mémoire du vent, celui, vif et sain, des hauteurs qui tanne la peau et s'insinue dans les têtes. Combien de voyages dut-elle ressasser ainsi, assise sur un banc de bois, dans ce Valais où se mélangeaient ses passions et les beautés de sa vie, montagnes et souvenirs d'ailleurs ?

Le lendemain, dans le chalet que j'occupais en haut du village, à l'orée de la forêt, Anne Deriaz m'apporta de la viande des Grisons, du fromage et une miche de pain.

« Tenez, ça vous donnera des forces ! »

J'en avais besoin. Une couche de nuages qui avait voilé

la veille au soir le Cervin se levait peu à peu, et j'attendais le grand moment de voir les timides rayons du soleil sur le sommet des Alpes Pennines. « Ici, même quand c'est gris, disait Ella, c'est lumineux parce qu'on est près du ciel. » Le Cervin apparut, dressé tel un dièdre lumineux, couvrant des épaules les montagnes alentour. De quelle plus belle escale pouvait rêver Kini ?

Dans les ruelles de Chandolin, Anne Deriaz me confia combien il lui paraissait important d'entretenir la flamme d'Ella, loin de toute hagiographie, avant que ne se perdent ses leçons de sagesse. Une réunion des amis d'Ella Maillart avait lieu une fois l'an, mais ce n'était pas suffisant. Pour elle, le message devait se dénicher dans les livres de Kini, puis dans le voyage. Lire, partir : toute la philosophie d'Ella pendant des années, affairée à « chercher une sagesse qui guide notre cœur, et savoir pourquoi l'on vit ». Je regardai au-dessus de la petite route le chalet Atchala. La propriétaire des lieux ne m'en avait pas autorisé l'accès, et je demeurais là comme un scélérat guettant son trésor. Si près du but... Je décidai cependant de franchir le petit portail pour approcher de la thébaïde. Une paire de skis datant de Mathusalem et cloués sur la paroi de bois portait l'inscription « Kandahar ». Je songeai à la ville du sud de l'Afghanistan, celle des faiseurs de rois, celle du « trône de Babour », la petite colline de roches que l'on gravit par un escalier raide à donner le tournis, or ce n'était que coïncidence : le nom d'un club de ski suisse que fréquenta jadis Ella. Peut-être que les voyages naissent ainsi, à l'écoute d'un nom magique qui résonne longtemps comme un écho bienveillant.

Ella revoit Peter Fleming pour une conférence à Londres, à la Royal Central Asian Society. « La lettre qu'elle lui écrit avant de se rendre en Angleterre, pleine d'abréviations et allant droit au but (elle souhaite déjeuner avec Fleming), suggère une femme très occupée, pressée et enthousiaste », m'écrit Guillaume Destot, qui prépare une thèse sur l'écrivain britannique. Ella aime envoyer quelques missives à Peter ; elle s'y montre toujours aussi pétillante, vive, prête à lui proposer une virée lointaine : « Êtes-vous à Pékin ? Ou dans le Tsaidam ? Allons jeter un œil là-bas à nouveau... Love, Kini. »

Alors qu'elle séjourne à Chandolin, *La Voie cruelle*, son récit sur le voyage afghan avec Annemarie Schwarzenbach, paraît en anglais en 1947. Elle y a maquillé le nom de son amie, devenue Christina, sous l'injonction de Renée, la mère d'Annemarie, qui exige de lire le manuscrit avant parution. Dans *The Observer* du 22 juin, Fleming signe une superbe critique, même si le drame de Christina demeure inexpliqué. Peter, qui a mis sur pied pendant la guerre un commando chargé d'assassiner les généraux allemands jusque dans leur résidence en cas d'invasion nazie de l'Angleterre, est un bretteur du récit de voyage qui n'a jamais reconnu les talents d'écrivain de Kini, mais cette fois, il cède. Même si à ses yeux le livre n'est pas parfait, il souligne la profondeur du récit, jamais banal, et le regard si particulier qu'Ella porte sur les gens des déserts et des plateaux.

CHAPITRE XXIII

À Paris, je retrouve Guillaume Destot dans une brasserie de Montparnasse. Il est décidé à traduire et faire publier un inédit de Fleming, *One's Company*. Homme passionné qui ne se départ jamais d'un calme olympien, il est aussi enthousiaste que Kini à la veille d'un grand départ. Il a écumé les bibliothèques de Londres, rendu visite à la famille de Peter, retrouvé des pages et des pages de correspondance entre les deux anciens compagnons de voyage. C'est fou la joie que procure une trouvaille au biographe, qui ne sait plus s'il doit rester détaché de son personnage ou l'épouser corps et âme ! Pour ma part, j'ai renoncé à épouser l'esprit d'Ella : il m'habite depuis trop longtemps pour que je songe à le représenter *en dehors* de moi. Mais il reste tant de secrets... Kini, me les livreras-tu ? Et d'abord celui de ton retour, plein d'amertume et d'allégresse à la fois : « Je sais d'expérience que courir le monde ne sert qu'à tuer le temps. On revient aussi insatisfaite qu'on est partie. »

Elle doit s'amuser, plutôt, de ces échanges entre Guillaume Destot et moi, nous qui songeons à redonner vie à ses chimères, à ses fantasmes. Comme elle-même s'est jouée de la mort... Elle est profondément bouleversée par la disparition de l'ami Lewis Thompson, terrassé par une insolation sur les bords du Gange, à l'âge de quarante ans, et dont les cendres ont été dispersées dans les eaux du fleuve sacré. La mort ? Si elle redoute celle des autres, elle ne craint pas la sienne. Elle en rit, plutôt. Le Grand Néant après le Grand Tout.

Elle s'amuse aussi de ses batailles héroïques avec la machine à écrire, cet instrument de torture qui convient aux masochistes. Après avoir envoyé un de ses livres à Blaise Cendrars, elle lui demande :
« Alors, Blaise, mon livre ? »
Et l'auteur d'*Au cœur du monde* de répondre :
« Il serait très bien s'il était écrit. Venez chez moi pour apprendre à écrire. »
Elle ne se démonte pas et réplique :
« Je préfère voyager. »
Une revue britannique publie un court article intitulé « Philosophie du voyage ». Ella Maillart s'y dévoile un peu plus : auparavant, avoue-t-elle, elle voyageait pour s'égayer des diversités ; désormais, elle voyage pour débusquer toutes les similitudes. « Si nous abordons les choses par leurs différences, même le foie et la rate sont aussi éloignés que les villes de Ch'u et de Yueh. Si nous les abordons par leurs ressemblances, le monde est UN. » Nicolas Bouvier découvre le texte, jubile, le dissèque maintes fois et lance à ses lecteurs : « Allez vite me méditer ça ! »

Guillaume Destot me raconte une étrange anecdote. Longtemps après avoir revu Kini à Londres, Fleming écrit un étonnant article, à la demande du rédacteur en chef du très sérieux *Times*, un article qui n'est autre que la notice nécrologique d'Ella, destinée à être publiée dès la mort de la Suissesse. Il ne la signe pas, se cite lui-même avec détachement et loue les mérites d'Ella Maillart, son âme de grande voyageuse, en relatant aussi les tribulations du voyage vers le Turkestan chinois à travers les oasis interdites. Faussement modeste, il vante les succès de l'exploration avant d'ajouter : « Une escapade plutôt qu'une prouesse. » Ella, un écrivain, une spécialiste ? se demande Fleming. Pas même : juste une voyageuse, « pleine de courage et de curiosité, toujours soucieuse de voir des endroits sauvages et de tenter de comprendre les gens libres qui y vivent ». Et il finit son article par une formule lapidaire : « Elle ne s'est jamais mariée » – comme si ses errances l'avaient condamnée à jamais à vivre seule.

L'article sonne juste et aurait pu paraître tel quel à la mort d'Ella, trente ans plus tard. Eut-elle connaissance de ce texte ? Elle en aurait souri, à coup sûr, et aurait vu là un nouveau pied de nez du destin. C'est aussi ce que ressentit Geoffroy Linyer quand, au début de ce long périple sur les traces d'Ella M., le quotidien pakistanais *The Frontier Post* annonça notre mort, qu'il démentit avec malice. Plus tard, il mettrait en scène son suicide des mois durant, une balle posée sur une table dans sa maison vendéenne.

Le destin, en l'occurrence, n'est guère favorable à Peter : il meurt avant elle, à la chasse comme il se doit, et Ella, si elle avait été prévenue à temps, aurait sans doute aimé lui rendre la pareille dans une superbe épitaphe. Ce n'est pas tout, me dit Guillaume Destot : Fleming a raconté que le comportement de Kini dans la ville de Tiruvanamalai, à l'époque où les visiteurs étrangers se comptaient sur les doigts d'une main, avait paru suspect aux yeux de la police de Sa Majesté britannique ; une information fut ouverte contre cette excentrique qui ne pouvait être qu'une espionne. On rassembla tout ce qu'on put de notes et on concocta un petit dossier sur toutes ses activités – voyages en haute Asie, séjour en ashram, périples en Inde, contacts... Espionne de l'âme, plutôt ! Ella couche sur le papier ses souvenirs d'Inde et d'ashram, avec un regard incongru, celui de son chat qui donne son nom au livre, *Ti-Puss*, et dont elle a perdu la trace à Kalimpong, sur les contreforts de l'Himalaya. Nulle grande confidence, nul secret qui expliquerait ses cinq ans en Inde, seulement des croquis, des émois aussi. La baronne Kini aime décidément semer le doute.

Un habitant de Chandolin m'invita chez lui, au chalet le Carillon, ou plutôt sur sa splendide terrasse, pour boire un canon du matin, « près de l'église, la dernière maison, c'est facile, vous verrez, on ne voit qu'elle ». C'était Prosper Caloz, le fils du maçon qui avait construit le chalet d'Ella, et lui-même, adolescent, avait charrié pierres et planches jusqu'au petit terrain aux primevères. Il était affairé ce matin-là à réparer sa petite table de marbre, fendillée par le poids de la neige dans une lumière crue de lendemain de pluie. Le visage sanguin, les épaules solides, une énergie de bûcheron à en revendre, il sortit une bonne bouteille de derrière les fagots, littéralement, et au bout de deux ou trois verres de vin blanc du Valais, produit par Prosper lui-même, le paysage parut plus clair encore. Le ciel était d'un bleu pur et le Cervin daignait se dévoiler. Prosper parla longuement de la vie dans la vallée, de l'isolement l'hiver, lorsque la route n'était pas encore construite, des rumeurs et de la chaleur aussi qui régnaient dans le village, de l'entraide, de tout ce qui créait presque un esprit insulaire, et puis des corvées des années 1950, qui remplaçaient les impôts.

« C'est sûr, à l'époque on se parlait plus... »

Un vieil homme à la belle chevelure blanche vint s'asseoir sur le banc de la grande terrasse, adossée au mur de la maison, face aux grandes montagnes du Sud. Les traits de son visage bercés par le doux soleil de printemps, il parla de la neige tardive. Marcel Bonvin avait connu lui aussi Ella Maillart, qu'il croisait souvent dans les ruelles du village. Il avait juste à descendre de son gîte, le chalet la Grive, pour suivre une de ses conférences à Sierre, dans la vallée de Sion. Il se souvenait d'une aventure au Tibet, lorsqu'elle avait dû se déguiser en homme pour pénétrer dans un monastère.

« C'était tout Ella, ça, elle aimait se grimer, mais ne trichait jamais. »

Il souligna aussi sa grande retenue, une prudence naturelle et non pas une froideur, sans doute un legs de ses voyages dangereux. Affable, avec des gestes élégants qui traçaient des arabesques dans le ciel, aussi ondulantes que sa chevelure, il se rappela les années Ella Maillart, qui égayèrent la vie au village mais la rendirent aussi mystérieuse, comme si la rumeur s'arrêtait aux portes du chalet Atchala.

Vers la fin de la bouteille de blanc, Prosper Caloz reprit la parole et évoqua à son tour les semaines passées à monter le chalet, les traites qu'Ella Maillart réglait avec ses maigres droits d'auteur, de quoi financer ses études, en contrebas, dans la vallée de Sierre, d'où il remontait parfois à pied. Il dit qu'Ella était avare de ses souvenirs et de ses paroles, qu'on la considérait souvent dans le village comme un être près, trop près de ses sous.

Les mains de Prosper étaient calleuses. Il avait soixante-sept ans et en paraissait dix de moins, à croire que l'altitude conserve, à moins que ce ne fût le vin blanc du Valais. Sa femme se joignit à nous. Il faisait bon vivre sur la terrasse des Caloz. J'avais l'impression de séjourner dans une haute vallée du Népal, sur le chemin du cirque de l'Annapurna. Le soleil chauffait nos joues.

Dans son fief de Chandolin, bastille de ses pensées, Ella Maillart reçoit peu. Elle skie encore – jusqu'à soixante-dix-huit ans –, et aime prendre l'air des sommets. Sa vieillesse n'a jamais été un naufrage, mais une résurrection plutôt, « un petit chef-d'œuvre », selon l'amie Catherine Domain, qui admire ses rides somptueuses. Quand sa charpente lui joue des tours, à quatre-vingt-six ans, elle décide d'expédier son vélo au Burkina afin de ne pas être tentée par une petite randonnée.

« J'ai dû arrêter le vélo ! » lance-t-elle avec le plus grand naturel du monde, comme si elle ne semblait pas tenir compte du poids des ans.

Elle vit de bric et de broc, et d'abord de son jardin, à défaut de ses droits d'auteur.

« Ne t'embête pas avec tes problèmes de sous, viens faire la contrebande de hachisch avec moi ! » lui propose Henri de Monfreid.

Ella décline. Elle ne connaît de contrebande que celle des nomades, qui ignorent les frontières. La frugalité de Chandolin après tout lui convient, elle qui longtemps n'a rêvé que de la sobriété des yourtes.

« Regarde, Chandolin nous a réunies, dit-elle à Anne Deriaz.

— Ce n'est pas trop dur d'être seule ?

— Mais non, avec la solitude, tu peux au moins suivre ta pensée. »

Il n'empêche ! Elle ressasse de temps à autre sur sa terrasse cette splendide phrase de Teilhard de Chardin à Pékin, à la veille de son départ avec Peter Fleming vers les oasis et steppes interdites : « Vous avez su voir, il vous reste à aimer... »

Pense-t-elle, comme Henri Michaux au retour de l'Amazonie en 1930, dans son *Ecuador*, que « la terre est rincée de son exotisme » ? Au contraire. À Chandolin, dans son nid d'aigle, elle navigue entre ciel et terre, sur une mer d'eau, ces rus et ruisseaux qui sourdent de la terre, inondent les pâturages et baignent les godillots lors des montées de sentier. « L'eau, c'est la liberté, dit-elle à Anne Deriaz. Tu es sur l'eau et personne ne peut rien t'empêcher. Tu es libre. »

Elle se nourrit frugalement, cuisine souvent sur son réchaud Primus, héritage de ses escapades dans les steppes, qui voisine avec une théière afghane et une clochette du Tibet, près d'une peinture représentant un chat chinois. Elle dîne souvent d'une soupe à l'œuf et à l'huile d'olive, reste économe de ses deniers, même de l'eau – « En Asie centrale, tu sais, dit-elle encore à Anne Deriaz, on apprend à vivre avec peu d'eau » –, porte souvent la même veste, rouge comme ses géraniums, achetée chez Mac Gregor. Patiente, elle cultive un jardin de fleurs, lit sur la terrasse face au Cervin pour vivre chaque instant présent, notamment le *Thérèse de Lisieux* de Jean Chalon, critique littéraire et écrivain qu'elle apprécie. Si elle s'écoutait, pour un peu, elle partirait à la conquête de son sommet. Au milieu des années 1950, c'est un prince hindou qui lui rend visite, accompagné de sa suite, et ce grand remue-ménage est un événement dans le village. Jamais mariée ? Certes, mais Ella se console par la parole. N'a-t-elle pas hérité du fauteuil d'Innocente ? Innocente, cette femme célibataire dont l'activité principale consistait à répondre au téléphone public sur la place du village et à consoler les hommes solitaires, ceux qui avaient perdu l'âme sœur. Ce fauteuil d'osier usé, réceptacle des doléances villageoises, a tant à raconter...

Kini, elle, parle peu d'elle-même aux gens du village. Elle en vient presque à quémander, un peu de ciment par-ci, du terreau et de l'engrais par-là, une raclette gratis à Gustave du bistro. Jean Chalon lui envoie des dattes, et Hugo Meier, rencontré en Inde et installé dans un ashram du Valais, du vin doux produit par un monastère de Bavière. Mais quand elle se met à parler, à raconter ses souvenirs, le village entier s'accroche à ses basques des heures entières. L'écrivain Samivel et Catherine Domain, de la librairie de voyages Ulysse à Paris, sur l'île Saint-Louis, lui rendent visite, mais aussi la photographe américaine Kevin Kling, qui rêve d'exposer ses clichés des années 1930 – ce qui sera fait au musée Guimet en 1991 –, ainsi que René-Pierre Bille, le fils du peintre Edmond, qui a élu domicile lui aussi à Chandolin, dans une superbe maison à grande verrière ouvrant sur la vallée.

Catherine Domain l'a connue en 1960, alors qu'elle était étudiante à Genève dans une école d'interprétariat. Un jour, elle découvre dans la bibliothèque d'un ami un livre, *Oasis interdites*, qu'elle dévore aussitôt.

« C'est magnifique, mais quel dommage qu'elle soit morte... lance-t-elle à son ami.

– Mais elle est toujours vivante ! répond Roland. Si tu veux, on déjeune avec elle. »

Et les deux compagnons de se retrouver dans le chalet de Chandolin quelques jours plus tard, à la table d'une

Ella Maillart ravie de rencontrer deux jeunes voyageurs qui ne parlent que de montagnes d'Asie, de déserts et de steppes vierges. Catherine Domain, jeune fille de bonne famille, avec son collier de perles et son sac Hermès, est tout à la fois fascinée et terrorisée par cette femme si forte et si libre. À la fin du repas, Ella les emmène crapahuter sur les hauteurs du Valais. Catherine en a le souffle coupé. Cette femme est décidément incroyable. Elle ne finira pas de l'étonner, jusqu'à ses quatre-vingts ans, lorsqu'elle se rendra dans les Caraïbes pour une croisière sur un voilier au confort spartiate.

Comme Kini, Catherine Domain prend son bâton de pèlerin pour parcourir le monde, dix ans durant. À son retour en France, les deux femmes deviennent amies, malgré les dizaines d'années qui les séparent. Lorsqu'elle crée la librairie Ulysse en 1971, repaire de voyageurs, rendez-vous des cartographes à la recherche de nouveaux mondes, Catherine défend aussitôt les livres d'Ella, qu'elle a tous lus, retrouve des inédits, les place dans sa vitrine. Nombre d'aventuriers au long cours, habitués des lieux, s'arrêtent devant les couvertures cartonnées présentant cette femme d'audace qui n'a pas encore ses rides de bonheur. Kini, elle, joue le jeu, se rend souvent à Paris, vient signer ses ouvrages, qu'elle dédicace à un enfant de la route, à un candidat au nomadisme, aux émules de ses périples.

La veille d'un grand départ de Catherine Domain, celui d'un voyage pour Hawaii et ses plages de surf, au début des années 1980, son ami Roland, qui doit la remplacer à la librairie, lui lance :

« Ne pars pas, je ne sens pas du tout ton voyage. »

Catherine est intriguée, hésite, puis, impressionnée par les certitudes de Roland, téléphone à l'amie de Hawaii qui devait l'accueillir pour annuler son voyage.

« Attends, lui dit encore Roland, la réponse viendra peut-être dans la boîte aux lettres lundi prochain. »

Étrange prémonition. Le lundi suivant, une missive

attend effectivement Catherine Domain. Elle est signée Ella Maillart, qui lui écrit, mi-figue mi-raisin : « Est-ce que tu attends que je sois morte pour venir me voir à Chandolin ? » Incroyable Kini, dotée d'un sixième sens...

La libraire voyageuse y voit un signe du destin, refait ses bagages et se rend en bus à Chandolin. Pendant des jours et des jours, les deux femmes parlent de tout, de leurs points communs, de leurs passions, le voyage, la rupture avec un monde trop fortuné, le refus de toute carrière et de tout parcours préétabli.

Dans ce décor de rocs qui s'entremêlent et se battent, face à cette mer plissée de strates qui engloutit la vallée et se brise sur des gisants minéraux, je retrouve les escales d'Ella, partie de la montagne et revenue vers la montagne. « Qu'est-ce qu'on fout ici ? » Chandolin fut sans doute le seul endroit où elle ne se posa guère la question. L'escale dans ce magma de pierres, ce palais du silence, valait une relâche à vie.

Elle ne s'ennuie pas, reçoit encore et encore, conseille quelques jeunes illuminés qui veulent partir vers l'Orient. En 1952, un Genevois frisé vient lui rendre visite pour quémander quelques avis sur la route des Indes. Il est timide et bouillonnant, en proie au désir de partance, fasciné par cette arpenteuse des longitudes déjà mythique qui se rend en Mandchourie comme on va au marché acheter ses légumes. Ella le toise, puis se penche sur la carte. Là, petit, vers Madras... Il s'appelle Nicolas Bouvier et les phrases de la voyageuse resteront gravées à jamais dans sa mémoire : « Partout où des hommes vivent, un voyageur peut vivre aussi » et « Essayez donc cette route, et si elle ne vous convient pas, rentrez ! » Facile à dire, quand on erre à douze mille kilomètres de son bercail. Ce jeune homme timide qui s'apprête à boucler son sac retient toute l'attention d'Ella, comme pour l'adoubement d'un héritier. Elle va même jusqu'à plaider la cause du grand voyage auprès des parents du candidat au départ. Bouvier, qui s'apprête à partir vers l'Inde via les Balkans et l'Afghanistan, écrira à son retour *L'Usage du monde*, un récit de voyage étonnant, un recueil étrange d'impressions, de portraits, de détails de la route quotidienne, de réflexions sur le vagabondage, un livre culte pour nombre de voyageurs.

J'ai dévoré cet ouvrage au retour d'un séjour à Kaboul, et l'Afghanistan ne me parut plus jamais le même pays après des phrases comme celle-ci : « Lorsque le voyageur venu du sud aperçoit Kaboul… il se flatte d'être arrivé au bout du monde. Il vient au contraire d'en atteindre le centre. »

À Singapour, dans une résidence cossue qui appartenait à un expatrié, je fis la connaissance d'un homme hirsute qui devisait devant une bonne bouteille de vin. C'était Nicolas Bouvier, qui me parla longuement de ses voyages en Asie, au Japon notamment où il avait traîné ses guêtres usées, dormi dans un bar à son arrivée à Tokyo, fréquenté les monastères zen, connu le sort des crève-la-faim dans un archipel merveilleux et hors de prix pour sa bourse. Il ne cherchait pas à capter l'attention, il contait seulement, avec un mélange de douceur et de rudesse dans sa voix rauque, comme si la parole exprimait non pas une violence mais une dureté, une frugalité, celle des grands espaces. Il était triste, infiniment triste de la disparition deux ans plus tôt de son ami et compagnon de route de jadis Thierry Vernet, qui avait dessiné les croquis pour *L'Usage du monde* lors de leur périple chaotique vers l'Afghanistan et la passe de Khyber. Il me confirma qu'Ella Maillart l'avait vivement encouragé à entamer son premier grand voyage, à l'âge de vingt-trois ans. Ils avaient vingt-six ans de différence et étaient devenus amis. Longtemps Ella le réprimanda pour ses cigarettes ou son penchant pour la boisson, et lorsqu'il venait lui rendre visite à Chandolin elle continuait, même vieillissante, à vouloir le charmer comme s'il s'agissait d'une rencontre d'adolescents.

Bouvier aimait cette fraîcheur d'esprit et j'aimais la

sienne. Il but beaucoup ce soir-là. Nous dînames dans le jardin. Des étudiants singapouriens étaient présents mais ne parvenaient plus à suivre les propos de Nicolas. Une mélancolie infinie sourdait de ses phrases. Il évoquait ses voyages avec nostalgie, mais son spleen paraissait plus profond encore. Sa sensibilité était à fleur de peau et j'imaginais cependant les joutes amicales qui avaient dû l'opposer à Ella Maillart.

L'atmosphère était saturée d'humidité et nous ne parvenions pas à sécher la sueur qui perlait sur nos fronts. Une odeur d'orchidées parvenait jusqu'à nous, tandis que les lumières de la nuit étaient filtrées par une brume légère. Les étudiants singapouriens nous parlèrent de leurs rencontres à la faculté, de la manière dont ils sélectionnaient via un club leur partenaire en vue d'un prochain mariage, sélection qui prenait en compte le montant des impôts payés par leurs parents, leur profession, l'adresse, l'ethnie et autres critères de bonnes mœurs, le tout, disaient-ils avec un certain aplomb, pour préserver l'équilibre de la société singapourienne, dominée par les Chinois, et pour empêcher le mélange avec d'autres ethnies, Malaisiens et Indiens au premier chef. Nicolas Bouvier fut écœuré par cette histoire d'eugénisme qui lui rappelait les pires heures de l'Europe. Nous en parlâmes longuement dans la nuit. Il cita Ella Maillart, de nouveau. Tous deux n'avaient cessé de plaider pour le mélange des cultures. Le ciel se dégagea brusquement. Était-ce une étoile filante qui dansait à la verticale ? Il se resservit un verre de vin rouge, et j'héritai du fond de la bouteille. Nous devions nous revoir. Il mourut trois ans plus tard.

Découvreur de voyageurs passionnés, l'écrivain Michel Le Bris dégote en 1984 une vieille édition d'*Oasis interdites*. Il en parle aussitôt à la rédaction du *Nouvel Observateur* et publie une critique élogieuse qui souligne l'écriture soignée de la Suissesse et la sensation physique qu'elle a du monde, de l'« espace grand ouvert », de même que Frédéric

Vitoux dans les mêmes colonnes vantera les charmes et les silences des livres d'Ella, qui « dégagent d'autres horizons, suggèrent d'autres voyages ». Deux semaines plus tard, Le Bris reçoit un mot d'Ella Maillart, qui se dit touchée par l'article : « Il faut venir me voir en Suisse ! » Il lui répond que ses livres doivent être republiés.

Michel Le Bris s'emploie à créer un grand festival des écrivains voyageurs, alors même que la redécouverte d'Ella Maillart, éditée chez Payot, va se tailler un franc succès à la fin des années 1980.

Tous deux finissent par se retrouver dans un bar de Saint-Germain, le Cluny. Descendue de sa montagne, Ella est plus rayonnante que jamais, malgré le tohu-bohu de la vie parisienne. Son regard intense et fascinant capte aussitôt l'attention de Le Bris, qui ne s'attendait pas à une telle profondeur. Les deux êtres semblaient faits pour se rencontrer, avec leur goût des voyages au long cours, leur passion pour les nomades perdus. Ella est à son aise, raconte ses voyages, s'épanche sur la redécouverte du moi dans les ashrams indiens. Cet écrivain barbu lui plaît : il a redécouvert des auteurs du voyage et se passionne pour la gnose, les mystères des religions, non celles d'Orient mais du Livre. Ella ne s'attendait pas à une telle alchimie, elle qui avait souvent déclaré : « J'en ai marre des journalistes, ils me demandent toujours si j'ai couché avec Peter Fleming. »

La réédition d'*Oasis interdites* en 1989 la tire de son ornière financière. Enfin des droits d'auteur dignes de ce nom !

« Tu m'as sauvé de l'hospice », confie-t-elle à Le Bris. Car celui-ci l'invite au festival « Étonnants voyageurs » de Saint-Malo en 1990. L'y attend une exposition de ses propres photos, préparée par Nicolas Bouvier qui a fouillé longuement dans le bazar de sa vieille amie. Ella se fait prier, ravie en fait d'être conviée, puis se rend à Saint-Malo par le train, où se croisent déjà les participants à la grand-messe des écrivains voyageurs. Au festival, elle rencontre une kyrielle de pairs un peu bizarres, nomades, poètes inconnus, gens de tous horizons qui rêvent comme elle d'une terre meilleure où l'homme croirait en l'homme, où les vagabonds formeraient une confrérie fabuleuse, insolente, non pas hostile mais au contraire amoureuse des escales et des ports. Partir, c'est aimer, beaucoup.

Le Bris imagine sans mal le charisme qui se dégagerait d'Ella sur un plateau de télévision. Il a raison. Devant une caméra, la voyageuse, jamais assagie, est plus charmeuse que jamais. Malicieuse aussi. Quand elle apparaît vêtue de soie sur le plateau d'*Apostrophes*, l'émission de Bernard Pivot, un invité lui lance, alors qu'elle parle des mystères de la Chine dans les années 1930 :

« Auriez-vous rencontré cette aventurière qui a traversé la Chine et l'Asie centrale avec Peter Fleming ?

– C'est moi ! » répond-elle le plus naturellement du monde.

Comme une marée insistante, elle retourne à Saint-Malo, monopolise l'assistance d'Éliane, la femme de Nicolas Bouvier, aime cette tribu hétéroclite de voyageurs arrivant de partout et de nulle part, les yeux écarquillés, le visage plein d'embruns et d'odeurs. Lors d'une causerie littéraire, elle fait une crise de jalousie mi-improvisée mi-calculée à Le Bris, comme s'il l'avait trompée.

« Cette Anita Conti, qu'est-ce que tu lui trouves ? »

De nouveau elle veut se rendre au festival, le dit à Nicolas Bouvier au téléphone :

« J'irai en fauteuil s'il le faut ! Quoi, moi, trop vieille ? Mais non, je ne suis pas trop vieille ! »

Pourtant elle renonce et lance à Anne Deriaz :

« Bon, je n'irai pas à Saint-Malo. Sers-moi un whisky. »

Je me suis souvent remémoré cette phrase magnifique de Nicolas Bouvier à propos de *La Vallée de la Lune*, qu'il considérait comme le plus beau roman de Jack London et qui raconte les errances à travers les États-Unis d'un couple en quête d'une vallée pour s'installer et assouvir ses rêves : « Il y a quelque part, pour chacun de nous, une vallée de la Lune destinée à notre épanouissement mais qu'il nous reste à dénicher. Ella trouvera la sienne beaucoup plus tard et plus près de son lieu de naissance. »

À Chandolin, la vallée de la Lune d'Ella sert parfois de camp de base à quelque virée lointaine. Elle rencontre une photographe qui, œuvrant pour le compte des Nations unies, rentre d'une mission en Inde, Anneliese Hollmann. Une forte complicité se noue entre elles, due à leur volontarisme et à leur goût commun pour des longs périples. Ella peine encore et toujours à écrire, ce châtiment de sédentaire. « Mon expérience ? Pas communicable », répond-elle à Anneliese Hollmann. Péché d'orgueil ? Non, Kini veut seulement démontrer que les grandes conférences souvent ne servent à rien et que la sagesse ne se transmet que d'individu à individu. Foin des prêches en public. Elle commence à comprendre que le voyage est aussi une dispersion et que la grande aventure lui demeure inconnue ou presque, celle de l'introspection.

Chandolin est une principauté de ce repli intérieur. Descendre à Genève, à quelques heures de route ? Un calvaire. Chaque hiver elle redoute cet instant, comme s'il lui fallait plonger dans un enfer de bruits, de sensations étranges, de gens qui se frôlent sans se parler, se croisent sans se regarder. Pour se justifier, elle cite à ses amis un proverbe superbe que j'ai entendu dans les montagnes afghanes : « On ne peut empêcher un âne qui n'a pas soif de boire. »

Sa philosophie tient en peu de mots : tout ce qui nous entoure est apparence, et il faut débusquer la vérité par une quête permanente. Vivre dans le présent, sans référence aucune au passé. Aider les autres par son propre exemple, dans les limites de la modestie. « Pourquoi les hommes s'entretuent-ils ? lance-t-elle à Anne Deriaz. Regarde les oiseaux ! Est-ce qu'ils s'aiment ou est-ce qu'ils s'entretuent ? » Sacrée Ella, on ne la referait pas ! Le voyage a ceci de beau qu'il nous grandit et nous rattache en même temps aux chimères des origines, qu'il nous transforme en sceptiques mais nous force d'abord à rester candides. Henri Michaux a écrit une phrase somptueuse qui me trotte dans la tête et que Nicolas Bouvier aimait rappeler à Ella : « Toute une vie ne suffit pas à désapprendre ce que naïf, soumis, tu t'es laissé mettre dans la tête – innocent ! – sans songer aux conséquences. »

Le soir, parfois, en compagnie d'Anne Deriaz, elle prie face au soleil déclinant pour lui enjoindre de revenir le lendemain, et le bénir aussi pour ce jour magique, comme tous les autres. Elle est souvent taciturne et les villageois ne comprennent pas toujours son silence, jugé parfois hautain. Elle rêve les yeux grands ouverts : « Le voyage sert à se découvrir soi-même. »

Lorsqu'elle ne peut plus se passer de ses cannes, en septembre 1994, elle appelle Anne Deriaz à son chevet. Une superbe complicité les lie : Ella conte ses voyages, ses chimères de jadis, la source des vents et leurs destinations ; Anne écoute, panse, soigne, soutient pour le dernier des voyages. Kini ne baisse pas les bras, veut vivre pleinement jusqu'au dernier souffle, et sa mémoire ne lui joue aucun tour lorsqu'il s'agit de se rappeler les recettes engrangées en chemin. Nulle nostalgie, pourtant.

« C'est le passé et le passé est mort, affirme-t-elle, péremptoire, à Anne. Seul l'instant présent est réel ! »

Elle conserve son esprit charmeur et l'exerce sur de jeunes visiteurs, tel Stefano Malatesta, journaliste italien.

« Est-ce que tu crois qu'il est intelligent ? s'enquiert-elle auprès d'Anne. Bon, d'accord, on le laisse venir, mais on le recevra sur le balcon. »

Elle demeure sauvage, trie sur le volet ses visiteurs comme elle sélectionne ses lectures, économe de son temps et de son émerveillement. Le cercle des fidèles compte Miriam Cendrars, fille de Blaise, qui a connu elle aussi l'ashram de Krishna Menon, Catherine Domain et Anneliese Hollmann. Jean Chalon lui rend hommage dans les colonnes du *Figaro* ; il voit en elle « une grande voyageuse dans les déserts asiatiques », tandis que le *Traveler's Reader*

Guide évoque « l'une des voyageuses les plus étonnantes de ce siècle ». Les arpenteurs du globe en redemandent et tentent parfois de se rendre à Chandolin, au gré des humeurs de Kini, comme on se rend dans un ashram ou un temple des passions voyageuses. Elle aime cette petite confrérie et refuse en même temps d'en rajouter, d'écrire ses mémoires, de livrer surtout ses sentiments. En regardant le petit Aloïs se tenir debout, elle lance à la grand-mère du bambin, Anne Deriaz, qu'elle appelle tendrement « ma troisième canne » :

« Regarde comme c'est beau, cet enfant fait ses premiers pas. Moi je fais les derniers. »

Elle est prête à se donner à la mort. La preuve, elle a pris un grand bain, s'est rendue chez le dentiste et le coiffeur. Elle se joue tellement du trépas, elle qui a connu la « Grande Euphorie » sur terre, qu'elle a poussé la plaisanterie jusqu'à écrire sa propre notice nécrologique : « Les cousins et amis annoncent le départ dans la joie, pour son "retour à la lumière", de la voyageuse Ella Maillart dans sa X^e année... » De quelle plus belle épitaphe pouvait-elle rêver, et quel plus beau pied de nez adresser à la camarde ?

Comme Catherine Domain et Marion Van Renterghem, journaliste qui brossera en septembre 1995 un superbe portrait d'Ella dans *Le Monde* mais qui pour l'heure est sommée d'arroser ses plantes, Duncan Youngerman, petit-fils de Miette de Saussure et fils de l'actrice Delphine Seyrig, entreprend lui aussi le voyage à Chandolin. Brusquement, alors même que ses forces commencent à la lâcher, elle connaît des éclairs d'une lucidité ravivée par la mémoire des embruns et des escales sur des côtes bien-aimées. Ella pour ce grand jour a revêtu son collier et son foulard bleu.

« Ah ! C'est très bien que tu sois venu. Tu es compositeur ; alors quand tu composes de la musique, laisse parler Dieu... »

Elle est plus autoritaire que jamais, mais sait dire sa

reconnaissance à Anne Deriaz, qui veut l'accompagner jusqu'aux portes du dernier voyage :

« Quelle patience tu as ! Il n'y a pas de doute, tu es ma fille, ou bien ma mère. Tu vas m'accoucher pour l'autre vie. »

Elle se rend encore sur la place du village pour la fête nationale, l'anniversaire de la révolte de 1291 contre l'occupant autrichien, et revêt pour l'occasion son manteau d'Islamabad en laine, avec un foulard de soie rouge. Les villageois ne sont pas en reste, qui la nomment « bourgeoise d'honneur ».

« Toi, dit-elle à Anne Deriaz, tu m'aides à vivre et à mourir. Et je veux mourir en beauté. »

Elle traverse son dernier hiver non à Genève, comme à l'accoutumée, mais à Chandolin, prête pour la dernière aventure, qui est aussi pour elle la première. « Ce serait bien pire de vivre éternellement », confie-t-elle. La neige est terrible cet hiver-là, retorse, lourde, insistante, et Ella doit nettoyer jusqu'à trois fois par jour sa terrasse et le perron.

« Je ne veux plus que deux choses : le silence et la paix. »

Le 27 mars 1997, consciente d'être aux portes du Grand Tout, elle s'éteint doucement sur son divan, à l'âge de quatre-vingt-quatorze ans, dans les bras d'Anne Deriaz, comme dans un instant de plénitude, sous le docte regard du maître Sri Ramana, dont la photographie domine le salon. Kini a le temps de lui souffler :

« Maintenant, repos. Va sur le balcon, respire profondément et pense à ton âme qui veut vivre. »

Anne s'écrie :

« Ella, ne me quittez pas ! »

Trop tard.

C'était un jeudi saint.

Psalmodiés par les voix caverneuses de choristes au souffle solide comme Prosper Caloz et Marcel Bonvin, les chants de la cérémonie résonnent dans tout le village, et au-delà dans la vallée, par-delà les montagnes et jusqu'au Cervin. Elle avait prévenu : « J'aimerais mourir en souriant. » A-t-elle souri ce jour-là ? Je ne cesse de penser que sa dernière escale, après tant d'explorations d'espaces lointains et d'horizons inconnus, tant de voyages intérieurs, fut une *terra cognita*. Pluie d'amour éternel, celui du monde magique et beau, les cendres de la voyageuse mythique sont dispersées depuis le calvaire, au bout du village, semées au vent comme du terreau d'aventure, de la poudre de nomadisme.

« Adieu, capitaine ! » dit ce jour-là Anne Deriaz face au sommet mythique du Matterhorn, dans un nuage de poussières que je cherche encore entre les sapins et les rocs tourmentés de Chandolin.

« La terre m'appartient », clamait Ella. Désormais, elle appartient à la terre.

Sur la placette du village, le premier étage d'une maison est consacré à Ella Maillart. L'endroit, qui sent la cire et le sapin, est à fois rustique, chaleureux et sobre. Je suis allé prendre la clé au rez-de-chaussée, auprès d'une dame affairée aux fourneaux d'un petit restaurant. Des enfants blonds aux joues rouges s'amusaient dans l'entrée du chalet surchauffé et pressèrent la dame de refermer la porte. Je gravis le petit escalier de bois et entrai seul dans la chaumière. Quelques livres d'Ella traînaient sur les rayonnages. Son sac à dos, celui que j'avais vu tant de fois à ses pieds sur les photographies d'Asie, s'agrippait au mur comme pour une dernière escalade. Sur ce parquet de chalet rénové se rassemblaient des fragments de la vie d'Ella, qui ne connut dans sa longue escapade de quatre-vingt-quatorze ans que deux grandes escales, l'ashram-des-Indes et Chandolin-des-Cieux. Bel hommage du village à sa fille adoptive. Et aussi un geste dérisoire. Ça, le musée Ella-Maillart ? Ces quelques mètres carrés de sapin neuf, l'antre éternel de Kini ? Pas de gardien, personne à qui parler. La ruelle était endormie. Le village demeurait désert sans Kini. Elle avait séjourné là si longtemps, en maugréant contre la solitude – « C'est une vie difficile que de rester seule », confiait-elle à Anneliese Hollmann –, en tempêtant contre les gens d'en bas, ceux de la vallée, des villes, qui maltraitaient la montagne et ses abords. Peut-être était-ce après tout le sort réservé aux citoyennes d'honneur de l'empire des nomades, fragiles comme une yourte solitaire dans le vent des steppes.

Je croisai Anne Deriaz dans la ruelle, qui s'apprêtait à plier bagage. Ses drapeaux tibétains continuaient de flotter au vent et d'étonner maints villageois et visiteurs. Il crachinait ce jour-là et une bise froide descendait des cimes. Elle ne dit rien, comme si elle avait compris ma mélancolie, non pas celle d'hier, mais celle des lendemains, des horizons inconnus qu'il reste à contempler, avec la peur de ne jamais les découvrir, ce mystère qui plane au-dessus de Kini et finalement au-dessus de chacun de nous.

Je me souvins alors d'une photographie prise à Saint-Malo, lorsque Ella de Nulle Part avait présenté son visage éclairé *a giorno* à la photographe Isabelle Lévy pour un cliché étonnant de force et de vitalité. Ses rides composaient une géographie compliquée – traces de ses escapades, sillons d'hospitalité sur un front accueillant et un menton plein de fermeté –, et le secret de mon long voyage résidait sans doute là, dans cette rencontre entre le Grand Rien et le Grand Tout, entre l'aventure du dehors et le cheminement du dedans. La femme aux semelles de vent, mère des nomades, ces coureurs d'immensité, regardait intensément ceux qui allaient un jour découvrir la photographie, et son regard semblait être son seul héritage, singulier au demeurant. Elle ne disait pas : « J'y suis allée », mais : « Ouvrez la porte, peu importe laquelle, la vôtre, la mienne, et allez-y... »

Le monde commençait à ressembler à son visage.

Je descendis le sentier de Chandolin au soleil couchant et cherchai plus tard au seuil de la nuit les traces dans les cieux de ces mêmes cendres qui devaient encore virevolter, transportées par un vent généreux, car les cendres, n'est-ce pas, sont immortelles, du moins à cette altitude, loin de toute griserie. Je compris mieux les errances d'Annemarie Schwarzenbach et d'Ella Maillart en Afghanistan, la première en quête d'une terre des promesses, la seconde de la paix intérieure. Toutes deux ressentaient la nostalgie de l'Absolu, qui se rapproche de la *Sehnsucht* de l'âme allemande, une sorte de mélancolie du lendemain, un spleen du futur qui était aussi le mien sur les pentes de Chandolin.

Mes pieds butaient sur les pierres et les mottes de terre irriguées par des rus invisibles, comme l'est un visage sanguin de montagnard au retour des alpages. Au loin, le Cervin dévoilait ses contours violets dans la nuit, hostile à la lumière du jour, accueillant à l'obscurité qui reflétait ses neiges éternelles. Cette montagne-là aussi était magique. La maison de Prosper Caloz avait fermé ses volets et éteint ses lumières tandis que le chalet Atchala me demeurait toujours interdit, comme un fruit défendu convoité trop longtemps.

Il n'y eut pas d'astre errant ce soir-là, pas de comètes vagabondes et nomades comme dans le ciel de la montagne de Kodaikanal, en Inde, au-dessus de l'observatoire déglingué. Il n'y eut que de la poussière d'étoiles, et c'était bien assez.

BIBLIOGRAPHIE SOMMAIRE

Éditions disponibles d'Ella Maillart :

Croisières et caravanes, « Petite Bibliothèque Payot/Voyageurs », 2001.

Des monts Célestes aux sables Rouges, « Petite Bibliothèque Payot/Voyageurs », 2001.

Oasis interdites. De Pékin au Cachemire, une femme à travers l'Asie centrale en 1935, préface de Nicolas Bouvier, « Petite Bibliothèque Payot/Voyageurs », 2002.

Parmi la jeunesse russe, « Petite Bibliothèque Payot/Voyageurs », 2003.

La Vagabonde des mers, « Petite Bibliothèque Payot/Voyageurs », 2002.

La Vie immédiate. Photographies, texte de Nicolas Bouvier, Payot, 1991.

La Voie cruelle. Deux femmes, une Ford vers l'Afghanistan, préface de Frédéric Vitoux, « Petite Bibliothèque Payot/Voyageurs », 2001.

Sur Ella Maillart :

Nicolas BOUVIER, *L'Échappée belle. Éloge de quelques pérégrins*, Métropolis, 1996.

Nicolas BOUVIER, Miette SEYRIG, Catherine DOMAIN, SAMIVEL, Lewis THOMPSON *etalii*, *Voyage vers le réel. Mélanges dédiés à Ella Maillart*, Olizane, 1983.

Anne DERIAZ, *Chère Ella. Élégie pour Ella Maillart*, Actes Sud, 1998.
Peter FLEMING, *Courrier de Tartarie*, Phébus, 1989.
Marthe OULIÉ, *Quand j'étais matelot*, Les Œuvres françaises, 1942.
Marthe OULIÉ et Hermine DE SAUSSURE, *La Croisière de « Perlette »*, Hachette, 1926.
Daniel MORDZINSKI et Michel LE BRIS, *Étonnants voyageurs. L'album*, Arthaud, 1999.
Amandine ROCHE, *Nomade sur la voie d'Ella Maillart*, Arthaud, 2003.

Éditions disponibles d'Annemarie Schwarzenbach :

Loin de New York. Reportages et photographies (1936-1938), Payot, 2000.
La Mort en Perse, « Petite Bibliothèque Payot/Voyageurs », 2001.
Orient Exils, « Petite Bibliothèque Payot/Voyageurs », 2003.
Où est la terre des promesses ? Avec Ella Maillart en Afghanistan (1939-1940), Payot, 2002.

Divers :

Pierre ASSOULINE, *Albert Londres. Vie et mort d'un grand reporter (1884-1932)*, « Folio », 1990.
Georges BATAILLE, *La Part maudite*, Minuit, 1967.
Nicolas BOUVIER, *L'Œil du voyageur*, Hoëbeke, 2001.
Wadi BOUZAR, *Saisons nomades*, L'Harmattan, 2001.
Robert BYRON, *Route d'Oxiane*, « Petite Bibliothèque Payot/Voyageurs », 2002.
Blaise CENDRARS, *Bourlinguer*, « Folio », 1974.
Julien DELPECH et Jacques VON POLIER, *Davaï ! Sur les chemins de l'Eurasie*, Laffont, 2002.
Éric DESCHAMPS et Sylvie SCHWEITZER, *La Croisière jaune, 1929-1933*, ETAI, 1996.
Bernard DUPAIGNE, *L'Asie nomade*, Hazan, 2000.
–, *Visages d'Asie au temps des premiers voyageurs*, Hazan, 2000.
Mircea ELIADE, *Le Mythe de l'éternel retour*, « Folio », 1989.
Ian HACKING, *Les Fous voyageurs*, Les Empêcheurs de penser en rond, 2002.

Thierry HENTSCH, *L'Orient imaginaire. La vision politique occidentale de l'Est méditerranéen*, Minuit, 1988.
Michel LE BRIS, *Le Grand Dehors*, Payot, 1992.
–, *L'Homme aux semelles de vent*, « Petite Bibliothèque Payot/Voyageurs », 2001.
Michel MAFFESOLI, *Du Nomadisme. Vagabondages initiatiques*, « Le Livre de poche », 1997.
Henri MICHAUX, *Ecuador*, « Folio », 1990.
–, *Poteaux d'angle*, Gallimard, 1981.
–, *Un barbare en Asie*, « Folio », 1986.
Joshua SLOCUM, *Seul autour du monde sur un voilier de onze mètres*, Chiron, 2000.
Sylvain TESSON et Priscilla TELMON, *Carnets de steppes. À cheval à travers l'Asie centrale*, Glénat, 2002.
–, *La Chevauchée des steppes. Trois mille kilomètres à cheval à travers l'Asie centrale*, Laffont, 2001.
Éric VIBART, *Alain Gerbault. Vie et voyage d'un dandy révolté des années folles*, « Petite Bibliothèque Payot/Voyageurs », 2001.

REMERCIEMENTS

Je tiens à remercier de tout cœur ceux qui m'ont aidé et soutenu tout au long de la rédaction de ce livre :

Catherine Domain, de la librairie Ulysse, bateau de tous les voyages ancré dans l'île Saint-Louis, à Paris ;

Zafirullah Payman, de l'Institut d'archéologie de Kaboul, pour sa passion à fouiller les sites afghans, ou ce qu'il en reste, lecteur d'Ella Maillart qui rêve de la traduire en persan ;

Mario Pasa, des éditions Payot, pour son enthousiasme de la première heure, lequel demeure ;

Nicolas Bouvier, aujourd'hui disparu, pour m'avoir mis l'eau à la bouche ;

Michel Le Bris, capitaine au cours éternel qui invita naguère Ella Maillart dans son havre de Saint-Malo ;

Amandine Roche, jamais à court de randonnées et d'expéditions lointaines, pour la beauté de ses récits, elle aussi sur les pas d'Ella Maillart, de Chandolin à Pékin ;

Laurent Maréchaux, pour ses lumières de bourlingueur et la chaleur de sa thébaïde ;

Patsy Tate, de la Washington State University, pour ses recherches sur la correspondance entre Lewis Thompson et Ella Maillart ;

Jérome Vincent et Philippe Houdard, capitaines courageux et chaleureux qui m'ont accueilli, supporté même, nuit et jour à leur bord, et m'ont empêché de faire naufrage ;

le *P'tit Fût*, pour m'avoir convoyé sur les côtes de Bretagne jusqu'aux Glénan, par mer belle et forte mélancolie ;

Totoche-les-Bretelles et Jean Kerninon, fidèles des chantiers navals l'hiver, amoureux de la mer toute l'année ;

Guillaume Destot, pour ses belles trouvailles sur Peter Fleming ;

Hubert Laot, du musée Guimet, qui me permit d'approcher le fantôme de Joseph Hackin et les lieux magiques des fouilles de Bagram ;

Ariane Audouin-Dubreuil, pour sa description de la Croisière jaune ;

Britt, Manosh, Gayaraman et Chantal, piliers de la sagesse et de la quiétude de Tiruvanamalai ;

Alain Boinet, Luc Gadras et Anne Lancelot, pour leur accueil sur les terres afghanes, à Paris et ailleurs ;

Pierre Beylau et Mireille Duteil, qui connaissent la route de l'Orient depuis longtemps ;

Jean-Claude Guillebaud, Yves Courrière, Henri Amouroux et Pierre Assouline, pour leurs conseils toujours éclairés ;

Joël Farges, lecteur attentif d'Ella Maillart et de Nicolas Bouvier, qui les rencontra et poursuivit comme eux quelques rêves fous ;

Nilab Mobarez, chirurgienne afghane de Pontoise qui a repris le chemin de sa demeure, à Kaboul ;

Pierre Cambon, du musée Guimet, pour sa vocation à préserver l'esprit des bouddhas de Bamyan ;

Éric Lavertu, du ministère des Affaires étrangères, qui s'est exalté très tôt pour Ella Maillart ;

Anneliese Hollmann, pour son évocation des derniers jours ;

Anne Deriaz, qui accompagna Ella Maillart jusqu'au grand crépuscule ;

André Velter, poète parti vers l'Orient avec en tête les souvenirs d'une « grande sœur » ;

Éric Vibart, Sylvain Tesson, Julien Delpech, Édouard Cortès, Charles de Roncière, Elsa Cornevin, Bernard Dupaigne, Kevin Kling, Dominique Laure Miermont et quelques autres chercheurs d'absolu et voyageurs passionnés ;

Christine, Julia et Hugo.

TABLE DES MATIÈRES

Prologue	11
Chapitre premier	17
Chapitre II	25
Chapitre III	46
Chapitre IV	60
Chapitre V	71
Chapitre VI	85
Chapitre VII	108
Chapitre VIII	126
Chapitre IX	135
Chapitre X	143
Chapitre XI	162
Chapitre XII	187
Chapitre XIII	201
Chapitre XIV	213
Chapitre XV	224
Chapitre XVI	261
Chapitre XVII	275
Chapitre XVIII	283
Chapitre XIX	301
Chapitre XX	313
Chapitre XXI	325
Chapitre XXII	342
Chapitre XXIII	350
Bibliographie sommaire	371
Remerciements	375

Cet ouvrage a été réalisé par

FIRMIN DIDOT
GROUPE CPI
Mesnil-sur-l'Estrée

*pour le compte des Éditions Payot & Rivages
en février 2003*

Imprimé en France
Dépôt légal : février 2003
N° d'impression : 63078